다문화가족복지와 상담

송윤선 · 이미나 · 김영춘 · 박상희 · 김밀양 · 장은동 · 박광희

KNOWLEDGE COMMUNITY 공동체

머리말

21세기 지구촌은 세계화의 물결 속에 국가 간의 인적 교류가 활발하여 다민족·다문화사회로 급격히 변화하고 있다. 특히 국경과 인종을 초월한 인적 교류는 국제결혼으로 이어지고 있는데, 이에 따라 결혼이주자를 통한 다문화가족의 형성은 전 세계 선진국들의 공통된 국가적 현안이 되고 있다.

한국 사회 역시 다문화가족의 사회통합 지원 대책이 마련된 지 10여 년이 지나고 있다. 초기의 다문화가족 지원정책은 결혼이주자의 한국생활 조기정착을 위한 한국 언어습득과 문화 적응을 중점적으로 지원하였으나, 시간의 흐름에 따라 다문화가족의 교육과 정서적 지원, 취업 지원 등에 정책의 주안점을 두게 되었다.

특히 여성가족부 등 관계부처합동(2012)으로 발표한 제2차 다문화가족정책 기본계획(2013~2017)에 명시된 바와 같이, 지원정책의 기조가 다문화가족을 한국 사회 발전을 위한 하나의 동력으로 인식하여 능력 개발 및 상호문화 존중을 강조하는 방향으로 전환하고 있다.

한국 사회도 세계화 현상에 따라 외국인의 한국 내 정착이 증가하고 있고, 국제결혼을 통한 다문화가족의 증가로 다문화사회화가 단기간에 빠른 속도로 진행되고 있다. 그러나 다문화사회에 대한 충분한 이론적 논의나 사회적 토론을 할 여유 없이 변화된 사회문제에 직면하고 있는 것이 현실이다. 한편 한국 사회의 이민자 중 결혼이주여성들은 우리나라의 국민이 되는 것을 전제로 하고 그들의 자녀들 또한 향후 주류사회로 진입할 것이다.

이주여성들은 자신들의 행복한 삶을 위해 국제결혼을 결심한다. 자신의 나라와 사회적 환경에 불만족한 이주여성들은 결혼과 함께 타국으로 이주하여 새로운 환경에 적응하면서 문화적응 스트레스 등에 직면하게 된다. 또한 이주여성들은 가족의 구성원으로 적응하는 단계에서도 가족적응 문제가 발생한다. 이러한 문제들은 근본적으로 가족 간의 의사소통을 비롯해서 배우자 및 시부모, 자녀와의 관계, 경제적 어려움, 건강상의 문제 등 가족적 요인들에서도 갈등요소가 빈번한 실정이다.

이에 정치, 경제, 사회, 교육, 문화 등의 광범위한 영역에 걸쳐 사회적 통합과 이주민의 적응을 위한 다양한 논의와 정책적 노력은 더욱 활발히 이루어져야 할 것이다.

이 책은 총 6장으로 나뉘며 20절로 구성되었다. 1장 다문화사회와 다문화가족 이해, 2장 다문화가족 복지, 3장 다문화가족 교육, 그리고 4장 다문화가족 인권, 5장 다문화가족 상담, 6장에서는 다문화가족 상담의 실제로 나누어 정리하였다. 그리고 각 장마다 7명의 저자들이 다문화의 주요 내용과 요소들을 고려하여 집필하고 완성하였다. 1장 다문화사회와 다문화가족 이해에서는 다문화 관련 용어 정의와 다문화사회의 원인, 다문화 현황과 국가정책 및 과제, 2장 다문화가족 복지에서는 한국 사회 다문화가족의 복지적인 측면, 3장 다문화가족 교육에서는 다문화가족의 교육대상과 교육정책 및 발달주기별 교육을 중심으로 접근, 그리고 4장 다문화가족 인권에서는 인권의 이해, 다문화가족 인권과 인권 사례, 5장 다문화가족 상담에서는 다문화가족 사정, 다문화가족 상담 방법과 다문화가족 상담 평가, 6장 다문화가족 상담의 실제에서는 다문화가족을 중심으로 이마고 접근, 해결중심, 현실치료, 이야기치료, 모래상자치료, 독서치료 접근으로 집필하였다.

본 서가 다문화가족 복지, 교육, 상담 관련 다문화전공과 교양과목을 공부하는 대학생과 대학원생, 그리고 다문화 관련 전문가들에게 도움이 되기를 바라며, 향후 한국 다문화사회의 정착 및 발전에 기여하기를 바란다.

본 원고를 정리하면서 지면과 분량의 한계로 아쉬움이 남지만 추후 전문연구를 통해 보완되기를 기대해 본다. 또한 이 책을 집필하고 발간하도록 도움을 주신 공동체 김동훈 사장님과 교정, 출판 및 인쇄에 협조해 주신 공동체 가족 여러분들께 진심으로 감사드린다.

2019. 12

집필자 일동

차 례

차 례

제1장 다문화사회와 다문화가족 이해

1. 다문화사회의 이해
2. 다문화가족의 이해

CHAPTER 01

다문화사회와 다문화가족 이해

1. 다문화사회의 이해

산업혁명 이후 상품과 자본 중심의 이동현상이 21세기 들어 인간의 이동까지 합세하여 거대한 이주 물결을 이루며 세계는 하나의 촌(地球村, global village)이 되었다. '지구촌'이란 말은 지구가 하나의 촌(村, village)이 되었다는 것을 의미하는 용어이다. 전 세계의 국가경계가 허물어져 하나의 공동체가 되어 여러 민족과 인종이 다양한 문화적 배경을 갖고 서로 간의 적응을 통해 공존하는 시대가 되었다. 물론 정치적으로 이민자의 유입을 통제하거나 경제적으로 자유보호무역주의를 채택하고 있기는 하지만 세계적인 다문화사회 현상은 거스를 수 없는 대세가 되었으며 우리나라 또한 예외가 될 수 없게 되었다.

2019년 6월 말 기준 국내 '체류외국인'은 2,416,503명이고, '등록외국인'은 1,257,366명으로 전체 인구 51,845,612명 대비 2.4%를 차지하고 있다(법무부, 출입국 외국인정책 통계월보 2019년 6월호; 행정안전부, 주민등록인구통계).[1] 이 등록외국인 숫자는 대전광역시(1,481,701명)와 광주광역시(1,459,486명) 인구보다는 적으나 울산광역시(1,150,891명) 인구보다 많은 숫자이다. 이는 국내거주 외국인 수를 조사하기 시작한 2006년(54만 명) 이후 연평균 14.4%가 증가한

1) '체류외국인'이란 체류자격과 체류기간의 범위(비자) 내에서 대한민국에 합법적으로 체류할 수 있는 외국인을 의미하며, '등록외국인'이란 대한민국에 90일 이상 체류하기 위해 관할 사무소에 외국인등록을 한 외국인을 의미한다. 따라서 등록외국인이 체류외국인의 절반 정도인 것은 체류외국인 절반 정도가 90일 이내 체류하는 단기간 방문객 성격이 짙다고 볼 수 있다. 이런 의미에서 다문화사회를 형성하고 다문화 가정을 이루는 외국인은 '등록외국인'이라고 보면 된다. 그래서 본 서에서는 '등록외국인'을 기준으로 다룬다.

수로서 내국인의 주민등록인구 증가율(0.6%)의 25배에 달하는 숫자이다. 하지만 주요 선진국의 체류외국인 수가 평균 10.3%인 점에 비하면 우리나라 외국인주민 수가 아직 많다고는 할 수 없지만, 그 증가율은 빠르게 늘어가고 있는 실정이다.

특히 2018년 6월 13일 실시된 제7회 전국동시지방선거(6·13지방선거)에서 외국인 선거권자(국적취득 이주자)가 106,205명으로 나타났다[행정안전부, 제7회 전국동시 지방선거(6·13지방선거) 선거인명부]. 10만 명 이상인 이 수치는 하나의 시(市)가 만들어질 정도의 숫자로서 한국 국적을 취득한 이주자들이 상당수라는 것을 입증하고 있다. 비근한 예로 이미 제19대 국회의원으로 필리핀 이주민 출신 이자스민(Jasmine B. Lee)이 의정활동을 했으며, 이주자들이 성씨(姓氏)의 시조가 되는 새로운 본(本)이 급속히 늘어나고 있다(송윤선, 2012 : 1).

따라서 한국은 더 이상 단일민족·단일문화 국가가 아니라 이미 다문화·다민족 사회로 진입했고, 그 속도는 매우 빠르게 증가하고 있다. 따라서 이와 같은 다문화 현상이 거스를 수 없는 대세라면 보다 적극적이고 긍정적으로 다문화 이주자들을 받아들여서 그들을 존중하고, 포용하며, 수용해야 한다. 또한 그들과 통합하여 공존함으로써 '너'와 '나'의 개념을 넘어 '우리'라는 개념으로 상호 간에 조화를 이루어 행복하고 건강한 사회를 조성해 나가야 한다(박상연, 2002 : 12).

1) 다문화사회와 관련 용어 이해

다문화사회를 이해하기 위해서는 먼저 관련 용어들을 이해할 필요가 있다. 다문화사회란 다양한 문화가 혼재되어 이루어진 사회라고 이해할 수 있다. 그러나 문화와 사회를 묶어서 이해하기는 매우 어려운 일이다. 왜냐하면 '문화(culture)'는 그 의미의 다양성에도 불구하고 원래 정신적인 것을 가리키는 말이요(유태용, 1999 : 45), '사회(society)'는 서로 알지 못하는 사람들이 어떤 공통의 관심과 이익을 추구하기 위해 모인 공동체를 가리키는 말이기 때문이다(정갑영, 2004 : 17). 따라서 상이한 개념이지만 분리할 수 없는 '다문화사회'라는 용어를 이해하기 위해서는 관련 용어들을 이해할 필요가 있다.

(1) 다문화(多文化, Multiculture)

한 사회 안에 여러 민족이나 여러 국가의 문화가 혼재하는 것을 의미한다. Marco Martiniello는 다문화를 "한 나라 안에 몇 가지 문화가 공존하는 것"으로 정의했다(2008 : 88). 즉, 하나의 문화에 다른 문화가 유입되는 것을 의미한다. 그리고 다른 문화 속에 들어가 정착하여 살게 되는 것을 문화적 적응(cultural adaptation)이라고 한다.

(2) 다문화주의(多文化主義, Multiculturalism)

민족마다 다른 다양한 문화나 언어를 단일의 문화나 언어로 동화시키지 않고 공존시켜 서로 인정하고 존중하는 것을 목적으로 하는 사상이나 운동 혹은 정책을 의미한다.

(3) 다문화사회(多文化社會, Multicultural Society)

국적·민족·언어·종교·문화·가치관이 다양한 문화적 배경을 가진 사람들이 동등한 사회구성원으로 인류공영을 위해 함께 사는 사회를 의미한다(이성미, 2010 : 255). '다양한 문화'에 대한 비슷한 용어들이 있는데, 첫째로 '다문화(multi-culture)'는 여러 문화가 공존하는 것으로 '단일문화(mono-culture)'의 상대 개념이다. 여러 문화가 각기 자기의 고유 형태를 유지하면서 하나의 사회를 구성하는 것을 의미한다. 둘째로 '타문화(cross-culture)'는 서로 다른 문화가 상호 소통하면서 공존하는 것으로 여러 문화가 어우러진 상태의 다문화로서 좀 더 상호작용적이고 소통적인 요소에 기반하여 상호 공존하는 다문화를 의미한다. 셋째로 '상호문화(inter-culture)'는 서로 다른 문화권을 형성하고 있는 사회 간의 상호작용을 의미하는 것으로 근래에는 한 사회를 구성하고 있는 소수민족, 다민족들이 상호이해, 상호역량을 미치면서 주류 문화의 영역을 확대해 나가는 의미로 사용되고 있다(박지영, 2009 : 234). 특히 다문화사회는 인종이나 종족, 문화적으로 다원화되어 있는 사회로 소수 집단 문화의 경계, 내국인 문화와 이주민 문화의 경계를 넘어서 서로의 문화를 가치 있게 여기고 존중하려는 사회를 일컫는 말이다. 그래서 다문화사회라는 개념 속에는 국경 없는 마을, 국경 없는 시민권, 노동의 유연화(flexiblization), 문화적 사고, 에스닉(ethnic), 3D업종, 지구촌 마을, 글로컬(glocal), 혼종성(hybridity), 다문화, 다문화 공생, 디아스포라(diaspora) 등이 내포되어 있다(김범수 외, 2007 : 58-64).

(4) 다문화가족(多文化家庭, Multicultural Family)

서로 다른 국적·인종·문화를 가진 남녀가 혼인·혈연·입양 또는 이주를 통하여 둘 이상의 상이한 민족·문화적 배경을 공유하며 생활하는 가족을 의미하는데, 법률적으로는 결혼이민자와 대한민국 국민으로 이루어진 가족 또는 국적법에 따라 인지(認知)·귀화(歸化)로 대한민국 국적을 취득한 자와 대한민국 국민으로 이루어진 가족을 말한다. "국제결혼으로 이루어진 가족을 흔히 '이중문화가족'이라고 부르기도 하는데, 이들 가운데 한 사람의 부모가 다문화가족일 경우를 일컬어 '다문화가족'이라고 칭한다(황홍렬, 2011 : 69)".

현재 다문화가족지원법 제2조에 의하면 다문화가족의 개념은 다음과 같다(국가법령정보센터, www.law.go.kr).

① 결혼이민자(재한외국인 처우 기본법 제2조)와 국적법 제2조부터 제4조까지의 규정에 따라 대한민국 국적을 취득한 자로 이루어진 가족
② 대한민국 국적을 취득한 자(국적법 제3조 및 제4조)와 국적법 제2조부터 제4조까지의 규정에 따라 대한민국 국적을 취득한 자로 이루어진 가족을 지칭한다.

(5) 결혼이민자가족(結婚移民者家族, Marriage-Immigrant Family)

국제결혼과 한국으로 이주 및 자녀출산으로 인한 혈연관계를 통하여 가족구성원들이 한국과 타국의 민족·문화적 배경을 공유하며 생활하는 다문화

가족의 하위 유형이라 할 수 있다. 결혼이민자가족은 한국 국적의 국민과 결혼이민자로 구성된 가족을 지칭한다. '결혼이민자'란 대한민국 국민과 혼인한 적이 있거나 혼인관계에 있는 재한외국인(대한민국의 국적을 가지지 않은 자로서 대한민국에 거주할 목적을 가지고 합법적으로 체류하고 있는 자)을 말한다(재한외국인 처우 기본법 제2조).

(6) 다문화 이주자(多文化 移住者, Multicultural Migrant)

'다문화 이주민'이라는 용어와 병행해서 사용되고는 하는데, 이주자란 1980년대 말부터 한국으로 이주해 온 외국 출신 이민자(migrant)를 말한다. 본 서에서는 문맥의 필요에 따라 결혼이주자(민), 이주노동자, 이주여성, 이주민 등으로 사용되기도 한다.

2) 다문화사회 형성의 원인과 현황

전통적으로 다문화사회는 가난하고 위험한 나라에서 부유하고 안전한 나라로 이주하는 이주자들로 구성되기 때문에 그동안 우리나라는 '다문화 유출국(outflow nation)'이었다. 즉, 우리 민족이 다른 나라로 이주했다는 의미이다. 대한제국의 멸망으로 발생한 이주민들, 일제 강점기 때 발생한 이주민들(주로 강제 노동자), 6·25 한국전쟁 때 발생한 피난민들, 또한 하와이를 시작으로 이루어진 재미동포들의 미주지역의 이민도 이주민의 역사였다. 예컨대 유엔난민기구의 전신인 '운크라(UNKRA : United Nations Korean Reconstruction Agency)'는 한국전쟁의 난민들을 위해 만들어진 기구였을 정도로 우리나라는 많은 이주민들이 구 소비에트 연방(현재의 중앙아시아), 중국, 북미와 남미 및 유럽 등지로 이민을 갔다.

그러나 1980년대 말부터, 특히 서울올림픽 이후부터 노동이주자들을 비롯하여 결혼이주자들이 대거 유입되고, 한류 열풍으로 인한 유학생들의 급증과 북한이탈주민(새터민)[2]들의 꾸준한 유입, 그리고 해외에 거주하던 동포(주로 중국 및 중앙아시아)와 외국에서 파견된 근무자 등의 유입으로 대한민국은 명실공히 '다문화 유입국(inflow nation)'이 되었다. 그뿐만 아니라 현재 난민의 국내 체류 비율은 미미하지만 장래에는 난민들의 유입도 크게 증가할 전망이다(2018년에 있었던 제주도 예멘 난민 사태 참조).

2019년 6월 기준으로 등록외국인의 연도별 증감 추이, 출신 국적별 현황, 거주지역별 현황을 통해 다문화사회의 형성 현황을 볼 수 있다.

〈표 1-1〉 등록외국인 연도별 증감 추이

구 분	2013년	2014년	2015년	2016년	2017년	2018년	2019년 6월
인 원	985,923	1,091,531	1,143,087	1,161,677	1,171,765	1,246,626	1,257,366
전년 대비 증감률	5.7%	10.7%	4.7%	1.6%	0.9%	6.4%	0.9%

출처 : 법무부(2019). 출입국 외국인 통계월보(2019년 6월호).

〈표 1-2〉 등록외국인 출신 국가별 현황

국적별	계	중 국	베트남	우즈베키스탄	필리핀	캄보디아	네 팔	기 타
인 원	1,257,366	552,376	178,738	53,628	44,414	44,163	39,308	344,739
비 율	100%	43.9%	14.2%	4.3%	3.5%	3.5%	3.1%	27.4%

출처 : 법무부(2019). 출입국 외국인 통계월보(2019년 6월호).

〈표 1-3〉 등록외국인 거주지역별 현황

계	경기	서울	경남	인천	충남[3]	경북	부산	충북
812,049	411,798	284,430	74,230	70,244	74,200	57,363	45,280	39,671
	전남	울산	대구	전북	광주	제주	대전	강원
	33,519	20,058	28,305	32,353	23,420	25,374	18,413	18,708

출처 : 법무부(2019). 출입국 외국인 통계월보(2019년 6월호).

2) 새터민은 '새로운 터전에서 삶을 시작하는 사람'이라는 순우리말로 2005년부터 사용하고 있다. '새터민'은 조선민주주의인민공화국에서 이탈한 주민을 가리키는 용어로서 흔히 탈북자(脫北者)라고 부르기도 하는데, 대한민국 법률상 용어로 군사분계선 이북지역(이하 "북한"이라 한다)에 주소·직계가족·배우자·직장 등을 두고 있는 사람으로서 북한을 벗어난 후 외국 국적을 취득하지 않은 사람을 뜻한다(북한이탈주민의 보호 및 정착지원에 관한 법률 제2조(정의). 법제처, 2010).
새터민은 탈북자에 대한 부정적인 이미지를 불식하고 긍정적·미래지향적 이미지 제고를 위해 선정하였다. 통일부는 공식적인 용어로 법률용어인 '북한이탈주민'을 사용하되, 비공식적으로 '탈북자'를 대신하여 '새터민'을 상황에 맞게 사용하면서 장기적으로 사회적 합의를 거쳐 자연스럽게 정착될 수 있도록 하였다. 새터민 정착지원 제도는 초기정착금 지급제도, 취업지원제도, 교육지원제도, 사회보장지원제도, 거주지보호제도 등 다각적으로 지원하고 있다(송윤선, 2012 : 7).

3) 세종특별자치시 5,431명 포함

(1) 국제결혼의 증가로 결혼이주자의 급속한 유입

초기 한국 다문화사회화의 가장 큰 유형은 국제결혼으로 인한 결혼이주자, 특히 아시아계 여성들의 급속한 유입이다. 주로 가난하고 힘든 나라에서 한국에 대한 꿈을 가지고 결혼해서 이주했기 때문에 그들은 한국 땅을 밟는 순간 한국인이 된다. 가정이 해체되지 않는 한 이 땅에서 자녀를 낳고 한국 시민으로 영구히 정착하게 된다.

결혼이주여성들이 국내로 이주하게 된 배경은 출신 국가별로 차이가 있다. 중국여성들은 동일문화권에 대한 선호와 한국정착의 방편(위장결혼)으로 삼기도 한다. 일본여성들 대부분은 종교적인 이유 때문이고(통일교의 합동결혼식), 동남아(베트남, 캄보디아, 필리핀) 국가 출신 여성들은 경제적 이유와 본국의 힘든 상황 탈피 및 한류 드라마의 영향이 원인으로 나타났다.

결혼이주자는 2014년 150,994명에서 2015년 151,608명, 2016년 152,374명, 2017년 155,457명, 2018년 157,418명, 2019년(6월 기준) 162,582명으로 해마다 조금씩 증가하고 있는데, 2019년도가 가장 증가할 것으로 예상된다. 결혼이주자의 국적별·성별 현황은 다음 도표와 같다.

〈표 1-4〉 결혼이주자 국적별·성별 현황

구분＼국적	계	중국[4]	(한국계)	베트남	일본	필리핀	캄보디아	태국	몽골	기타
전체	**162,582**	**59,457**	**22,252**	**43,392**	**13,949**	**11,969**	**4,520**	**4,752**	**2,494**	**22,049**
	(100%)	(36.6%)		(26.7%)	(8.6%)	(7.4%)	(2.8%)	(2.9%)	(1.5%)	(13.6%)
남자	**27,819** **(17.1%)**	13,102	7,759	2,447	1,224	438	266	95	156	10,091
여자	**134,763** **(82.9%)**	46,355	14,493	40,945	12,725	11,531	4,254	4,657	2,338	11,958

출처 : 법무부(2019). 출입국 외국인 통계월보(2019년 6월호).

4) 한국계 포함

(2) 국내 노동자의 부족으로 인한 이주노동자의 증가

이주노동자의 유입은 1988년 서울 올림픽 이후 급속한 경제성장으로 인한 소규모 제조업(주로 3D업종)에 노동인력이 필요하게 되면서 '산업연수생'의 신분으로 유입이 되었다가 최근에는 국내 단순노동시장의 주력 노동자로 자리매김하고 있다. 초기에는 주로 서남아시아 국가의 노동자들과 한·중 수교로 인한 중국거주 동포(조선족)들이 주를 이루었으나 최근에는 중앙아시아 국가와 중동국가에까지 문호가 개방되며 이주노동자들이 지속적으로 증가하였다. 이와 같은 저숙련 외국인 노동인력의 유입은 1990년대 초반부터 가시화되기 시작하였고 외환위기 이후 2000년대 이후에 본격적인 노동인력 유입이 가속화되었다(박찬식·정노아, 2008 : 193). 특히 급증한 이주노동자들 중에는 고용계약이 끝났으나 불법으로 체류하는 노동자와 그 자녀들도 상당수 있다.

국내 체류 이주노동자의 업무 유형은 전문직 인력이 48,533명(8.3%)에 불과하고, 대부분 단순기능직 인력으로서 중소기업, 선원, 농촌지원인력, 단순건설노동자 등으로 일하고 있는데 그 수는 538,982명(91.7%)에 이르며, 불법체류 노동자도 전체 이주노동자의 30%에 이른다는 분석이 있다.

〈표 1-5〉 이주노동자 출신 국가별 현황

계	중 국	베트남	캄보디아	네 팔	우즈베키스탄	인도네시아	필리핀
	234,100	47,722	38,084	35,506	34,241	33,996	28,530
	태 국	미얀마	스리랑카	방글라데시	미 국	몽 골	파키스탄
587,515	26,088	25,845	22,477	10,714	9,554	6,403	3,678
	키르기스스탄	영 국	동티모르	캐나다	일 본	러시아(연방)	기 타
	2,682	2,182	2,127	2,108	1,239	604	19,635

출처 : 법무부(2019). 출입국 외국인 통계월보(2019년 6월호).

(3) 한류열풍과 국제화의 영향으로 인한 외국인 유학생 증가

국내 외국유학생들이 유입되는 원인은 K-pop과 드라마로 대표되는 한류열풍으로 한국어를 비롯한 선진 교육을 배우고자 유학생들이 대거 유입되었다. 또한 한국의 높은 지식·정보·기술의 습득을 위한 국비 유학생이 증가하였고, 한국 대학들의 유학생 유치 경쟁의 결과로 인한 원인도 크며(지방의 대학들은 사활을 걸고 유치 중), 국가 간 교환학생 프로그램의 일환(전체의 20%)으로 유입되기도 하고, 마지막으로 유학 외의 일을 하기 위해 유학생 비자로 체류 중이기도 하다(전체의 12%에 해당).

〈표 1-6〉 외국인 유학생 연도별 증감 추이[5)]

연 도	2014년	2015년	2016년	2017년	2018년	2018년 6월	2019년 6월
합 계	86,410	96,357	115,927	135,087	160,671	145,298	171,714
유 학 (D-2)	61,257	66,334	76,040	86,875	102,690	92,943	110,696
한국어연수 (D-4·1)	25,138	30,017	39,873	48,208	57,971	52,346	61,006
외국어연수 (D-4·7)	15	6	14	4	10	9	12
전년 대비 증감률	5.6%	11.5%	20.3%	16.5%	18.9%	-	18.2%

출처 : 법무부(2019). 출입국 외국인 통계월보(2019년 6월호).

5) D-2 : 유학비자
D-4 : 일반연수 비자
일반연수(D-4) 자격의 분류 : 어학연수나 기술연수 또는 실습 등을 하기 위하여 한국에 입국하기 위한 비자

- 어학연수(D-4-1), 외국어연수(D-4-7) : 한국어 또는 외국어 연수를 위하여 국내에서 체류하고자 하는 자
- 졸업생 일반연수(D-4-2) : 국내 대학 졸업(졸업예정)자로서 외국인 투자 기업 또는 외국에 투자한 국내 기업에서 연수하려는 자
- 고등학교 이하 재학생(D-4-3) : 국내에서 허용한 교육기관인 고등학교 이하 교육기관(대한학교 제외)에서 입학허가를 받은 자
- 한식조리 연수생(D-4-5) : 한식 조리를 연수하기 위하여 국내에 체류하고자 하는 자
- 기술연수생(D-4-6) : 설립된 후 1년 이상, 교육과정 반기 기준 400만 원 이상인 교육기관에서 전문 직업을 배우기 위해 국내에 체류하고자 하는 자

〈표 1-7〉 외국인 유학생 출신 국가별 현황

구 분	총 계	유학 (D-2)	한국어연수 (D-4-1)	외국어연수 (D-4-7)
총 계	171,714	110,696	61,006	12
중 국	69,498	58,793	10,705	0
한국계	1,070	888	182	0
베트남	51,926	14,866	37,050	10
우즈베키스탄	8,865	5,345	3,520	0
몽 골	8,731	5,109	3,621	1
일 본	3,197	2,111	1,086	0
네 팔	1,917	1,662	255	0
파키스탄	1,853	1,788	65	0
(타이완)	1,710	1,038	672	0
인도네시아	1,611	1,412	199	0
인 도	1,473	1,335	138	0
미 국	1,403	1,274	129	0
방글라데시	1,339	1,266	73	0
프랑스	1,035	950	85	0
말레이시아	1,017	843	174	0
카자흐스탄	965	821	144	0
미얀마	924	624	300	0
러시아(연방)	891	578	313	0
(홍콩)	793	541	252	0
기 타	12,566	10,340	2,225	1

출처 : 법무부(2019). 출입국 외국인 통계월보(2019년 6월호).

(4) 남북한 화해무드로 인한 북한이탈주민들의 증가

새터민이라고 불리는 북한이탈주민들(탈북자)이 정부의 전략적 문호개방의 영향으로 매년 지속적으로 증가하고 있다. 새터민의 유입 유형은 1993년까지는 정치적 망명, 2005년부터는 생계형 탈출, 그리고 현재는 가족 동반 탈북이 주를 이루고 있다.

북한이탈주민 지원재단에서 실시한 실태 조사에 의하면 북한이탈주민들의 탈북 동기(복수응답)는 ① 식량 부족과 경제적 어려움(52.8%), ② 자유를 찾아서(32%), ③ 북한 체제가 싫어서(23.6%), ④ 돈을 더 많이 벌기 위해(19.0%), ⑤ 가족을 따라서(15.0%), ⑥ 가족을 찾거나 결합을 위해서(9.4%), ⑦ 신변 위협(9.4%) 등으로 나타났다.

특이한 점은 최근 10년 동안 북한이탈주민들의 입국 수는 한해 평균 1,000여 명 정도로 큰 편차를 보이지 않는다는 점과 여성의 비율이 평균적으로 80% 정도 된다는 점이다. 이들은 더 나은 삶을 위해서 탈북했지만 기대 이하의 경제상황(경제적 불만족), 대인관계의 어려움, 남한 주민의 냉담한 반응, 이질적인 생활 습관으로 인한 정신적·육체적 고통을 경험하며, 언어와 역사가 같음에도 체제의 차이에서 오는 문화격차와 긴장감 등으로 한국 적응에 어려움을 겪고 있다. 그래서 일부는 다시 중국이나 북한으로 되돌아가는 경우도 나타나고 있다.

〈표 1-8〉 북한이탈주민 연도별 · 성별 입국인원 현황

구분	2015년	2016년	2017년	2018년	2019년(3월)	총 계
남자	251	302	188	168	38	9,199
여자	1,024	1,116	939	969	191	23,506
계	1,275	1,418	1,127	1,137	229	32,705
여성 비율	80%	79%	83%	85%	83%	72%

출처 : 통일부(2019). 북한이탈주민 입국인원 현황, 2019년 3월 기준.

(5) 중국을 비롯한 외국국적동포(해외동포)의 급속한 유입

한국의 경제발전과 민주화된 체제, 그리고 한류의 영향으로 해외에 거주하던 동포들이 대거 한국으로 유입되고 있다. 2019년 6월 말 기준 국내에 거주하고 있는 외국국적동포는 총 885,745명으로, 국적별로 보면 중국이 82.5%(730,468명)로 대부분을 차지하고 있으며, 이어 미국, 우즈베키스탄, 러시아, 캐나다가 그 뒤를 잇고 있다. 특히 중국과 CIS(Commonwealth of Independent

States, 구 소련 붕괴 후 형성된 독립국가연합 : 러시아, 우즈베키스탄, 카자흐스탄, 우크라이나, 키르기스스탄, 타지키스탄) 지역에서 온 동포들은 한국인이 기피하는 3D 업종에 주로 종사하며 코리안 드림을 꿈꾸고 있다.

〈표 1-9〉 외국국적동포 출신 국가별 현황

계	중 국	미 국	우즈베키스탄	러시아	캐나다
141,468	730,468	45,480	35,641	26,973	16,088
	카자흐스탄	오스트레일리아	키르기스스탄	우크라이나	기타
	13,809	4,705	2,757	2,611	7,213

출처 : 법무부(2019). 출입국 외국인 통계월보(2019년 6월호).

(6) 외국 파견 근무자의 유입

세계화의 영향으로 국제관계, 경제활동, 문화교류, 봉사활동 등으로 인해 다국적 국민들이 일정 기간 상주하며 살고 있다. 외교관과 그 가족, 미군과 군무원 및 그 가족, 다국적기업의 파견 근무자 및 그 가족, UN 및 NGO와 관계된 스텝과 그 가족, 원어민 언어강사, 이외에 한국 기업이나 기관에 고용된 외국인들이 한국 다문화사회화의 중요한 한 요인이기도 하다.

3) 다문화사회 형성의 특징

다문화사회가 형성되는 특징을 아는 것은 중앙정부와 지방정부의 다문화 정책을 세우는 데 중요한 참고 자료가 된다.

(1) 다문화사회의 주류가 혈연적으로 같은 민족이다

전체 등록외국인 중에서 중국동포 43.9%와 그 외 해외동포 약 10% 및 북한이탈주민을 합하면 절반 이상이 같은 혈통을 가진 민족임을 알 수 있다. 이들은 언어, 문화, 사고방식 등의 차이가 있음에도 내국인과 혈통이 같은 민족이기 때문에 외모와 정서상 다른 국가의 이주민들보다 정착하기가 훨씬 유리하다.

(2) 그 외 타민족 출신도 대부분 아시아계 출신자이다

대부분의 결혼이주민과 이주노동자들이 아시아계 출신자들로 피부색, 신체골격, 문화 등에 있어서 한국인과 큰 차이가 없다. 실제로 국내 등록외국인들의 출신국가를 보면 중국(43.9%), 베트남(14.2%), 우즈베키스탄(4.3%), 필리핀(3.5%), 캄보디아(3.5%), 네팔(3.1%) 순으로 나타났다. 이 외에도 태국, 대만, 홍콩, 몽골 등이 아시아계 출신자들이다.

(3) 대부분의 이주노동자와 유학생 등은 본국으로 귀국하는 경향이 많다

외국인주민의 절반 이상을 차지하는 이주노동자와 유학생들은 자신들의 목적을 이룬 후(노동자는 돈 벌기, 유학생은 학위 취득) 대부분 본국으로 돌아가는 경향이 강하다. 결혼이주자는 거의 국내에 영구거주하지만 일부 불법체류 노동자를 제외하고는 노동자와 유학생은 대부분 귀국하는 경향이 많다.

(4) 이주노동자의 비중이 상대적으로 높다

등록외국인 1,257,366명 중 이주노동자가 587,515명으로 전체 46.7%를 차지하고 있고, 유학생이 171,714명(13.7%), 결혼이주자가 162,582명(10.1%)의 순으로 국내 다문화사회의 70%를 차지하고 있다. 국내 다문화사회의 초기 비중은 결혼이주자가 다수를 차지했으나 최근에는 부족한 3D업종의 노동인력을 충원하기 위해서 이주노동자들이 절대 다수를 차지하고 있다.

(5) 다문화에 대한 인식과 수용성이 낮다

다문화사회화가 빠르게 진행되고 있지만 여전히 한국인들의 순혈주의 중시 풍토로 다문화에 대한 인식과 수용성이 현저히 낮다. 그동안 한국인들은 단일민족 국가라는 역사의식이 강하고 유교적 가치관 등으로 인해 이주민들과의 공존을 모색하기보다 차별적 의식이 강하다. 특히 외국인을 대하는 시선도 피부색과 국적에 따라 달라지는데, 서구권 백인들에 대한 시선은 우호

적이지만, 동남아시아나 아프리카인들에 대해서는 부정적이고 무시하려는 경향이 강하다.

(6) 이주민에 대한 차별적·부정적 인식을 하는 경우가 많다

대부분의 한국인들은 결혼이주여성들에 대해 '팔려온 신부' 혹은 '씨받이', 그리고 외국노동자들에 대해 '불법체류' 혹은 '일자리 도둑' 정도로 인식하는 경우도 많다. 또한 대부분의 이주민들에 대해서 '저질문화', '이상한 생김새', '테러' 등 부정적인 이미지가 상당히 심하며, 그로 인해 차별과 멸시를 하고 있다.

이런 인식의 결과로, 결혼이주여성에 대해 기본적인 인권을 유린함으로써 가정불화와 함께 아내의 가출로 인한 가족해체에 이르게 된다. 또한 이주노동자들의 처우를 부당하게 하는데 이는 임금착취, 신체유린, 인권탄압 등으로 나타나며, 때로는 이들이 본국으로 돌아가 현지 거주 한국인에게 보복을 하는 경우도 생겨나고 있다.

(7) 분야별 출신국가 및 거주지역이 확연히 구분된다

결혼이주자는 주로 동남아 국가 출신자들, 유학생은 주로 중국인들, 노동자는 주로 서남아시아 국가 출신들이 주류를 이루고 있다. 분야별 거주 지역은 결혼이주자는 주로 농촌지역에, 유학생은 도시 캠퍼스 지역에, 노동자는 산업단지나 농촌지역의 농공단지 지역에 집단거주하고 있다.

(8) 대부분의 다문화가정과 이주노동자의 삶이 경제적으로 어렵다

대부분의 다문화가정은 경제적으로 낮은 소득수준에 있다. 주로 농촌의 노총각이나 도시의 노총각 등 한국여성과의 결혼이 힘든 남자들이 결혼이주여성과 결혼을 하게 되는데, 한국인 남편들이 대부분 안정된 직장을 갖고 있거나 고소득자가 아니기 때문에 경제적 빈곤과 사회적 하위계급의 성격을 띠고 있다. 또한 이주노동자들도 본인이 제공한 노동력에 비해 임금이 적을 뿐 아니라 대부분 본국으로 송금을 하기 때문에 실제 국내 거주 노동자들의 경제적 여력과 삶의 질이 현저히 낮은 실정이다.

실제로 여성가족부에서 발표한 「2018년 전국다문화가족 실태조사」에 의하면 다문화가정의 직종은 단순노무가 27.9%로 국민 일반(13.0%)에 비해 단순노무 종사자 비율이 월등히 높다. 또한 서비스 종사자(17.0%), 장치, 기계 조작 및 조립 종사자(13.8%), 기능원 및 관련 기능 종사자(10.2%)도 국민 일반보다 많은 편이다. 반면, 취업한 결혼이민자·귀화자 등 가운데 전문가 및 관련 종사자는 10.7%, 사무종사자는 6.0%로 국민 일반에 비해 전문가 및 관련 종사자, 사무 종사자 비율이 크게 낮았다. 결혼이민자의 종사상 지위를 살펴보면, 자영업자 11.1%, 무급가족종사자 6.6% 등 비임금근로자가 17.7%이며, 상용근로자가 42.3%, 임시근로자가 21.4%, 일용근로자가 18.5%를 차지하고 있는데, 이를 18세 이상 국민 일반과 비교하면 상용직 비중은 월등히 낮고 임시직 및 일용직 비중은 훨씬 높으며, 사영업자의 비중은 현저히 낮고, 무급가족종사자 비중이 더 높은 등 전반적으로 종사상 지위가 열악하다. 다문화가정의 월평균 임금은 150~200만 원 미만이 25.3%, 100~150만 원 미만이 22.3%로, 절반에 이르는 47.6%가 100~200만 원의 임금을 받고 있다.

2. 다문화가족의 이해

다문화가족은 다양한 문화가 공존하는 가족, 즉 서로 다른 국적이나 인종, 문화를 지닌 사람들로 구성된 가족을 칭하는 용어이다. 다문화가족지원법 제2조에 따르면, 다문화가족이란 결혼이민자 또는 귀화 허가를 받은 자와 대한민국 국적자로 이루어진 가족이며, 국제결혼 가족, 외국인 근로자 가족, 북한이탈주민(새터민) 가족, 난민 가족 및 1인 외국인 가구 등으로 나눌 수 있다.

현재 우리나라의 다문화가족의 주된 구성요인은 국제결혼 가족과 외국인 근로자 가족 및 북한이탈주민(새터민) 가족으로 구성되어 있다.

1) 다문화가족의 유형

(1) 국제결혼 가족

한국인과 외국인이 결혼하여 구성된 가족을 말한다.

(2) 외국인 근로자 가족

외국인 근로자(이주노동자) 남성과 한국인 여성 또는 외국인 근로자 여성과 한국인 남성, 혹은 외국인 남성과 여성이 각각 결혼하여 구성된 가족을 말한다.

(3) 북한이탈주민(새터민) 가족

북한이탈주민(새터민) 남자와 여자, 북한이탈주민과 한국인, 또는 북한이탈주민과 외국인이 결혼하여 구성된 가족을 말한다.

(4) 난민 가족

난민 판정을 받아 합법적으로 국내에 거주하는 난민이 난민들끼리 또는 난민과 한국인이 결혼하여 구성된 가족을 말한다.

(5) 1인 외국인 가구

1인 외국인 가구는 혼자 사는 외국인 근로자 또는 유학생 등이 해당된다.

2) 다문화가족의 현황

여성가족부에서 발표한 「2018년 전국 다문화가족 실태조사」[6)]에 의하면 다문화가구는 전체 306,995가구로 추정되며, 결혼이민자 가구가 85.7%(262,969가구), 기타 귀화자 가구가 14.3%(44,026가구)로 나타났다. 그리고 다문화가족

6) 전국 다문화가족 실태조사는 다문화가족지원법 제4조에 따라 3년마다 실시하는 조사로 2009년, 2012년, 2015년에 이어 2018년에 네 번째로 실시되었다.

중 10년 이상 한국 거주자가 2009년 15.6%에서 2018년 60.6%로 크게 증가했다. 장기 거주로 한국 생활 적응력은 높아짐과 동시에 자녀의 학령기 비율이 증가하여 청소년기 자녀 양육의 중요성도 더욱 커지고 있다. 가족구성은 부부와 자녀로 이루어진 가족(34.0%)이 가장 많고, 부부가구(17.0%), 1인 가구(14.4%), 확대가족(12.3%), 한부모가족(12.2%) 순으로 나타났다.

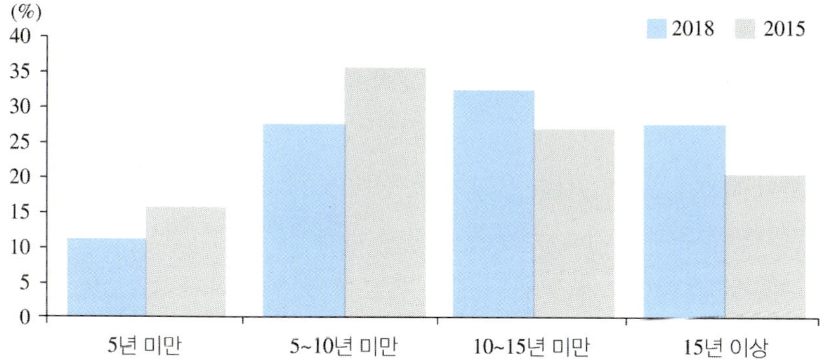

┃그림 1-1┃ 결혼이주자 국내거주기간

출처 : 여성가족부(2019). 2018년 전국 다문화가족 실태조사 결과.

국내 대부분의 다문화가정은 한국인 배우자와의 국제결혼으로 인한 다문화가족으로 구성되었다. 특히 한국 미혼여성들이 도시에서의 삶을 선호하므로 농촌지역에서 거주하고 있는 농촌 미혼남성들이 내국인 여성을 배우자로 찾기가 어려워짐에 따라 외국 여성과 결혼할 수밖에 없는 처지에 놓이게 된 것이 가장 큰 다문화가족의 구성 요인으로 꼽힌다. 결혼이주여성들은 중국동포가 다수를 차지하고 있고, 주로 아시아계 여성들이 유입되었다. 이들은 주로 경제적으로 어려운 나라에서 한국에 대한 꿈을 가지고 결혼해서 이주했기 때문에 가정이 해체되지 않는 한 한국에서 자녀를 낳고 한국 시민으로 정착할 가능성이 높다.

결혼이주여성들의 출신 국가별 현황을 보면, 전체 162,582명 중 동포(조선족)를 포함한 중국이 전체 36.6%를 차지하고 있고, 그 뒤를 이어 베트남 26.7%, 일본 8.6%, 필리핀 7.4%, 태국 2.9%, 캄보디아 2.8%, 몽골 1.5% 순으로 나타났다.

그리고 다문화가족을 구성한 성별의 비율을 보면 여성결혼이주자가 84%로 남성결혼이주자 16%에 비해 압도적으로 많았다. 그 이유는 주로 여성결혼이주가 한국 남성에게 시집을 와서 다문화가족을 이루는 경향이 대부분이었기 때문이다. 남성결혼이주자는 주로 노동자로 입국했다가 한국에 장기체류(거주)하기 위한 목적으로 한국여성과 결혼한 경우가 많았다. 현재 국내 다문화가정의 한국인 배우자 연령대는 40대와 50대의 중장년층이 71.6%에 이르며, 60대 이상 고령층은 8.9%이며, 혼인형태는 초혼이 74.6%이고 재혼이 25.4%이다.

다문화가족의 혼인 상태는 92.1%가 유배우(有配偶)이고 7.7%가 이혼·별거중이다. 특히 유배우 가족의 결혼 배경이 과거에는 절반 정도가 결혼중개업소를 통한 결혼이었으나 현재는 친구 동료의 소개가 가장 많았고(31.7%), 스스로 결정(24.8%), 결혼중개업체(21.4%), 가족 또는 친척의 소개(18.4%), 종교기관(3.4%) 순으로 나타났다. 종교기관을 통한 결혼은 주로 통일교의 합동결혼식을 통해 결혼한 종교적인 이유(주로 일본인 여성)로 나타났다.

결혼이주여성들의 한국인 배우자 직업의 90% 정도는 농업, 공공근로자, 건설노동자, 운전자 등 단순노동자들이었고 사무직에 종사하는 배우자는 5%에 불과했으며, 무직인 경우도 5%로 나타나 한국인 배우자들의 직업이 경제적으로 안정되지 못함을 볼 수 있다. 실제로 대다수의 한국인 배우자의 월수입이 200만 원 미만이었고 그래서 결혼이주여성의 25% 정도가 본인의 직업을 가지고 있다. 이들이 직업을 가진 큰 이유 중의 하나는 본국의 친정 가족들을 지원하기 위함으로, 결혼이주여성 절반 정도가 본국에 송금하고 있다.

이와 같은 현상은 동남아 국가의 가족문화에서는 당연한 것이다. 필리핀의 경우 가족애가 높은 모계사회로 가족을 위해서는 어떤 희생도 마다하지 않으며, 또한 대도시에 있는 가족이 지방에 있는 가족들을 돌보는 것은 당연한 일로 인식되어 있다. 또한 여유 있는 가족이나 친족의 구성원이 다른 어려운 가족을 돕는 것은 매우 자연스러운 문화이다.

이런 문화적 배경에서 볼 때 결혼이주여성들이 본국의 가족을 위해 송금하는 것에 대해 이해해 주고 협력하는 것이 부부간의 원만한 관계와 당사자의 원만한 한국 생활을 위해서도 필요한 일이다. 또한 본국에 있는 부모님들 입장에서도 주위의 이웃들이나 친척들에게 "한국에 시집간 아무개가 돈 보내왔다"는 것은 자랑스럽고 또한 처가의 경제적인 어려움에 도움을 주는 보람된 일이기 때문에 감당할 수 있는 범위 내에서 송금하는 것은 결혼이주여성의 한국 정착과정에서 부부간의 친밀감 향상과 더불어 가족애 증진에 기여할 중요한 요인이 될 것이다.

3) 다문화가족의 현안 문제

문화가 다르고 삶의 패턴이 다른 사람들이 만나 가정을 이루어 산다는 것은 결코 쉬운 일이 아니다. 동족인과의 결혼생활도 쉬운 일이 아닌데, 언어가 다르고 연령 차이가 많이 나며(대부분의 경우), 생활양식이 다른 사람이 부부로 살아가는 과정에서 여러 현안 문제들이 발생하는 것은 생소한 것은 아닐 것이다.

(1) 결혼생활의 어려운 문제들

전국 다문화가족지원센터 10개소 프로그램에 참여하고 있는 결혼이주여성들 150여 명을 대상으로 한 조사에서 결혼생활에서 겪는 어려움을 3개 이상 복수 응답하도록 한 결과 전체 66.4%가 본국에 대한 그리움(鄕愁) 때문에 어려움을 겪고 있다고 응답했고, 다음으로 53.8%가 자녀교육의 어려움을 호소했으며, 50.4%가 언어와 문화적 차이로 인한 어려움을 답했다. 다음으로 42.9%가 경제적 어려움을 겪고 있는 것으로 나타났으며, 35.3%가 외로움을, 29.4%가 주위의 차별을, 28.6%가 남편과의 갈등을 어려움으로 응답했다. 23.5%는 남편을 비롯한 시집식구들의 외출 제한을 어려움으로 제시했고, 18.5%는 음식으로 인한 어려움을 호소했으며, 17.6%는 각각 시댁과의 갈등과 한국 가정의 문화로 인한 어려움을 응답했다. 그 외의 요소로는 종교적인 문제(15.1%), 다문화 친구들과의 갈등(9.2%), 가족의 무관심(8.4%)과 건강문제(7.6%)를 어려움으로 응답했다.

(2) 부부간의 갈등(분쟁)

한국인 남편과 외국인 아내의 결혼생활은 그 자체로만 보더라도 쉬운 것이 아니다. 같은 민족끼리의 결혼생활도 갈등이 있기 마련이므로 국제결혼으로 인한 다문화가정의 부부간의 갈등도 면밀히 살펴서 건강한 부부관계를 유지하도록 돕는 것이 매우 중요하다.

이런 의미에서 다문화가족의 부부간의 갈등을 조사한 결과 24.4%가 언어와 문화의 차이점 때문에 가장 많이 갈등을 겪는 것으로 조사되었으며, 그 다음으로 15.1%가 시댁과의 갈등으로 인해 부부간의 관계가 원만하지 못하며, 12.6%는 경제적인 문제로 갈등을 겪고 있고, 11.8%는 자녀 양육문제 때문에 갈등하고 있는 것으로 나타났다. 7.6%는 종교문제로 부부간에 갈등을 겪고 있고, 5.9%는 본국에 송금하는 문제 때문에 갈등하고 있으며, 5.0%는 각각 부부간의 성생활과 남편의 의처증 때문에 갈등을 겪고 있는 것으로 나타났다. 그 외의 원인으로는 외모에 대한 무시, 직업을 갖지 않는다는 이유, 인종차별적인 언행과 생활환경에 적응하지 못함으로 인한 갈등, 외출문제로 인한 갈등이 있다.

중앙가정지원센터의 다문화가족 상담결과에 의하면, 남편과 아내가 부부간의 어려움을 호소하는 내용이 각각 달랐다. 먼저 남편은 아내에 대한 불만사항으로서 지속적인 본국으로의 송금 요구, 물건 사달라고 조르기, 가사노동 기피, 시부모를 무시하기, 게으름, 폭력(할퀴기, 꼬집기, 자해하기, 협박하기, 칼 들기 등), 출신국 남자와의 채팅 및 문자주고 받기, 과도한 소유욕(질투, 의부증), 친정부모 형제 초청에 대한 과도한 요구, 성생활 기피, 임신 기피 등으로 나타났다.

반면 아내의 남편에 대한 불만은 돈 때문에 시집왔다는 의심, 시댁가족들의 지나친 간섭, 본국과 외부와의 전화통제, 생활비 안 주기, 용모통제(노출이 심한 옷에 대한 제재), 말 듣지 않으면 본국으로 보낸다는 협박, 한국에 적응하기 위한 한국음식 먹기와 요리 강요, 신분증 빼앗기, 한국어교육에 참여시키지 않기, 동일 출신국 사람들 모임에 보내지 않기, 컴퓨터 가르치지 않기, 빨리 임신하도록 강요, 원하지 않는 성행위 강요, 도망갈 것이라는 의심 등으로 나타났다.

(3) 가정폭력

부부간의 갈등은 가정폭력으로 연결될 가능성이 매우 높으며, 또한 가정폭력은 부부간의 관계를 파탄에 이르게 할 수도 있다. 실제로 30% 정도의 부부간에 가정폭력이 있었으며, 이중 절반은 5번 이상 폭력을 경험했다고 함으로써 가정폭력이 반복되고 있음을 알 수 있다. 가정폭력의 유형은 언어폭력(48.3%), 신체폭력(20.7%), 성폭력(17.2%), 이혼협박(13.8%) 순이었다.

언어폭력은 상호간에 의사소통이 되지 않기 때문에 나타나는 경향이 많다. 예컨대 얼마 전 베트남 아내를 폭행하는 동영상이 전 국민적인 공분을 일으켰다. 그것도 언어소통의 문제 때문에 발생한 것으로, 밥을 하는 아내에게 "치킨 시켰는데 왜 밥을 했냐?"며 남편이 폭행을 가했던 것이다(고성민, 2019년 7월 22일). 결혼이주여성에 대한 언어 및 신체 폭력은 남편만의 문제가 아니라 시부모의 폭력도 상당했다. 특히 남편의 성폭력은 음주 후 성행위 강요, 폭력적 성행위로 인한 스트레스, 과도한 성행위 요구 또는 성생활 기피 등도 포함되었다.

(4) 가출 경험과 가출 시 가는 곳

결혼이주여성들은 부부간의 관계 등 가정생활의 갈등과 어려움을 극복하지 못하면 가출을 하게 되는데, 32%가 가출을 경험했고, 가출 경험자 90%가 두 번 이상 가출경험이 있다고 했다. 이들이 가출했을 때 가는 장소는 다문화쉼터(34%)가 가장 많았고, 다문화 친구집(26%), 자국민 이주자숙소(11%), 목사님 사택 또는 종교시설(11%), 여관(모텔, 8%) 순으로 나타났다.

(5) 이혼 또는 별거를 고려중인 이유

부부간의 갈등과 지속적인 가정폭력, 이로 인한 가출은 결국 이혼이나 별거를 하게 하는 결과를 초래한다. 실제로 가정폭력과 가출을 경험한 결혼이주자들 34%는 이혼 또는 별거를 고려 중에 있다. 이혼이나 별거를 고려 중인 원인으로는 생활방식과 문화적 차이가 가장 많은 이유로 나타났다(42.5%). 다음으로 배우자의 폭력(35%), 성격차이(32.5%), 시댁식구들과의 갈등(30%), 남편의 무관심(27.5%), 경제적 어려움(25%), 인격 모독적인 이유와 남편의 의처증(22.5%), 지나친 활동을 제한(20%), 그리고 종교문제(15%) 등인 것으로 나타났다.

그런데 다문화가족의 이혼율이 실제 증가하고 있다. 국내 다문화가정은 2018년에 총 30만 가구를 넘어섰는데, 이 중 한국 남성과 외국 여성 간 혼인은 2018년 16,608건이었고 같은 해 이혼은 5,174건을 기록했다(문광민·신혜림, 2019. 7. 8). 「2018년 전국 다문화가족 실태조사」에 의하면 이혼 또는 별거의 이유는 성격차이(41.2%)가 가장 많고, 배우자 가출(34.0%), 배우자의 외도 등의 애정 문제(10.3%), 경제적 문제(7.2%), 배우자 가족과의 갈등(4.1%) 순으로 나타났다. 이혼 또는 별거 후 전 배우자로부터 양육비를 받고 있는 경우는 6.8%에 불과하며, 절대다수(93.2%)가 전 배우자로부터 양육비를 받고 있지 않다.

다문화가족지원센터의 상담 사업결과에 의하면, 이와 같이 실제로 다문화가족의 이혼율이 계속 증가하고 있는데, 원인으로 성격차이, 배우자의 외도 및 가정생활 소홀로 인한 이혼청구, 결혼중계업소의 잘못된 정보로 인한 이혼청구, 임신 중 친자의심으로 인한 이혼 청구, 남편의 경제력 상실과 폭력 및 음주·도박으로 인한 이혼 청구, 결혼이주여성의 가출 및 본국으로의 무단 귀국으로 인한 남편의 이혼 소송 등으로 나타났다.

(6) 자녀양육의 어려움

결혼이주자들은 주로 아시아국가 출신으로 가족중심의 문화에서 자녀가 가장 중심에 자리 잡고 있어 자녀에 대한 애착이 매우 강하다. 반면, 자녀의 언어부진 및 또래 아이들로부터의 따돌림과 이로 인해 학습부진이 높아지는 현상은 다문화가정의 현안문제로 대두되고 있다. 특히 자녀양육에 어려움을 겪는 원인으로는 한국식으로 적절한 교육방법을 몰라서 제대로 양육하지 못한 어려움이 가장 컸으며(21.0%), 다음으로 자녀양육을 도와줄 사람이 없어서 어려움을 겪고 있다고 응답한 사람이 19.3%였고, 13.4%는 자녀의 학업성취도가 낮은 것이 어려움이라고 했다. 또한 10.9%는 자녀가 학업의 어려움을 겪고 있을 때 도와주지 못한 것이 어려움이라고 했고, 8.4%는 직장 때문에 시어머니가 양육함으로써 자신들이 직접 양육하지 못한 어려움을 나타냈으며, 6.7%는 남편과의 자녀양육 방식이 다름으로 인한 어려움을, 5.0%는 자녀의 사춘기를 제대로 관리하지 못한 것이 어려움이라고 했다. 남편의 전처 자녀들을 양육하기도 쉽지 않은 문제였다.

2019년 기준 다문화가족의 자녀 93.1%가 한국 학교에 재학 중인데, 이는 2012년 78.7%와 2015년 84.5%에 비해 지속적으로 증가하는 양상이다. 그럼에도 중간에 중퇴하는 자녀들이 있다. 그만둔 주된 이유를 보면, 학교 다니기 싫어서가 46.2%로 가장 높고, 그 다음으로는 친구나 선생님과의 관계 때문이 23.4%, 편입학 및 유학준비가 14.1%, 학비문제 등 학교 다닐 형편이 안돼서가 12.9% 등으로 나타났다.

다문화가정의 자녀들 80% 이상이 학교생활(유치원 혹은 어린이집 포함)에 크고 작은 어려움을 겪고 있는데, 그 원인으로는 한국어 능력이 부족한 것을 가장 큰 어려움이라고 답했으며(16%), 15.1%는 자신이 한국인 어머니와 비교되는 것, 10.9%는 각각 자신의 자녀가 혼혈아 취급을 받는 것과 친구들의 따돌림, 10.1%는 자녀의 학습능력이 뒤처지는 것, 9명(7.6%)은 선생님의 차별대우, 6.7%는 경제적인 어려움 때문에 제대로 지원하지 못한 것, 그리고 3.4%는 자녀들이 학교생활에 제대로 적응하지 못한 것이 어려움이라고 했다.

특히 다문화가정의 자녀들 중 8.2%가 학교폭력 피해를 경험한 것으로 나타났다. 유형별로는 말로 하는 협박과 욕설이 61.9%로 가장 높고, 다음으로 집단 따돌림이 33.4%, 인터넷 채팅, 이메일, 휴대전화로 하는 욕설과 비방이 11.4%, 손이나 발, 도구로 맞거나 특정 장소에 갇히는 폭행 및 감금이 7.8%, 돈이나 물건을 빼앗기는 갈취가 5.0% 순으로 나타났다.

(7) 고부간의 갈등

결혼이주여성이 가장 힘들어하는 상대는 남편 다음으로 시어머니이다. 시어머니와의 의사소통의 어려움, 한국 시어머니 특유의 지나친 사생활 간섭(시집살이)에서 오는 갈등, 아랫사람으로 대하는 비인격적인 대우, 강제성 취업요구 또는 취업반대로 인한 고부갈등문제, 남편과의 갈등이 시부모와의 갈등문제로 비하되는 경우, 아이에 대한 시어머니의 무관심, 며느리의 외부활동에 참석해서 감시함, 한국 고유의 전통적인 시댁·시누이와의 이해 부족에서 오는 갈등, 치매 또는 장애가 있는 시부모님 부양 문제 등이 갈등의 원인으로 나타났다.

(8) 다문화가정 부부들의 문화적응 유형

단일문화 가정의 여느 부부들처럼 다문화가정의 부부들도 여러 가지 차이점으로 인한 갈등이 발생한다는 것을 살펴보았다. 그러나 부부간의 갈등을 해결하지 못하고 가정이 해체되는 경우도 있지만, 대부분의 부부는 나름대로의 방식으로 적응해 나가고 있다. 만일 다문화가정의 부부 어느 일방이 상대의 문화적 배경을 이해하지 않고 자신의 단일문화만을 고집하면 가정을 유지하는 데 치명적 오류를 범할 것이다(Derald Wing Sue, 2008 : 332).

문화적응이란 각기 다른 문화적 배경을 가진 두 사람이 서로 지속적인 접촉을 가졌을 때 나타나는 현상들로서, 한 사람 혹은 두 사람 모두가 본래 가지고 있던 문화적 양식에 일어나는 변화들을 의미한다(Redfield & Herskovits, 1936 : 149-152). 따라서 문화적응은 어느 한순간에 일어나는 것이 아니라 몇

년이 걸리기도 하고, 때로는 세대에 걸쳐 지속적이고 장시간에 걸쳐 이루어지기도 한다.

Berry(1997 : 9)는 결혼이주여성들이 자문화와 타문화의 적응과정에서 일어나는 여러 가지 문화적응 유형을 네 가지로 구분하였다. 동화(assimilation)영역, 분리(separation)영역, 통합(integration)영역, 주변화(marginalization)영역이 있는데, 새로운 사회를 접한 이주여성들이 자신의 선택에 따라 문화적응의 과정에서 네 가지 영역 중 하나를 선택하게 되고, 그 결과 이주여성들의 사회적응력과 삶의 질에 영향을 미치게 된다.

특히 Eunsook Lee Zeilfelder(2007)는 다문화가정의 부부들의 갈등이 치유되고 문제가 회복되는 과정을 세 가지 유형으로 요약했다.

첫째, 순종형(submission)이다. 각기 다른 문화적 배경을 가진 남녀가 결혼을 해서 새로운 생활을 시작할 때 열세하고 약한 쪽이 우세하고 강힌 쪽으로 기울어지는 형을 뜻한다.

둘째, 타협형(compromise)이다. 부부가 서로의 문화, 습관, 가치관 등을 충분히 토론하고 서로의 좋은 것을 배워가며 타협해 가는 형이다. 서로 다른 점들을 누가 더 낫다고 판단하기보다는 상황에 따라 양쪽 문화를 수용할 수 있는 열린 자세를 가진 유형이다.

셋째, 일치형(consensus)이다. 서로의 다른 점이나 일치점을 충분히 토론하고 어느 한쪽으로 기우는 것이 아니라 양쪽 것을 수용하면서 그들만의 다문화 결혼생활을 win-win으로 만들어 가는 유형이다. 가장 건강하고 바람직한 유형이며, 행복한 결혼생활을 위한 이상적인 유형이다.

4) 다문화가족의 일상생활 및 가치관의 차이점[7)]

다문화가족의 일상생활을 중심으로 살펴보면 부부관계를 비롯한 부모-

7) 이 부분은 중앙건강가정지원센터의 「다문화사회 전문강사 양성교육 자료집(2008)」에 실린 오윤자의 발표를 부분적으로 발췌하였음

자녀 관계, 확대가족 및 친인척 관계 등의 인간관계뿐만 아니라 언어표현 능력과 문화적 차이로 인한 불편함과 갈등 사례들이 나타나고 있다.

(1) 언어 : 의사소통

결혼이주자들이 동시에 두 개 이상의 언어를 사용하는 이중 언어를 잘 하기 위해서는 유창성보다 정기적인 언어사용에 초점을 둘 것을 언어학자들은 제안하고 있다(이형하, 2015 : 230).

① 의사소통 장애 및 심리 위축

㉠ 아이가 유치원이나 어린이집에 다니면서 말을 엄마보다 잘하고 빠르게 하니까 "엄마 바보"라고 했을 때 가슴이 아팠으며, 때로 엄마는 아이가 무슨 말이든지 못 알아듣고 "엄마는 무식해! 지금 엄마 한국말 했어? 중국말 했어?"라고 할 때 아이에게 한국말만 가르친 것을 후회하고 어떻게든 중국말을 가르칠 각오를 하고 있다.

㉡ 남편이 없으면 이야기할 사람이 없고 집에 혼자 있으니 외로워서 친정에 자주 전화를 했는데 그럴수록 더 본국 생각이 나서 한국 적응에 힘이 든다.

㉢ 가족 간에 갈등이나 오해가 생기는 경우 속마음 대화('말하지 않아도 내 마음을 알겠지?')는 물론 익숙하지 않은 대화언어와 의사소통 기술의 문제로 행동에 대한 설명이나 해명에 어려움이 있어 답답해서 화를 내거나 언어적, 신체적 폭력이 생기기도 한다.

㉣ 한국어 습득의 기회를 갖기도 전에 출산을 하거나 가정의 대소사를 책임져야 하는 등 급변한 일상생활의 적응 자체에 심각한 어려움을 겪고 있다.

② 높임말

주변에서 듣는 말이 대부분 반말이어서 가족이나 이웃과 대화 시 존댓말 사용에 어려움을 겪는다(상대방의 연령에 따라 표현법이 다르기 때문이다).

③ 발음 및 언어습득

발음하기 어려워한다. 예를 들어, 남자를 '남장', 여자를 '여장'이라고 하며, 특히 베트남에는 'ㄹ' 발음이 없어서 이를 발음하기 어려워한다. 필리핀 출신 여성들은 영어를 집에서도 조금씩 사용하다 보니 다른 나라 사람들에 비해 한국어 습득 속도가 느리다. 또한 결혼이주여성의 본국에서의 학력 수준에 따라서도 한국어 습득 정도에 차이가 있다.

(2) 일상생활(의식주)

① 식(食)생활(국가별 차이점)

입에 맞는 자국 음식을 먹고 싶지만 가족들은 한국 음식에 적응해야 한다고 관심을 기울이지 않는다. 결혼이민자 출신국의 식생활 문화에 대한 자료가 가정에 없기 때문에 많은 오해와 적응의 어려움을 겪다가 서로의 식생활 적응이 되지 않아 1주일에 1~2회 정도는 식사를 같이 해도 메뉴는 다르게 한다. 특히 한국은 밥과 국이 꼭 있어야 밥을 차린 것이라고 하여 식사 준비에 힘이 든다. 특히 한국 음식은 대부분 맵기 때문에 적응하기가 쉽지 않다. 심지어는 배탈이 나기도 하여 오랫동안 고생을 하기도 한다.

㉠ **중국** : 중국 음식은 보통 기름에 볶는 요리인 데 비해 한국은 무침이 많고, 향신료를 많이 사용하지 않는다. 돼지고기 요리를 좋아하는 한국 가족에 비해, 위그로족은 돼지고기를 먹지 않아 인터넷으로 양고기를 주문해서 먹어 가족 간에 적응이 되지 않는 경우도 있다. 또한 남편이 식사를 끝내지 않았지만 아내가 먼저 식사가 끝나서 먼저 일어서는 것에 대해 남편은 불쾌하게 생각하는데 왜 한국에서는 식사가 끝날 때까지 식탁에 앉아 있어야 하는지 답답해 한다.

㉡ **일본** : 일본은 아침 점심, 저녁 세 번 모두 밥으로 먹어야 하며, 모두 같은 반찬이 상에 올라가는 것도 이상하게 생각한다. 한국 음식에 마늘이 너무 많이 들어가서 먹기 힘들어한다.

㉢ **베트남** : 음식의 간을 강하게 하는 편이어서, 수박에 소금과 고춧가루를 찍어 먹고 망고에는 간장과 설탕들을 뿌려 먹기도 해서 한국 가족들이 놀란다. 한국에 비해서 베트남은 아침에 늦게 일어나고 아침밥을 잘 먹지 않는데 한국에서는 새벽에 일어나서 여성들이 밥을 해야 하고 꼬박꼬박 밥을 챙겨야 하는 것을 힘들어한다. 또한 출산을 하면 한국에서는 미역국이나 족발 달인 물 등을 먹게 하는데 베트남에서는 국물은 배가 부르고 배가 많이 나올까봐 먹이지 않고 고기를 조려 먹인다. 한국 사람들이 즐겨 먹는 음식을 처음 보는 것이 많아 적응하는 데 어려움이 있다.

㉣ **필리핀** : 식사 때 아이 먼저 먹으라고 하는데 한국은 어른 먼저 먹어야 한다는 것에 대해 이상하게 생각한다. 아침에 빵이나 커피를 먹다가 한국 남편이 밥을 먹는다고 하니 밥과 반찬을 많이 만들기가 힘들고 잘하지도 못해 가끔 남편과 다투는 일이 생긴다.

㉤ **몽골** : 해산물을 먹어보지 못했기 때문에 산낙지, 꽃게 등은 벌레 같다고 생각하는데 한국 가족들은 육식고기보다 해산물을 더 좋아해서 힘들어한다.

㉥ **태국** : 매끼 다른 음식을 만들어 먹는데 한국에서는 세 가지 종류 이상의 반찬을 거의 하지 않는 것을 이상하게 생각한다. 한국은 사위가 처갓집에 가면 후하게 음식을 내놓는데 처갓집에 갔더니 차려주는 것이 별로 없었다고 서운해하기도 한다.

② 주(住)생활

한국은 온돌 문화이기 때문에 좋은 점을 많이 이야기하지만 청소하기 등 결혼 이민자 출신국의 주 생활문화와의 차이점 때문에 가족들의 갈등으로 이어지기도 한다.

㉠ **베트남** : 문을 열어놓고 사는 나라이기 때문에 시어머니가 “먼지 들어오는데 왜 자꾸 문을 여냐”고 자꾸 문을 닫아 답답함을 느끼게 된다고 한다.

㉡ **필리핀** : 집 안에서도 신발을 벗지 않는 생활을 하다가 한국에서 신발을 벗어야 하는데 가끔 익숙하지 않아 신발을 신고 집 안에 들어가는 경우도 있다.

㉢ **러시아** : 주로 아파트 생활을 하다가 한국에서 빌라, 다가구, 개인주택 생활을 많이 하니까 적응과 관리에 어려움이 있다.

③ 의(衣)생활

더운 나라(태국, 필리핀, 캄보디아 등) 출신의 결혼이민자들은 우리나라가 항상 춥게 느껴지고 사계절이 있는 것에 적응을 하지 못해 봄이 되어도 겨울옷을 입고 다니거나 자녀들에게도 옷을 두껍게 입히는 경우가 있다.

㉠ **베트남** : 장소에 따라 의복 예절을 갖추는 경우가 없었던 베트남 결혼 이민자들은 결혼식장에도 잠옷 차림에 슬리퍼를 신고 가는 경우가 있다.

㉡ **러시아** : 자유롭게 옷도 입고 행동하는데 아줌마는 노출도 많이 하면 안 된다고 옷을 단정하게 입으라고 한다.

(3) 가치관

① 남존여비

중국, 필리핀, 베트남 여성들은 일부 한국 남성들이 너무 남존여비사상이 뚜렷해서 이주 여성 모두 현모양처이기를 바라며, 남편은 하늘, 아내는 땅이라는 말을 받아들이기 힘들고, 불공평해서 자주 싸우게 되는 경우가 있다. 과중한 가사와 자녀양육 부담, 시댁과 친정에 대한 비대칭적 관계에 적극적으로 이야기할수록 갈등이 심화된다. 특히 남편이 말이 통하지 않거나 화가 나면 술을 마시고 결국 이것이 폭력으로 나타난다. 그럼에도 친구나 이웃에게 맞고 산다는 말을 하지 않고 참고 살다가 마침내 폭발하여 이혼·별거에 이르게 된다.

② 가사

중국, 필리핀, 베트남 등 대부분 가사를 남편과 아내가 비슷하게 하는데 한국에서는 무조건 아내의 일이라 생각하기 때문에 한국 남편들은 자녀가 어릴수록 아내가 경제활동을 하는 것을 꺼려한다. 그럼에도 살림에 필요한 돈을 일정하게 주지 않고 비정기적으로 용돈을 주는 것처럼 나눠주고, 특별한 용돈(가욋돈)을 얻으려면 빌다시피 해야 겨우 몇 푼 준다.

③ 자녀 양육관

필리핀에서는 부모 동의 없이 자녀 처벌은 하지 않는데 한국에서는 체벌이 가정에서나 학교에서 조금씩 있는 것 같다. 아내는 남편이 아이와 목욕하기, 야외 나가기 등 구체적인 행동을 하기를 원하는데 남편들은 어떻게 놀아야 하는지 모르는 것 같고 남편은 아내가 아이를 자유롭게 양육해야 한다고 생각하여 전혀 통제하지 않아 아이를 망친다고 생각한다. 중국에서는 조부모와 부모 모두 양육에 관심이 많으며 특히 아버지가 양육에 필히 참여하지만 한국에서는 아버지의 양육 참여도가 낮다.

④ '빨리빨리' 문화

동남아의 더운 날씨에 따른 낮잠 문화와 천천히 문화가 '빨리빨리'에 익숙한 한국의 가족들에게는 '게으름, 느림'으로 보여지기 때문에 가족 내에서 큰 갈등을 빚기도 한다.

⑤ 감정표현

베트남 여성은 한국배우자와의 애정표현이 달라서 갈등을 빚는 경우가 있다. 형님과의 약속보다 조금 늦게 도착해서 형님이 "약속시간 늦었네"라고 하여 "네"라고 대답했더니 말대꾸한다고 해서 당황하는 경우처럼 한국 사람들은 직접적인 표현을 하지 않아 당황스럽다. 베트남 사람들은 웃음으로 대답을 많이 하기 때문에 한국에서 이해가 되지 않은 상황과 잘못을 했을 경우에도 거의 웃음으로 대답하지만 이것을 한국배우자 또는 시어머니는 잘못을 했으면서 반성하는 모습이 안 보인다고 생각하여 갈등을 빚기도 한다. 특히 필리핀 여성들은 비교적 자기 의견을 분명히 밝히는데 이것이 한국 사회에서는 '미국식'으로 오해를 받기도 한다.

⑥ 대인관계

한국 남편들은 술 마시고 밤늦게 귀가하거나 친구들을 밤에나 주말에도 만나러 가면서 아내가 친구들과 술을 마신다고 하면 오히려 남편이나 시부모가 "남편의 사회생활을 막는다"고 반박하는 것 때문에 갈등이 있다.

⑦ 종교

태국이나 필리핀, 인도네시아 등 종교적 특성이 강한 국가 출신의 이주여성들은 한국에서 시어머니와 남편 등에 의해 종교적 갈등을 겪기도 한다.

⑧ 기타

태국에서는 아침과 저녁에 집에서 매일 샤워를 하는데, 한국에서는 공중목욕탕에 가는 것이 너무 이상하다고 생각한다. 모든 사람들이 알몸으로 공중목욕탕에 들어가는 모습을 보고 처음에는 거부했던 외국인들도 지금은 공중목욕문화를 즐긴다. 또한 한국에서는 곤지곤지가 자녀의 지능개발을 위해 엄마가 해주는 일반적인 손동작이지만 필리핀에서는 성관계를 하자는 의미임으로 좋지 않게 본다. 특히 쓰레기 분리수거를 하지 않았던 나라의 이민자들은 분리수거를 너무 힘들어한다.

(4) 풍습

① 인사예절 및 존댓말

태국은 하루에 몇 번을 만나도 처음 만났을 때만 인사한다. 러시아에서는 인사할 때 어르신들이 들어오시면 소파에 앉아 머리만 인사하는데 한국에서는 일어나서 인사한다. 의자에 앉아서 다리를 꼬면 편안한데 그렇게도 하지 말라고 한다. 필리핀 명절에는 말로 인사하는데 여기는 절 예절이 복잡하고 힘들다. 한국 남편들은 예의와 인사문화에 익숙하지 않은 아내가 집에 손님이 왔을 때 방에서 나와서 인사를 하지 않아 매번 가르쳐 주어야 하는 번거로움과 어려움을 느낀다.

태국에서는 가장 내에서는 특별한 존칭을 사용하지 않는데 한국에서는 너무 많이 따진다. 어른들을 대하기 힘들다.

② 가족행사

중국에서는 그믐날 저녁에 온 집안 식구가 다 모여서 물만두를 빚어 12시 종을 치면 삶아 먹는데, 늦은 밤 음식을 먹는다는 것이 한국과 많이 달라서 웃지 못할 해프닝도 벌어진다.

③ 결혼관

베트남의 결혼 풍습은 중국의 영향을 받아 여자는 13세, 남자는 16세가 되면 결혼하는 조혼의 풍습과 20~30년의 부부나이 차이는 일반적이나 한국에서 남편과의 많은 나이 차이는 주변의 오해를 받기도 한다.

④ 장례 및 제사

베트남에서는 제사를 낮에 하는데 한국은 밤에 한다. 베트남에서는 장례식 때 조객들이 방문을 하면 식구들은 곡을 하며 조객들은 고인의 영전 앞에서 향을 사르며 절을 하는데 이때 한쪽에서는 3~4명의 악사들이 구슬픈 음악을 연주한다. 그런데 한국의 장례식은 항상 경건한 분위기이며, 또 한쪽 구석에서는 남자들이 밤을 새우면서 술을 마시고 고스톱 치는 것을 보고 당황한다. 말레이시아는 일 년에 한 번 청명날 조상의 산소에 간다. 그런데 한국에서는 설날, 추석날, 생일날, 제삿날 등 너무 자주 산소에 가고, 산소에 갈 때마다 준비할 것도 많아 너무 힘들다.

⑤ 이사

우즈베키스탄은 이사 갈 때는 고양이를 먼저 들여보내고, 가구, 주인들의 순서대로 들어가야 부자가 된다고 하는데, 한국 사람들은 고양이를 집에 들이는 것을 싫어한다. 풍습에 따라 재미삼아 폭죽을 터뜨리려다가 남편과 심하게 말다툼을 하기도 한다.

⑥ 임신출산 및 산후조리

㉠ **임신시기 및 출산** : 중국에서는 아기나 어린 아이들에게 잡귀를 물리치기 위해서 복숭아나무를 이용해서 작은 칼을 만들어서 목에 걸고 있다. 또한 아이가 태어나면 배냇저고리 및 기저귀 커버는 좋은 일이 일어나라고 빨강색으로 하고, 아이가 한 달 되는 날 성장하면 가위로 머리카락을 잘라 베개 속에 넣어두어서 귀신을 찾아낸다고 한다. 베트남에서는 아이가 태어나면 액운을 물리치기 위해 아이 머리맡에 도끼를 두는 풍습이 있는데 한국 배우자가 이에 대한 이해가 부족하여 심한 가족 갈등을 빚기도 한다. 아이가 태어난 후 40일 동안 타인에게 아기를 보여주면 안 좋은 일이 있다고 해서 타인의 접근을 금지한다. 임신부는 임신 기간 내내 머리를 자르면 아이에게 안 좋은 일이 일어난다고 해서 타인의 접근을 금지한다.

미얀마에서는 아이를 낳았을 때 이웃과 친지들이 와서 축하해 주는 풍습이 있는데 한국에서는 3이레(21일) 동안 출입을 금지하여 우울증세를 보인 적이 있다. 필리핀 외지 섬 출신 여성들은 임신을 했을 때 사진을 찍으면 아기의 혼이 나온다고 생각하여 사진을 찍지 않는다. 가족이나 야외에서 단체 사진을 찍을 때 사진기에서 멀리 떨어져 지내는 모습을 볼 수 있어 문화적 차이를 느낀다.

㉡ **산후조리** : 우즈베키스탄과 러시아에서는 아기를 출산하고 몸을 깨끗하게 씻는데 한국에서는 한 달 정도 씻는 것을 자제하라고 하는 것을 이해할 수가 없다고 한다. 베트남에서는 출산을 하고 나면 족발과 땅콩을 삶아 먹으면 젖이 많이 나오는데 한국에서는 미역국을 먹기 싫은데 꼭 먹으라고 해서 힘들었다. 몽골은 대체로 산후조리를 하는 3개월 정도는 집안일을 거의 하지 않고 차가운 물에도 손을 넣지 않는 경향이 있는데 이로 인한 가치관의 차이로 한국인 배우자나 시부모와의 갈등이 발생하기도 한다.

⑦ 자녀양육

㉠ **한국** : 부모에게 효도하며 공경하도록 하는 교육을 강조하고, 남아와 여아의 특성에 맞게 구분된 양육태도를 보이는 편이며, 대부분 만 3세 이상이 되면 어린이집이나 유아원에 보내는 등 부모의 자녀에 대한 교육열이 매우 높은 편이다.

㉡ **중국** : 아이가 말을 시작하면 당나라 시나 동요를 가르치고, 한자는 복잡하기 때문에 다 배우고 입학하는 것은 어려운 실정이며, 자녀의 수가 적고 경제 사정이 좋아짐에 따라 개인 교습이나 예체능 교육을 많이 받는 편이다. 특히 중국에서는 전통적으로 부모 모두 양육에 참여하는데 한국인 배우자가 아버지일 때 양육참여가 소홀한 경우 갈등이 생기기도 한다. 출산 후 1세 미만인 자녀에게 두뇌발달을 위해 계란 노른자를 먹이려고 할 때 한국인 배우자나 부모가 먹이지 못하게 하여 갈등이 발생하기도 한다.

㉢ **일본** : 남에게 폐를 끼치지 않는 것을 가장 중요하게 여기며 자녀에게 교육한다. 그래서 초등학교 입학하기 전까지는 주로 인성교육을 시키는 편이다. 특히 학부모 사이의 연락망이 잘 구성되어 있으며 학교, 지역사회, 부모들이 함께 교육을 위해 여러 가지 문제해결을 위한 노력을 하고, 자녀가 공공장소를 깨끗이 이용하고 큰 소리를 내지 않도록 교육한다. 그런데 한국에서의 자녀양육 방식과의 차이로 인해 갈등이 발생하기도 한다. 예컨대, 일본인 이주자는 자녀의 옷을 되도록 적게 입혀 시원하게 입히는데 한국인 배우자나 시부모님들이 옷을 많이 입히는 경우 갈등이 일어난다. 또한 일본은 초등학교 입학 전에는 놀이 위주의 교육을 하는 데 반해 한국은 자녀 조기교육을 하는 것으로 인한 교육 가치관 차이로 갈등이 있다. 일본은 조부모의 자녀양육 관심이 한국보다는 크지 않은 데 비해 한국인 배우자의 조부모의 손자, 손녀 양육에 대한 지나친 관심으로 인해 갈등이 있으며, 한국인 배우자의 자녀에 대한 가벼운 체벌(회

초리문화 등)에 대한 결혼이민자 배우자가 반대하는 것에 대해 갈등이 발생한다. 그리고 일본은 가족 외 외부 사람들이 아이를 만지거나 지나친 관심을 가지지 않는데, 한국에서는 외부인의 자녀에 대한 지나친 관심으로 인해 갈등이 발생하기도 한다.

㉣ **몽골** : 남자아이가 3살, 여자아이가 2살이 되었을 때 무사히 영아시기를 마쳤다는 의미로 머리를 밀고 잔치를 한다. 유목국가 특성으로 인해 종이나 연필로 하는 학습보다 자연, 날씨 등 자연을 통해 양육하는 특징이 있다. 맞벌이로 인해 부모 모두 양육의 책임을 지지만 여성들이 더 많은 관심을 가지고 많은 일을 하고 있으나 자녀 등하교 등은 아버지의 몫으로 여긴다. 자녀를 자유롭게 키우는 것을 좋아하고 조기교육은 거의 하지 않고 있으며, 자녀에게도 할 수 있는 쉬운 집안일을 시켜야 한다고 생각한다. 양육방식의 차이점으로는 몽골에서는 자녀를 엄하게 훈육을 시키는 편인데 한국인 배우자가 반대하는 경우 갈등이 발생하고 또한 3년 후에 아이의 머리를 처음으로 깎고 행사를 해주는 전통이 있는데 한국에서 그 전에 머리를 깎는 것 때문에 갈등이 발생하기도 한다.

5) 다문화가족을 위한 국가정책으로서 다문화주의와 통합주의[8)]

한국 사회가 다문화사회화되는 것은 이제 누구도 막을 수 없는 대세가 되었고, 한국의 다문화사회화는 지속적으로 증가할 것이다. 그렇다면 다문화현상을 막으려고 하거나 무시하지 말고 적극적이고 긍정적으로 받아들여서 함께 공존할 수 있는 기회를 제공함으로써 건강한 사회를 이루어 가야 한다.

송오식(2011)의 연구에는 문화 다양성을 위한 국가의 대처 방식으로 동화주의와 통합주의 등의 방식을 소개하고 있다. 김이선은 이민자 정책의 패러

8) 이 부분은 저자의 박사학위논문을 발췌 인용한 것임

다임으로 동화(assimilation), 통합(integration), 다문화주의(multi-culturalism)를 주장하며 그 내용을 설명하고 있다(2008 : 82-83). 먼저 '다문화주의(多文化主義)'는 호주와 캐나다에서 지향하고 있는 정책인데 개인들이 자신의 고유한 문화를 유지할 수 있도록 보장하는 것이 헌법 원리와 사회의 이념과 가치에 합치한다는 개념으로 문화적 다양성과 사회의 통합을 조화시키려는 시도라고 할 수 있다. 다음으로 '통합주의(統合主義)'가 있는데 프랑스에서 발전한 방식이다. 원래 프랑스는 이주민들에게 '동화주의(同化主義)' 정책을 실시하면서 문화와 종교가 다른 사람들도 프랑스 시민으로서 프랑스 법 앞에 평등한 공화국 정책을 추진하였으나 이민자들의 사회 부적응과 새로운 세대의 공교육 영역의 편입으로 인하여 동화정책의 한계와 함께 중요한 이슈로 부각하였다. 특히 이슬람 문화에 살고 있던 이민자들이 프랑스와는 다른 문화적 관행과 종교적 가치를 고수함으로써 내적갈등이 심각해지자 '동화정책'을 '통합정책'으로 변화시켰다.

이런 관점에서 볼 때 그동안 우리나라의 다문화 관련 입법태도는 결혼이민자 등 정주자(正住者)에 대해서는 '동화(同化)',[9] 노동자에 대해서는 '관리(管理)', 미등록(불법) 체류자에 대해서는 '배제(排除)'라는 기본 틀에서 벗어나지 않았다. 그래서 UN 인종차별위원회(CERD, Committee on the Elimination of Racial Discrimination)의 한국 관련 회의 보고서에 따르면, 한국은 CRED로부터 외국인과 혼혈인에 대한 인종차별적인 법과 제도 및 사회문화적인 관습을 바꾸어야 한다는 지적을 받은 바가 있다(UN CERD, 2007년 8월 보고서).

이런 지적과 다문화사회의 급속한 증가로 인해 요즘은 그 법률적 기조가 조금씩 변화를 보이고 있다(김명현, 2012 : 7-23 참조). 최근 출입국관리법, 재한외국인처우기본법, 다문화가족지원법 등의 제정과 개정, 국적법 개정 등을 통하여 다문화사회의 진입에 따른 법적, 제도적 장치를 마련하기 위한 시도를 해오고 있다. 그럼에도 불구하고 급속히 진행된 다문화 현상에 대한 이해

9) 지금 전 세계적으로 다문화정책은 용광로 이론을 주축으로 한 '동화정책'이 대세를 보이고 있다. 그 이유는 역사의 진보와 발전은 폐쇄적, 배타적이 아니라 개방적, 수용적일 때 가능하기 때문이다(김동진, 2014 : 337).

와 대응이 부족하여 많은 어려움을 겪고 있는 것이 사실이다. 따라서 우리나라의 이민자 정책, 특히 결혼이민자 정책은 동화주의 모델보다 통합주의 모델을 취할 필요가 있다.

그래서 정부에서도 2007년 법무부 산하에 사회통합과를 신설하여 기존의 '통제와 관리' 중심에서 벗어나 저출산·고령화·노동인력과 인재유치·사회통합·국가안전시스템 등 '상호 이해와 공존공생'이라는 방향으로 외국인 정책을 추진하고 있다(곽영숙, 2008 : 213).

결혼이주여성들이 한국에 정착하기까지 상당한 어려움을 겪고 있는데, 첫째, 사회적 편견과 오해, 둘째, 경제적 어려움(대부분이 최저소득 이하의 생활), 셋째, 의사소통의 어려움(대부분 이주여성들이 한국말을 배움), 넷째, 문화적 차이로 인한 갈등, 다섯째, 가족 간의 갈등(남편의 가부장적 행세, 시부모의 지나친 간섭, 가족들의 무시), 여섯째, 정신적 스트레스(총체적인 이질적인 삶에서 오는 스트레스), 일곱째, 자녀교육 문제(한국 어머니들의 교육 열정과 방법을 따라가지 못함) 등으로 나타났다. 이와 같은 어려움 속에서도 결혼이주민들이 건강한 가정을 이루고, 건강한 시민으로 정착하기 위한 이상적인 다문화정책은 사회를 통합하여 건전하고 상생 발전하는 공동체를 이루어 나가는 것이다(송윤선·이미나, 2018 : 3).

(1) 다문화주의의 모델

다문화주의에 대한 논쟁과 견해 차이가 있지만 이병희(2010 : 108-109)는 크게 세 유형으로 나누어 제시했다.

첫째, 문화 동화(cultural assimilation) 모델이다. 이 모델은 소수인종 문화가 다수인종 문화 안으로 동화되거나 혼합되는 사회이다. 소수인종이 다수인종 문화에 종속되지만 동시에 제한적으로 자신의 문화적 활동의 여지를 지닌다. 문화동화 모델을 모든 사람이 다문화모델로 간주하지 않고 있다. 왜냐하면 이 모델은 종종 자신의 문화를 포기하고 다수인종의 문화에 흡수되는 것으로 간주되기 때문이다(A+B+C=A).

둘째, 문화 융합(cultural amalgamation) 모델이다. 이것은 문화적이며 인종적인 집단과 규범이 함께 수렴하는 모델이다. 모든 문화(다수인종문화와 소수인종문화)가 정당하다고 간주하고 수용하는 보편적인 기본 가치를 포함한다. 인권과 국제법은 이 모델의 기초가 될 수 있다. 융합모델은 다수인종문화에서 나온 가치(예컨대 '평등'), 소수인종문화에서 나온 가치(예컨대 문화적 전통의 '존중'), 다문화의 수렴에서 나온 새로운 가치(예컨대 '다양성')의 수렴을 포함할 수 있다. 따라서 다수인종문화와 소수인종문화가 섞여 새로운 혼합문화로 변형될 수 있다(A+B+C=D).

셋째, 문화 공존(cultural coexistence) 모델이다. 이 모델은 통합의 최소화모델이다. 소수인종문화가 다수인종문화에 수렴되거나 동화되지 않고 성장 발전하는 정책 프로그램을 강화한다. 소수인종 보호와 다수인종 권리를 통하여 문화가 함께 생존할 수 있게 하는 모델이다. 결국 모든 인종이 동일한 사회에서 평화적으로 공존하는 것이다(A+B+C=A+B+C).

21세기 다문화사회에서 이주민들과 함께 살아가는 방법은 주류사회의 일원으로 동화되는 것이 아니라 자민족의 정체성을 가지고 개성 있는 일원으로 존재하는 것이다(장혜영, 2013 : 102). 이러한 차원에서 국가정책의 방향은 이민자의 고유한 문화를 포기하고 일방적으로 다른 문화에 동화하도록 할 것이 아니라 통합하도록 하는 것이 바람직할 것이다.

그뿐만 아니라 현재 다문화지원정책 집행에 있어서 지역 특성에 대한 고려는 많이 부족하다. 한국 사회에서도 도시와 농촌 또는 대도시와 중소도시 간에 지역 편차가 심화하고 있는 실정이므로 다문화가정을 지원하는 정책을 세울 때도 이 점을 간과하고 획일적으로 중앙에서 정책을 펼치고 있다는 점에서 많은 아쉬움이 있다. 이것은 결과적으로 다문화지원 정책 효과를 저해할 뿐만 아니라, 지역 간의 효율성 차이로 드러날 것이다(홍민정, 2015 : 1).

(2) 다문화주의의 이상적 유형 : 사회통합

이병희(2010 : 108-109)는 다문화사회의 최우선 과제는 사회통합이라고 단언한다. 사회통합이 이루어졌을 때 다양한 문화의 창의성과 개방성 등으로 국가발전에 기여하게 된다. 사회통합이란 서로의 차이는 인정하되 차별하지 않는 것이 전제되는 것이다. 통합이란 다른 것들이 서로 상호작용을 하여 '서로 응집된 전체'를 이루는 것이다. 통합은 통일과 달리 서로가 주체가 되어 서로의 정체성을 유지하는 것이다. 따라서 사회통합이란 인종, 민족, 문화적 배경이 다른 구성원들이 서로를 차별하지 않고, 차이(다름)를 인정하며, 공동체에 대한 소속감을 갖고 공동의 비전을 공유하는 것이다.

그러기 위해서는 사회 모든 구성원들에게 기회를 균등하게 부여해야 한다. 예컨대 결혼이주여성들에게 일자리와 급여를 비롯하여 여러 복지혜택을 균등하게 제공하고, 언어교육을 체계적으로 제공하여 본인의 의사를 표현할 수 있는 소통의 기회를 균등하게 제공해야 한다. 그뿐만 아니라 결혼이주여성들에게 정치적 권리를 균등하게 제공해야 하는데, 이는 곧 시민권의 부여이다. 즉, 선거권과 피선거권을 균등하게 제공함으로써 그 공동체의 당당한 시민으로 살아가도록 하는 것이다.

결국 가장 이상적인 다문화정책은 사회를 통합하여 건전하고 상생 발전하는 공동체를 이루어나가는 것인데, 이에 대해 이용승(2012 : 30)은 다문화사회의 통합정책의 목적을 네 가지로 요약했다. 첫째로 이민자 스스로의 개인적, 경제적, 사회적 가능성을 실현할 수 있도록 용인, 둘째로 이민자의 인권보호의 보장, 셋째로 국가의 안전에 기여할 수 있도록 소외와 배제의 축소, 넷째로 사회적 응집과 조화의 구축과 유지라고 하였다.

6) 다문화가족의 정착패턴과 지원[10)]

현재 국내 거주하고 있는 결혼이주여성들의 대다수는 중국, 베트남, 일본,

10) 이 부분은 저자의 박사학위논문을 발췌 인용한 것임

필리핀 순으로 많은데, 이들 나라는 모계사회의 전통을 가지고 있거나 사회주의 영향을 받아 남녀평등 사상이 강하다. 따라서 한국의 가부장주의나 시집문화를 이해하기 어렵다. 또한 이들은 여성의 사회진출과 경제활동이 자연스러운 문화 속에서 살았는데 이에 반해 한국은 그렇지 못하다. 이런 문화적 차이 때문에 결혼이주여성들이 한국 사회에 적응하기란 매우 힘든 것이 사실이다(김수연 외, 2000 : 9).

이런 어려운 현실에서 결혼이주여성들이 한국 사회에 이주할 때부터 정착하는 과정을 연구한 이형하(2011 : 61-96)는 대부분의 결혼이주여성들이 일반적인 패턴을 보여주는 것을 발견하고 결혼이주여성들의 정착과정을 세 단계로 구분하여 연구하였는데, 첫째는 '낯선 지역으로 들어서기', 둘째는 '삶의 개척자로 살아가기', 셋째는 '마을 주민으로 참여하기'로 구분하였다.

첫째로 '낯선 지역으로 들어가기'의 과정은 결혼 상대자에 대한 많은 정보를 가지고 심사숙고하여 결정한 것이라기보다는 잘사는 나라, 경제력을 갖춘 부드러운 한국 남성일 것이라는 '기대와 모험'으로 국제결혼을 선택했다. 친정 부모들도 본국에서의 고된 노동과 열악한 삶의 환경보다는 한국이 나을 거라는 막연한 기대감으로 결혼을 허락하기도 했다. 하지만 한국의 농촌의 현실은 드라마에서 보았던 이미지와는 많이 달랐다. 시부모와 겪는 갈등, 언어와 사고방식(가부장적)이 다른 남편, 자신을 이방인 취급하는 가족들과 이웃들, 더욱이 처음 해보는 농사일로 육체적으로 힘듦, 대부분 가난한 집안의 생활상의 궁핍함, 그뿐만 아니라 마을 어린이집에서 자신의 자녀에 대한 한국 학부모들의 거부감 등은 '겹겹이 힘듦'으로 작용하는 요인들이었다.

둘째로 한국에 정착하며 정신적, 육체적, 경제적 어려움 등을 겪으면서 결혼이주여성들은 의사소통이 되고, 한국문화에 적응하며 현실을 직시하게 됨으로써 '삶의 개척자로 살아가기' 과정에 접어든다. 그동안 우물 안의 개구리처럼 집 안에만 갇혀있던 자신을 뒤로 하고 '삶의 개척자'로 살아가기 위해 세상 밖으로 걸어 나왔다. 이웃들과 이야기도 나누며 어른들과 인사로 맺은 관계는 자신을 한국인으로 받아주는 좋은 계기가 되었다. 많은 결혼이주여성들이 강한 생활력으로 할 수 있는 일이라면 뭐든지 하기도 한다. 어떤 사람들은 자신이 번 돈을 본국의 가족에게 일부 보내기도 하고, 특히 남편과의 연령 차이가 많이 나서 앞으로 다가올 불안한 노후를 준비하기도 한다(Derald Sue & David Sue, 2011 : 479-488; 정재훈, 2008 : 125-132 참조).

셋째로 오랜 한국생활로 언어·문화·삶의 방식 등을 터득한 결혼이주여성들은 '마을 주민으로 참여하기' 과정을 통해 각종 마을행사에 참여하고, 자신의 장기를 발휘할 수 있는 대회에 적극 참여하여 수상하기도 한다. 아이들의 유치원이나 학교 행사에도 적극적으로 참여하여 다른 학부모들과 교제하며 정보도 얻는다. 영어권에서 온 이주자는 한국인 어머니와 각각 한국어와 영어를 서로 가르쳐 줌으로써 상호간에 유익을 주기도 한다. 특히 종교생활을 통해 끈끈한 유대관계를 맺어 서로 돕고 도움을 받기도 하며 지역에 설치된 다문화기관을 통해 자조모임이나 문화 활동을 하기도 한다.

따라서 결혼이주여성들이 한국 사회에 정착하도록 돕는 길은 본인들에게 자신감을 불어넣어 주고 현실을 직시함으로써 현실에 적극적인 자세로 참여할 수 있는 기회를 제공해야 한다(Derald Sue & David Sue, 2011 : 479-488; 정재훈, 2008 : 125-132 참조). 나아가 결혼이주여성 스스로가 한국 사회의 구성원이라는 것을 느끼고 자존감과 정체성을 형성하며 사회적 연대감을 가짐으로써 지역사회 통합이 가능하도록 조직화된 지원체계가 있어야 한다(구차순, 2007; 황정미 외, 2009).

결혼이주여성은 이미 한국인과 결혼하여 국적(영주권)을 취득한 한국인이다. 그렇다면 그들을 이방인 취급해서는 안 되고 한국인으로 정착하고 건실한 한국인으로 살아가도록 적극적으로 나서야 한다. 만약 결혼이주여성들이 차별을 당하거나 그 자녀들이 한국 사회에 적응을 하지 못한다면 결국 사회문제가 될 수도 있다는 것을 염두에 두어야 한다. 현재 프랑스를 비롯하여 유럽의 국가들 내에 자국인들과 이민자들 간의 대립과 이로 인한 소요사태는 궁극적으로 국가발전과 사회 안정에 큰 불안요소로 남아있다.

정민자(2008 : 61)는 결혼이주여성들의 문화적응 유형이 세 가지로 나타난다고 했는데, 첫째는 순종형(submission)으로 약한 쪽이 강한 쪽으로 기울어지는 형이며, 둘째는 타협형(compromise)으로 부부가 서로 다른 문화·습관·가치관 등을 충분히 토론하여 서로의 것을 배워가며 타협해 가는 것이고, 셋째는 일치형(consensus)으로 서로의 다른 점을 인정하며 수용함으로써 win-win으로 만들어 가는 유형이다.

또한 한지희(2012 : 78-79)는 현재 한국의 문화 성향을 네 가지로 특성화했는데 충효(忠孝)추구문화, 개성추구문화, 관계추구문화, 역할추구문화로 명명했다. 이 중에서 '관계추구문화'의 관점에서 볼 때 결혼이주여성들이 한국인 가족과 이웃들과의 관계뿐만 아니라 그들끼리의 관계망(network)을 형성함으로써 그들끼리 한국생활의 경험을 나누고, 정보를 교환하며, 사회적·심리적 소외감을 감소시키는 등 결혼이주여성 간의 네트워크 형성은 한국 사회에 정착하는 데 큰 도움이 될 수 있다(장훈태, 2011).

현재 전국에 소재하고 있는 대부분의 다문화가족지원센터 내에는 다문화가족들(한국인 배우자와 외국인 배우자)의 자발적 친교모임인 '자조(自助)모임'이라는 모임이 있다. 이 모임은 다문화가족들의 공통된 문제와 상황에서 스스로 해법을 찾기 위해 서로를 지지하며 보살펴 주고자 형성된 자발적 모임이다.

제2장 다문화가족 복지

1. 다문화가족 복지정책
2. 다문화가족 복지와 문화
3. 다문화가족 사례관리

CHAPTER 02

다문화가족 복지

1. 다문화가족 복지정책

2018년 말 기준 국내 체류외국인은 2,367,607명으로 2017년(2,180,408명) 대비 8.6% 증가하였으며, 결혼이민자는 159,206명으로 전년 대비 2.4% 증가하였다.

2018년 전국 다문화가족 실태조사 결과에 의하면, 전국 다문화 가구로 추정되는 가구 수는 30만 6천 995가구로 나타났으며, 혼인 귀화자를 포함한 결혼이민자 가구 수 85.7%, 혼인 외 방법으로 한국 국적을 취득한 기타귀화자 14.3%를 차지하고 있다.

결혼이민자·귀화자를 출신 국적별로 보면, 중국(한국계)이 31.1%로 가장 많았다. 베트남 23.4%, 중국(한국계 제외) 19.3%, 필리핀 6.2% 등의 순으로 나타났다. 베트남의 경우 2015년 조사 때(18.0%)보다 비율이 5.4%포인트 증가한 반면 중국(한국계 제외)은 오히려 1.9%포인트가 줄어 비율이 처음으로 역전되었다.

한국에서 10년 이상 장기 거주하는 다문화가족은 2009년 15.6%에서 2018년 기준 60.6%로 크게 증가하였다. 결혼이민자·귀화자의 배우자는 '한국 출신 남편'인 경우가 80.7%로 가장 많았으나, 가정 안의 언어사용 실태에서는 결혼이민자·귀화자의 모국어를 구사할 수 있는 '한국 출신 남편'이 10.8%에 불과해, 다른 외국 출신 남편(63.7%), 외국 출신 아내(55.6%), 한국 출신 아내(44.9%)에 비해 가장 낮게 측정되었다. 대부분의 결혼이민 가정을 이루는 한국인 남편의 90% 가까이가 배우자의 언어를 구사하지 못하는 것으로 나타났다.

한국 사회에서 처음으로 범부처 간 여성결혼이민자 가족 사회통합 지원대책(2016년 4월)을 마련한 지 어느 덧 10여 년이 되었다. 지난 10년간 한국 사회에서는 정치, 경제, 사회, 교육, 문화 등의 광범위한 영역에 걸쳐 사회적 통합과 이주민의 적응을 위한 다양한 논의와 정책적 노력이 있어왔다. 초기의 다문화가족 지원정책은 결혼이민자의 한국생활 조기정착을 위한 한국 언어습득과 문화 적응을 중점적으로 지원하였으나, 이제는 다문화가족의 교육과 취업 지원에 정책의 주안점을 두게 되었다. 특히, 여성가족부, 관계부처합동(2012)으로 발표한 제2차 다문화가족정책 기본계획(2013~2017)에 명시된 바와 같이, 지원정책의 기조가 다문화가족을 한국 사회 발전을 위한 하나의 동력으로 인식하여 능력 개발 및 상호문화 존중을 강조하는 방향으로 전환하고 있다. 또한 다양한 사업 추진을 통한 수혜 기회 확대에 편중하기보다는 지원정책과 사업의 질적 수준 향상에 보다 적극적인 노력을 기울이고 있다.

2016년 3월 국무총리 주재하에 다시 여러 유관부처가 합동으로 지난 10년의 성과를 계승하면서 새로운 10년을 준비하기 위하여 '다문화가족 자녀지원 종합대책'과 '다문화가족정책 유사·중복, 점검·관리방안'을 마련하였다(국무조정실·여성가족부, 2016). 이는 점진적으로 증가 추세에 있는 다문화가족 학령기 자녀의 성장주기에 맞추어 지원 정책을 추진하고, 그간의 중복된 지원정책을 조정하기 위함이다.

이러한 배경에서 본 장에서는 한국 다문화가족과 자녀의 현황 및 특성을 파악하고, 한국의 다문화 관련법, 다문화가족 지원정책과 주요 이슈 및 과제에 대하여 다루고자 한다. 또한 한국 사회 다문화가족의 변화와 성장에 발맞추어 수립된 여성가족부의 '다문화가족 자녀지원 종합대책'과 교육부의 '다문화교육 기본계획'을 중심으로 관련 이슈와 향후 과제에 대해 논의하고자 한다.

1) 한국 다문화가족 현황 및 특성[1)]

2015년 전국 다문화가족 실태조사 결과에 의하면(여성가족부, 2016), 한국의 다문화가족은 278,036가구로 추정되며, 이는 2012년도의 266,547가구에 비하여 약 4.3%(11,489가구) 증가한 것이다. 평균 가구원 수는 3.16명으로 전체 국민의 평균 가구원 수 2.8명보다 많으며, 2012년 실태조사 결과에 비하여 대가족 세대(12.7%)가 증가한 것으로 파악된다(2012년도 8.6%). 서울 21.6%, 경기도 27,8%, 인천 6.1% 등에 다문화가족의 55%가 거주하여 수도권 집중 양상이 여전하다. 결혼이민자 및 귀화자의 출신국적을 살펴보면, 중국(한국계) 30.8%, 중국 22.4%, 베트남 20.8% 순으로 많다.

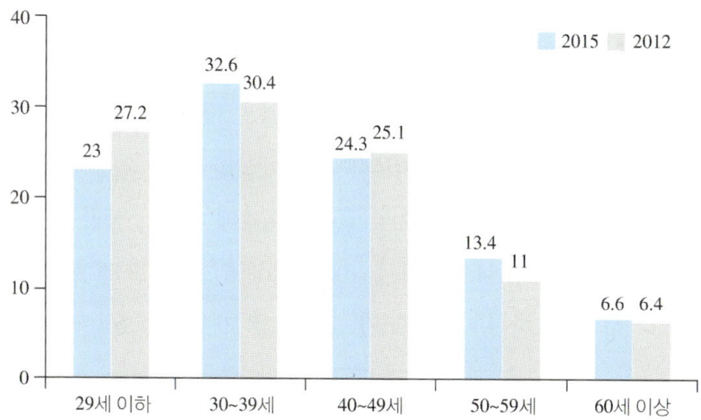

그림 2-1 결혼이민자 귀화자의 연령(단위 : %)

출처 : 여성가족부(2016). 2015년 전국다문화가족 실태조사.

결혼이민자 및 귀화자는 총 304,516명으로 2012년도에 비하여 7.5% 증가하였으며, 여성이 81.5%를 차지한다. 연령층은 20~40대가 79.9%이며(30대 32.6%, 40대 24.3%, 20대 이하 23.0%, 50대 이상 20%), 배우자는 40대 43.9%. 50대가 25.3%로 중장년층이 약 70%를 차지하고 있다.

특히 결혼이민자 및 귀화자의 84%가 한국에서 5년 이상 거주하고 있으며,

1) 여성가족부(2016). 2015년 전국 다문화가족 실태조사 주요 결과에서 발췌, 정리함

10년 이상 거주자도 47.9%로, 2012년도에 비하여 11.8% 증가하여 장기체류자의 비율이 증가하고 있음을 알 수 있다.

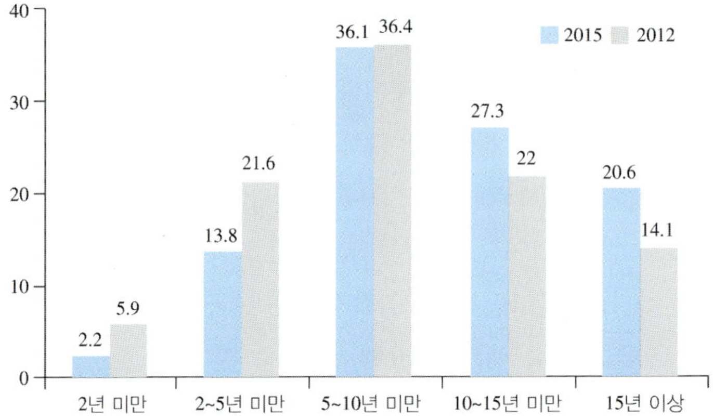

| 그림 2-2 | 결혼이민자 귀화자의 국내 거주기간(단위 : %)

출처 : 여성가족부(2016). 2015년 전국다문화가족 실태조사.

결혼이민자 및 귀화자의 취업률은 63.9%(여성 59.5%, 남성 83.4%)로 한국사회 전체 고용율(60.3%)보다 높다. 이는 전체 여성과 남성 취업률에 비하여 모두 10% 정도 더 높으며 지속적으로 증가 추세에 있다. 월평균 가구소득은 300만 원 미만인 가구가 54.2%(이 중 100~200만 원 미만 23.8%)로 2012년도에 비하여 10%가량 감소한 반면, 400만 원 이상 가구는 5.6% 증가하였다.

한편 일자리, 자녀양육 관련하여 도움이 필요할 때 의논 상대가 없는 등 사회적 관계가 부족하다는 비율이 약 30% 수준으로 2012년보다 증가하였다. 부부간 문화적 차이를 경험했다는 응답은 59.2%로 2012년(50.6%)보다 증가하였으며, 주로 식습관(36.9%), 가족행사(23.0%), 자녀양육방식(19.0%)에서 차이를 경험하는 것으로 파악되었다. 도시(56.1%)보다 농어촌지역(69.3%) 거주자가, 남성(30.6%)보다 여성(65.9%)이 문화적 차이를 더 많이 경험하는 것으로 나타났다.

요약하면, 결혼이민자 및 귀화자의 한국 거주기간이 길어지고 연령이 지속적으로 상승하여 최다수 집단이 20대에서 40대로 변경되었으며, 2020년에는 40대 이상이 60% 이상 될 것으로 전망되고 있다(설동훈 외, 2009). 결혼이민자들의 한국 거주기간이 길어짐에 따라 한국어가 능숙해지고 자녀 성장에 따른 양육부담이 덜어져 현재에도 전체 취업률을 상회하며, 앞으로도 취업 욕구가 지속적으로 증가할 것으로 예상된다.

2) 한국의 다문화 관련법

(1) 다문화가족지원법

결혼이민자 및 그 자녀 등으로 구성되는 다문화가족은 언어 및 문화적 차이로 인하여 사회부적응과 가족구성원 간 갈등 및 자녀교육에 어려움을 겪고 있다. 따라서 2008년 3월 21일 제정되어 2008년 9월 22일 시행된 다문화가족지원법은 다문화가족의 구성원이 우리 사회의 구성원으로 순조롭게 통합되어 안정적인 가족생활을 영위할 수 있도록 가족상담, 부부교육, 부모교육 및 가족생활교육 등을 추진하고, 문화의 차이 등을 고려한 언어통역, 법률상담 및 행정지원 등의 전문적인 서비스를 제공하도록 하는 등 다문화가족에 대한 지원정책의 제도적인 틀을 마련하려는 것이다.

주요 내용을 살펴보면, 첫째, 평등한 가족관계의 유지(제7조)를 위해 국가와 지방자치단체는 다문화가족이 민주적이고 양성평등한 가족관계를 누릴 수 있도록 가족상담, 부부교육, 부모교육, 가족생활교육 등을 추진하고, 문화의 차이 등을 고려한 전문적인 서비스가 제공될 수 있도록 노력하여야 함을 포함하고 있다.

둘째, 가정폭력 피해자 보호·지원(제8조)을 위해 국가와 지방자치단체는 결혼이민자 등이 가정폭력으로 혼인관계를 종료하는 경우 의견진술 및 사실 확인 등에 있어서 언어통역, 법률상담 및 행정지원 등 필요한 서비스를 제공할 수 있도록 하였다.

셋째, 다국어에 의한 서비스 제공(제11조)을 위해 국가와 지방자치단체는 다문화가족에 대한 지원정책을 추진함에 있어 결혼이민자 등의 의사소통의 어려움을 해소하고 서비스 접근성을 제고하기 위하여 다국어에 의한 서비스 제공이 이루어지도록 노력하여야 함을 포함하고 있다.

넷째, 다문화가족지원센터의 운영(제12조) 근거를 마련하여 여성가족부장관은 다문화가족 지원 정책의 시행을 위하여 필요한 경우에는 다문화가족지원에 필요한 전문 인력과 시설을 갖춘 법인이나 단체를 다문화가족지원센터로 지정하여 운영하도록 하였다.

(2) 재한외국인 처우 기본법

2007년 5월 17일 제정되어 2007년 7월 18일 시행된 재한외국인 처우 기본법은 재한외국인을 그 법적지위에 따라 적정하게 대우함으로써 재한외국인이 대한민국 사회에 빨리 적응하도록 하고, 대한민국 국민과 재한외국인이 서로의 문화와 역사를 이해하고 존중하는 사회 환경을 조성함으로써 국가의 발전과 사회통합에 이바지하려는 것을 목적으로 제정되었다.

주요 내용을 살펴보면, 첫째, 국가 및 지방자치단체의 책무(제3조)를 명시하여 국가 및 지방자치단체는 이 법의 목적을 달성하기 위하여 재한외국인에 대한 처우 등에 관한 정책의 수립·시행에 노력하도록 하였다.

둘째, 외국인정책의 수립 및 추진체계(제5조, 제6조) 확립을 위해, 법무부장관은 관계 중앙행정기관의 장과 협의하여 5년마다 외국인정책에 관한 기본계획을 수립하고, 이를 외국인정책위원회의 심의를 거쳐 확정하도록 하며, 관계 중앙행정기관의 장은 기본계획에 따라 소관별로 연도별 시행계획을 수립하고, 지방자치단체의 장은 중앙행정기관의 시행계획에 따라 당해 지방자치단체의 연도별 시행계획을 수립·시행하도록 하였다.

셋째, 재한외국인 등의 처우(제10조 내지 제14조, 제16조, 제17조)를 위해 국가 및 지방자치단체는 재한외국인 및 그의 자녀에 대한 불합리한 차별을 방지하고 인권을 옹호하기 위하여 교육·홍보 그 밖에 필요한 조치를 하기 위하여 노력하도록 하고, 국가 및 지방자치단체는 재한외국인의 사회적응 지원을 위하여 대한민국에서 생활하는 데 필요한 기본적 소양과 지식에 관한 교육, 정보제공, 상담 등의 지원을 할 수 있도록 하였다.

또한 국가 및 지방자치단체는 결혼이민자가 대한민국 사회에 조기에 적응할 수 있도록 하기 위하여 국어교육, 대한민국의 제도·문화에 대한 교육, 결혼이민자의 자녀에 대한 교육 및 보육 지원 등의 조치를 할 수 있도록 하고, 대한민국 국민과의 사실혼관계에서 출생한 자녀를 양육하고 있는 재한 외국인, 영주권자 및 난민도 이를 지원받을 수 있도록 하였다.

국가 및 지방자치단체는 영주권자, 과거 대한민국국적을 보유하였던 자 등에 대하여 대한민국의 이익을 해치지 아니하는 범위 안에서 대한민국으로의 입국·체류 또는 대한민국 안에서의 경제활동 등을 보장할 수 있도록 하고, 국가 및 지방자치단체는 전문 외국 인력의 유치를 촉진할 수 있도록 그의 법적 지위 및 처우 개선에 필요한 제도와 시책을 마련하기 위하여 노력하도록 하였다.

넷째, 국민과 재한외국인이 더불어 살아가는 환경 조성(제18조, 제19조)을 위해 국가 및 지방자치단체는 국민과 재한외국인이 서로의 역사·문화 및 제도를 이해하고 존중할 수 있도록 교육, 홍보, 불합리한 제도의 시정이나 그 밖에 필요한 조치를 하기 위하여 노력하도록 하고, 세계인의 날을 지정하여 행사를 개최하도록 하였다.

다섯째, 외국인전담직원의 지명·교육 및 외국인종합안내센터를 설치(제20조)하여 공공기관의 장은 재한 외국인에게 민원처리절차를 안내하는 업무를 전담하는 직원을 지정하여 소정의 교육을 이수하도록 할 수 있고, 국가는 전화 또는 전자통신망을 이용하여 재한외국인 등에게 외국어로 민원을 안내·상담하기 위하여 외국인종합안내센터를 설치·운영하도록 하였다.

(3) 출입국 관리법

출입국 관리법은 우리나라에 입국하거나 우리나라에서 출국하는 자의 출입국관리와 우리나라에 체류하는 외국인의 등록 등에 관한 사항을 규정하기 위하여 제정된 법률이다. 1963년 3월 5일 제정되어 1963년 3월 5일부터 시행된 출입국 관리법은 외국인의 입국, 출국과 등록에 관한 법률이 대한민국 국민의 출입국에 관하여는 규정하고 있지 아니하고, 대한민국에 출·입국하는 선박 등의 장 및 운수업자의 책임 등에 관한 사항 등도 미비하여 이를 정비하려 제정된 것이다.

우리나라는 1907년 1월에 '한국인여권규칙'이 제정되어 한국인의 출국관리를, 1918년에는 '외국인도래에 관한 건', 1939년에는 '외국인의 입국·체류 및 퇴거에 관한 건'으로 외국인의 입국관리를 제도화하였고, 1946년 2월에는 군정법령 제49호 '조선에 출국 또는 입국자이동의 관리 및 기록에 관한 건', 정부수립 후인 1949년 11월에는 법률 제65호로 '외국인의 입국·출국과 등록에 관한 법률'로 출입국을 관리하였다.

그 뒤 1963년 3월 출입국관리법이 제정되어 1977년 12월과 1983년 12월에 전문 개정되고 1992년 12월에 다시 전문 개정되어 현재에 이르고 있다. 이 법률은 우리나라 국민의 출입국, 외국인의 입국과 상륙, 외국인의 체류와 출국, 외국인의 등록 등, 강제퇴거, 선박 및 승무원, 보칙, 벌칙, 고발과 통고처분에 관하여 규정하고 있다.

주요 내용으로 국민의 출입국(제2장) 관련 내용을 규정하고, 외국인의 입국 및 상륙에 관한 사항(제3장), 외국인의 체류와 출국에 관한 사항(제4장), 외국인의 등록 및 사회통합 프로그램 운영에 관한 사항(제5장), 강제퇴거 등에 관한 사항(제6장)에 관한 내용을 두고 있다.

또한 선박 등의 검색(제7장), 선박 등의 장 및 운수업자의 책임에 관한 사항(제8장) 등에 관한 내용을 두도록 하고 있다.

3) 한국 다문화가족 복지정책

(1) 다문화복지 정책의 추진 경과

한국 사회의 다문화가족 지원정책은 2006년도 관계부처가 '여성결혼이민자 가족 사회통합 지원 대책'을 마련하면서 본격화되었다. 같은 해에 처음으로 다문화가족지원센터가 전국에 21개소 설치되어 현재 217개소로 증가하였다. 지역사회의 다문화가족을 대상으로 방문교육사업, 결혼이민자 통번역 서비스 사업, 다문화가족 자녀 언어발달지원사업, 이중언어 가족환경조성사업 등의 다양한 사업을 지속적으로 추진해 오고 있다.

2008년에는 다문화가족지원법이 제정되었으며, 2009년에는 다문화가족정책위원회가 발족하여 제1차(2010~2012)와 제2차(2013~2017) 다문화가족정책 기본계획을 수립하게 되었다. 또한 다문화가족지원법에 근거하여 2009년부터 3년마다 전국 다문화가족 실태조사를 실시하여 정확한 현황을 바탕으로 정책을 수립하였다. 2011년 다문화가족법 개정을 통해 정책대상을 결혼이민자와 그 자녀뿐만 아니라 귀화자와 외국인 가족으로까지 확대하고, 정책내용도 중도입국자녀의 적응과 학업준비 지원, 가족관계 향상 등으로 확장하였다.

2016년 관계부처 합동으로 '다문화가족 자녀지원 종합대책'을 마련하여 자녀의 성장주기별 지원 프로그램과 사업을 확대하기로 하였다. 또한 그간 지적되어 온 유사한 지원정책의 중복을 막기 위하여 유관부처들과 정책업무를 조율하는 기제를 마련, 가동하기로 하였다.

① 국무조정실·여성가족부의 다문화가족 자녀지원 종합대책

제12차 다문화가족정책위원회에서는 다문화가족의 학령기 자녀 증가에 따른 성장주기별 지원 정책을 마련하여 새로운 정책 수요에 대응하고 다문화가족 자녀의 성장배경(국내/ 외국성장)을 고려하여 수요자 특성에 맞는 정책을 설계하는 취지에서 자녀지원 종합대책을 다음과 같이 마련하여 추진하고 있다(국무조정실·여성가족부, 2016).

㉠ 성장주기에 따른 맞춤형 강화

㉡ 중도입국 다문화가족 자녀 지원

㉢ 외국인 밀집지역 다문화가족 자녀 지원

㉣ 다양성이 존중되는 성장환경 조성

〈표 2-1〉 다문화가족 지원정책과 사업(2006~2016)

연 도	주요 사업
2006	• 여성결혼이민자 및 혼혈인 이주자 사회통합 지원방안 • 다문화가족지원센터 개소
2007	• 결혼이민자 아동양육지원 방문교육사업 도입
2008	• 다문화가족지원법 제정 • 생애주기별 다문화가족 맞춤형 지원
2009	• 다문화가족정책위원회 설치 • 2009 전국 다문화가족 실태조사 실시
2010	• 제1차 다문화가족정책 기본계획 수립(2010~2012) • 다문화가족 영유아 무상보육 • 찾아가는 가족사랑 치과진료소 도입 • 다문화 언어지도사 • 포털사이트 '다누리' 도입
2011	• 다문화가족지원법 개정 • 다문화가족 자녀 양육 및 언어발달 지원 • 엄마(아빠)나라언어습득지원 '언어영재교실' 도입 • 방문교육·언어지도사, 자녀생활서비스(방문) 도입 • '좋은부모 교육' 및 '자녀 정서·생활지원 서비스' • 글로벌 브리지 사업 추진
2012	• 제2차 다문화가족정책 기본계획 수립(2013~2017) • 2012 전국 다문화가족 실태조사 실시 • 생애주기별 양육정보 제공을 위한 찾아가는 부모교육
2013	• 언어발달 지원서비스 • 방문 돌봄서비스 도입
2014	• 이중언어가족환경 조성사업 추진 • 해체된 다문화가족 자녀에 대한 맞춤형 교육, 상담지원
2015	• 다문화유치원 운영
2016	• 다문화가족 자녀지원 종합대책 • 다문화가족정책 유사, 중복, 점검 관리방안 • 다문화가족 지원 성장지원 프로그램 '다재다능' • 다문화 교육 콘텐츠 포털 운영

자녀 성장주기를 영유아기, 학령기, 청년기로 구분하여, 영유아기에는 언어, 기초학습 및 이중언어 가족환경조성 사업을 통해 부모-자녀 간 정서적 유대 강화와 정체성 확립을 도모한다. 학령기에는 다문화가족 자녀의 잠재

적 역량 개발 및 사회성 발달을 지원하여 다(多)재다능 프로그램을 추진하여 가족관계 개선, 미래의 글로벌 인재로 양성할 수 있도록 지원한다. 청년기에는 직업훈련과 노동시장에서 차별받지 않고 진입할 수 있도록 지원하여 사회·경제적 주변화 문제를 해소하도록 한다. 그 일환으로 다문화 이중언어 인재DB를 구축하여 인재 발굴·추천에 활용한다.

중도입국 다문화가족 자녀를 대상으로 공교육에의 진입을 지원하고 '내-일을 잡아라' 프로그램을 신규로 추진하여 자격증 취득 등을 통하여 취업을 지원하고자 한다. 아울러, 다문화 이해와 수용성의 지속적인 향상을 위하여 일반 국민, 교사, 아동과 청소년 대상별 다문화 이해교육을 확산하여 내실화를 도모할 계획이다.

② 교육부의 다문화 교육 지원 계획

교육부에서는 다문화 교육 지원계획의 기본 방향을 다음과 같이 계획을 수립하여 추진하고 있다(교육부, 2016).

㉠ 맞춤형으로 공교육 진입과 적응 지원

㉡ 다문화 수용성 제고를 위한 다문화 이해교육 확대

㉢ 효율적 지원을 위한 부처 간 협업 및 지역 내 연계 강화

구체적으로 유치원 단계부터 언어 및 기초학습 맞춤형 교육을 지원하여 평등한 출발점을 보장하기 위하여 다문화유치원을 시범 운영하며 2015년 서울 등 5개 지역에서 30개 개소로 시범사업을 실시한 이후 12개 시도에서 60곳을 운영하였으며, 2017년에는 대전, 울산, 세종, 충북, 제주 등을 추가해 17개 시·도에서 총 90곳으로 운영이 확대되었다.

또한 중도입국학생 및 외국인 학생에게 공교육 진입과 적응을 지원하는 다문화 예비학교를 2016년 180개교에서 2017년 200개교로 확대운영하고 있다. 또한 다문화학생이 재능과 적성에 따라 역량 개발 및 진로 탐색할 수 있는 글로벌 브릿지 사업(17개단) 지속적 운영 및 이중 언어 등의 강점을 발휘해 진학·취업할 수 있도록 진로진학 상담 보조 자료를 제공하고자 한다.

한편 다문화 수용성 제고를 위하여 '다문화 중점학교' 운영(2016년 180개교), 학교급별 관련 교사연수 강화 및 '다문화교육 콘텐츠 포털'을 운영하여 다문화교육 관련 현장사례와 자료를 공유할 계획이다. 아울러 범부처 협업으로 다문화 교육 지원 및 지역 다문화 교육지원센터를 확대 설치 운영할 예정이다.

전국 다문화가족 실태조사(2018)에 의하면, 지원 서비스 이용 경험 및 요구에서 이민자의 적응과 정착, 자녀 성장과 부모역할 등 가족생활과 관련된 각종 지원 서비스를 이용해 본 적이 있는 이들은 60.9%로 2015년에 비해 6.0%p 증가하였으며, 한국어 및 한국사회 적응 교육(51.8%)에 참여한 이들이 가장 많으며, 그 다음으로 임신·출산 지원(45.5%), 가정방문을 통한 각종교육(4.0%), 일자리교육·일자리 소개(32.9%)의 순으로 나타났다.

또한 지원 서비스에 대한 요구는 일자리교육·일자리 소개(3.51점)에 대한 요구가 가장 높고, 그 다음으로 한국어 및 한국사회 적응교육(3.2점), 가정방문을 통한 각종 교육(3.17점), 각종 상담(3.14점)의 순으로 나타났다. 서비스 기관, 단체에 대한 인지율은 주민센터·행정복지센터(91.5%)를 알고 있는 이들이 가장 많으며, 그 다음으로는 다문화가족지원센터(건강가정·다문화가족지원센터 포함)(80.3%)를 알고 있는 이들이 많다. 이밖에 고용센터·고용복지플러스센터, 사회복지관을 알고 있는 이들도 60%가량으로 나타났다. 기관·단체별로 이용 경험율은 주민센터 이용(7.0%)이 가장 많고, 그 다음으로는 다문화가족지원센터(47.6%)를 이용한 이들이 많았다. 2015년과 비교하면 다문화가족지원센터를 이용한 이들은 5.3%p, 주민센터를 이용한 이들은 3.1%p 증가하는 등 이 두 기관은 이용자 수가 많을 뿐 아니라 최근 들어 이용자 수가 눈에 띄게 증가한 것을 알 수 있다.

(2) 다문화가족 대상 지원정책

다문화가족을 대상으로 지원정책은 다문화가족지원센터 운영, 국제결혼 피해상담 및 구조, 다누리콜센터 운영 등으로 구분된다.

첫째, 다문화가족지원센터는 다문화가족의 특성을 고려한 맞춤형 가족지원서비스를 제공함으로써 가족의 안정성 강화 및 가족관계 증진에 기여하고, 지역사회 다문화가족을 대상으로 한국어교육, 가족교육·상담, 통번역, 자녀교육 지원 등 종합 서비스 제공을 목적으로 운영된 기관이다.

센터에서는 가족상담 및 교육과 한국어교육을 중점으로 실시하고 있다. 가족상담 및 교육은 가족관계 개선을 위한 상담, 부부교육, 부모자녀교육 등 가족상담 및 교육을 실시하고, 방문교육서비스로 한국어교육, 부모교육서비스, 자녀생활서비스를 제공한다. 한국어교육은 1~4단계로 한국어교육과 다문화가족의 자녀를 대상으로 언어(한국어)발달지원, 이중언어 가족환경조성, 자녀성장지원사업 등을 제공한다. 또한 통번역서비스, 멘토링, 자조모임, 나눔봉사단 운영 등을 통해 지원하고 있다.

둘째, 국제결혼피해상담 및 구조로 국제결혼중개업체를 통해 국제결혼을 추진 중인 대한민국 국민 또는 결혼이수여성이 국제결혼중개업체의 불법적인 영업행위로 인해 피해를 보았을 경우 각종 상담, 피해 구조 및 법률지원서비스를 제공한다.

셋째, 다누리콜센터 운영은 다문화가족, 이주여성 등을 대상으로 다문화가족 및 이주여성에게 한국 생활정보부터 부부 상담, 폭력피해 등 긴급한 구조가 필요할 때 지원까지 원스톱서비스를 제공하며, 주요 지원내용은 한국생활 정보 제공, 법률자문, 3자 통화 통역서비스, 공식 서류 번역 서비스, 긴급피난처 제공 등 365일 24시간 실시간 지원하고 있다.

(3) 2018년도 다문화가족지원 정책

여성가족부(2018)에서는 다문화가족을 위한 업무계획을 다음과 같이 추진하고 있다(여성가족부, 2018. 1. 2018년 여성가족부 업무보고).

다문화가족의 인권보호 및 참여 확대를 위해 폭력피해 이주여성 쉼터 및 현지 사전교육 상담 확대 등으로 인권보호를 강화하고, 다문화가족 장기정착 지원을 위한 결혼이민자, 자녀 대상 지원서비스를 확대하고 있다.

첫째, 결혼이주여성 인권보호 강화를 위해 폭력피해 이주여성 쉼터 확대 및 외국인 등록 여부와 관계없이 입소를 허용하도록 제도를 개선하기 위해 다문화가족 쉼터를 2017년 26개소에서 2018년 28개소로 확대·운영하고 있다. 또한 불법 국제결혼중개 적발 등 현지 인권보호 감시체계 및 결혼이민 예정자 대상 현지사전 교육(베트남 3개소, 필리핀 1개소)을 강화하기 위해 2017년 집합 교육에서 2018년에는 다양한 형태의 상담 서비스를 추가하여 운영하고 있다. 다국어 전화상담(다누리콜센터) 24시간 지원을 통해 폭력피해 결혼이주여성 긴급 구출 및 보호시설과의 연계를 통해 실제적인 지원을 하고 있다.

둘째, 다문화가족 정책 추진체계를 강화하기 위해 초기적응, 사회참여, 인권보호, 인식제고, 분과를 중심으로 실무협의체(10개 부처)를 운영하는 등 부처 간 정책연계를 통해 다문화가족정책 상시 협력체계를 강화하고 있다.

또한 다문화가족 참여회의를 2017년 5개 권역별 10인에서 2018년에는 각 시·도 16인 위촉하는 등 정책 수립 및 추진과정에 다문화가족이 주체적으로 참여하고 소통할 수 있도록 다문화가족 정책참여 거버넌스를 확대하고 있다. 제3차 다문화가족정책 기본계획(2018~2022) 과제별 이행상황에 대한 모니터링으로 유사중복사업 점검 및 특화사업을 발굴하여 추진하고 있다.

셋째, 국민기초생활보장제도 내 다문화가족에 대한 차별사례 및 지원 사각지대 발굴을 위한 연구추진, 다문화가족을 둘러싼 정책 환경 및 수요에 대한 실태조사 실시, 다문화가족 실태조사 및 일반 국민대상 다문화 수용성 조사 등 다문화가족 지원 사각지대를 발굴 및 개선할 예정이다.

넷째, 다문화가족 사회참여 활성화를 위해 한국어 교육, 통·번역, 멘토링, 사례관리 등 초기 정착지원 서비스 내실화, 결혼이민자 자립역량 강화를 위한 '자립지원패키지' 확대 운영 등 다문화가족지원센터 등을 통한 정착 단계별 맞춤형 서비스를 강화하고 있다. 또한 결혼이주여성 취업희망정보 새일센터 제공 및 다가센터 종사자 취업연계 교육 강화를 통해 기관 간 협업으로 결혼이주여성 취업지원서비스 연계를 활성화하고 있다.

다섯째, 다문화가족 자녀를 미래인재로 육성하고자 이중언어 인재 발굴 확대 및 국제교류 프로그램 연계 지원, 리더십 개발 및 정체성 회복, 사회성 발달, 미래설계 등을 종합 지원하는 다문화청소년 성장 프로그램 확대, 학령기 다문화가족 자녀의 학업적응을 돕는 찾아가는 자녀생활 서비스 지원을 확대하고 있다. 또한 중도입국청소년 초기정착 지원 및 진로지원 강화를 위해 평일·전일제, 주말·야간, 방과 후 등 한국어교육(레인보우스쿨)을 실시하고, 한국 공교육 편입학 지원을 위한 정보를 제공하고 있다.

여섯째, 차별 없는 다문화사회 조성을 위한 교육를 위해 교원 자격·직무연수 과정에 다문화 이해교육을 포함하도록 관련법령을 개정하여 유치원 및 초·중·고 교원에 대한 다문화 이해교육 의무화를 추진하고 있다. 또한 주민센터, 출입국사무소 등 대민서비스 종사자에 대한 교육을 강화하고, 다문화 이해교육 대상별 맞춤형 온라인 교육 콘텐츠를 개발·확대하고 있다.

다문화가족의 정착지원, 의료지원, 생활지원을 위해 아동청소년 교육지원 서비스, 생활자금 등 경제지원 서비스, 안정적인 정착지원 서비스, 건강을 위한 의료지원 서비스 등 다양한 공공서비스를 제공하고 있다.

첫째, 아동청소년 교육지원서비스는 이주배경(북한 이탈·다문화) 청소년의 사회 적응 및 문화 통합을 위해 체계적인 서비스 체계를 구축, 통합적·단계적 지원을 제공하는 이주배경 청소년 지원, 집합교육 참여가 어려운 지역 및 가정환경 등으로 인하여 서비스에서 소외되는 결혼이민자 등이 없도록 하는 다문화가족 방문교육 서비스 제공, 다문화가정 청소년들의 자아정체성 확립 및 국내 정착을 지원하는 다문화가정 청소년 해외캠프를 지원하고 있다.

또한 대국민 해양 환경교육 서비스 제공을 통한 해양 환경인식 증진 및 사회적 기부 확대, 교육 사각지대에 있는 계층에 체험교육 기회를 제공하는 해양환경 체험교육(다문화가정), 경제적 어려움과 지역 접근성 등으로 정보화 교육 기회가 적은 결혼이민자와 농어업인 등을 대상으로 맞춤형 정보화 교육을 지원하는 다문화가정, 농어업인 정보화 교육, 체계적, 전문적 언어발달

지원 서비스 제공을 통해 다문화가족 자녀들이 건강한 사회구성원·글로벌 인재로 성장할 수 있는 초석을 마련하는 다문화가족 자녀 언어발달지원 서비스를 제공하고 있다.

다문화가족 자녀의 개개인의 여건에 맞는 교육복지 지원을 하여 취약계층 학생의 삶의 질과 교육성취 수준을 높여주는 교육복지 우선 지원, 대학생의 다문화가정 및 학생에 대한 이해심 및 봉사의식을 제고하고, 다문화·탈북가정 학생의 언어발달 및 한국 사회 적응을 지원하는 다문화·탈북학생 멘토링 사업, 다문화가정 청소년들에게 기술 습득과 취업능력을 높일 수 있는 기술교육 기회 제공, 자립 가능한 직업 능력을 부여하여 안정된 사회통합을 실현하는 다문화가정 청소년 직업교육훈련 서비스를 제공하고 있다.

둘째, 생활자금 등 경제지원 서비스는 다문화가정 가족(결혼이민자, 배우자 등)이 고국의 가족이나 친지들에게 발송하는 EMS 우편물에 대해 계약 감액률 적용을 통한 해외물류비 지원, 다문화가정의 모국방문 지원으로 다문화가정의 행복 증진 및 복지 기여, 어린이집 이용 영유아에 대한 보육료 지원을 통해 부모의 자녀 양육 부담 경감 및 원활한 경제활동 지원, 소외계층에 대한 신문, 잡지 구독을 지원함으로써 정보 접근권 보장 및 정보복지 서비스를 제공하고 있다.

셋째, 안정적인 정착지원 서비스는 북한이탈주민의 창업을 지원하는 서비스, 영농을 통해 북한이탈주민의 자립자활기회를 제공하고 영농분야의 정착 성공 사례를 창출하고자 하는 서비스, 다문화가족의 정착 및 이주여성 폭력피해를 상담 지원하는 다누리 콜센터(1577-1366) 운영, 입국 초기 결혼이민자 및 다문화가족의 의사소통을 지원하는 결혼이민자 통번역 서비스 지원, 다문화가족의 가족교육, 상담, 한국어 문화 프로그램, 자녀 지원, 직업교육 등 서비스 제공을 통해 결혼이민자의 한국 사회 조기 적응 및 다문화가족의 안정적인 가족생활을 지원하고 있다.

또한 방문취업 목적으로 입국한 외국국적 동포는 외국인 등록 전 조기적응 프로그램에 반드시 참여하여 그 이수증을 제출해야 하며, 입국 초기 이민자에게 우리나라의 기초법제도 안내 등을 통해 사회적응 지원, 다문화 가족 및 북한이탈주민에 대하여 대한민국 기본법 질서를 비롯한 일상생활에서 지켜야 할 기초질서, 경제활동에 이르기까지 맞춤형 법 문화 교육을 실시해 국내 조기 정착 지원, 경제적 어려움 등으로 법의 보호를 충분히 받지 못하는 자에 대한 기본적 인권 옹호 및 법률복지 증진을 위해 결혼이민자·귀화자에 대한 무료법률 구조, 국내 체류 외국인 대상 법질서에 대한 인식 제고와 경각심 부여, 생활 속의 범죄 예방요령, 기초질서 등 국내법 이해 부족으로 인한 행위 방지로 안정적 다문화사회 정착을 지원하기 위한 외국인 범죄 예방교실을 운영하고 있다.

넷째, 건강을 위한 의료지원 서비스는 맞춤형 통합지원 서비스의 일환으로 적십자사의 전국 5개 적십자병원(서울, 인천, 상주, 통영, 거창)에서 다문화 가족, 북한이주민 등 의료 소외계층을 특화 진료하는 희망 진료 센터 운영이 있다. 또한 국립 중앙 의료원은 2010년 법인 출범을 계기로 국제화에 따른 다양성을 수용하고 공공의료기관으로서 국내에 거주하는 취약계층 다문화가족 외국인들에게 필요한 의료 서비스가 제공될 수 있도록 지원하는 다문화가족 진료 지원 사업, 재북 및 탈북 과정 중 발생한 복합 상병, 신체적, 정신적 외상 등으로 의료 수요가 높은 취약계층 북한 이탈 주민에게 적정 의료를 제공하여 남한 사회 정착을 지원하는 북한 이탈 주민 진료 지원 사업을 실시하고 있다.

또한 건강보험, 의료급여 등 각종 의료보장제도에 의해서 의료혜택을 받을 수 없는 사람들에게 의료 서비스를 제공함으로써 인간으로서 누려야 할 최소한의 건강한 삶의 질을 보장하는 외국인 근로자 등 소외계층 의료 서비스 지원이 있으며, 신체적·정신적 질병이 있는 북한이탈주민에게 의료비 지원을 통해 남한사회 안정적인 정착을 지원하고 있다.

4) 다문화복지 정책의 주요 이슈 및 과제

(1) 다문화복지 정책의 주요 이슈

한국 사회에서 주된 정책대상이 되어온 결혼이주가족 등 다문화가족의 특성이 변화하고 있다. 첫째, 2016년 기준, 국내 체류 중인 외국인은 190만 명을 넘어서면서 장기체류자의 증가로 이어져 결혼이주민과 외국인 노동자의 꾸준한 증가에 기인한다. 특히 체류 외국인 가운데 중국동포가 약 70만 명에 이르며, 한류 열풍으로 외국인 유학생도 10만 명이 넘는다(법무부, 2016). 초창기부터 현재까지 결혼이주민 및 귀화자에 편중된 지원정책을 다변화 확대된 정책대상을 고려하여 보다 정교한 다문화가족 지원정책을 수립할 필요가 있다.

둘째, 낮은 수준의 발달적 특징 및 사회부적응 등의 다문화가족 아동에 대한 편견뿐만 아니라 다문화가족 부모에 대한 편견을 재고해 보아야 한다. 흔히 부모는 자녀의 첫 교사이며 자녀에 대하여 가장 전문가라고 말하는 통념이 다문화가족 부모에게도 그대로 적용되고 있는지 의문이다. 아마도 다문화가족 부모는 대부분 교육수준이 낮으므로 자녀의 교육에 관심이 없고 있다고 하더라도 자녀양육과 교육에 있어서 별로 질적으로 수준 높은 기여를 할 수 없다는 편견이 통상적일 것이다.

또한 자녀양육에 대한 다문화가족 부모의 가치관 등에 있어서 개인차를 이해할 필요가 있다. 예를 들어, 어떤 다문화가족의 부모는 교사가 자녀와의 의사소통 과정에서 자국민의 언어를 사용하는 것을 선호하고 고마워하는 반면 어떤 부모는 항상 공식적인 언어로 대화해 주기를 원하고 있다. 많은 다문화가족 부모들이 자녀에게 가정과 다른 경험을 제공하기 위해 육아지원기관을 선택하므로 기관의 프로그램이 일반적으로 다문화가족 문화와 같은 내지 유사한 성격으로 제공하여야 한다는 관점을 토대로 계획·실행되고 있지는 않은지 되돌아보아야 할 것이다. 요컨대 일반적인 선입견에서 벗어나 다문화가족 부모가 진정으로 자녀가 어떻게 자라나기를 바라며 취학

전 교육기관 및 학교에서 어떻게 생활하기를 원하는지 제대로 파악할 필요가 있다.

셋째, 다문화가족의 어려움은 단순히 언어 및 문화적 차이에 기인한다기보다는 경제적 빈곤과 밀접하게 관련되어 있음을 인식하고 생계해결을 위한 지원이 시급히 필요하다. 다문화가족에 대한 지원은 자녀양육법 교육 등과 더불어 경제적 자립을 위한 지원 등 그야말로 총체적인 접근이 요구된다고 볼 수 있다.

넷째, 다문화가족을 지원하기 위해 재원 확보 못지않게 배분, 즉 어디에 얼마나 사용하는가도 매우 중요하다. 예산을 통합적으로 한 곳에 지원하여 자율적으로 배분하여 사용하도록 하는 것이 효과적이라 사료되며 예산 투입 대비 성과 평가에 대한 체계적인 계획 및 실행이 필요하다.

다섯째, 다문화가족과 아동 지원에 있어서 중앙정부와 지방정부 민간단체 및 기구 간의 역할 분담과 책임 소재에 대한 논의가 필요하다. 중앙정부에서 추진하는 정책은 가장 추진력이 뛰어날 수 있으나 지역적 특성을 반영하는데 제한적이다. 또한 지방정부의 경우는 지역적 여건을 고려하여 맞춤형의 정책 추진에 유리하나 오히려 다문화가족에 대한 지역의 편견이 더 심각할 수 있다. 민간단체 및 기구는 다문화가족의 요구를 민감하게 수용할 수 있으나 예산확보의 어려움으로 인하여 추진사업의 안정성과 지속성이 낮을 수 있다. 이러한 특성들을 감안하여 정책사업 추진의 인적 물적 자원의 조율과 협력체계를 구축하는 일이 요구된다.

(2) 다문화복지 정책의 향후 과제

첫째, 다문화가족 아동의 만 6세 이하 영유아 수는 전체 다문화가족 자녀의 약 57%를 차지하므로 다른 연령대의 아동에 비하여 보다 획기적인 정부의 관심이 요구된다. 또한 인적자본투자 대비 효과 분석 연구 및 인간두뇌발달 연구 결과에 비추어 영유아기는 다문화가족 지원정책 투입의 효과가 가장 큰 시기이다.

양질의 유아교육은 학습준비도, 학업수행력, 사회적응력을 향상시킨다. 또한 고등학교, 대학 진학률, 취업률 증가 및 범죄율 감소를 가져오며(Barnett, 2013), 유아교육수혜자는 비수혜자에 비해 학사 이상 인재양성에 있어서 3배의 효과가 있다(Campbell, et al., 2002). 또한 공적 투자의 효과는 유아교육 8 : 1 vs. 초중등교육 3 : 1 vs. 성인교육 1 : 1로 나타난다(Cunha, et. al., 2005). 요컨대 유아교육은 생애초기부터 시작되는 다문화가족 자녀의 학습과 발달 격차 해소의 가장 강력한 수단이다.

최근 두뇌발달연구(예 Schonkoff, 2000)에 의하면, 인간의 논리적 사고와 사회정서적 능력은 신경망이 빠른 속도로 발달하는 취학 전 유아기에 대부분 완성된다. 양질의 유아기 학습환경 및 경험은 뇌세포 수 및 신경회로를 증가시키며, 유아기에 올바른 출발을 하지 못한다면 이는 평생 회복이 어렵고 상당한 사회적 비용을 지불하게 된다.

다문화가족 영유아의 지원은 유치원 취원율과 보육시설 이용률에 대한 정확한 데이터 수집에서 출발할 필요가 있다. 현재의 전국 다문화가족 실태조사(2009, 2012, 2015)의 대상은 9세부터 24세까지의 자녀로 9세 미만인 취학 전 연령이 포함되어 있지 않다. 한편 2009, 2012, 2015년도에 보건복지가족부가 보육실태조사의 일환으로 다문화가족 영유아에 대한 현황을 조사하였으나, 이는 전수조사가 아니다. 유치원의 경우 역시 전체적인 다문화 유아의 취원율이 파악되지 않은 실정이다. 상당수의 다문화가정 영유아가 우수한 유아교육보육기관보다 그렇지 못한 기관에 다닐 가능성이 큰 것은 우수한 기관에의 접근성이 낮고, 비용부담이 높기 때문이므로 정부차원에서 양질의 보육과 교육서비스를 제공받을 수 있도록 우선권을 부여할 필요가 있다.

나아가 단순한 현황 파악을 넘어서 다문화가족과 9세 미만 아동에 대한 보다 면밀한 실태조사가 이루어질 필요가 있다. 예를 들어, 교육비 보육료 지원 대상 비율가정 소득 수준, 주거지역 및 환경을 비롯하여 이용하고 있는 육아지원기관의 질적 수준과 관련한 조사가 시급히 실시될 필요가 있다.

둘째, 다문화 교육에 대한 유·초·중·고등교육의 연계를 강화할 필요가 있다. 이는 생애초기부터 성인이 되기까지 다문화 교육과 경험의 일관성과 연속성을 유지하기 위해서이다. 다문화 교육의 목표와 내용 및 구체적인 구현 방법 등을 국가수준 교육과정을 비롯하여 학교 밖의 사회에서도 일관성을 강화할 수 있는 다양한 방안들이 모색되어야 할 것이다.

셋째, 정책의 질적 수준 제고를 위한 지속적인 모니터링이 수반되어야 한다. 다문화가족 지원정책의 투입 영역과 성과 영역을 설계하여 정책의 효과와 제한점 등을 모니터링해야 한다. 모니터링의 시기, 빈도, 내용과 방법, 결과 활용 등에 대한 계획이 요구된다.

넷째, 교사교육으로, 다문화 교육 전문가 양성 및 현장 컨설팅을 제공한다. 실제 상당수의 교사들은 다문화가족 아동과 청소년 지도를 위한 구체적인 지식과 정보 및 기술이 없어 적절한 도움을 제공할 수 없다고 보고하므로 이를 위해 교사 양성교육 및 현직교육을 강화하여야 한다. 특히, 교사연수에 있어서 상향식으로 연수내용과 방법을 결정하기보다는 하향식으로 현장교원의 의견 수렴에 기초할 필요가 있으며, 반드시 연수 효과에 대한 연구가 수반되어야 할 것이다.

2. 다문화가족 복지와 문화

다양한 문화적 배경을 지닌 클라이언트의 문화를 존중하고 그들의 문화를 이해하려는 노력은 우리 사회가 갖추어야 하는 필수 요소이다. 최근 우리 사회는 다문화사회로 급변하여 오면서 다문화 구성원들에 대한 서비스 제공도 급격히 증가하여 왔다. 다문화사회에서 휴먼서비스를 제공하는 전문 인력(실천가)에게 필요한 실천기술이 있다면 무엇인가? 그것은 문화적 역량(cultural competence)이다. 문화적 역량은 사회복지, 상담, 교육, 의료 등 다양한 영역에서 휴먼서비스 전문 인력의 핵심 역량이 되고 있다.

이 절에서는 다문화사회의 다양한 영역에서 휴먼서비스를 제공하는 실천가들에게 필요한 문화적 역량의 필요성을 살펴본 후, 문화적 역량에 대한 다양한 연구를 통해 문화적 역량의 개념과 상담심리 분야, 사회복지 분야, 보건의료 분야에서 문화적 역량과 관련한 이론을 살펴보고자 한다. 아울러 문화적 역량의 태도, 정책 및 실천 차원에서 6단계의 변화를 살펴보고자 한다.

1) 다문화사회(복지)와 문화적 역량의 필요성

한국의 인구 구성 내용이 빠르게 변화해 왔고, 인종적으로 다양한 사람들이 한국 사회의 구성원으로 자리를 잡아가고 있다. 국내 외국인 체류자는 1995년 26만 9천 명에서 2007년 100만 명을 기록했으며 2020년 254만 명을 기록한 뒤 2050년 409만 명으로 증가할 예정이다. 이에 따라 1990년 외국인 인구 구성비는 0.11%에서 2020년에 5%, 2050년 9.8%로 늘어날 것으로 예상된다. 즉, 인구 10명당 1명이 외국인인 명실상부한 다문화사회에 접어들게 된다(국토해양부, 2009). 이러한 외국인 비율은 영국과 같은 다인종 복합민족으로 한국의 사회가 질적인 변화를 경험하게 되며, 이에 따라 한국 사회의 모든 분야와 제도에 본질적인 변화가 수반될 것임을 의미한다.

이러한 외국인의 증가 추세를 볼 때 앞으로 다문화 정책의 필요성은 더욱 증대될 것이며 그 규모와 범주 역시 큰 규모로 확대될 것이라 전망할 수 있다. 근래 한국 사회에서의 다문화 정책은 급속도로 확대되어 왔고, 이를 단적으로 보여주는 것이 관련 예산이다. 예를 들어, 정부의 다문화 관련 예산이 2006년에는 단지 12억 원이었으나 2010년에는 629억 원으로 4년 만에 무려 52배가 증가하였다. 다음의 <표 2-2>에서와 같이 다문화가족 정착 지원 부문의 2017년 예산 또한 606억 원, 2018년에는 635억 원으로 증가하였으며, 2019년에는 734억 원으로 2018년도 대비 98억 원(15.5%)이 증가하였다.

다문화가족 지원사업(센터 운영)을 개별 사업별로 살펴보면 2017년 말 기준 218개소[2)]가운영되고 있으며, 2019년도 예산안은 384억 원으로 전년 대비 82억 원(27.3%) 증가하였다.

〈표 2-2〉 2019년도 다문화가족 정착지원 부문 예산안 현황

(단위 : 백만 원, %)

사업명	2017	2018		2019	증감	
	결산	본예산	추경(A)	예산안(B)	B-A	(B-A)/A
다문화가족 지원사업(센터운영)	28,226	30,142	30,142	38,379	8,237	27.3
다문화가족 방문교육서비스사업	16,104	16,480	16,480	16,777	297	1.8,
결혼이민자 통·번역 서비스사업	3,732	4,246	4,246	4,748	502	11.8
다문화가족자녀 언어발달지원 사업	5,783	5,914	5,914	6,698	784	13.30
다문화 멘토링 지원사업	6,750	6,750	6,750	6,750	0	0
합 계	**60,595**	**63,532**	**63,532**	**73,352**	**9,820**	**15.5**

출처 : 여성가족부(2018).

다문화가족 방문교육서비스 사업의 2019년도 예산안은 168억 원으로 전년 대비 3억 원(1.8%) 증가하였다. 또한 결혼이민자 통·번역 서비스 사업의 2019년도 예산안은 47억 원으로 전년 대비 5억 원(11.8%) 증가하였다. 끝으로 다문화 멘토링 지원사업의 2019년도 예산안은 전년과 동일하였다(국회예산정책처, 2018).

〈표 2-3〉 다문화가족 정착지원 부문 예산 추이

(단위 : 백만 원, %)

사업명	2015	2016	2017	2018	2019	2020	2021	2022
다문화가족 지원사업(센터운영)	26,273	27,450	28,226	30,142	38,379	37,962	40,359	42,930
다문화가족 방문교육서비스사업	16,104	16,104	16,104	16,480	16,777	15,912	16,710	17,507
결혼이민자 통·번역 서비스사업	3,185	3,281	3,732	4,246	4,748	5,144	5,885	6,626
다문화가족자녀 언어발달지원 사업	5,783	5,783	5,783	5,914	6,698	6,112	6,597	7,083
다문화 멘토링 지원사업	6,750	6,750	6,750	6,750	6,750	6,750	6,750	6,750
합 계	**58,585**	**59,368**	**60,595**	**63,532**	**73,352**	**71,880**	**76,301**	**80,896**

주 : 2015~2018년은 예산 기준이며, 2019년은 예산안, 2020~2022년은 중기재정계획상 투자계획임
출처 : 여성가족부(2018).

2) 2017년 12월 기준(단위 : 개소 수)

유형	계	서울	부산	대구	인천	광주	대전	울산	세종	경기	강원	충북	충남	전북	전남	경북	경남	제주
	218	24	9	7	9	4	5	5	1	31	18	12	15	14	21	23	19	2

중기 재정투입 현황 및 계획을 살펴보면, <표 2-3>에서와 같이 다문화가족 정착지원 부문 관련 예산은 2015년 586억 원에서 2017년 606억 원으로 증가하였으며, 2019년에는 734억 원으로 증가하였다. 또한 2020년 719억 원에서 2022년 809억 원으로 증가될 전망이다.

개별 사업별로 보면 다문화가족 지원 사업(센터 운영) 예산은 2015년 263억 원에서 2019년 384억 원으로, 2022년까지 429억 원이 투입될 전망이다. 다문화가족 방문교육서비스 사업 예산은 2015년 161억 원에서 2019년 168억 원, 2022년 175억 원으로 증가될 전망이다.

이처럼 다문화 관련 정부 예산 증가의 폭발적인 증가에도 불구하고 대상자들이 체감하는 정책의 효과는 이에 상응하지 않는 다문화 정책 집행의 비효율성이 발생하고 있다. 국내 거주 외국인의 16.6%는 결혼이주 여성(통계청, 2017)으로 그 가족에게 편중된 정부 및 민간단체의 중복적 · 전시적 지원에 치우친 나머지 다수의 이주노동자, 유학생 등이 한국에서 경험하고 있는 인권침해, 차별 등 인종과 신분에 관계없이 보호되어야 하는 보편적 가치를 외면하고 있다는 비판을 받고 있다.

또한 사회정의 구현 및 문제의 사전예방 차원보다는 사후 문제해결에 방점을 두는 온정적이고 시혜적인 다문화 정책이 시행되고 있는 경향이 있다. 중앙정부뿐만 아니라 지방정부 차원에서도 다문화 사업이 일관적이고 통합적으로 이루어지기보다 부처 이기주의와 부처 간 역학 관계에 따른 다문화 정책이 이루어지고 있다는 비판이 있어왔다.

다음 <표 2-4>는 주요 부처별 다문화정책 소관 업무를 보여주는 것으로 시행되고 있는 정책영역과 내용을 보면 전반적으로 중복적, 전시 행정적, 행정 편의 주의적, 분절적인 다문화 사업이 시행되고 있다는 지적이 있다(김혜순·김재경·엄한진·최샛별, 2008 재인용). 또한 다문화사업을 추진하고 있는 민간단체들이 다문화 사업의 공공성을 추구하기보다는 정부 및 공공예산으로부터의 지원을 유인하기 위한 외형적 실적과 단체의 선전에 몰두하고 있다는 비판을 받고 있다.

〈표 2-4〉 주요 부처별 소관 다문화정책 현황

부 처	정책영역	정책대상	정책초점
법무부	• 다문화가족 장기정착지원 • 결혼이민자 사회·경제적 참여 확대 • 다문화가족 자녀의 안정적 성장지원과 역량 강화 • 상호존중에 기반한 사회적 다문화수용성 제고 • 협력적 다문화가족 정책 운영 추진체계 강화	• 입국 외국인 • 일반 국민 • 직원	• 국제결혼 피해예방 지원 • 자립역량 강화, 사회참여 기회 확대 • 중도입국자녀 맞춤형 지원 확대 • 다문화 이해교육 활성화 • 지역사회 참여·교류 프로그램 활성화 • 정책추진체계 간 협력 강화
국방부	• 상호존중에 기반한 사회적 다문화수용성 제고	• 다문화가족 • 군인	• 안정된 가족생활지원 • 다문화 이해교육 활성화
보건복지부	• 다문화가족 장기정착지원 • 상호존중에 기반한 사회적 다문화수용성 제고	• 다문화가족 • 전 국민	• 가족복지·사회복지 • 다문화이해교육
문화체육관광부	• 다문화가족 장기정착지원 • 결혼이민자 사회·경제적 참여 확대 • 상호존중에 기반한 사회적 다문화수용성 제고	• 이주민 • 일반 국민	• 결혼이민자 사회·경제적 참여 확대 • 사회참여 기회 확대 • 다문화이해교육 활성화 • 수용성 제고를 위한 미디어 환경 조성 • 지역환경 조성, 참여·교류 프로그램 활성화
교육부	• 다문화가족 장기정착지원 • 다문화가족 자녀의 안정적 성장지원과 역량 강화 • 상호존중에 기반한 사회적 다문화수용성 제고 • 협력적 다문화가족 정책 운영 추진체계 강화	• 이주민·자녀 • 직원	• 결혼이민자 사회·경제적 참여 확대 • 다문화가족 자녀의 안정적 성장·역량 강화 • 다문화 이해교육 활성화 • 정책추진체계 간 협력 강화
외교부	• 다문화가족 자녀의 안정적 성장지원과 역량 강화	• 다문화가족자녀	• 학업·글로벌 역량강화지원 • 진로준비 및 사회진출지원
KOTRA	• 다문화가족 자녀의 안정적 성장지원과 역량 강화	• 다문화가족자녀	• 진로준비 및 사회진출지원
고용노동부	• 고용 • 직업교육훈련기관	• 외국인노동자	• 다국어 자격 검정 실시 • 직업교육훈련기관
행정안전부	• 상호존중에 기반한 사회적 다문화수용성 제고	• 이주민 • 직원	• 지방행정 • 다문화 이해 교육 활성화

여성가족부	• 다문화가족 장기정착지원 • 결혼이민자 사회·경제적 참여 확대 • 다문화가족 자녀의 안정적 성장·역량 강화 • 상호존중에 기반한 사회적 다문화수용성 제고 • 협력적 다문화가족 정책 운영 추진체계 강화	• 결혼이주여성 • 다문화가족 자녀	• 결혼이주여성인권, 국제결혼 피해예방 지원 • 가족복지, 서비스연계 활성화 • 결혼이민자 사회·경제적 참여 확대 • 취, 창업 지원 서비스 • 사회참여 기회 확대 • 안정적 성장·역량 강화, 진로준비·사회진출 지원 • 중도입국자녀 맞춤 지원 확대 • 다문화수용성 제고 • 미디어환경 조성 • 정책추진체계 간 협력 강화 • 협력적 다문화가족 정책 운영 추진체계 강화
경찰청	• 다문화가족 장기정착지원 • 다문화이해 교육	• 결혼이주여성 • 다문화가족 • 종사자대상교육	• 결혼이주여성 인권 강화 • 안정된 가족생활 지원 • 다문화이해 교육 활성화
농림축산식품부	• 결혼이민자 사회·경제적 참여 확대	• 이주여성 • 농업인	• 취·창업 지원 서비스 내실화
농촌진흥청	• 결혼이민자 사회·경제적 참여 확대 • 상호존중에 기반한 사회적 다문화수용성 제고	• 이주여성 • 농업인	• 취·창업 지원 서비스 내실화 • 사회참여 기회 확대 • 다문화 이해교육 활성화 • 지역 환경조성, 교류 프로그램 활성화
기획재정부	• 다문화가족 장기정착지원	• 이주여성·자녀 • 다문화가족	• 안정된 가족생활 지원
국세청	• 다문화가족 장기정착지원	• 이주여성·자녀 • 다문화가족	• 안정된 가족생활 지원
국토교통부	• 다문화가족 장기정착지원	• 이주여성·자녀 • 다문화가족	• 안정된 가족생활 지원
소방청	• 다문화가족 장기정착지원	• 이주여성 • 다문화가족 자녀	• 안정된 가족생활 지원
지자체	• 결혼이민자 사회·경제적 참여 확대 • 상호존중에 기반한 사회적 다문화수용성 제고	• 다문화가족 • 결혼이주여성 • 지역민	• 취·창업 지원 서비스 내실화 • 사회참여기회 확대 • 지역환경 조성 및 참여·교류 프로그램 활성화
고용노동부	• 다문화가족 자녀의 안정적 성장·역량강화 • 결혼이민자 사회·경제적 참여 확대	• 결혼이주여성 • 다문화가족 자녀	• 취·창업 지원 서비스 내실화 • 진로준비 및 사회진출 지원

중소벤처 기업부	• 결혼이민자 사회·경제적 참여 확대	• 결혼이주여성	• 취·창업 지원 서비스 내실화
방송통신 위원회	• 상호존중에 기반한 사회적 다문화수용성 제고	• 다문화가족 • 전 국민	• 수용성 제고를 위한 미디어 환경 조성

출처 : 여성가족부(2018).

따라서 중앙정부 차원의 정책과 예산 수립에 있어서 중앙정부, 지방자치단체, 그리고 민간단체 간의 유기적인 협조체계에 기반한 다문화 사업 추진이 필요하다. 또한 다문화 구성원의 서비스 접근, 서비스 쇼핑 행태 및 소비에 있어서 양극화 현상, 서비스 의존의 심화 및 남용, 도덕적 해이(moral hazard) 등도 다문화 정책 및 서비스와 관련하여 제기되고 있는 문제점들이다.

다문화, 다인종 사회로 급속히 이행 중인 우리 사회가 문화적 변화의 결과로 사회갈등과 분열을 경험하게 될 것인가, 사회통합이라는 순항의 경로를 걸쳐 더욱 건강하고 발전된 사회공동체를 만들어 갈 것인가의 성패 여부를 결정하는 요인은 무엇일까? 한국 사회가 다차원적 측면에서 문화적 역량을 어느 정도, 어떻게 구비해 나갈 것인가 하는 것이 가장 큰 관건이 될 것으로 판단된다.

문화적 역량(cultural competence)에 대한 관심은 다문화 사회구성원, 즉 소수자의 인권 보호와 사회정의 추구라는 사회복지의 근본적 가치 구현에 더하여 한국 사회의 한 구성원인 이들의 욕구를 효과적으로 충족시킬 수 있다는 점과 사회적 통합과정에서 겪게 될 사회 갈등의 위험요인을 예방할 수 있다는 점에서 또 다른 중요성을 갖는다(장은동, 2010 : 8).

다문화 사회복지실천에 있어서 문화적 역량은 그 자체가 목적이 아니다. 문화적 역량의 유용성은 클라이언트인 개별 다문화 구성원 및 집단, 그리고 그들의 환경적 요인들에 대한 다문화적 이해와 지식에 더하여 사회복지서비스 제공 주체들의 다문화적 실천 기술 확보를 통해 다문화 환경에서 보다 효율적인 사회복지실천을 담보할 수 있기 때문이다(장은동, 2012 : 8).

문화적 배경이 다른 클라이언트에게 직접 서비스를 제공하는 휴먼 서비스 실천 전문가 개인의 문화적 역량으로부터, 서비스와 프로그램을 개발하고 시행하는 제공 기관 자체의 문화적 역량, 그리고 다문화와 관련된 사회서비스 정책을 입안하고 결정하는 공공 부문의 문화적 역량은 특히 중요하다(장은동, 2012 : 8).

궁극적으로 문화적 역량을 요구하는 것은 개인 실천가 차원에서는 그들이 적절하고도 효과적인 개입을 할 수 있도록 하고, 자신들의 전문가적 행동에 책임성을 부여하며, 조직 및 기관 차원에서는 제공되는 서비스에 대한 책임성을 담보하고자 하기 때문이라 볼 수 있다.

2) 문화적 역량의 개념

문화적 역량에 관한 논의는 서구 사회의 사회적 변화와 더불어 개념화되고 조작화가 이루어졌다. 1950년부터 시작되고 1960년대에 정점으로 치달은 미국의 흑인 주도의 민권 운동과 미국의 베트남전 참전으로 촉발된 유럽 사회에서 신좌파 그룹에 의해 주도된 1960년대 사회변혁 운동의 결과는 문화적 다원주의를 서구사회에 일반화시켰다. 다양한 원인에 의한 차이에 기초한 소수자집단들의 인권 보호와 평등한 대우에 대한 시대적 요청은 사회의 모든 분야에 영향을 미쳤다(장은동, 2012 : 9).

그중에서 사회복지, 상담, 심리, 교육, 의료 등 전문적 휴먼서비스 분야에서 문화적 역량이 주요한 개념으로서 등장하면서 1980년대 초반부터 본격적으로 논의되기 시작하였다(Gallegos, 1982 재인용). 문화적 역량은 이론에 의해 구성된 개념 또는 관점에 불과한 것이냐의 논쟁이 있어 왔다(Gallegos, Tindall, & Gallegos, 2008). 또한 문화적 역량 개념의 타당성 및 사회복지실천과 관련한 합목적성, 방법적 적합성 등에 관한 논란이 있어왔다(Johnson & Munch, 2009 재인용).

이와 같이 문화적 역량은 여러 분야에서 논의되어 왔고, 개별 분야에 따라 문화적 역량에 대한 정의는 차이가 있다.

사회복지 실천과 관련하여 먼저 문화적 역량에 관한 연구의 선도적 역할을 한 Gallegos(1982)는 미국 사회의 다인종, 다문화적 맥락 속에서 문화적 역량과 유사한 개념으로 '소수민족에 관한 역량'을 논하였다. 그에 따르면 소수민족에 관한 역량이란 소수 인종 클라이언트의 문제에 관하여 문화적으로 적합한 통찰력을 얻고 그러한 통찰력을 문화적으로 적절한 개입 전략을 발전시키는 데 사용되는 과정과 행동의 일체를 말한다고 정의하였다.

문화적 역량과 관련하여 주목할 연구를 수행한 Cross와 Bazron, Dennis, Issacs(1989)는 문화적 역량을 실천 전문가, 조직, 제도 등이 다문화적 환경에서 효과적인 서비스의 전달을 가능하게 하는 일관되고 통합된 행동, 태도, 정책, 구조와 실천을 의미한다고 정의하였다. 이러한 문화적 역량은 직접적인 서비스를 제공하는 전문가에 국한되지 않고, 전문직 자체, 서비스 제공기관 및 조직, 서비스 전달체계 등 미시적 차원에서 거시적 차원까지를 포함하는 서비스 제공과 관련되는 전체 체계의 모든 구성요소에서 담보되어야 한다고 하였다.

미국 사회복지 실천가의 단체인 전미사회사업가협회(NASW : National Association of Social Workers, 2000)는 Cross(1989) 등의 문화적 역량에 대한 정의를 수용하여 다문화 환경에서 효과적으로 업무를 수행할 수 있도록 제도 또는 기관 또는 전문직 종사자가 보유하고 있는 일관된 행동, 태도, 정책의 총체적 능력을 문화적 역량이라고 정의하였다. 또한 NASW는 사회복지실천에 있어서의 문화적 역량과 관련하여 다음의 10가지 기준(윤리와 가치, 자기 인식, 다문화 지식, 다문화 실천 기술, 적절한 서비스 인지 사용 및 소개, 강화와 옹호, 인적자원의 다양성, 다문화교육 역량 확보, 언어 장애 해소, 다문화 리더십)을 제시하였다.

한편 Davis와 Donald(1997)는 문화적 역량이란 서비스 질의 향상을 통하여 개선된 결과를 추구하기 위해 개인과 집단에 관한 지식을 문화적 환경 속에서 사용되는 특별한 기준, 정책, 실천, 태도 속에 통합시키고 변형시키는 것을 의미한다고 하였다. Betancourt 등(2003)은 문화적 역량이란 다문화 환경 속에서 서비스 제공자가 주류문화와는 차별성을 갖는 다른 소수집단의 문화를 가진 인구집단의 독특한 욕구를 이해하고, 이에 반응하는 능력을 의미하면서 동시에 다른 문화를 가지고 있는 사람들의 욕구에 반응할 수 있는 작업을 실행할 수 있는 능력이라고 정의하였다.

Diller는 문화적 역량은 문화적 민감성, 문화적 인식, 비교문화 기술 등으로 혼용되어 사용되기도 한다고 서술하였다(김연희, 2007 재인용). 그러나 이들 용어 사이에는 차이가 있다. Lum(2005)에 의하면 '문화적 민감성'은 집단 간에 존재하는 문화적 다양성과 유사성을 인지하지만 다양성에 대해 어떤 선호나 옳고 그름의 가치를 부여하지는 않는다. '문화적 인식'은 타 문화집단에 대한 이해를 갖게 될 뿐만 아니라 그 결과로 태도나 가치와 같은 내적 변화를 경험하고 타 문화집단에 대한 개방적 태도와 유연한 사고를 갖게 되는 상태를 의미한다. 반면에 '문화적 역량'은 한 단계 더 나아가 강점관점의 입장을 취하면서 각 문화에 내재하는 장점, 자원, 자산을 인정하며 소수 문화집단에 갖고 있는 부정적 개념이나 결핍모형(deficit model)으로부터 근본적인 전환을 의미한다(김연희, 2007 재인용).

이러한 문화적 역량에 대한 다양한 개념 정의를 검토하여 장은동(2012)은 한국 사회의 사회복지 맥락에서 실천가 개인 차원의 문화적 역량을 '사회복지 실천가가 자신과 다른 문화적 배경을 가진 클라이언트에게 서비스를 제공함에 있어 다문화적 맥락에서 인식과 지식을 실천 개입 기술로 전환할 수 있는 실천가의 총체적 발전 과정적 역량'이라고 정의하였다.

3) 문화적 역량의 토대

문화적 역량의 이론적 틀(framework)을 이해하는 것은 문화적 역량의 측정도구와 관련하여 대단히 중요하다. 왜냐하면 이를 통하여 측정도구의 구체적 내용이 도출되고 측정도구의 개별적인 특성들이 규정되어 구체적 조작화(operation)의 이론적 토대가 되기 때문이다.

문화적 역량에 대한 연구는 세계적으로 대표적인 다인종, 다문화사회인 미국에서 주도적으로 이루어져 왔고, 다양한 학문 분야, 특히 상담심리 분야를 필두로 사회복지, 정신보건, 간호, 의료 등의 영역에서 논의와 연구가 진행되어 오고 있다. 이러한 문화적 역량의 이론적 연구 결과로 각각의 이론들에 조응하는 수십 가지의 척도와 설문이 개발되었다.

여기에서는 상담심리 분야, 사회복지 분야, 그리고 보건의료 분야의 문화적 역량과 관련한 주요한 이론을 살펴보기로 한다.

(1) 상담심리학 분야

상담심리 분야는 그 본질상 문화적 역량의 연구와 실천 적용에 있어서 선두적인 역할을 담당하여 오고 있다. 다수의 관련 이론과 모형이 있으며 주요한 것에 대해 간략히 살펴보기로 한다.

① 이론적 배경 및 종류

문화적 역량과 관련된 이론의 정립과 이에 따른 측정도구의 조작화는 상담심리와 교육 분야에서 처음으로 논의되고 발전하였으며 이후 다른 휴먼서비스 분야에 커다란 영향을 주었다. 사회복지 분야의 문화적 역량 이론과 측정도구의 개발도 이 분야의 이론에 기반을 두고 있다.

기본적으로 심리학 분야에서 문화적 역량은 실천가 자신의 세계관과 클라이언트의 세계관의 상호작용 과정에 의해 영향을 받는다고 본다. 왜냐하면 원조관계에 있어서 상호 신뢰와 수용을 위해서는 상호 간의 세계관 차이는 무시되어야 하는 것이 아니라, 필히 인식되어야 하는 요소이기 때문이다. 실천가와 다른 다양한 배경을 가진 클라이언트를 효과적으로 원조하기 위해서는 실천가 자신의 태도, 신념과 가치에 대한 인식이 필수불가결하고 이에 따라 클라이언트에 대한 지식을 획득하고, 실천적 개입 기술을 개발하는 것이 필요하다고 본다(장은동, 2012).

다음 ❙그림 2-3❙은 이러한 이론적 토대를 보여주고 있다. 첫째, '자신의 정체성 개발(development of self-identity)'은 실천가 자신의 문화적 맥락 속에서의 가치와 편견을 인식하는 것을 의미한다. 둘째, '다른 세계관에 대한 이해(appreciation of different worldviews)'는 실천자가 실천가와는 다른 클라이언트의 세계관, 즉 신념, 가치, 태도 등에 대한 이해를 하는 것을 의미한다. 이는 클라이언트에 대한 탐색과 관찰 등을 통한 앎, 즉 지식의 측면이라 할 수 있다. 마지막으로 '다차원성(multidimentionality)'은 이러한 원조 주체와 클라이언트 쌍방의 다양한 배경에 관한 것으로 문화적 역량은 개별주체들의 특수한 배경에 대한 인식과 지식, 그리고 개입 기술의 다양성에 의해 영향을 받는다고 볼 수 있다.

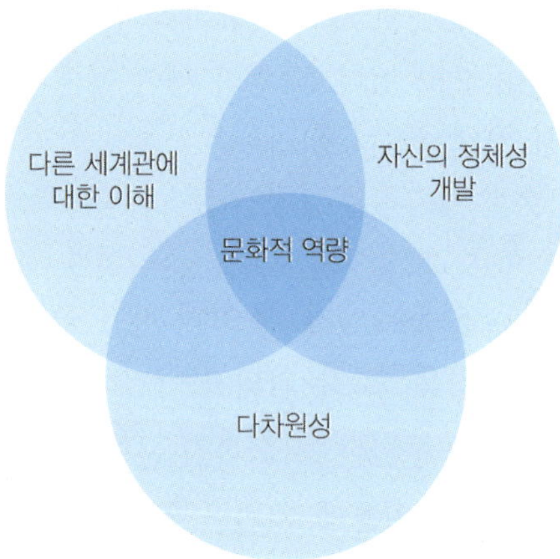

| 그림 2-3 | 문화적 역량의 심리학적 이해의 틀

출처 : Kohli, Huber, & Faul(2010).

문화적 역량에 대한 심리학적 이론은 크게 세 가지로 대별될 수 있다.

첫째는 '삼차원 접근(three dimensional approaches)'이다. 이에 해당하는 이론은 Sue 등(1992)이 제시한 '다차원 문화적 역량 모형', Atkinson, Thomson, Grant(1993)의 '인종적/ 민족적 소수집단 클라이언트 상담을 위한 삼차원적 모형(three-dimensional model for counseling racial/ ethnicminority clients)', 그리고 Leong(1996)의 '통합모형(integrative model)' 등이 있다.

이 이론들의 특징은 문화적 역량의 구성 요소 또는 접근 방법에 있어서 세 가지의 요소를 언급하고 있다(Kohli, Huber, & Faul, 2010 재인용). Atkinson 등(1993)의 '인종적/ 민족적 소수집단 클라이언트 상담을 위한 삼차원적 모형'

은 상담자의 역할을 첫째는 클라이언트 문제의 소재, 둘째는 클라이언트의 적응 수준, 셋째는 원조의 목표라는 세 차원을 고려하여 다르게 수행한다고 보았다. 한편 Leong(1996)의 '통합모형'은 개개인의 스트레스를 이해하고 치료하는 데 있어서 클라이언트의 삶에 미시적, 중범위적 그리고 거시적인 세 차원 모두를 고려해야 한다고 강조하였다.

둘째는 '세계관 접근(worldview approaches)'이다. 여기에 속하는 이론 및 모형은 Ibrahim(1991)의 '존재론적 세계관 이론(existential worldview theory)', McFadden(1996)의 '양문화 관점(transcultural perspective)', Smith(1985)의 '스트레스 저항 전달 모형(stress-resistant delivery model)', 그리고 Trevino(1996)의 '교환과정 모형(model of change process)'이 있다(Kohli, Huber, & Faul, 2010 재인용).

Ibrahim(1991)의 존재론적 세계관 이론은 세계관에 대한 정의와 클라이언트의 세계관에 대한 이해와 지식을 통하여 보다 효율적이고 윤리적이고 민감한 클라이언트 맞춤형 상담을 통한 개입을 강조한다. 이를 위해 문화 간 공통적인 요소와 개별 문화에 특수한 요소들에 대한 포착을 가능하게 하는 근거이론에 기초하여 인지적, 정서적, 그리고 기법 접근을 사용한다.

McFadden(1996)의 양 문화 관점은 다문화 상담의 일반적 본질은 사람들의 고유한 차이를 억제하거나 제지하는 것이 아니라 지지하는 것이라고 본다. 또한, 효율적인 의사소통을 위해서는 다른 문화 간의 문화적 인식 또는 사고 방식은 상호 융합하고 통합되어야 한다고 주장한다.

Smith(1985)의 스트레스 저항 전달 모형은 클라이언트의 삶에 있어서 스트레스 요인에 대한 이해를 강조한다. 세계관의 차이에 대한 존중과 함께 스트레스를 편견과 차별로부터 구별해야 한다고 본다.

끝으로 Trevino(1996)의 교환과정 모형은 세계관을 두 수준으로 파악했다. 일반적 수준과 특수한 수준으로 분류하면서 상담자와 클라이언트 간의 세계관 일치가 치료에 바람직하다고 보았다.

셋째는 '과정지향 모형(process-oriented models)'이다. 여기에는 Bennet(1986)의 '문화 간 민감성 개발 모형(developmental model of intercultural sensitivity)'과

Ridley, Li, Hill(1998)의 '다문화 평가 과정 모형(multicultural assessment procedure model)', 그리고 Helms(1995)의 '인종적 정체성 개발 모형(racial identity development model)' 등이 있다.

Bennet(1986)은 문화 간 민감성 개발 모형을 통하여 서로 다른 문화는 서로 다른 과정을 통하여 각 문화에 특유한 세계관을 창조하고 유지한다고 보았다. 다른 문화와의 경험과 이에 따른 차이에 대한 반응에 따라 문화적 감수성의 발전을 ① 부정, ② 방어, ③ 최소화, ④ 수용, ⑤ 적응, ⑥ 통합의 6단계를 설명하였다.

Ridley 등(1998)의 다문화 평가 과정 모형은 실천가가 상담과정에 있어서 클라이언트의 문제를 사정할 때에 과학적인 태도를 견지하도록 고무하고 지도한다. 상담자는 클라이언트의 세계관을 인정하면서 클라이언트가 자신의 가치와 신념을 바람직하게 또는 바람직하지 못하게 표현하는지를 구별할 수 있도록 도와준다.

Helms(1995)의 인종적 정체성 개발 모형은 사람의 인종적, 민족적 정체성 발달 과정에 주목한다. 특히 백인과 흑인의 인종적 정체성 발달의 전개과정을 설명하였다. 예컨대 미국의 주류 사회 구성원으로서 백인이 어떻게 인종차별주의를 극복하고 비인종차별주의자로서 자기 정체성을 확립해 나가는지 과정을 설명하였다(장은동, 2012 : 15).

② Sue 등(1992)의 다차원 문화적 역량 모형

Sue 등(1992)의 다차원 문화적 역량 모형은 사회복지를 포함해 휴먼 서비스를 제공하는 제 분야에서 문화적 역량의 개념과 구성 요소에 대하여 지대한 영향을 미쳤다. 또한 이의 이론적 토대에 기반하여 다수의 문화적 역량 측정도구들이 개발되었는데, 여기에서 살펴본 Lum(2003)의 '사회복지 문화적 역량 자기 평가(social work cultural competencies self-assessment)' 척도의 이론적 배경 역시 이 모형에 근거한다.

상담심리 분야에 있어서 문화적 역량과 관련된 가장 주요한 이론적 토대는 Sue 등(1992)이 제시한 다차원 문화적 역량 모형이다. 이 모형은 상담심리 분야뿐만 아니라 다른 분야에서의 문화적 역량의 구성 요소를 정의하고 이에 따른 척도 개발에 커다란 영향을 미친 선도적 역할을 하였다.

이 모형은 다문화적 역량의 구조에 있어서 이론적으로 세 차원에서 접근하고 있다.

첫째는 특정한 인종적, 문화적 집단 차원이다. ❙그림 2-4❙에서와 같이 Sue(2001)는 미국 사회에는 주요한 다섯 인종적 집단과 이에 수반하는 다섯의 문화적 집단의 존재를 설정하여 문화적 역량의 구조에서 적어도 미국 사회에서 상이한 인종집단과 문화집단이 주요한 요소임을 주장하였다.

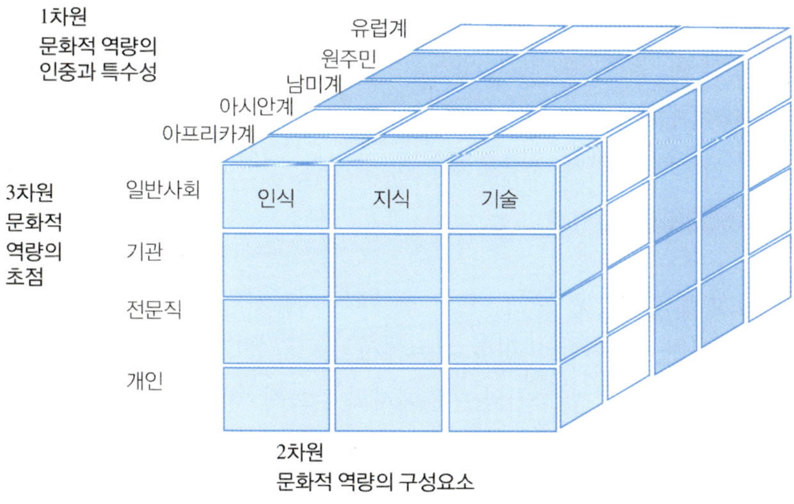

❙그림 2-4❙ Sue 등(1992)의 다차원 문화적 역량 모형

출처 : Sue(2001).

Sue(2001)는 다문화주의와 관련한 본질적 측면에서의 여러 요소들, 예컨대 성(gender), 장애 여부, 성적취향 등을 문화적 역량의 구조에 모두 포함시켜야 하는지에 대한 논쟁을 소개하면서, 만약 그러한 요소들을 모두 고려한다면 인종이라는 요인과 직접적으로 연관된 인종적 편견, 인종적 차별, 그리고 구조화된 인종 억압 등을 이해하고 연구하는 데 장애가 될 수 있음을 지적하였다. 이를 고려하여 Sue는 상이한 인종적, 그에 수반하는 문화적 속성들을 문

화적 역량의 구조에서 독립된 차원으로 설정하였다(장은동, 2012).

둘째, 문화적 역량 자체는 세 부분으로 구성되어 있는데 이는 Sue(1982)가 처음으로 제시한 것으로 인식(신념, 태도), 지식, 그리고 기술이라고 하였다. Sue(1982)에 따르면 인식(신념, 태도)이란 자신의 신념, 가치, 태도에 영향을 미치는 자신의 문화적 환경에 대한 이해를 의미한다. 지식이란 문화적으로 상이한 개인과 집단의 세계관에 대한 이해와 지식을 뜻한다. 끝으로 기술이란 문화적으로 적절한 개입 및 의사소통 기술을 사용할 수 있는 것을 의미한다고 하였다(Sue, 2001 재인용).

셋째, 문화적 역량의 대상(foci of cultural competence) 차원이다. 넓은 의미에서 문화적 역량의 대상은 미시적 차원인 개인 대 거시적 차원인 조직 및 체계의 관점에서 고찰할 수 있다. 일반적으로 문화적 역량의 대상은 미시적 차원인 개인에게 치중하여 왔다고 볼 수 있으며, 이에 따라 다문화 서비스를 제공하는 개인이 문화적 역량을 획득하면 서비스의 효율성을 담보할 수 있다고 보는 경향이 있었다.

그러나 Barr와 Strong(1987), Cross 등(1989), Jones(1997), Lewis 등(1998), 그리고 Sue(1991)는 이러한 미시적 관점에서의 접근은 거시적 차원인 직업군 전체, 조직, 그리고 일반 사회의 수준에서의 문화적 역량에 소홀하였다고 지적하였다(Sue, 2001 재인용). 예를 들어, Sue와 Sue(2003)는 이러한 점에 주목하여 그들이 복무하고 있는 조직이 단일 문화적 환경을 고수하거나, 전문가가 문화적으로 효율적인 지식이나 기술을 사용하는 것을 고취시키지 않거나 이를 징벌하는 경우 문화적으로 유능한 전문가를 양성하고자 하는 교육과 훈련이 효과가 없다고 하였다. 따라서 문화적 역량의 제고를 추구하고자 한다면 개인 수준에서뿐만 아니라, 전문가 집단 전체 수준, 조직적 수준, 그리고 사회적 수준의 네 측면 모두에서 문화적 역량의 균형 있는 발전이 이루어져야 한다는 함의를 주고 있다.

이 모형의 유용성은 ❙그림 2-4❙에서 보는 바와 같이 상기 세 가지 주요한 차원의 각 구성요소의 구조적 조합-5(아프리카계, 아시안계, 라티노/ 히스패

닉, 원주민, 유럽계)×3(인식, 지식, 기술)×4(개인, 직업군, 조직, 사회)-을 통해서 각각의 영역에서 문화적 역량의 체계적 구별을 가능하게 하여준다는 데 있다(장은동, 2012).

(2) 사회복지 분야

Kohli 등(2010)은 문헌 조사를 통하여 사회복지 분야에서는 대략 10개의 문화적 역량과 관련된 이론적 접근이 있다고 보고하였다. Anderson과 Carter(2003)에 의하면 사회복지 분야에서는 실천가들의 문화적 역량의 증진을 촉진하는 두 개의 핵심적인 관점이 있는데, 그것은 강점(strengths)과 역량강화(empowerment)라고 하였다. 이를 통하여 모든 사람들이 '사회정의(social justice)'를 구가할 수 있도록 하는 것이 문화적 역량이 궁극적으로 의도하는 것으로 보았다.

그들은 이러한 사회정의를 실현하기 위해서는 첫째, 억압에 맞서는 것이 필요하며, 둘째, 사람들 사이에 서로 다른 세계관의 차이를 인식하고 존중하여야 하며, 셋째, 역경과 취약한 환경에 처해있는 사람들에게 지지와 자원을 제공함으로써 그들이 잠재력을 최대한 발휘하도록 하는 것이 필요하다고 하였다.

Kohli 등(2010)은 사회복지분야에서 문화적 역량의 접근들은 모두 이러한 핵심적인 내용을 명시하고 있다고 하였다. 이는 다른 분야와 달리 궁극적으로 인간의 존엄성 구현을 최고의 가치로 하고 이를 위해 사회정의를 또 다른 가치로 내세우는 사회복지의 맥락적 측면을 살펴보면 타당하다.

이제 Kohli 등(2010)이 거론한 사회복지 분야의 문화적 역량 관련 이론 중, Lum(2003)의 문화적 역량 실천 모형에 대하여 살펴보기로 한다. 왜냐하면 Greene(1994)과 Kohli 등(2010)에 따르면 사회복지 분야에 있어서 문화적 역량에 대해 모두가 합의하는 이론적 토대가 없다고 하였다. 유일하게 Lum(2003)만이 Sue 등(1992)이 주장한 이론에 바탕을 두고 문화적으로 유능한 실천가의 양성을 위한 단계적 접근을 제시하였다고 하여 Lum의 관점에 대한 이론적 유용성을 지적하였기 때문이다.

Lum(2003)은 통합(일반)주의 사회복지의 실천에 기초하여 앞에서 살펴본 Sue 등(1992; 1996)이 주장하는 문화적 역량의 세 요소인 인식, 지식, 기술을 사회복지의 맥락적 고려에 따라 재구성하여 【그림 2-5】에서 보는 바와 같이 문화적 역량 실천 모형을 제안하였다. 여기에 더하여 문화적 역량을 위한 사회복지의 교육에 있어서 필요하다고 판단되는 요소인 '귀납적 학습(inductive learning)'을 추가하였다.

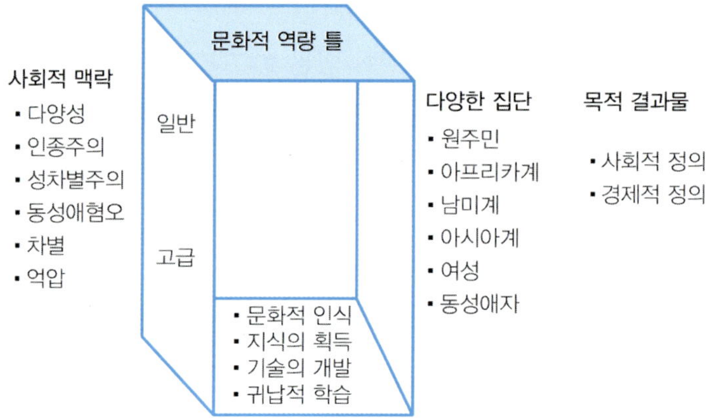

【그림 2-5】 Lum의 문화적 역량 실천 모형(cultural competence practice model)

출처 : Lum(2003).

Lum(2003)은 문화적 역량의 필요성으로 사회적 맥락을 전제하고 있다. 여기서 사회적 맥락이란 개인과 환경과의 상호작용 또는 개인의 심리사회적 측면을 이야기한다고 볼 수 있다. 모든 인간은 다양한 외부 환경과의 상호교류의 산물이라 할 수 있다. 특정한 유무형의 집단적 존재로서의 민족, 인종, 문화, 세계관의 영향을 받으며, 또한 영향을 주기도 한다. 그 결과로 개별 인간은 여러 차원에서 다양성을 가진 존재라고 할 수 있으며, 그러한 다양성의 존재가 사회정의에 어긋나지 않는다면 사회의 구성원 모두로부터 당연히 수용되고 존중되며 보호되어야 한다(장은동, 2012).

그러나 현실은 집단 간 또는 개인 간 권력관계에 기반을 둔 차별과 억압이

상존하며 때로는 확대 재생산한다. 인종주의, 성차별주의, 동성애혐오 등은 이러한 차별과 억압의 상징이라 할 수 있다. 이런 사회적 맥락은 사회적 정의를 통한 인간 존엄의 구현을 궁극의 가치로 하는 사회복지 영역에서 문화적 역량의 확보를 필수불가결하게 한다. 왜냐하면 사회복지에 있어서 문화적 역량이란 다양한 환경에서 사회복지의 가치 구현을 위한 업무를 효과적으로 수행할 수 있도록 제도, 기관 또는 전문직종사자가 보유하고 있는 일관된 행동, 태도, 정책의 총체적 능력이기 때문이다(장은동, 2012).

이에 따라 Lum(2003)은 ❙그림 2-5❙의 문화적 역량 실천 모형(cultural competence practice model)에서와 같이 문화적 역량의 첫째 요소인 '문화적 인식(cultural awareness)'은 실천가의 신념, 감정, 태도, 행동 등이 자신의 과거 인상, 경험, 학습, 고정관념, 사실적 관계 등에 의하여 형성되었다는 것을 인식하는 것이다. 이렇게 형성된 인식의 렌즈를 통하여 타인을 인식하고, 판단, 평가한다는 점에서 클라이언트와 실천가의 접촉과 상호관계와 핵심적인 사회복지의 실천에 있어서, 문화적 인식은 Lum의 모형에 있어 문지기 역할(gatekeeper)을 한다.

둘째, '지식의 획득(knowledge acquisition)'이다. 이의 영역은 정보, 사실, 원리, 그리고 사회복지의 개념들을 포괄한다. 특히 미국 사회에서 인종차별과 억압의 대상인 소수자 집단의 복지 구현을 중요한 목적으로 하는 Lum의 모형은 인종적 소수집단에 대한 인구, 사회, 문화적인 지식을 포함하여 그들에 대한 백인들을 주축으로 하는 주류집단에 의한 억압의 역사도 포함한다. 사회복지의 개념과 관련하여 필요한 지식의 예는 다양한 집단이 서로 다르게 소유하고 있는 문화적 가치에 대한 이해와 존중, 문제의 분석과 평가를 위한 비판적 사고 능력 등이 있다.

셋째, '기술의 개발(skill development)'이다. 이는 실천가의 전문적인 분별력을 가지고 사용하는 원조 기술의 획득에 관한 것이다. '기술'이라 함은 실천가가 '문화적 인식'과 '지식'을 다문화 클라이언트 간 원조함에 있어서 실제로 적용하는 능력이라 할 수 있다. 따라서 궁극적으로는 실천가가 문화적으로 역량을 갖추었는가의 여부는 실천가와 클라이언트가 만나는 공간에서 실천가의 문화적 민감성과 대응성에 갖춘 기술을 소유하고 있는가로 판단할 수 있다. Lum(2005)은 원조관계에서의 Bernard(1979)가 제시한 기술의 세 유형을 자신의 이론에 그대로 차용하였다. 첫째는 '과정 기술(process skills)'로 이는 치료적 기법과 전술을 의미한다. 둘째는 '개념적 기술(conceptualization skills)'로 신중한 사고와 사례분석 능력을 뜻한다. 셋째는 '개인화 기술(personalization skills)'로 실천가 개인의 학습, 행동의 변화, 그리고 성장과 관련된 기술을 의미한다.

넷째, '귀납적 학습(inductive learning)'은 사회복지 교육과 관련되어 Lum이 추가한 문화적 역량의 요소로 사회복지분야의 교육을 받는 학생들을 대상으로 하는 것이다. 구체적으로 사회복지를 전공한 학생들이 향후 사회복지 전문가로서 자신의 다문화 실천을 지속적으로 평가하고, 졸업 후 복무할 분야에 대한 새로운 정보를 탐색하는 학습과정에서 가지게 되는 의문점을 다루는 것이라 하였다.

Lum(2003)은 문화적 역량을 구성하는 이러한 네 가지의 요소에 더하여 이를 개별적으로 일반적 수준(generalist level)과 고급 수준(advanced level)으로 구분하였다. 이는 미국의 사회복지 교육 협의회(CSWE : Council on Social Work Education, 1992)가 문화적 역량 교육과 관련하여 설정한 지침에 따라 일반적으로 요구되는 수준과 보다 심화된 수준을 의미한다(Lum, 2003 재인용).

Lum(2003)은 **|그림 2-5|** 에서 문화적 역량이 담보되어 실천되는 사회복지 서비스의 대상으로 대별하여 6개 집단을 열거하고 있다. 미국 사회에서 인종적 소수집단으로서 원주민계, 아프리카계, 남미계 그리고 아시아계의 4개 인종 집단을 포함시키고, 여기에 여성과 동성애자의 2개 집단을 추가하였다. 이 집단들은 미국의 역사에서 인종적, 문화적, 권력적 측면에서 소수자 집단이라 할 수 있으며 이에 따라 차별과 억압을 경험하여 오고 있는 집단이기도 하다. 따라서 문화적 역량의 맥락에서 미국 사회복지의 주된 대상이기도 한다.

이렇게 사회적 소수자 집단으로서 여성과 동성애자를 6개의 집단으로 문화적 역량의 실천 대상으로 대별한 것은 앞서 거론한 Sue 등(1992)의 다차원 문화적 역량 모형(그림 2-4 참조)에서 위의 4대 소수인종 집단에 백인인 유럽계를 포함한 5대 인종 집단을 문화적 역량 구조에 있어 대상 요인으로 설정한 것과 차이가 있다. Sue 등의 모형을 설명하면서 거론한 다문화주의와 관련한 본질적 측면에서 인종적 요소 이외의 한 사회의 권력적, 문화적, 집단 규모 등에서 열세 집단인 여성, 장애인, 이성애자가 아닌 성적취향자 등을 문화적 역량의 구조에 모두 포함시켜야 하는지에 대한 논쟁이 있었다고 하였다.

Sue 등(1992)은 이러한 요소들을 모두 고려할 경우, 사회의 다양한 요소들로 인한 모든 소수자 집단을 문화적 역량의 틀에 포함시키는 것은 이론적으로 미국 사회에서 특정 개인과 집단의 삶에 가장 커다란 영향을 미치는 인종 변수의 영향을 희석시길 수 있다고 본 것으로 파악된다. 또한 Sue 등의 다차원 문화적 역량 모형은 상담심리 분야에 초점을 두고 다문화적 환경 속에서 개인의 정신적 안녕을 도모한다는 점에서 미시적이고 임상적 측면을 강조한다고 볼 수 있는데, 이는 문화적 역량의 대상으로서 미국 사회에서 차별과 억압이 대상이 아닌, 오히려 소수 인종 집단에 대한 가해자의 위치를 점하고 있는 주류 집단인 유럽계를 포함시킨 것에서 알 수 있다. 상담심리가 개인과 집단의 심리적 안녕을 저해하는 사회의 구조화된 차별, 배제, 억압의 기제에 적극적으로 개입하기보다는 개인 또는 집단의 심리적 성숙과 사회적 적응능력 향상을 위한 조력 및 지도에 주력하는 속성에 따른 것이라 할 것이다(장은동, 2012).

반면 Lum(2003)은 사회적 정의(social justice)와 경제적 정의(economic justice)의 실현을 문화적 역량이 궁극적으로 추구하는 목적의 결과물로 설정하였다. 이는 인간존엄과 사회정의의 가치를 지향하는 사회복지의 정체성에 부합하는 문화적 역량의 존재 이유에 주목하였다고 볼 수 있다. 또한, Lum(2003) 사회적 정의란 개인과 집단이 자신에게 유익한 것에 대하여 최대한 접근이 가능하도록 하여 그들의 사회적 욕구를 공평하고 정당하게 충족시킬 수 있도록 하는 사회제도를 의미한다고 하였다. 한편 경제적 정의라 함은 사회 구성원이 경제적 생활을 영위하기 위한 물질적 토대가 이루어지도록 경제 제도를 어떻게 구현할 것인가 하는 윤리적 원칙들이라고 보았다.

(3) 보건의료 분야

위에서 살펴 본 상담심리와 사회복지 이외에 휴먼서비스를 제공하는 분야에서, 특히 교육 분야와 의료 분야에서 많은 문화적 역량에 대한 활발한 논의와 연구가 진행되어 왔다. 다음에서 살펴보고자 하는 문화적 역량에 관한 이론은 보건의료 분야에서의 Papadopoulos, Tilki, Taylor(1998)가 제시한 문화적 역량 모형이다.

Papadopoulos, Tilki, Taylor(1998)의 모형은 넓은 맥락에서 보면 Sue 등(1992)이 제안한 모형과 본질적으로 유사한다. '양방향 문화 기술 개발모형(transcultural skills development model)'으로 칭해지는 이 이론적 관점은 보건의료 분야에서의 다문화 주의적 측면에서 요청되는 문화적 역량에 대하여 설명하고 있다. Papadopoulos와 Lees(2002)에 따르면 이 모형은 인권, 사회정치적 체계, 문화 간 상호관계, 인간의 윤리(human ethics), 그리고 휴먼 케어(human care)의 가치에 기반을 두고 있다.

| 그림 2-6 | 과 같이 이 모형에서는 첫 단계로 '문화적 인식', 두 번째 단계에서는 '문화적 지식', 그리고 세 번째 단계에서는 '문화적 감수성'을 개념화하고, 이 세 요소들의 통합으로 마지막 넷째 단계인 '문화적 역량'이 성취된다(Papadopoulos, Tilki, & Taylor, 1998). 주목해야 할 부분은 이 모형 역시 Lum의 모형과 같이 문화적 역량에 있어서 단계적 과정을 배열하는 것으로서 이 네 요소 간에 구조적 관계가 있음을 이론적 토대로 삼고 있다고 볼 수 있다. 달리 말하면 '문화적 인식'의 획득이 '문화적 지식'에 영향을 주고, 이는 다시 '문화적 감수성'을 촉진시켜서 최종적으로는 이들 3요소가 통합하여 '문화적 역량'을 성취하게 한다는 것이다(장은동, 2012).

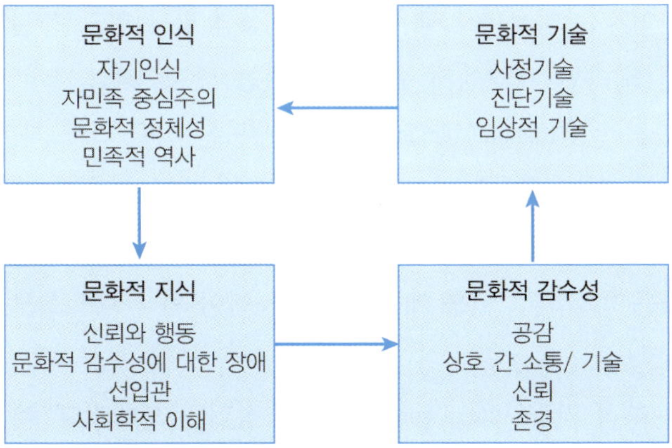

그림 2-6 문화적 역량 개발을 위한 Papadopoulos, Tilki & Taylor 모형

출처 : Papadopoulos, Tilki, & Taylor(1998).

4) 문화적 역량의 단계

Cross(1988)는 문화적 역량이란 태도, 정책 및 실천 차원에서 6단계의 연속선상(cultural competence continuum)에서 변화하는 것이라 주장한 바 있다. 그는 개인 및 조직의 정확한 진단을 통하여 문화적 역량의 현 상태 및 시간의 흐름에 따른 변화를 파악할 수 있다고 설명하면서 **그림 2-7** 과 같이 문화적 역량을 6단계로 제시하였다.

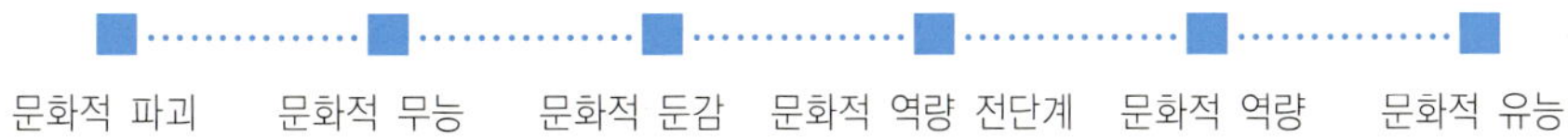

그림 2-7 문화적 역량의 6단계

출처 : Cross(1988).

Cross(1988)의 문화적 역량 6단계는 첫째, 문화적 파괴(cultural destructiveness)이다. 이는 가장 부정적인 극단에 있는 것으로 특정 문화에 대한 의도적이고 파괴적인 태도, 정책 및 실천으로서 궁극적으로 그 문화에 속한 구성원들에 위해를 가하는 단계를 의미한다.

둘째, 문화적 무능(cultural incapacity 또는 covert discrimination)은 체계 또는 기

관의 고의적이지는 않으나 파괴적인 태도, 정책 및 실천으로 결과적으로 소수집단 또는 소속된 개인에게 위해를 가하는 단계이다.

셋째, 문화적 둔감(cultural blindness)은 개인 또는 집단 간에 차이가 없고 모두 동일하다는 사고체계에 기초하여 서비스를 제공하는 단계이다.

넷째, 문화적 역량 전 단계(cultural pre-competence)는 서비스 제공 주체들이 문화적 차이를 인식하고 이를 개선하려는 노력이 적극적으로 모색되는 단계이다.

다섯째, 문화적 역량(cultural competence)이 성취된 상태이다. 이 단계에서는 서비스 제공 주체들이 문화적 차이를 수용하고 존중하는 상태로서 지속적인 문화적 인식에 대한 자기 평가와 문화적 차이의 역동성에 대한 관심이 이루어진다. 이를 통해 문화적 지식과 자원을 확대하고 소수자들의 욕구 충족을 위한 개선된 서비스 모형이 모색되는 단계이다.

마지막 여섯째는 문화적 유능(cultural proficiency) 단계이다. 이 단계에서는 서비스를 제공하는 개인이나 조직은 문화적 요소를 중시하며 관련된 연구를 통한 지식 기반을 증진시키고자 하며 문화에 기반을 둔 새로운 개입의 방법을 모색한다. 문화적 역량을 가진 직원의 채용을 도모하고 적극적이고 체계적인 노력을 통하여 문화적 역량을 옹호하며 이를 통해 서로 다른 문화 집단 간의 관계를 개선시키고자 노력하는 단계라 할 수 있다(장은동, 2012).

3. 다문화가족 사례관리

1) 사례관리의 개념

사례관리는 미국에서 1960년대 지역정신보건법이 개정되면서 등장하여 만성정신장애인의 지역 내 보호를 위한 사회복지실천방법으로 시작되었다. 정신보건영역에서 장애인들에게 단편적이고 중복적인 서비스 제공의 개선을 위한 대안으로 사례관리가 대두되었고, 1970년대 최초로 사례관리라는 용어가 등장하였다. 이후 의료적·사회적 지원이 필요한 노인의 욕구가 증가하면서 사회복지 영역에서 일반화되어 사용되었다.

Moxley(1989)는 사례관리를 "이용자에 대한 지속적인 보호와 상담, 치료 서비스를 제공하는 실천과 지역사회를 효과적으로 조직하고 조장하는 행정적인 지원이 필요한 사례관리 체계가 공존하는 활동"이라고 정의하였으며, 전미사회복지사협회(NASW, 1992)는 "개인의 욕구를 충족시키는 데 필요한 서비스를 연계, 조정하는 포괄적인 프로그램"이라고 규정하고 있다.

사례관리가 우리나라에서는 1993년 재가복지사업의 실천방법으로 소개되기 시작되었으며, 이후 사회복지실천현장에 적용되고, 학계에서도 관심을 갖게 되었다. 초기에는 중증장애인 및 치매노인 등 장기적이고 복합적인 욕구에 대한 효과적이고 효율적인 개입의 필요에 의해 시작되었으나, 최근에는 구체적인 문제해결과 단기개입을 포괄한 다양한 활동으로 사용되고 있다. 그러나 사회복지 환경의 변화와 클라이언트의 욕구의 복잡, 다양화로 인하여 그 성격이 변화되어 합의된 개념이 없는 상태로 다른 개념과 모델이 혼란스럽게 사용되고 있다.

사례관리는 사회복지실천과 유사한 점이 많으나 사회복지실천과는 차별되는 특징을 갖고 있다(한국사례관리학회, 2012).

- 클라이언트의 문제해결에 초점을 두는 것이 아니라, 욕구(need)에 기반을 둔 개별 맞춤형 서비스가 준비된 운영체계에 입각하여 체계적으로 제공된다.
- 한 번에 여러 원조자(원조체계)들로부터 다양한 원조가 제공되고 장기간의 서비스 제공이 요망되는 클라이언트의 복합적인 욕구가 그 대상이 된다.
- 클라이언트의 욕구에 부합하는 통합적 서비스를 제공하기 위해 서비스와 자원의 개발이 중시되며, 자원 간의 네트워크가 강조된다.
- 서비스의 연결과 조정과 함께 주기적인 점검과 평가가 강조된다.

- 사례관리팀과 통합사례관리 운영팀 등과 같은 사례관리의 운영체계가 강조된다.

하지만 사례관리의 정의와 개념의 혼란 속에서도 사회복지서비스가 필요한 복합적이고 지속적인 욕구를 가진 클라이언트에 대한 지원을 위해 개인, 가족, 지역사회 차원의 직간접적인 서비스를 효과적으로 제공하고 점검하는 통합적인 실천방법이라는 공통적인 속성을 지니고 있다. 또한 기관중심의 전통적 사회복지실천과는 다르게 이용자의 욕구를 중심으로 하는 기관과 지역사회의 공식, 비공식 자원을 연계하고 활용하는 사례관리는 이용자중심 실천원리가 반영되고 있다(권진숙 외, 2012).

따라서 사례관리는 "복합적이고 다양한 욕구를 지닌 클라이언트와 그 가족의 사회적 기능회복을 위해 지역사회의 다양한 자원을 활용한 지속적이고 효과적인 사회복지서비스를 제공하는 통합적 실천방법"이라고 할 수 있다(한국사례관리학회, 2012).

2) 사례관리의 구성요소

사례관리를 실천하기 위한 사례관리의 구성요소는 다양하고 복합적인 욕구를 가진 클라이언트, 클라이언트의 욕구를 충족시키는 사회자원, 사례관리를 실시하는 기관에 배치되어 있는 사례관리자, 사례관리 과정으로 구분할 수 있다. 이러한 사례관리 구성요소와 상호작용은 ｜그림 2-8｜과 같다.

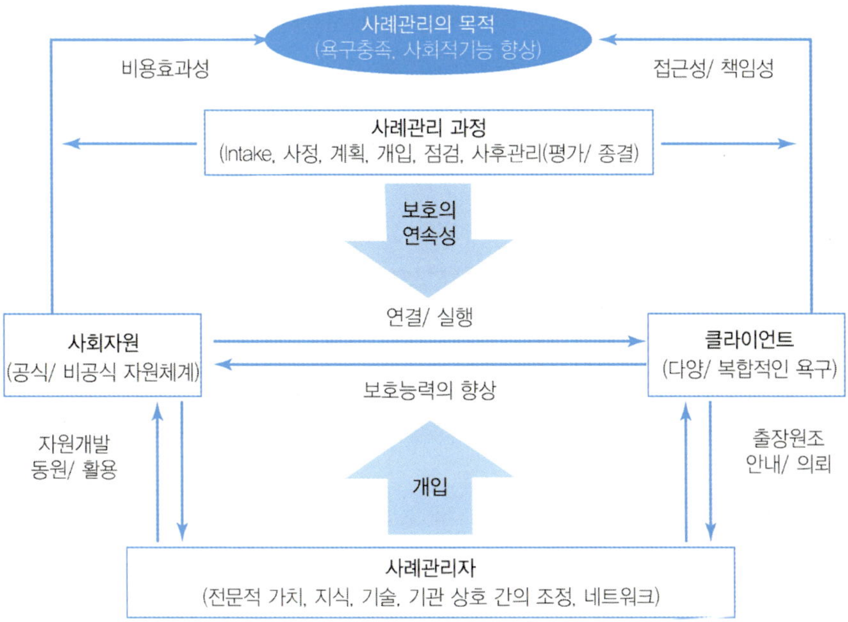

| 그림 2-8 | 사례관리 구성요소와 상호작용

출처 : 이근홍(2008). 사회복지실천 개별관리. 공동체.

클라이언트는 복합적인 욕구를 갖고 있으면서도 사회적 기능상의 심각한 문제로 인하여 스스로 욕구를 충족시키지 못하는 사람을 일컫는다. 이러한 클라이언트의 특징은 다음과 같다. 첫째, 복합적인 욕구를 충족시킬 수 있는 사회자원의 존재와 활용능력이 부족하다. 둘째, 지속적이고 만성적인 질환으로 신체적, 정신적으로 심하게 손상되어 있다. 셋째, 보호할 가족의 부재, 가족이 있어도 그들을 적절히 보호하지 못하고 있다. 넷째, 공식 및 비공식 지원체계의 보호를 필요로 하고 있다. 다섯째, 스스로 보호할 능력이 상실되어 개별적인 옹호와 관리가 필요하다(이근홍, 2006).

사례관리자는 사례관리에 관한 전문적인 지식과 기술, 가치를 갖고 클라이언트와 여러 가지 사회적 자원의 연결과 조정을 통하여 클라이언트에게 포괄적인 서비스를 제공하고 보호의 연속성을 보장하여 클라이언트의 복합적인 욕구를 충족시키고 사회적 기능을 향상시키는 역할을 수행하는 전문가이다.

사회자원은 사례관리의 중요한 요소로서 클라이언트의 욕구를 충족시킬 수 있는 주체이다. 인간의 사회적 욕구를 충족시키기 위해 활용되는 현금, 현물, 시설, 설비 또는 개인이나 집단의 지식과 기능 등이며, 비조직적이고 자발적이며, 상호부조적인 특징을 가지는 비공식 지원체계와 공식적인 기구를 통하여 자원이 제공되는 공식 지원체계로 구분할 수 있다.

사례관리는 사례관리자가 클라이언트의 욕구를 충족시키고 사회적 기능을 향상시키기 위해 클라이언트와 접촉하여 욕구 사정, 보호계획 수립, 사회자원의 연결 및 조정, 서비스 점검 및 평가 등 일련의 과업을 수행하는 사례관리 과정이 이루어진다.

3) 다문화가족 사례관리

다문화가족의 복잡하고 다양한 문제해결 및 욕구 해소를 위한 심리 상담, 정서적 안정 및 자립역량 강화 지원 등 맞춤형 종합서비스를 제공하고, 체계적인 실적 관리를 통한 사례관리 사업의 지원체계 구축 및 안정화, 양질의 사례관리 서비스를 제공함으로써 결혼이민자 및 다문화가족의 안정적인 사회 정착 기반 마련을 위해 다문화가족 사례관리사업을 체계적으로 실시하고 있다(보건복지부 다문화가족지원사업안내, 2018).

전국의 다문화가족지원센터에 다문화가족 사례관리사가 배치되어 다문화가족이 가진 복합적인 문제해결 및 욕구 충족을 위해 자원 연계 및 지속적인 사례관리와 초기적응 지원, 지역사회 자원 활용 및 연계, 상담, 정보제공, 가족관계 향상, 경제적 자립 역량강화 등을 지원하게 된다.

또한 다문화가족들의 한국어 능력, 가족관계, 경제적 여건 등에 따른 개인별 맞춤형 서비스를 제공한다. 다문화가족에 대한 전문적인 맞춤형 서비스 제공으로 결혼이민자 등에 대한 인권 보호가 신속하게 이루어지게 됨으로써 결혼 이주여성들이 안정적으로 지역사회에 조기 정착하는 데 도움을 제공하고 있다.

대상자 선정 절차는 초기상담을 거쳐 사례회의 후 1주일 내 서비스 신청자에게 통보한다. 초기상담을 통해 대상자에게 사례관리의 의미를 이해시키고, 대상자의 현황을 파악하며, 사례회의를 반드시 거쳐서 대상가족을 선정한다. 사례관리 대상에서 탈락한 대상자는 불특정 대상의 네트워크 서비스를 받을 수 있다. 대상자로 선정되면 서비스 제공에 대한 동의 및 계약이 이루어진다. 대상자에 사례관리 전반 및 과정, 협력적 노력의 필요성을 충분히 숙지시킨 후, '사례관리동의서'를 받고 계약을 체결한다.

다문화가족 사례관리 서비스 유형은 위기 관리가구, 일반형 관리가구, 통합형 관리가구 등으로 구분하여 실시하고 있다.

위기 관리가구는 가족폭력, 이혼, 자살(시도) 등의 상황적 위기로 인해 정신적 외상(트라우마)을 경험한 개인 및 가족 등을 대상으로 하고 있으며, 일반형 관리가구는 기본 가족역량은 있으나, 정보 부족, 소득 부족 등으로 다양한 사회서비스를 이용하지 못하는 다문화가족(문제와 욕구의 심각성이 상대적으로 낮은 경우)을 대상으로, 통합형 관리가구는 다문화가족의 문제 및 욕구의 심각성, 복합성이 높아 통합적 접근을 요구하는 개인 및 가족, 기존의 사회서비스로는 욕구 충족이 불가능하여 새로운 내·외부 자원을 발굴·연계해야 하는 가족 등 사례관리 개입 효과가 다문화가족에 국한하는 것이 아닌 지역사회의 역량강화와 사회제도의 변화를 이끌어내는 데 초점을 두는 사례 등을 대상으로 하고 있다.

4) 다문화가족 사례관리 과정

다문화가족을 대상으로 진행되는 사례관리 과정을 정리하면 <표 2-5>와 같다. 사례관리 대상자 선정은 초기상담을 거쳐 사례회의 후 1주일 내 서비스 신청자에게 통보한다. 초기상담을 통해 대상자에게 사례관리의 의미를 이해시키고, 대상자의 현황을 파악하고, 사례회의를 반드시 거친 후 대상가족을 선정하며, 사례회의 후 1주일 내 서비스 신청자에게 통보해야 한다. 하지만 사례관리 대상에서 탈락한 대상자는 불특정 대상의 네트워크 서비스는 받을 수 있다. 사례관리 대상자로 선정된 대상자에게는 사례관리 전반 및 과정, 협력적 노력의 필요성을 충분히 숙지시킨 후, '사례관리동의서'를 받고 계약을 체결한다. 계약기간은 위기관리가구 1~3개월, 일반형·통합형관리가구 3~12개월로 한다.

사례관리 대상자는 정확한 욕구를 사정한 다음 실행계획을 수립한다. 욕구사정은 다양한 정보원을 통한 정보를 바탕으로 우선순위를 정리하며, 대상자 선정 후 1개월 이내 '욕구사정 진행계획서', '종합정보기록지'를 작성하여 욕구사정을 진행한다.

〈표 2-5〉 사례관리 과정

단 계	주요 내용	관련 서식
발 굴	사례관리가 필요한 잠재적 대상자군을 효과적으로 찾아내고 접근하는 과정	
1. 초기상담	사례관리 의미 및 주요 과정 설명 과정, 사례관리사와의 관계 형성 등 세부적 상황 이해와 필요 정보 수집 과정	상담기록지
동의 및 계약	문제해결 및 변화, 장기적 접근을 위한 사전 동의 및 계약은 필수	사례관리동의서 종합정보기록지
2. 욕구사정	다양한 정보원을 통한 정보를 바탕으로 사례관리 대상자가 경험하는 어려움의 원인과 해결방안, 과거-현재-미래의 연관성 분석을 통한 가설 수립을 위한 원조과정의 근본이며 사례관리 핵심	욕구 및 강점기록지 사전척도(한국생활 만족도, 전반적 건강상태평가, 강점척도)
재사정	대상자의 욕구, 환경변화 등의 변화 과정에 대한 장기적인 재사정 요구됨	
3. 실행계획 수립	사례관리 대상자와의 협력을 통해 변화 목적을 분명히 하고, 이러한 목적을 달성할 수 있는 구체적 내용을 통해 실제적 수행과정의 밑그림 완성	실행계획서
4. 실행	서비스 제공계획에 따른 서비스를 제공하며 이행 상황에 따른 환경, 욕구 변화 등을 주기적으로 점검하고 파악하는 활동	과정기록지, 의뢰서 네트워크활동 기록지 슈퍼비전 및 사례회의록
5. 점검 및 조정	초반 상호 협의한 내용의 이행 정도 파악, 협력 상황 체크 등 적절한 수준의 서비스와 협력범위를 확보하고 있는지 등의 조정 활동	점검 및 평가서
옹 호	자신의 이익을 주장하기 어려운 취약 가정에 대상자와 그 집단을 옹호할 책임을 지며, 합법성 안에 사회적 인가의 가능성을 고려한 균형 있는 진행이 요구됨	

6. 평가 및 종결	사례관리를 위해 활용한 기술이나 방법의 효과성 평가 및 성과에 영향을 준 구조적 요소들을 분석하는 과정으로 서비스 발전을 위해서 필요한 활동 목표달성, 사례관리 대상자의 전출, 사망, 연락두절 등의 사유로 사례관리를 종결해야 할 경우 종결 여부 결정	점검 및 평가서 종결보고서
사후관리	종결 이후 변화상황 안정화 여부 점검 및 재개입 필요성을 조기 판단하기 위한 목적으로 수행 ※ 종결이 어려운 경우라 판단될 경우, 재사정의 절차 혹은 재판정의 절차를 통해 서비스 재실행	사후관리 보고서 사후척도

출처 : 여성가족부(2013). '다문화가족 사례관리 실무활용매뉴얼'을 참조하여 재정리.

실행계획 수립은 대상자에게 사례관리의 목적을 분명히 하고, 이러한 목적을 달성할 수 있는 구체적인 계획 수립 및 수행과정의 밑그림을 작성하는 것이다. '실행계획 점검평가서', 사례회의록'을 작성(신규대상자의 경우는 대상자 선정 시 사례회의록으로 대체 가능)하며, 사례유형 변화 또는 욕구변화가 있을 경우 실행계획서를 추가로 작성한다.

다음으로 사례관리 서비스 활동 및 네트워크활동 단계로서 사례관리 대상자 및 가족에게 서비스 제공 및 욕구의 변화를 주기적으로 점검하고 파악하기 위해 '과정기록지'를 작성하며, 위기관리가구는 총 3회 이상, 일반형·통합형가구는 총 5회 이상의 과정기록지를 작성한다. 대상자의 욕구에 맞는 다양한 자원개발 활용을 위한 네트워크활동 시 '네트워크활동 기록지', '슈퍼비전 기록지'를 작성해야 한다. 또한 사례관리 대상자에게 제공되는 서비스 활동에는 공공 및 민간 서비스 제공기관이 제공하는 서비스뿐 아니라, 사례관리사가 제공하는 직접적인 서비스(상담이나 전문적 지지 등)도 포함된다.

마지막 단계로 종결 및 사후관리이다. 평가는 목표달성 및 계약기간 만료, 사례관리 진행이 불가능한 사유가 발생할 경우에 평가 후 사례를 종결하도록 하며, '종결보고서', '사후척도'를 작성하게 된다. 종결은 공식적인 종결심사를 거쳐서 종결 처리한다. 종결 완료 후 1주일 이내에 종결보고서 작성하게 된다. 사후관리는 종결 이후 대상자의 상황에 대한 후속적인 점검으로 '사후관리기록지'를 작성한다.

다문화가족의 사례관리를 체계적으로 실시할 수 있도록 여성가족부 및 한국건강가정진흥원(2013)에서는 '다문화가족 사례관리 실무활용 매뉴얼'을 제작 배포하고 있다. 사례관리 과정은 위 매뉴얼을 실무에서 활용이 용이하도록 각 단계별로 구분하여 정리하였으며, 각 단계별 필요한 서식 및 작성방법을 제시하였다.

(1) 발굴

발굴은 사례관리가 필요한 잠재적인 사례관리 대상자를 효과적으로 찾아내고 접근하기 위한 과정으로 다문화가족이 모두 사례관리 대상이 되는 것은 아니므로, 사례관리를 필요로 하는 대상을 구분하는 것이 중요하다. 사례관리를 필요로 하는 대상일지라도 다문화가족지원센터의 여건상 이들을 모두 사례관리 할 수 없기 때문에 센터의 내부역량 및 지역사회의 특성을 고려하여 사례관리 가능한 대상자를 구분하는 것이 필요하며, 사례관리 대상자의 구분은 대상자의 특성 및 규모를 함께 고려할 필요가 있다.

사례관리 대상자 발굴 과정에서 필요로 하는 핵심 과업으로 기관의 사례관리 대상자 규정, 발굴체계 구축, 발굴체계 효과적으로 활용 등이 있다.

첫째, 기관의 사례관리 대상자를 규정하기 위해서는 사례관리 대상자의 욕구 및 개입의 시급성, 센터의 지역사회에서의 인지도, 보유자원, 인적역량을 고려하여 센터에서 효과적으로 개입할 수 있는 사례관리 대상자의 특성을 규명·점검해야 한다.

둘째, 발굴체계를 구축하기 위해서는 아웃리치 또는 의뢰를 통한 대상자 발굴의 적절성, 센터장 및 중간관리자의 사례발굴과정 참여성, 발굴을 위해 지역사회 유관기관과의 관계형성을 위한 노력 정도, 사례관리를 통한 센터의 기능, 지역사회 유관기관이 충분히 이해할 수 있는 설명 자료를 준비해야 한다. 또한, 사례관리자는 센터에서 하는 사례관리의 주요 내용과 방식에 대해 유관기관 실무자들에 대한 설명 정도 등을 점검해야 한다.

셋째, 발굴체계를 효과적으로 활용하기 위해서는 정책방향, 센터의 사업 목적 및 투입여력을 고려하여 사례관리 대상자 선정의 적절성, 부적격 사례의 경우 타 기관으로 의뢰하는 과정의 개발과 활용성, 의뢰된 사례에 대한 책임 있는 결과보고 등을 점검해야 한다.

다문화가족지원센터가 위치하고 있는 지역의 희망복지지원단, 읍·면·동 주민 센터, 지역의 통반장 조직, 복지관, 어린이집 및 지역아동센터, 종교기관, 정신건강센터 등을 직접방문, 전화방문, 간담회 및 설명회 등을 통해 센터를 소개하고, 지속적인 사례관리서비스가 필요한 다문화가정의 의뢰를 적극 홍보해야 한다. 또한 경제적 여건이 취약한 다문화가족의 경우 이미 기초수급권자일 수 있고, 복지관 등의 한글문화교실 이용, 자녀들의 지역아동센터 이용, 지역의 종교기관에서 종교생활 및 활동을 할 수 있으므로 이들 기관의 서비스 제공자나 담당자를 대상으로 사례의뢰 및 협조를 적극적으로 요청하는 것이 필요하다.

다문화가족지원센터를 이용하고 있는 다른 다문화가족을 통해 주변에 도움이 필요한 다문화가족을 소개하도록 요청하고, 수시로 알아보려는 노력과 홍보를 하는 것이 필요하다.

다문화가족지원센터를 이용하고 있는 기존 대상자의 기관 및 서비스에 대한 소개는 신뢰를 바탕으로 하고 있기 때문에 대상자와의 초기 관계 형성에도 많은 도움이 된다.

사업 시작 시기에는 센터 내부의 다른 프로그램 이용자 중에서 사례관리가 필요한 대상자를 발굴하는 것도 가능하지만 이는 이미 지역사회 자원을 활용하고 있으며, 어떤 형태로든 지역사회에 노출되어 있는 사례이다. 따라서 표면적으로 보이는 모습만이 아니라 실제 생활에서의 어려움 여부에 대해 민감한 사정이 이루어질 필요가 있을 것이다.

또한 센터 내부 프로그램 이용자를 중심으로 사례관리 대상자를 발굴하는 데에만 역점을 둘 것이 아니라 지역사회에 방치되어 있거나 은폐되어 있는 사례 발굴을 위한 노력도 단계적으로 시도하는 것이 필요할 것이다.

(2) 초기상담

초기상담은 사례관리 대상자에게 사례관리의 의미 및 주요 과정을 설명하는 과정, 사례관리사와의 관계형성, 사례관리 대상자의 삶의 상황을 좀 더 세부적으로 이해하는 데 필요한 정보 수집을 위한 과정이 모두 포함된다. 초기상담을 포함한 모든 상담 과정은 적극적 경청과 면접을 통한 효과적인 의사소통이 필요하며, 사례관리사는 면접 과정에서 민감하고 목적을 분명히 해야 하는 동시에 타인의 세계를 보는 일이 본질적으로 불확실할 수밖에 없다는 사실을 인식하고 임해야 한다.

초기상담을 통해 이해하게 된 대상자의 삶의 모습은 이후로도 새로운 정보에 의해 다른 모습으로 그려질 가능성이 높다는 것을 이해하고 새로운 정보에 대한 개방적인 태도가 필요하며, 아울러 지금 파악하고 있는 정보의 테두리 안에서 대상자를 제한적으로 인식하고 있을 뿐이라는 자세가 필요하다. 만일 이 점을 인식하지 못한다면 대상자에 대한 제한적인 정보만으로 대상자의 삶을 규정하고 진단하게 됨으로써 새로운 정보를 제대로 활용하지 못하게 될 수 있으며, 사례관리의 과정이 초기상담-사정평가 등의 순으로 진행되지만 매 회의 접촉을 통해서 주요 과정은 순환적이고 통합적으로 전개됨을 알고, 초기상담과정에서 받은 대상자에 대한 인식, 평가에 매몰되지 않기 위한 노력이 요구된다.

사례관리 대상자를 선정하게 되면, 대상자에게 사례관리의 의미, 사례관리의 주요 진행방식 등에 대한 구체적인 설명과 그 과정에 협력적인 노력을 기울이는 것의 중요성 등에 대한 설명을 제공해야 하며, 사례관리 대상자 선정은 초기상담 과정을 거쳐 사례회의 후 1주일 이내 통보해야 한다.

초기상담 과정에서 필요로 하는 핵심 과업으로 대상자와 그 가족이 현재 겪고 있는 어려움과 그 맥락 파악, 대상자(의뢰자)와의 관계 형성, 대상자와 의뢰자의 (의뢰) 동기 파악, 대상자에게 사례관리의 기능 및 수행방법, 수행 과정에 대해 설명하고 이해도를 높이기 등이 있다.

첫째, 대상자와 그 가족이 현재 겪고 있는 어려움과 그 맥락을 파악하기 위해서는 다문화가족 및 해당 국가의 문화 및 우리 문화에 대한 균형 있는 시각, 대상자가 말하는 문제만이 아니라 그동안의 해결노력 파악 등을 점검해야 한다.

둘째, 대상자(의뢰자)와의 관계형성을 위해서는 대상자와 그 가족이 처한 현 상황과 맥락을 다문화가족에 대한 선입견, 편견을 배제하고 공감 노력을 하고 있는지를 점검해야 한다.

셋째, 대상자와 의뢰자의 의뢰 동기를 파악하기 위해서는 정책방향, 센터의 사업목적 및 투입여력을 고려하여 사례관리 대상자 선정의 적절성 여부에 따라 타 기관으로 의뢰하는 과정의 개발과 활용성, 의뢰된 사례에 대한 책임 있는 결과보고 등을 점검해야 한다.

넷째, 대상자에게 사례관리의 기능 및 수행방법, 수행과정에 대해 설명하고 이해도를 높이기 위해서는 사례관리가 무엇인지, 그 수행방법, 과정에 대해 사례관리 대상자의 이해를 높이기 위해 이용 및 동원할 수 있는 자원 활용 여부, 사례관리에 대한 소개 및 참여를 대상자의 눈높이에서 설명, 대상자가 자신의 개인적인 삶의 상황을 낯선 서비스 제공자에게 공개해야 한다는 불안감·수치감 등 부정적 감정 등을 잘 다루며 사례관리서비스에 참여할 수 있도록 독려 등을 점검해야 한다.

초기상담에서는 사례관리자와 대상자와의 효과적인 의사소통이 매우 중요하다. 그러나 다문화가족 대상의 사례관리에서는 한국어 구사 수준이 낮아 의사소통의 어려움을 가진 가구원이 필연적으로 포함될 수밖에 없다. 주의해야 할 점은 대상자의 한국어 의사소통능력과 인지능력, 삶의 기술은 다른 차원이라는 점을 알고 대상자의 의사소통능력이 떨어진다고 해서 개인의 역량이 모두 떨어지는 것은 아님을 인식하는 것이 중요하다.

사례관리 대상자의 의사소통능력에 따라 정보획득이 제한되거나 전반적인 역량, 생활기술의 발휘에 어려움이 있을 수는 있으나 서비스 제공자들이 대상자들의 의사소통능력이 떨어지는 것과 전반적인 삶의 기술, 역량이 떨어지는 것을 면밀히, 의도적으로 구분하려고 노력하지 않는다면 대상자의 의사소통능력을 곧 전반적인 삶의 역량으로 판단하게 될 위험이 있다. 대개 새로운 꿈과 희망을 찾아 낯선 타국에서 새 삶을 선택하는 사람들의 역량은 결코 낮지 않다는 것에 주목해야 한다.

초기상담에서는 사례관리 대상자에게 사례관리란 무엇인지, 그 방식과 진행과정 및 절차에 대한 구체적인 설명이 제공되어야 하는데, 한국어로 소통하는 것은 한계가 있다. 사례관리 대상자가 어느 정도 한국어 소통이 가능하더라도 사례관리과정의 의미를 제대로 이해하는 것이 중요하므로 통·번역사의 적극적 활용을 통해 최대한 명확한 의미 전달이 될 수 있도록 지속적인 노력이 필요하다.

사례관리사는 대상자가 편안하게 자신의 이야기를 할 수 있도록 분위기를 조성하고, 대상자의 이야기가 다소 조리가 부족하고 한국어 표현이 서툴다 하더라도 더 이야기할 수 있도록 격려하며 대상자의 삶의 상황을 이해하고자 노력하는 모습을 지속적으로 표현하는 것이 중요하다. 또한 사례관리사는 다양한 국적의 다양하고 복합적인 문제를 가진 다문화가족을 만나게 되므로 각 국가의 문화에 대한 사전 이해 및 자신의 문화적 민감성을 개발함으로써 대상자의 관점에서 그들이 처한 상황과 문제를 이해하고, 공감할 수 있는 준비를 해야 한다. 이미 받고 있는 서비스의 종류 및 내용, 서비스와 서비스제공자에 대해 어떻게 인식하고 있는지, 이로 인해 삶의 전략이 어떻게 달라지고 있는지를 평가하는 것이 중요하다.

<상담기록지>에서 중요하게 다루어야 할 정보는 누가, 왜, 왔으며, 어떠한 수준으로 개입이 이루어졌고, 적정한 수준에서 의뢰·연계가 이루어지고 있는지와 이에 대한 정보를 확인하고 관리하는 것이다. 기록은 상담내용에 따라 초기접수의 성격을 가진 것인지, 혹은 이후의 추가상담(혹은 지속상담)이 이루어지는 경우인지에 따라 상단의 회차란을 활용하여 기록, 관리한다. 일반상담이 이루어지다가 사례관리 대상자로 등록한 경우, 그 이후의 개입과정 기록은 <과정기록지>에 기록하면 된다.

[서식 1] 상담기록지

<table>
<tr><td colspan="5" rowspan="2">상담기록지(□접수 □일반)</td><td colspan="2">(　　)회차</td></tr>
<tr><td>날짜</td><td></td></tr>
<tr><td rowspan="2">내담자</td><td rowspan="2"></td><td rowspan="2">주서비스 대상과의 관계</td><td colspan="4">□본인 □배우자 □(배우자)부모 □자녀 □친인척
□서비스 제공자 □이웃 □기타</td></tr>
<tr><td colspan="4">* 구체적 관계기술 :</td></tr>
<tr><td>전화번호</td><td colspan="2"></td><td>주소</td><td colspan="3"></td></tr>
<tr><td>상담방법</td><td colspan="3">□전화/ 온라인 □대면(□내소 □가정방문 □기타장소방문)</td><td>소요시간</td><td colspan="2"></td></tr>
<tr><td>접수경로</td><td colspan="6">□자발적 요청(방법) □기관 내 의뢰( ) □비공식 지지체계 의뢰( ) □직접 사례 발굴
□타 기관 의뢰(　　) □기타( )</td></tr>
<tr><td>가구유형</td><td colspan="6">□부부중심가구 □3세대가구 □한부모가구 □조손가구 □소년소녀가구 □노인부부가구
□청장년1인가구 □미혼모·부가구</td></tr>
<tr><td>수급유형</td><td colspan="6">□일반가구 □저소득가구 □차상위가구 □조건부/ 조건유예수급가구 □수급가구 □기타( )</td></tr>
<tr><td rowspan="5">이주당사자 관련정보</td><td>이주당사자 성명</td><td></td><td>내담자와의 관계</td><td>□본인
□배우자
□(배우자)부모
□자녀
□친인척
□기타</td><td>출신국</td><td>□베트남 □중국
□몽골 □일본
□필리핀 □태국
□캄보디아
□러시아 □북한
□우즈베키스탄
□기타</td></tr>
<tr><td>입국년월</td><td colspan="2"></td><td colspan="2">입국당시 연령</td><td></td></tr>
<tr><td>가정 내 주사용언어</td><td colspan="2"></td><td colspan="2">이중언어 의지</td><td></td></tr>
<tr><td>입국 전 학력</td><td colspan="2"></td><td colspan="2">입국 전 직업</td><td></td></tr>
<tr><td>이주특성</td><td colspan="2">□결혼이주
□결혼 후 이주
□외국인근로자
□북한이탈주민
□중도입국(자녀)</td><td>문해 및 의사소통 능력</td><td colspan="2">□충분히 의미전달/ 이해 가능함
□쉬운 문장중심으로 기본적인 소통 가능
□쉬운 단어만 전달/ 이해 가능
□거의 안 됨
□전혀 안 됨</td></tr>
<tr><td>주호소</td><td colspan="6"></td></tr>
<tr><td rowspan="19">주요 욕구 및 목표</td><td colspan="2">욕구영역</td><td colspan="3">목표</td><td>구체적인 내용</td></tr>
<tr><td colspan="2" rowspan="2">①안전</td><td colspan="3">□가족 내 안전 유지</td><td></td></tr>
<tr><td colspan="3">□가족 외부로부터의 보호</td><td></td></tr>
<tr><td colspan="2" rowspan="2">②건강(질환장애 및 중독)</td><td colspan="3">□신체적 건강유지, 향상</td><td></td></tr>
<tr><td colspan="3">□정신적 건강유지, 향상</td><td></td></tr>
<tr><td colspan="2" rowspan="2">③일상생활 유지</td><td colspan="3">□의식주 관련 일상 생활유지(능력)향상</td><td></td></tr>
<tr><td colspan="3">□여가활용(능력)향상</td><td></td></tr>
<tr><td colspan="2" rowspan="2">④가족관계(친인척, 부부, 자녀문제)</td><td colspan="3">□가족관계 향상</td><td></td></tr>
<tr><td colspan="3">□가족 돌봄(능력)향상</td><td></td></tr>
<tr><td colspan="2" rowspan="2">⑤사회적 관계(사회문제)</td><td colspan="3">□친인척 및 이웃 간 관계형성/ 개선</td><td></td></tr>
<tr><td colspan="3">□소속된 집단 및 사회적 관계형성/ 향상</td><td></td></tr>
<tr><td colspan="2" rowspan="2">⑥경제</td><td colspan="3">□기초생활 해결</td><td></td></tr>
<tr><td colspan="3">□자산관리</td><td></td></tr>
<tr><td colspan="2" rowspan="2">⑦교육</td><td colspan="3">□기초지식 습득 및 향상</td><td></td></tr>
<tr><td colspan="3">□교육 개선</td><td></td></tr>
<tr><td colspan="2" rowspan="2">⑧직업</td><td colspan="3">□취(창)업</td><td></td></tr>
<tr><td colspan="3">□주거 내부환경 개선</td><td></td></tr>
<tr><td colspan="2" rowspan="2">⑨생활환경 및 권익보장</td><td colspan="3">□주거 외부환경 개선</td><td></td></tr>
<tr><td colspan="3">□차별개선, 권익보장(법률상담)</td><td></td></tr>
<tr><td>주요 상담내용</td><td colspan="6"></td></tr>
<tr><td>주요 개입방법</td><td colspan="6">□정보제공(단순정보, 기관정보) □상담서비스 제공(교육, 조언, 정서적 지지 등)
□대인서비스 연결(기관 내외부의 상담, 교육, 치료, 재활, 보호 등 비물질적 서비스 제공기관 연결)
□물적 지원/ 서비스 연결(기관 내외부의 식품, 생활용품, 주거환경개선, 후원금 등 연결 위한 노력)
□기타</td></tr>
<tr><td>추후계획</td><td colspan="4">□추후/ 지속상담 □사례관리 대상자로 등록
□내부서비스의뢰(기간내부의 타 부서로 의뢰한 경우)후 상담 종결
□문제해결/ 욕구충족으로 종결 □타기관 의뢰 □기타</td><td>상담자</td><td></td></tr>
</table>

출처 : 여성가족부(2013). 다문화가족 사례관리 실무활용매뉴얼.

〈상담기록지〉 작성방법

*내담자 : 주서비스 대상자로 확인된 사람의 이름을 기록하며, 본인이 아닌 경우 실제로 서비스를 받고자 하는 혹은 받을 필요가 있는 대상자의 이름을 기록함.

*주서비스 대상과의 관계 : 내담자와 주서비스 대상과의 구체적 관계를 표시하며, 이후 개입이 필요한 사람인 주서비스 대상과의 관계를 기록함. 내담자가 주서비스 대상이라면 ㅁ 본인에 체크(✔)함. 본인이 아닌 경우는 접수상담 시 주요 정보를 제공한 사람으로, 추후개입이 이루어져야 하는 대상과의 관계를 파악하여 기록함. 주서비스 대상은 접수상담을 통해 확인한 정보를 토대로 잠정 평가한 내용이므로 상담이 진행됨에 따라 주서비스 대상이 누가 될 것인가에 대한 판단이 달라질 수 있음. 따라서 당일 상담내용을 토대로 판단하여 기록함.

*상담방법 : 상담을 위해 어떠한 방법을 활용하여 접촉하였는지를 구분하여 기록함.

*소요시간 : 당일 서비스가 제공된 시간을 10분 단위로 기록함. 예컨대, 당일 서로 다른 접촉방법(전화+내소상담+가정방문)을 통해 수차례의 서비스가 제공되었다면, 각각의 내용을 구분하여 개입시간을 기록함(전화 10분+내소상담 40분+가정방문상담 50분). 가정방문이나 지역사회 방문상담은 방문을 위해 소요되는 이동시간은 제외하고 실제적인 개입활동이 이루어진 시간만을 기록함.

*접수경로 : 접수경로는 본 기관의 서비스에 대한 정보를 제공하여 서비스를 권유 혹은 의뢰한 상대를 확인하여 기록함.

*가구유형 : 서비스 대상자의 가구유형을 확인하여 기록함. 접수상담 시 확인하기 어려운 정보는 추후 확인하여 기록할 수 있음. 다문화가구 이외에 해당하는 가구유형에 모두 체크함.

*수급유형 : 서비스 대상자 가구의 수급유형을 확인하여 기록함. 접수상담 시 확인하기 어려운 정보는 추후 확인하여 기록할 수 있음.

*이주당사자 관련정보 : 가족구성원 중에 국외로부터 이주해 온 가구원이 여러 명이 있을 경우에는 이주당사자 정보 전체 영역을 복사한 후, 각 해당 가구원의 기록을 첨부하여 관리를 함. 내담자와 주서비스 대상자와 이주당사자는 다를 수도 있음.

*문해 및 의사소통능력 : 의사소통 수준 점수를 척도에 맞추어 평가하여 점수화함.

*주호소 : 주호소에는 내담자가 인식하고 있는 어려움이나 문제 상황 혹은 구체적인 도움요청 내용을 내담자의 언어적 표현을 가능한 살려서 간략하게 기술함. 예 "아이의 병을 치료할 돈이 없어요" "돈을 벌어서 아이를 데려와서 함께 살고 싶어요".

*주요 욕구 및 목표 : 주호소의 내용을 분석하여 어떠한 어려움을 경험하고 있는지, 해당하는 욕구영역별로 구분하여 구체적인 변화목표를 잠정적으로 기술함.

*주요 상담내용 : 당 회기 상담의 주요 내용을 요약하여 SOAIP를 활용하여 정보를 구분하여 기록함.

(1) 주관적 정보(S : Subjective Information) : 주서비스 대상자나 가족 등 서비스 대상이 자기 보고, 진술하는 내용을 기록. 주서비스 대상자가 경험하는 문제, 어려움 등 자신의 상황에 대한 설명, 이를 어떻게 인식하고 있는지에 대한 주관적인 의견을 중심으로 기록함.

(2) 객관적 정보(O : Objective Information) : 주서비스 대상자가 제시한 주관적 정보와 관련하여 사례관리사의 직접적인 관찰, 체계적인 자료수집 등에 의해 얻어진 정보. 주관적 정보와 비교하여 볼 때 이러한 자료는 독립적으로 검증될 수 있음.

(3) 분석평가(A : Assessment) : 위의 두 가지 정보를 토대로 한 사례관리사의 현 상황에 대한 견해(impression), 해석(interpretation)을 통한 판단, 앞으로의 상황에 대한 전망을 기록함. 분석평가 시 아래의 내용을 고려함.

① S정보와 O정보 사이의 관계 확인 ② 단기목표 혹은 치료계획에 대한 정당화
③ 주서비스 대상자의 주요 어려움에 대한 명확화 ④ 개입방법에 대한 정당화
⑤ 주서비스 대상자의 상황변화 및 그 가능성에 대한 전망과 그 이유에 대한 기술

(4) 개입(I : Intervention) : 당일 주서비스 대상자의 행동이나 생각, 환경에 긍정적 영향을 미치기 위해 사례관리사가 행한 구체적인 실천 활동의 내용

(5) 계획(P : Plan) : 오늘 개입활동의 결과를 토대로 앞으로의 개입활동에 대한 구체적인 계획

*주요 개입방법 : 당일 상담을 통해 제공한 서비스 내용의 주요 초점을 기준으로 하나만 선택하여 기입함.

*추후계획 : 추후계획은 당일 상담을 마치면서 사례관리사 혹은 상담자가 판단하는 잠정적인 계획을 의미함.

*상담자 : 당 회기의 상담을 수행한 사람의 이름을 기록함

(3) 동의 및 계약

사례관리과정에서 동의 및 계약의 절차를 중요하게 여기는 이유는, 우선 사례관리 대상자의 문제해결이나 변화, 욕구충족의 과정은 단시간 내에 이루어지기 어려운 장기적인 접근이 필요한 경우가 많기 때문이다. 이 장기적인 과정에서 대상자의 자발적인 참여, 변화를 위한 노력 없이는 서비스 제공기관의 일방적인 자원연결, 자원을 쏟아 붓거나 변화목표를 달성하는 데 기여하지 못하는 자원만을 반복적으로 제공하게 되어 실제적으로 변화를 이끌어 내지 못하고, 대상자의 의존성 심화 가능성을 높일 수 있다. 또한 사례관리과정을 개시하기 전에 동의 및 계약의 과정이 필요한 이유는 사례관리과정은 사례관리사의 자원연결을 위한 노력만 요구되는 것이 아니라 사례관리 대상자에게도 제공되는 자원을 받거나 이용하는 데에 많은 에너지와 노력이 투입되어야 하기 때문이다. 사례관리에 동의한 대상자의 1차 등록기간은 최대 1년으로 하며 대상자의 상황에 따라 연장할 수 있다.

동의 및 계약 과정에서 필요로 하는 핵심 과업으로 동의와 계약의 의미 이해시키기, 사례관리사의 역할 설명, 동의서와 계약서 작성 등이 있다.

사례관리자는 서비스 계약 및 해약 기준에 대한 안내가 충분히 이루어지고 있는가를 파악하고, 사례관리사가 구체적으로 사례관리과정에서 어떤 역할을 하는지에 대한 설명, 사례관리과정이 서비스 제공기관의 일방적인 과정이 아닌 대상자의 동의와 계약에 따라 서비스가 제공된다는 것을 설명하고 관련 서식의 작성 여부 등을 파악해야 한다.

[서식 2] 사례관리 동의서

사례관리 동의서

(○○○○○) 다문화가족지원센터는 다음과 같은 활동을 수행하기 위해 (   ) 님과 사례관리 서비스 계약을 맺고자 합니다.

- 다 음 -

• 다문화가족지원센터는 다문화가족의 회복과 성장을 지원하기 위해 지속적으로 노력합니다.
• 사례관리서비스란 다문화가족의 회복과 성장을 위해 가족 스스로의 노력을 종합적으로 지원하는 서비스 방법을 말합니다.
• 사례관리사란 이러한 노력을 함께하는 다문화가족의 동반자입니다.

본 계약은 사례관리서비스에 대한 기본 계약으로 사례관리 기간, 사례관리 방법, 사례관리의 유지 혹은 중단을 선택할 수 있는 가능성과 방법에 대한 설명을 포함하며, 이러한 과정을 함께 하기 위해 서로의 의무와 책임에 대한 약속을 하고자 합니다.

1. 다문화가족지원센터 사례관리의 기본 계약기간은 1년입니다. 이 기간 동안 협력적 노력을 통해 목표로 한 다문화가족의 회복과 성장, 복지수준이 향상되지 않았거나 좀 더 노력을 함께 할 필요가 있다고 협의되면 계약기간을 연장할 수 있습니다.
2. 사례관리는 사례관리 대상자와 가족, 사례관리사가 협력하여 사례관리 대상자와 가족의 복지를 향상할 수 있는 방법을 모색하고, 필요한 노력을 함께 하는 과정입니다. 즉, 사례관리를 위한 가장 중요한 방법은 사례관리 대상자와 가족의 적극적인 참여입니다.
3. 사례관리 대상자와 가족은 현재의 삶에 변화가 필요하다고 느끼신다면 이를 사례관리사에게 적극적으로 표현해 주시길 바랍니다. 또한 이러한 변화를 가져오기 위한 방법을 적극적으로 제안하며, 이러한 제안이 현실적인 방법으로 전환될 수 있도록 상의해 주십시오.
4. 사례관리 대상자와 가족의 복지수준을 향상시키고 가정의 삶을 개선하기 위한 구체적인 방법과 필요한 서비스 내용은 실행계획서를 통해 다시 계약을 하게 됩니다.
5. 참여하시는 사례관리 대상자와 가족은 사례관리가 시작되었더라도 그 방법과 서비스가 만족스럽지 않거나 어떠한 이유로든 서비스 중단을 원하시면 사례관리 계약을 해지할 수 있습니다. 계약 해지를 원할 시에는 사례관리사와의 상담을 통해 해지가 가능하며, 해지에 따른 불이익은 전혀 없습니다.
6. 사례관리 계약 해지 이후라도 다문화가족의 회복과 성장을 위한 새로운 파트너가 필요하시면 다문화가족지원센터와 다시 시작하실 수 있습니다.

사례관리 (1)차 계약기간 : 20○○년 월 일 ~ 20○○년 월 일

20○○년 월 일

사례관리 대상자 : (서명)
가족대표 : (서명)
담당 사례관리사 : (서명)

출처 : 여성가족부(2013). 다문화가족 사례관리 실무활용매뉴얼.

<사례관리 동의서> 작성 이전에 사례관리 대상자에게 사례관리에 대하여 알기 쉽게 설명을 해야 하며, 이후 사례관리 대상자에게 동의서 작성에 따른 부담이 있는지 질문하고, 걱정을 덜 수 있도록 충분한 설명을 제공해야 한다. <사례관리 동의서>는 사례관리 대상자(본인 또는 가족)와 함께 읽어가며, 전반적인 사례관리 방법의 특성을 충분히 파악할 수 있도록 돕는 데 초점을 두는 것이 중요하다.

사례관리 기간은 결과적으로 개입목표 달성에 소요되는 기간이라는 의미로 이해될 필요가 있다. 따라서 목표와 개입기간 설정이 적절해야 하며, 다문화가족에 대한 사례관리 목표로 '한국어능력 향상'을 목표로 하는 경우가 많이 있는데 한국어 능력 향상의 구체적인 기대수준이 명확히 제시되지 않는다면 사례관리의 개입기간 안에 달성할 수 없는 목표설정이 될 수도 있다. 사례관리서비스가 사례관리 대상자에게 무료로 제공되고, 더욱이 꼭 필요한 서비스라 해도 사례관리 대상자의 입장에서는 사례관리를 위해 계획된 서비스계획을 따르는 것 자체도 많은 에너지를 투입하는 작업이며 새로운 삶의 방식으로 바꾼다는 것 자체가 힘든 일이다. 즉, 사례관리서비스는 사례관리 대상자의 참여와 시간 투자가 이루어져야 하므로 사례관리사는 사례관리 진행이 계획대로 움직이는 것이 쉽지 않음을 염두에 두고 적정한 수준의 개입목표를 설정하고 개입해야 할 것이다.

[서식 3] 종합정보 기록지

등록번호		사례관리사		접수일	년 월 일	□ 신규*
				작성일	년 월 일	□ 기존*

접수경로	□자발적 요청(방법 :) □직접 사례 발굴 □기관 내 의뢰( ) □타 기관 의뢰( ) □비공식 지지체계 의뢰( ) □기타( )
정보제공자	□ 본인 □ 가족( ) □ 기타( )

사례관리 대상자		출신국	
		통역자	
생년월일	년 월 일	종 교	
주 소 (전화번호)			

직계/ 동거 가족사항	관계	성명	성별 / 연령	결혼 상태	동거 여부	학력	직업	건강상태 / 장애/질병명	출신국	종교
								□건강 □장애 □질병		
								□건강 □장애 □질병		
								□건강 □장애 □질병		
								□건강 □장애 □질병		

가족사항 비고		
	결혼상태	①미혼 ②법률혼 ③사실혼 ④별거 ⑤이혼 ⑥기타
	학력	①무학 ②초재 ③초졸 ④중재 ⑤중졸 ⑥고재 ⑦고졸 ⑧대재 ⑨대졸 ⑩대학원 이상 ⑪기타
	직업	①무직 ②학생 ③주부 ④재활근로 자영(⑤사업자 ⑥노점) 취업(⑦일용직 ⑧계약직 ⑨정규직) ⑩확인불가
	종교	①없음 ②기독교 ③가톨릭 ④불교 ⑤원불교 ⑥이슬람교 ⑦힌두교 ⑧기타 :

장애 관련 특성	□없음 □지체장애 □시각장애 □청각장애 □언어장애 □뇌병변 □신장장애 □지적장애 □자폐성장애 □정신장애 □간장애 □심장장애 □뇌전증장애 □호흡기장애 □장루, 요루장애 □안면장애						
	원인		발생년도		장애등록	년도	발급지
가구유형	□부부중심가구 □3세대가구 □한부모가구 □조손가구 □소년소녀가구 □노인부부가구 □청장년1인가구 □미혼모·부가구						
수급유형	□일반가구 □저소득가구 □차상위가구 □조건부/ 조건유예수급가구 □수급가구 □기타( )						

<table>
<tr><td rowspan="2">주거사항</td><td rowspan="2">주거
형태</td><td rowspan="2">□단독주택
□다세대주택·연립
□아파트
□기타( )</td><td rowspan="2">주거
구분</td><td rowspan="2">□자가
□전세(보증금 만원)
□월세(보증금 만원/ 월세 만원)
□영구임대
□무상임대(실소유자 :)</td><td rowspan="2">난방
방법</td><td rowspan="2">□가스
□기름
□연탄
□기타</td><td rowspan="2">화장실</td><td>□공용
□단독</td></tr>
<tr><td>□수세식
□재래식</td></tr>
<tr><td rowspan="2">경제상황</td><td>가계소득</td><td colspan="2">□ 월 평균 ( ) 만 원</td><td>부채</td><td colspan="2">□ 약 ( ) 만 원</td><td>총재산</td><td>( )만 원</td></tr>
<tr><td>소득원</td><td colspan="7">□ 연금 □ 공공부조 □ 저축 □ 가족지원 □ 근로수입(주소득원 :)
□ 기타 ( )</td></tr>
</table>

<table>
<tr><td rowspan="2">욕구영역</td><td rowspan="2">주개입목표</td><td colspan="4">욕구 구분</td><td colspan="3">서비스 수행방법</td></tr>
<tr><td>0</td><td>1</td><td>2</td><td>3</td><td>1</td><td>2</td><td>3</td></tr>
<tr><td rowspan="2">① 안전</td><td>□가족 내 안전 유지</td><td></td><td></td><td></td><td></td><td></td><td></td><td></td></tr>
<tr><td>□가족 외부로부터의 보호</td><td></td><td></td><td></td><td></td><td></td><td></td><td></td></tr>
<tr><td rowspan="2">② 건강(질환장애 및 중독)</td><td>□신체적 건강유지</td><td></td><td></td><td></td><td></td><td></td><td></td><td></td></tr>
<tr><td>□정신적 건강유지</td><td></td><td></td><td></td><td></td><td></td><td></td><td></td></tr>
<tr><td rowspan="2">③ 일상생활 유지</td><td>□의식주 관련 일상 생활유지</td><td></td><td></td><td></td><td></td><td></td><td></td><td></td></tr>
<tr><td>□여가생활 활용</td><td></td><td></td><td></td><td></td><td></td><td></td><td></td></tr>
<tr><td rowspan="2">④ 가족관계(친인척·부부·자녀문제)</td><td>□관계형성</td><td></td><td></td><td></td><td></td><td></td><td></td><td></td></tr>
<tr><td>□가족 돌봄</td><td></td><td></td><td></td><td></td><td></td><td></td><td></td></tr>
<tr><td rowspan="2">⑤ 사회적 관계(사회문제)</td><td>□친인척 및 이웃 간 관계형성</td><td></td><td></td><td></td><td></td><td></td><td></td><td></td></tr>
<tr><td>□소속된 집단 및 사회생활</td><td></td><td></td><td></td><td></td><td></td><td></td><td></td></tr>
<tr><td rowspan="2">⑥ 경제</td><td>□기초생활 해결</td><td></td><td></td><td></td><td></td><td></td><td></td><td></td></tr>
<tr><td>□자산관리</td><td></td><td></td><td></td><td></td><td></td><td></td><td></td></tr>
<tr><td rowspan="2">⑦ 교육</td><td>□기초지식 습득 및 향상</td><td></td><td></td><td></td><td></td><td></td><td></td><td></td></tr>
<tr><td>□교육 개선</td><td></td><td></td><td></td><td></td><td></td><td></td><td></td></tr>
<tr><td rowspan="2">⑧ 직업</td><td>□취(창)업</td><td></td><td></td><td></td><td></td><td></td><td></td><td></td></tr>
<tr><td>□주거 내부환경 개선</td><td></td><td></td><td></td><td></td><td></td><td></td><td></td></tr>
<tr><td rowspan="2">⑨ 생활환경 및 권익보장</td><td>□주거 외부환경 개선</td><td></td><td></td><td></td><td></td><td></td><td></td><td></td></tr>
<tr><td>□권익보장(법률 상담)</td><td></td><td></td><td></td><td></td><td></td><td></td><td></td></tr>
</table>

<table>
<tr><td colspan="5">사례관리 유형 결정 및 진행계획</td></tr>
<tr><td>코드</td><td>유형
구분</td><td colspan="3">주요 계획</td></tr>
<tr><td rowspan="2">□0</td><td rowspan="2">위기
관리</td><td>담당자/ 사례관리사</td><td>내부서비스 제공</td><td>(협력)긴급지원기관</td></tr>
<tr><td></td><td></td><td></td></tr>
<tr><td rowspan="2">□1</td><td rowspan="2">일반형
관리</td><td>담당자/ 사례관리사</td><td>내부서비스 제공</td><td>외부자원연결</td></tr>
<tr><td></td><td></td><td></td></tr>
<tr><td rowspan="2">□2</td><td rowspan="2">통합형
관리</td><td>담당자/ 사례관리사</td><td>내부서비스 제공</td><td>외부자원개발</td></tr>
<tr><td></td><td></td><td></td></tr>
</table>

<table>
<tr><td rowspan="3">척도</td><td>구분</td><td>한국생활
만족도</td><td>강점척도</td><td>가족중심실천
척도</td><td>서비스
만족도 평가</td><td>자기효
능감</td><td>자원활
용능력</td><td>사회지지망</td></tr>
<tr><td>사전</td><td></td><td></td><td></td><td></td><td></td><td></td><td></td></tr>
<tr><td>사후</td><td></td><td></td><td></td><td></td><td></td><td></td><td></td></tr>
</table>

<table>
<tr><td rowspan="5">이주당사자
정보</td><td>이주당사자
성명</td><td></td><td>내담자와의
관계</td><td>□본인 □배우자
□(배우자)부모 □자녀
□친인척 □기타</td><td>출신국</td><td>□베트남 □중국
□몽골 □일본
□필리핀 □캄보디아
□태국 □러시아
□북한 □우즈베키스탄
□기타</td></tr>
<tr><td colspan="2">입국년월</td><td colspan="2"></td><td>입국당시 연령</td><td>만(세)</td></tr>
<tr><td colspan="2">가정 내 주사용언어</td><td colspan="2"></td><td>이중언어 의지</td><td></td></tr>
<tr><td colspan="2">입국 전 학력</td><td colspan="2"></td><td>입국 전 직업</td><td></td></tr>
<tr><td colspan="2">이주특성</td><td colspan="2">□결혼이주
□결혼 후 이주
□외국인근로자
□북한이탈주민
□중도입국(자녀)</td><td>문해 및
의사소통
능력</td><td>□충분히 의미전달/
이해가능함
□쉬운 문장중심으로
기본적인 소통 가능
□쉬운 단어만 전달/
이해가능
□거의 안 됨
□전혀 안 됨</td></tr>
<tr><td colspan="5">가계도</td><td colspan="2">생태도</td></tr>
<tr><td colspan="5"></td><td colspan="2"></td></tr>
<tr><td colspan="5">개인력</td><td colspan="2">가족관계</td></tr>
<tr><td>유아동기</td><td colspan="4"></td><td>부부관계</td><td></td></tr>
<tr><td>청소년기</td><td colspan="4"></td><td></td><td></td></tr>
<tr><td>청장년기</td><td colspan="4"></td><td></td><td></td></tr>
<tr><td>중년기</td><td colspan="4"></td><td>부모-
자녀관계</td><td></td></tr>
<tr><td>노년기</td><td colspan="4"></td><td>형제-
자매관계</td><td></td></tr>
<tr><td>종합의견</td><td colspan="6"></td></tr>
</table>

출처 : 여성가족부(2013). 다문화가족 사례관리 실무활용매뉴얼.

〈종합정보 기록지〉 작성방법

*등록번호 : 예) 20ㅇㅇ-001
*사례관리사 : 본 기록지는 사례관리사가 작성하도록 하며, 중간에 사례관리사가 바뀐 경우에는 기존 자료를 참고로 하되, 최종기록에 대한 확인은 최종 담당 사례관리사가 함.
*접수일 : 접수일은 최초 접촉일을 기록함.
*작성일 : 작성일은 종합정보기록지를 완성한 날짜를 기록함.
*신규/ 기존 : 사례관리 대상자로 최초로 등록된 경우에는 신규에 체크(✔), 이미 등록관리되고 있는 사례에 대한 종합정보기록을 전면 수정하여 작성한 경우 또는 종결한 사례에 대한 재개입이 이루어진 사례의 경우에는 'ㅁ기존'에 체크(✔)함. 본 종합정보기록지는 사례관리 대상자와 관련한 정보에 변동이 있을 때에는 수시로 수정·보완하도록 하며, 최소 년 1회 갱신하도록 함.
*접수경로 : 접수경로는 본 기관의 서비스에 대한 정보를 제공하여 서비스를 권유 혹은 의뢰한 상대를 확인하여 해당하는 항목에 체크함.
*정보제공자 : 종합정보기록지를 작성하는 데 정보를 제공한 사람들을 모두 표시하고 구체적으로 누구인지 사례관리 대상자와의 관계를 중심으로 기록함.
*통역자 : 본 사례관리 대상자에 대한 통역을 주로 담당했던 통역자의 이름을 기록함. 이 통역자는 필요시 통역만의 기능이 아니라 대상자에 대한 비공식 지지체계나 준사례관리사로 활용할 수 있는 여지가 있으므로 적절한 통역자를 선정하여 협력체계를 구축하는 것이 필요함.
*직계/ 동거 가족사항 : 아래의 가족사항 비고의 항목을 참고하여 해당하는 내용의 숫자만으로 코드화하여 기록함. 사례관리 대상자와의 관계를 중심으로 인적사항을 기록함. 가족구성원의 수가 많은 경우 칸을 추가하여 기록관리함.
*사례관리 유형 결정 및 진행계획 : 사례관리가구의 유형구분은 위기관리, 일반형 관리, 통합형 관리로 구분함.
-위기관리가구 : 욕구미충족 항목 중에 서비스수행방법으로 선택된 방안 중 1. 긴급/ 위기지원의 방식을 필요로 하는 영역이 한 개라도 있는 경우 위기관리가구로 구분함. 위기관리가구는 위기안정화 자체가 주요 개입목표이므로 총 개입기간은 1개월 이내로 하며, 사례관리의 계약, 욕구 및 강점사정지 등의 기록을 작성하지 않고도 즉시 개입활동을 수행하도록 함. 위기안정화라는 개입목표가 달성된 이후에는 미충족욕구영역에 대한 개입을 위해 사례관리 유형을 재구분하도록 함.
-일반형 관리가구 : 2. 기존 내외부 서비스 연결이라는 서비스 수행방법만을 통해서 욕구충족이 가능할 것으로 판단되는 사례임.
-통합형관리가구 : 위기안정화가 목표인 영역이 없고, 1, 2의 서비스 수행방법이 혼재하는 경우임. 즉, 욕구영역 중 일부 혹은 전부가 기존서비스로는 욕구충족이 불가능하며, 신규 내외부 서비스를 개발하여 제공할 때만이 욕구충족이 가능할 것으로 판단되는 사례임. 한편 사정평가 및 개입계획안이 확정되기 전에 임시계획에 의해 내외부서비스 제공이 필요한 경우 그 주요 내용을 기록한 후 실제 서비스 제공을 위한 활동을 개시할 수 있음.
*이주당사자 : 가족구성원 중에 국외로부터 이주해 온 가구원이 여러 명이 있을 경우에는 이주당사자 정보 전체 영역을 복사한 후, 각 해당 가구원의 기록을 첨부하여 관리를 함. 내담자와 주서비스 대상자와 이주당사자는 다를 수도 있음.
*가계도 : 사례관리 등록시점의 사례관리 대상가구에 대한 가계도를 직접 그려 넣음. 가계도는 3대에 걸쳐 파악하며, 가족사건, 에피소드, 가족 간의 관계 등에 초점을 둠. 주요 내용은 가족구성원, 이름, 연령, 형제자매 위치, 결혼상태, 종교, 직업, 지리적인 위치, 건강, 사회경제적 상태, 중요한 생활사건 등을 기록함.
*생태도 : 등록시점에서, 사례관리 대상자 및 가족구성원이 관계를 맺고 있는 다양한 자원체계도 및 관계의 주요 특성, 상호작용을 파악하여 그림으로 정리함. 이때 정서적 지지, 정보의 제공, 경제, 교육, 고용, 건강 등 삶을 유지하기 위한 모든 수단과 방법을 제공해 주는 가족 이외의 모든 환경을 파악하여 기록 관리함.
*개인력 : 개인력은 사례관리 대상자의 개인적 발달단계별로 주요 생활사건이나 경험의 이정표를 기록하고, 이러한 경험의 이정표가 대상자의 삶에 미친 영향을 분석하여 기술함. 구체적으로는 생활주기에 따른 인간관계, 생활사건, 대상자의 감정, 성격, 건강상태, 학력이나 취업상태 등을 기록하며, 필요시 가족 구성원 모두의 개인력 작성도 가능함. 객관적 사건이나 상황보다는 그것이 대상자에게 의미하는 바를 이해하거나 현재까지 미치고 있는 영향력을 파악하는 것이 중요함.
*가족관계 : 가족관계는 가족의 하위체계별로 구분하여 각각의 관계의 특성과 다른 하위체계에 미치는 영향을 분석하여 기술함.
*종합의견 : 종합정보기록지의 다른 항목에 해당하지는 않으나 사례관리를 수행하는 데 꼭 필요한 정보나 사례관리사의 입장에서 종합적으로 강조하고 싶은 분석적 내용을 자유롭게 기술함. 이상의 종합적인 정보들을 토대로 사례관리 대상자와 가족의 삶에 대한 종합분석 및 장기전망을 기록함. 이를 토대로 사례관리사의 잠정적인 변화노력의 방향을 기술함.

(4) 욕구 사정

욕구(need)란 사전적 의미로는 필요, 곤란, 빈곤, 결핍 등을 의미하며, 특히 사회복지적 정의를 내린다면 욕구는 개인이 살아가기 위해 수용할 수 있는 사회적 독립 또는 삶의 질을 달성, 유지, 비축할 수 있도록 하는 데 필요한 것이다. 욕구사정이란 특정 프로그램이나 서비스를 제공해야 할, 즉 개입의 필요성이자 개입을 통해 변화를 도모해야 할 대상자의 상황에 대한 가설을 수립하는 과정이기 때문에 욕구는 변화목표, 성과와 직접적인 관련을 가지며 서비스 자체에 대한 요구(demand, want)와는 구분되어야 할 개념이다.

욕구사정이란 대상자에게 어떤 욕구가 있으며, 이러한 욕구를 충족시키기 위한 방법이나 전략을 개발하고 구체적으로 어떤 서비스를 제공할지에 대한 의사결정을 위해 필요한 정보를 얻고 이를 분석하는 과정이다. 다양한 정보원을 통해 얻어진 정보를 바탕으로 대상자가 경험하는 어려움의 원인과 해결방안, 혹은 과거–현재–미래의 연관성 등에 대한 분석을 통해 일종의 가설을 수립하기 위한 것으로 모든 원조과정의 근본이며, 사례관리의 핵심 과정이다. 이러한 욕구사정은 등록 후 1개월 이내에 일차적으로 완료해야 한다.

욕구사정의 핵심 과업으로 대상자와 의뢰자의 주호소 분석, 대상자의 이전 노력 분석, 생태체계적 사정, 과거에 제공된 개입(서비스)의 내용 및 결과 분석, 요구를 욕구로 전환, 욕구의 우선순위 결정 등이 있다.

첫째, 대상자와 의뢰자의 주호소 분석하기에서는 비위협적이고 융통성이 있으며, 대상자 및 가족의 자발성에 기초한 사정이 이루어졌는가, 대상자가 이해할 수 있는 언어로 대상자의 확인된 욕구에 대한 의사소통 및 문서화가 이루어졌는가를 점검해야 한다.

둘째, 대상자의 이전 노력 분석하기에서는 대상자가 가진 위험 요인의 확인 및 분석이 이루어졌는가를 점검해야 한다.

[서식 4] 욕구 및 강점 사정지

<table>
<tr><td>사례관리 대상자</td><td></td><td>등록번호</td><td colspan="2"></td><td colspan="3">□ 신규
□ 재사정 (　) 차</td></tr>
<tr><td>사례관리사</td><td></td><td>작성일자</td><td colspan="5"></td></tr>
<tr><td rowspan="2">욕구영역</td><td rowspan="2">주개입목표</td><td rowspan="2">자가 평가 및 인식</td><td colspan="5">사례관리 대상자의 사정평가</td></tr>
<tr><td>주요 현상</td><td>주요 원인</td><td>강점</td><td>장애물</td><td>심각도</td></tr>
<tr><td rowspan="2">① 안전</td><td>□가족 내 안전 유지</td><td></td><td></td><td></td><td></td><td></td><td></td></tr>
<tr><td>□가족 외부로부터의 보호</td><td></td><td></td><td></td><td></td><td></td><td></td></tr>
<tr><td rowspan="2">② 건강(질환장애 및 중독)</td><td>□신체적 건강유지</td><td></td><td></td><td></td><td></td><td></td><td></td></tr>
<tr><td>□정신적 건강유지</td><td></td><td></td><td></td><td></td><td></td><td></td></tr>
<tr><td rowspan="2">③ 일상생활 유지</td><td>□의식주 관련 일상 생활유지</td><td></td><td></td><td></td><td></td><td></td><td></td></tr>
<tr><td>□여가생활 활용</td><td></td><td></td><td></td><td></td><td></td><td></td></tr>
<tr><td rowspan="2">④ 가족관계(친인척·부부·자녀문제)</td><td>□관계형성</td><td></td><td></td><td></td><td></td><td></td><td></td></tr>
<tr><td>□가족 돌봄</td><td></td><td></td><td></td><td></td><td></td><td></td></tr>
<tr><td rowspan="2">⑤ 사회적 관계(사회문제)</td><td>□친인척 및 이웃간 관계형성</td><td></td><td></td><td></td><td></td><td></td><td></td></tr>
<tr><td>□소속된 집단 및 사회생활</td><td></td><td></td><td></td><td></td><td></td><td></td></tr>
<tr><td rowspan="2">⑥ 경제</td><td>□기초생활 해결</td><td></td><td></td><td></td><td></td><td></td><td></td></tr>
<tr><td>□자산관리</td><td></td><td></td><td></td><td></td><td></td><td></td></tr>
<tr><td rowspan="2">⑦ 교육</td><td>□기초지식 습득 및 향상</td><td></td><td></td><td></td><td></td><td></td><td></td></tr>
<tr><td>□교육 개선</td><td></td><td></td><td></td><td></td><td></td><td></td></tr>
<tr><td>⑧ 직업</td><td>□취(창)업</td><td></td><td></td><td></td><td></td><td></td><td></td></tr>
<tr><td rowspan="3">⑨ 생활환경 및 권익보장</td><td>□주거 내부환경 개선</td><td></td><td></td><td></td><td></td><td></td><td></td></tr>
<tr><td>□주거 외부환경 개선</td><td></td><td></td><td></td><td></td><td></td><td></td></tr>
<tr><td>□권익보장(법률 상담)</td><td></td><td></td><td></td><td></td><td></td><td></td></tr>
<tr><td>사례관리 대상자 가족의 삶에 대한 전망 및 목표</td><td colspan="7"></td></tr>
<tr><td>사례관리사 종합의견</td><td colspan="7"></td></tr>
</table>

출처 : 여성가족부(2013). 다문화가족 사례관리 실무활용매뉴얼.

〈욕구 및 강점 사정지〉 작성방법

*신규/ 재사정 : 사례관리 대상자로 처음 등록된 경우에는 신규에, 이미 등록관리되고 있는 사례에 대한 재사정평가인 경우는 재사정에 체크하며, 몇 번째 사정평가에 해당하는지 그 회차를 기록함. 즉, 본 사정지는 사례관리 대상자의 신상에 변동이 있는 경우는 수시로 수정 보완하도록 하며, 최소 3개월마다 갱신하도록 함.

* 자가 평가 및 인식 : 삶의 상황에 대해 어떠한 인식을 하고 있는지 기술함. 즉, 객관적인 상황에 비해 문제의식이 없거나 왜곡된 인식을 하는 것인지 등에 대해 대상자가 인식하고 있는 주관적인 내용을 중심으로 기술함. 아울러 욕구영역별로 사례관리 대상자는 각각의 상황에 대한 대처노력이나 문제해결방법에 대한 탐색을 함. 즉, 대상자가 자신의 언어로, 현 문제상황과 관련하여 도움이 필요하다고 요구하는 내용 및 해결방법에 대한 기대를 종합하여 작성함. 사례관리 대상자의 이러한 주관적 인식을 이해하는 것은 제공자 중심 서비스의 전제이며, 대상자가 기대하는 변화를 도모하기 위한 보다 효과적인 방안을 찾을 수 있는 기초자료로서의 중요성을 가짐. 해당하는 항목이 없는 경우는 빈칸으로 남겨둠.

*주요 현상 및 원인 : 사례관리사가 아래의 비고내용을 활용하여 해당하는 것 중 가장 대표적인 주요 현상이나 원인을 각각 하나씩만 선택하여 부호화함. 해당하는 항목이 없는 경우는 빈칸으로 남겨둠.

*강점 : 각각의 욕구영역에 해당하는 문제해결이나 개입목표 달성에 도움을 줄 수 있는 대상자나 주변 환경이 가지고 있는 강점을 사례관리사가 분석하여 기술함. 각 욕구영역별로 야기되고 있는 주요 문제를 완화하거나 해결하는 데 도움이 될 수 있으며, 잠재적 활용가치가 있는 개인의 내적, 가족이나 지역사회의, 유형 혹은 무형의 자원을 파악하여 기록함. 강점 내용이 발견되지 않는 영역의 경우 생략 가능. 사정평가된 강점은 사례관리 과정에서 일차적으로 활용하기 위한 방안이 마련되어야 하며, 이러한 노력이 먼저 투입될 수 있도록 개입계획을 수립하고, 이후에 필요한 서비스나 자원을 추가제공할 때 다문화가족의 역량강화가 가능해질 것임.

*장애물 : 각각의 욕구영역에 해당하는 문제해결이나 개입목표 달성에 방해가 되는 장애물을 사례관리사가 분석하여 기술함. 장애물사정의 중요성은 장애물을 제거하거나 우회하는 등의 노력을 통해 보다 구체적이고 실현가능한 계획수립의 기초가 된다는 점임.

*심각도 : 심각도 평가는 각각의 욕구영역별로 미충족 욕구상태로 표시한 항목에 대해서 욕구충족을 위한 서비스 제공방식의 긴급성을 중심으로 평가함. 심각도는 1~4점으로 구분하며 각각의 구분은 다음과 같음.

"1-가벼움"은 현재 문제가 발견되나 특별한 개입을 필요로 하지는 않고, 지켜보면서 추후 개입 필요 여부에 대한 점검만 해도 되는 수준

"2-중간"은 문제가 심각하지는 않으나 상황의 악화를 예방하기 위한 차원에서의 개입이 필요한 수준

"3-심함"은 문제 상황이 심각하여 현 거주 상황에서 문제를 완화하거나 해결하기 위한 적극적 개입이 필요한 상황

"4-아주 심함"은 문제 상황이 심각하여 문제해결을 위해서는 사례관리 대상자나 가족구성원의 일부를 현 주거지에서 즉각적으로 분리 혹은 격리를 통해 최소한의 안전확보 및 필요한 개입을 수행해야 하는 수준. 심각도의 수준은 개입의 우선순위를 결정하는 데 참고함.

셋째, 생태체계적 사정하기에서는 다각적인 정보원 활용 여부와 사례관리 대상자의 동의 여부, 비공식적 지지체계에 대한 사정 여부, 사례관리사와 대상자가 함께 대상자의 안녕과 삶의 질 향상에 초점을 둔 강점 관점사정 여부, 대상자의 상황, 프로그램의 가이드라인, 합리적인 시간 계획에 기반한 포괄적 사정 여부, 기관의 사업지침에 기반한 사정 여부, 문화적 민감성에

기반한 사정 여부, 필요시 전문화된 사정평가를 의뢰, 활용 여부 등을 점검해야 한다.

넷째, 과거에 제공된 개입(서비스)의 내용 및 결과 분석하기에서는 이전에 도움 받은 경험이 대상자의 삶에 미친 영향 분석 여부 등을 점검해야 한다.

다섯째, 요구를 욕구로 전환하기에서는 대상자의 요구(want) 내용을 욕구(need)의 형태로 전환 여부를 점검해야 한다.

여섯째, 욕구의 우선순위 결정하기에서는 사정을 통해 획득한 정보의 포괄성 및 서비스 수요에 대한 적합성 검토 여부, 사정을 통해 대상자의 (최초의) 욕구의 확인과 우선순위 선정이 타당성 있게 이루어졌는지 여부, 대상자의 위험요인 중 대상자의 안녕에 큰 영향을 주는 욕구의 우선순위 결정 여부, (활용 가능한) 프로그램(서비스/ 자원)의 목적과 목표, 개입 가능한 대상자의 욕구에 대해 대상자가 이해할 수 있는 언어로 소통 여부, 개별화된 실행계획 수행에 필요한 투입자원 추정 여부 등을 점검해야 한다.

다문화가족에 대한 욕구사정을 적용할 때 대상자가 제시한 문제를 해결 가능한 형태로 재구성, 사례관리 대상자의 삶의 영역을 폭넓게 탐색, 사례관리사의 문화적 민감성 및 편견·선입견에 대한 점검, 사례관리 대상자의 문제해결노력에 대한 사정 등에 유의해야 한다.

특히 사정과정에는 다양한 정보원의 활용과 강점 사정이 중요하기 때문에 당사자인 사례관리 대상자의 이야기를 듣는 것뿐 아니라 가족 또는 친구, 이웃 등 다각적인 정보원을 활용하여 충실한 욕구조사가 이루어져야 하고, 정보원 간 정보의 차이가 있는지, 입장의 차이가 있는지를 확인하며, 만일 차이가 있다면 추가상담을 실시해야 한다. 사례관리 대상자의 강점 사정 시, 대상자와 가족이 포함된 전체 수준의 자원을 사정하고, 대상자가 그동안 문제해결을 위해 노력해 온 점, 예를 들어 결혼이민을 선택한 동기를 재확인하고, 다른 문화권의 배우자를 선택한 동기를 스스로 재확인하는 기회 제공이 필요하며, 이주하기 전 자국에서의 직업경험, 관심사 등에 대해서도 정보를 수집하고, 사정에 포함시켜야 한다.

[서식 5] 사전 척도

1. 한국생활만족도

*. 다음은 여러 가지 감정 상태를 나타내는 얼굴입니다.

(1) (2) (3) (4) (5)

다음은 귀하의 한국 생활에 대한 만족 정도를 묻는 질문입니다.
귀하는 다음 각각에 대하여 어느 정도 만족하십니까? 해당하는 항목에만 응답해 주세요.

문 항	매우 불만이다	대체로 불만인 편이다	그저 그렇다	대체로 만족하는 편이다	매우 만족한다
A. 한국에서의 생활 전반					
B. 남편과의 관계					
C. 자녀와의 관계					
D. 시댁과의 관계					
E. 이웃과의 관계					
F. 직장 고용주와의 관계					
G. 한국인 직장 동료와의 관계					

2. 평가도구

다음은 응답자 본인과 본인의 상황에 대해 어떻게 생각하는지를 묻는 질문입니다. 각 문항을 잘 읽고 본인의 의견과 가장 가까운 응답을 ① 전혀 그렇지 않다, ② 그렇지 않은 편이다, ③ 그저 그렇다, ④ 그런 편이다, ⑤ 매우 그렇다 중 하나를 골라 답해 주시기 바랍니다.

문 항	전혀 그렇지 않다	그렇지 않은 편이다	그저 그렇다	그런 편이다	매우 그렇다
1. 나는 어려움을 피하지 않고 적극적으로 해결하려고 한다.					
2. 나는 도움이 필요할 때 어디에 가면 도움을 구할 수 있을지 잘 안다.					
3. 나를 격려하고 지지해 주는 사람들이 많다.					
4. 나는 상황을 개선시키기 위해 필요한 자원(예 가족, 친구, 센터의 서비스 등)들을 잘 활용할 수 있다.					
5. 나는 나에게 도움이 되는 정보를 잘 얻는다.					
6. 자신의 미래를 희망적으로 느꼈습니까?					
7. 전반적으로 자신이 일을 잘하고 있다고 느꼈습니까?					

출처 : 여성가족부(2013). 다문화가족 사례관리 실무활용매뉴얼.

(5) 실행계획 수립

실행계획 수립은 사례관리 대상자와의 협력을 통해 변화의 목적을 분명히 하고 이러한 목적을 달성할 수 있도록 이끄는 적절한 활동의 선정, 주요 활동의 우선순위 결정, 서비스 제공자, 서비스 제공시기, 제공기간 등의 구체적인 내용을 통해 실제적 수행과정의 밑그림, 혹은 설계도면을 완성해 가는 과정이다.

사례관리사는 사례관리를 통해 대상자의 삶에 변화를 가져오는 주요한 전략을 구성하는 데 필요한 다양한 요인을 충분히 검토하고, 제한된 시간과 자원의 활용가능성, 효율성을 극대화하기 위해 노력해야 하며, 목표수립에 있어서 단기(3개월 이내), 중기(6개월 이내), 장기(1년 이내) 목표는 논리적으로 연관성을 가져야 한다.

실행계획 수립 시 핵심 과업으로 사례관리 대상자와 그 가족의 삶의 변화에 대한 객관적인 기대수준 결정, 시간계획에 따른 목표 수립, 목표달성수단으로서의 서비스(자원) 제공계획 구상, 최종 서비스 내용 및 제공방식, 제공기관 결정 등이 있다.

첫째, 사례관리 대상자와 그 가족의 삶의 변화에 대한 객관적인 기대수준 결정을 위해 사례관리 대상자의 현재 상황, 예상되는 미래, 그 이후에 나타날 서비스 욕구에 대한 이해(서비스의 유익성, 대안, 위험, 결과 등)의 충분성 여부, 사정에 근거하여 개별화실행계획서(ISP, 서비스계획서) 작성 여부 등을 점검해야 한다.

둘째, 시간계획에 따른 목표 수립에서는 사례관리 대상자가 합의 및 동의에 의한 장단기 계획을 개발했는지 여부 등을 점검해야 한다.

셋째, 목표달성수단으로서의 서비스(자원) 제공계획 구상을 위해 사례관리 대상자가 독립적으로 대안적인 자원에 접근하도록 대상자의 능력을 지지하고 개발했는지 여부, 가족관계의 유지와 강화를 고려한 서비스 계획 진행 여부, 현실적인 계획을 세우기 위해 직접 면접 및 방문조사 등을 실시했는지 여부, 사례관리 대상자의 목표 달성을 방해하는 장애물의 사정 및 장애 제거를 위한 전략 수립 여부, 활용 가능한 재정/ 자원 내에서의 계획의 개발·수행 여부, 활용 가능한 자원 또는 기관에서 제공 가능한 자원에 대한 적절한 정보 제공 여부 등을 점검해야 한다.

넷째, 최종 서비스 내용 및 제공방식, 제공기관 결정하기에서는 목표달성을 위해 필요한 네트워크 구축 여부, 사례관리 대상자가 사례관리 전 과정에 참여 가능하도록 서비스에 대한 충분한 이해를 돕고 있는지 여부를 점검해야 한다.

다문화가족에게 제공되는 서비스 실행계획을 수립하는 과정에서 구체적이고 명확한 목표 설정, 사례관리 대상자와의 상호협의 및 동의에 기반한 목표수립, 사례관리 대상자의 잠재적 위기상황에 대한 사정 및 실행계획, 현실적인 실행계획 수립을 위한 가정방문이 절대적으로 필요하다.

대상자가 장기간 경험해 온 가족문제(폭력, 경제적 어려움, 질병 및 장애 등), 공공기관의 높은 장벽, 부정적인 사회적 시선 등은 대상자의 심리에 내재화되어 목표달성에 장애물이 되기도 한다. 따라서 사례관리사가 대상자와의 관계에 대해 성찰하지 않고, 민감성을 갖고 관계를 형성·유지하려는 노력을 하지 않는다면 사례관리사는 대상자가 경험하는 또 다른 '공공의 벽', '부정적 시선'이 될 수 있으므로 사례관리사는 대상자와의 관계형성과 신뢰감 구축을 위한 지속적인 노력이 필요하다. 사례관리사는 대상자가 갖고 있는 외재적 장애물뿐만 아니라 내재적 장애물에 대한 사정을 면밀히 하여 대상자가 사례관리사와 사례관리서비스를 통해 새로운, 긍정적 경험을 할 수 있는 기회를 제공할 수 있어야 한다.

[서식 6] 실행 계획서

실행 계획서(　　차)

수행기간 :　　년　　월　　일 ~　　년　　월　　일

사례유형 : □위기 □일반 □통합

<table>
<tr><td>등록번호 :</td><td></td><td colspan="2">대상자명　:</td><td colspan="3">작성일 :</td></tr>
<tr><td colspan="3">사례관리 대상자/ 가족의 삶의 비전과 목표</td><td colspan="4">사례관리 목적</td></tr>
<tr><td colspan="3"></td><td colspan="4"></td></tr>
<tr><td rowspan="2">변화
목표</td><td colspan="2">단기목표(1~3개월)</td><td colspan="2">중기목표(4~6개월)</td><td colspan="2">장기목표(7~12개월)</td></tr>
<tr><td colspan="2"></td><td colspan="2"></td><td colspan="2"></td></tr>
<tr><td>욕구영역</td><td>변화목표</td><td>실행계획</td><td>우선순위</td><td>실행기간</td><td>빈도/ 횟수</td><td>실행자/기관</td></tr>
<tr><td></td><td></td><td></td><td></td><td></td><td></td><td></td></tr>
<tr><td></td><td></td><td></td><td></td><td></td><td></td><td></td></tr>
<tr><td></td><td></td><td></td><td></td><td></td><td></td><td></td></tr>
<tr><td></td><td></td><td></td><td></td><td></td><td></td><td></td></tr>
<tr><td colspan="7">본인은　　년　　월　　일부터 상기와 같은 실행계획에 동의하며, 변화 노력에 적극적으로 동참할 것을 약속합니다. 또한 더 나은 생활지원을 위해 협력하는 기관들과 본인 및 가족의 기초 정보 및 서비스 진행과정에 대한 정보를 공유하는 것에 대해 동의합니다.
년　　월　　일
본인 :　　　　(인)　가족 :　　　　(인)　　사례관리사 :　　　　(인)</td></tr>
</table>

출처 : 여성가족부(2013). 다문화가족 사례관리 실무활용매뉴얼.

〈실행 계획서〉 작성방법

*수행기간 : 본 계획서의 유효기간을 의미함. 즉, 본 계획대로 사례관리를 진행할 기간을 설정하는데, 재사정주기가 3개월임을 감안하면 대개의 계획서는 3개월 주기가 적절함. 3개월 주기로 갱신을 하되 구체적인 내용 변화가 없을 경우에는 기존 계획을 유지하는 사유를 기록한 후 수행기간을 수정하여 활용할 수 있음.

*사례관리 대상자/ 가족의 삶의 비전과 목표 : 욕구 및 강점사정지를 통해 작성한 사례관리 대상자/ 가족의 삶의 비전과 목표를 다시 한번 재정의함. 실행계획과 다문화가족의 삶의 비전과 목표는 같은 방향을 유지해야 하기 때문임.

*사례관리 목적 : 사례관리의 구체적인 목표를 수립하기 전에 좀 더 추상적인 수준과 가치지향적인 목적을 진술할 필요가 있음. 사례관리 대상자와 가족의 삶의 비전과 목표를 통해 사례관리를 해야 하는 목적을 발견하고 이를 궁극적인 지향점으로 삼기 위한 노력이 필요함.

*변화목표 : 변화목표란 다양한 서비스 제공을 통해 궁극적으로 변화를 가져오기 위한 영역 및 각 영역별 변화의 양과 질에 대한 기대치를 기록함. 목표달성을 위한 시간기준을 설정함.

(1) 단기목표는 사례관리 시작 이후 적어도 3개월 이내에 달성 가능한 성취 수준의 고려뿐만 아니라 장기목표를 달성하기 위한 과정적 목표의 의미를 가짐. 단기목표로 설정 가능한 부분은 행동이나 인식의 변화보다는 새로운 지식이나 정보의 습득, 이를 통해 새로운 자원의 활용 등 궁극적인 행동변화에 영향을 미치는 생활조건의 변화를 목표로 할 때 더욱 적절함.

(2) 중기목표는 단기목표 달성을 통해, 혹은 단기목표와 무관하게 3~6개월 이상의 개입노력을 통해 변화를 가져올 수 있는 영역, 행동이나 태도의 변화를 도모하기 위한 목표로 적절함.

(3) 장기목표는 6개월 이상 1년 이내의 개입노력을 통해 변화를 가져올 수 있는 영역으로 대상자의 사회경제적 상태, 수준의 변화의 도모가 적절함. 변화목표의 제시 이유는 사례관리과정을 통해 궁극적으로 대상자와 그 가족에게 기대되는 측정 가능한, 혹은 객관적으로 판단이 가능한 변화 상태를 규정하는 데 있음.

*욕구영역 : 변화목표가 어떠한 욕구영역에 해당하는지를 구분하여 기록함.

*변화목표 : 위의 변화목표별 실행계획을 수립하기 위해 재분류하여 기록함.

*실행계획 : 장단기목표를 달성하는 데 필요하고 투입되어야 할 서비스 및 프로그램의 내용, 양, 기간에 대한 계획임. 즉, 특정한 변화를 가져오기 위해 과연 이 프로그램이나 서비스가 적절한지, 혹은 이 프로그램이나 서비스를 충분히 제공한다면 장단기목표로 설정한 그 결과를 달성할 수 있을 것인지에 대한 충분한 근거를 가지고 계획을 수립하여야 함.

*우선순위 : 변화목표 중 가장 긴급성을 요하는 것, 대상자와 그 가족이 우선순위를 높게 두는 것, 서비스가 미뤄질 경우 다른 욕구영역에까지 새로운 문제 유발 혹은 욕구발생 가능성이 높은 경우, 같은 노력을 투입했을 때 가장 큰 효과를 거둘 수 있는 것 등에 대한 종합적 고려를 통해 대상자와의 합의에 기반하여 서비스 우선순위를 선정함.

*실행 기간 및 횟수 : 서비스의 충분성과 연관되어 있음. 즉, 서비스를 통해 기대되는 성과를 도출하기 위해 얼마만큼의 서비스가 제공될 필요가 있는지 투입량에 대한 잠정적 계획의 의미. 그러나 외부기관에 의뢰하여 서비스를 제공하는 경우는 그 기관의 서비스 제공지침에 의존할 수밖에 없으므로 그 기관의 서비스 제공지침을 고려하여 서비스기간 및 횟수를 구체적으로 기록함.

*실행자 및 기관 : 실행기관의 명칭과 실제로 서비스 제공의 1차 책임을 수행하는 기관의 담당자명을 파악, 기록하여 주기적인 점검채널을 구축하도록 함.

(6) 실행

실행은 사례관리 대상자 및 가족에게 서비스 제공계획에 따른 서비스를 제공하고 이행상황 및 대상가구의 환경, 욕구 변화 등을 주기적으로 점검, 파악하는 활동으로 이때 서비스는 공공, 민간 서비스 제공기관이 제공하는 서비스만이 아니라 사례관리사가 제공하는 직접서비스(상담, 전문적 지지 등)도 포함된다.

실행계획 수립 시 핵심 과업으로 사례관리 대상자와의 정기적이고 지속적인 의사소통채널 확보, 사례관리 대상자와 신뢰관계 유지, 사례관리 대상자 중심 실천, 사례관리 대상자의 역량강화 실천 등이 있다.

첫째, 사례관리 대상자와의 정기적이고 지속적인 의사소통채널 확보를 위해서는 주요 정보 획득을 위해 대상자와 라포 형성 및 의사소통을 효과적으로 유지하는지 여부 등을 점검해야 한다.

둘째, 사례관리 대상자와 신뢰관계를 유지하기 위해서는 대상자만이 아니라 서비스 제공자들과의 전문적인 라포(professional rapport) 유지 여부 등을 점검해야 한다.

셋째, 사례관리 대상자 중심 실천을 위해서는 대상자의 욕구 충족을 위해 적절하고, 비용 효과적인 서비스 선정 여부 등을 점검해야 한다.

넷째, 사례관리 대상자의 역량강화 실천을 위해서는 대상자에게 제공될 서비스의 목록이 잘 정리되어 있는지, 대상자에게 제공될 서비스에 대한 설명 및 제공 시기를 충분히 알리고 있는지, 필요에 따라 서비스의 직접제공 및 서비스 의뢰가 효과적으로 이루어지고 있는지, 대상자의 의존을 심화시키는 것이 아니라 자활능력(self-sufficiency)을 향상시키기 위한 활동 수행을 하는지 여부 등을 점검해야 한다.

사례관리사는 대상자의 문제를 알아서 해결해 주는 '해결사'가 아닌 대상자가 자신의 문제를 해결해 나갈 수 있도록 조력하는 역할을 수행해야 하며, 대상자인 다문화 가족구성원이 한국말이 서툴고 한국에서의 생활경험이 많지 않다는 이유로 사례관리사는 의도하지 않게 '어린 사람'을 대하듯 하거나, 과보호하려는 경향을 보이기도 한다. 그러나 대상자가 한국말이 서툴고 한국 생활 경험이 짧다고 하여 인지적으로 미숙하다거나, 보호를 받아야 하는 어린이가 아님을 염두에 두고 대상자를 대해야 할 것이다. 즉, '사례관리사인 나는 사례관리 대상자를 어떤 대상으로 상정하고 대하고 있는가'를 반성적 성찰을 통해 자기 점검을 해야 한다. 사례관리 대상자의 경우, 자국에서의 학력, 직업경력, 경험 등이 다양하다. 이들의 한국에서의 생활을 이해하고 존중하며, 현 생활에 어려움, 문제 등이 있다 하더라도 이들을 '가르치려는' 듯한 태도는 지양해야 한다. 이들은 한국어 구사가 서툴고 한국 상황과 문화 등에 대한 이해가 부족한 것이지 인지적으로 문제가 있거나 능력이 부족한 것이 아님을 명확히 인식하고 서비스를 제공해야 할 것이다.

복합적이고 중층적인 문제와 열악한 상황에 둘러싸인 대상자는 자신의 문제를 누군가 해결해 주기를 바라거나 의욕이 없는 마술적 사고를 할 수 있다. 사례관리사는 대상자가 갖고 있는 강점(과거직업경험, 학력, 관심사, 삶에의 의지 등)을 최대한 이끌어 내어 사례관리 실행 단계에 동참할 수 있도록 해야 한다. 사례관리 대상자는 사례관리사가 남의 일인데도 열심히 최선을 다해 알아봐 주고 도우려는 모습을 보고 자신도 더욱 노력해야겠다는 마음을 갖게 되기도 하고, 적극적인 참여를 하게 되므로, 항상 공동의 노력을 하고 있음을 상호 인식하는 것이 중요하다.

[서식 7] 과정기록지

<table>
<tr><td colspan="3" rowspan="2">과정기록지</td><td colspan="2">(　　　　　)회차</td></tr>
<tr><td>날짜</td><td></td></tr>
<tr><td rowspan="2">서비스
제공대상</td><td colspan="4">□ 사례관리 대상자 본인 □ 배우자 □ (배우자)부모 □ 자녀 □ 친인척 □ 서비스 제공자
□ 이웃/ 친구/ 직장 □ 기타</td></tr>
<tr><td colspan="4">* 사례관리 대상자 본인이 아닌 경우 구체적 관계기술 :</td></tr>
<tr><td>접촉방법</td><td colspan="2">□ 전화/ 온라인 □ 대면(□ 내소 □ 가정방문 □ 기타 장소방문)</td><td>소요시간</td><td></td></tr>
</table>

욕구영역별 서비스 제공방법

욕구영역	목 표	*개입방법
① 안전	□ 가족 내 안전 유지	
	□ 가족 외부로부터의 보호	
② 건강(질환장애 및 중독)	□ 신체적 건강유지, 향상	
	□ 정신적 건강유지, 향상	
③ 일상생활 유지	□ 의식주 관련 일상 생활유지(능력)향상	
	□ 여가활용(능력)향상	
④ 가족관계(친인척·부부·자녀문제)	□ 가족관계 향상	
	□ 가족 돌봄(능력)향상	
⑤ 사회적 관계(사회문제)	□ 친인척 및 이웃간 관계형성/ 개선	
	□ 소속된 집단 및 사회적 관계형성/ 향상	
⑥ 경제	□ 기초생활 해결	
	□ 자산관리	
⑦ 교육	□ 기초지식 습득 및 향상	
	□ 교육 개선	
⑧ 직업	□ 취(창)업	
⑨ 생활환경 및 권익보장	□ 주거 내부환경 개선	
	□ 주거 외부환경 개선	
	□ 차별개선, 권익보장(법률상담)	

<table>
<tr><td>개입방법</td><td colspan="3">1 정보제공(단순정보, 기관정보)
2 상담서비스 제공(사례관리사가 대상자에게 개별적으로 직접적인 교육, 조언, 정서적 지지 등 비물질적 서비스 제공)
3 집단상담 및 교육 프로그램 실시(사례관리사가 대상자를 포함한 집단을 대상으로 상담이나 교육, 외부활동 실시)
4 대인서비스 연결(기관 내 외부의 상담, 교육, 치료, 재활, 보호 등 비물질적 서비스 제공기관을 연결하기 위한 자원탐색/ 개발/ 조정활동)
5 물적 지원/ 서비스 연결(기관 내외부의 식품, 생활용품, 주거환경개선, 후원금 등 연결하기 위한 자원탐색/ 개발/ 조정활동)
6 옹호활동　　　7 기타</td></tr>
<tr><td>주요 상담내용</td><td colspan="3"></td></tr>
<tr><td>추후계획</td><td>□ 지속적인 사례관리(계획된 단계별로의 진행) □ 재사정/ 평가 □ 종결계획수립/ 종결
□ 사후관리계획수립/ 사후관리 □ 기타</td><td>사례
관리자</td><td></td></tr>
</table>

출처 : 여성가족부(2013). 다문화가족 사례관리 실무활용매뉴얼.

<과정기록지> 작성방법

*접촉방법 : 사례관리를 위해 어떠한 방법을 활용하여 접촉하였는지를 구분하여 기록함.
*소요시간 : 당일 서비스가 제공된 시간을 10분 단위로 기록함. 당일 서로 다른 접촉방법(전화+내소상담+가정방문)을 통해 수 차례의 서비스가 제공된 경우는 각각의 내용을 별도로 구분하여 개입시간을 기록함(전화 10분+내소상담 40분+가정방문상담 50분). 가정방문이나 지역사회방문상담은 방문을 위해 소요되는 이동시간은 제외하고 실제적인 개입활동이 이루어진 시간만 기록함.
*개입방법 : 당일 특정한 접촉방법을 통해 다양한 욕구영역에 대한 서비스를 제공했다면 해당 욕구영역에 각각 어떠한 서비스를 제공했는지 중복적으로 체크할 수 있음. 당일 여러 번에 걸쳐 다양한 접촉방법을 통해 서비스를 제공했다면 각각의 내용을 분리하여 별도의 과정기록지를 작성할 수 있음.
*주요 상담내용 : 당 회기 상담의 주요 내용을 요약하여 SOAIP를 활용하여 정보를 구분하여 기록함.

(1) 주관적 정보(S : Subjective Information) : 서비스대상이 자기 보고, 진술하는 내용을 기록. 대상자가 경험하는 문제, 어려움 등 자신의 상황에 대한 설명, 이를 어떻게 인식하고 있는지에 대한 주관적인 의견을 중심으로 기록함

(2) 객관적 정보(O : Objective Information) : 사례관리 대상자가 제시한 주관적 정보와 사례관리사의 직접적인 관찰, 체계적인 자료수집 등에 의해 얻어진 정보. 주관적 정보와 비교하여 볼 때 이러한 자료는 독립적으로 검증될 수 있음.

(3) 분석평가(A : Assessment) : 위의 두 가지 정보를 토대로 한 사례관리사의 현 상황에 대한 견해(impression), 해석(interpretation)을 통한 판단, 앞으로의 상황에 대한 전망을 기록함. 분석평가 시 아래의 내용을 고려함.

① S정보와 O정보 사이의 관계 확인
② 단기목표 혹은 치료계획에 대한 정당화
③ 개입방법에 대한 정당화
④ 대상자의 주요 어려움에 대한 명확화
⑤ 대상자의 상황변화 및 그 가능성에 대한 전망과 그 이유에 대한 기술

(4) 개입(I : Intervention) : 당일 사례관리 대상자의 행동이나 생각, 환경에 긍정적 영향을 미치기 위해 사례관리사가 행한 구체적인 실천 활동의 내용

(5) 계획(P : Plan) : 오늘 개입활동의 결과를 토대로 앞으로의 개입활동에 대한 구체적인 계획.

*추후계획 : 추후계획은 해당 회기의 개입활동을 마치면서 사례관리사 혹은 서비스 제공자가 판단하는 잠정적인 계획을 의미함

[서식 8] 네트워크활동 기록지

날짜	성명/기관/조직명	기관 구분	목적 및 주요 활동	접촉 방법	접촉 대상	활동시간	담당자	내 용

출처 : 여성가족부(2013). 다문화가족 사례관리 실무활용매뉴얼.

<네트워크활동 기록지> 작성방법

*날짜 : 활동이 이루어진 실제 날짜를 기록함.
*기관/ 조직명 : 기관이나 조직의 실제명칭을 기록함.
*기관 구분 : 현재 접촉하고 있는 기관의 유형을 구분하여 해당 항목의 번호를 기록함. 1. 행정기관, 2. 고용·복지 관련기관, 3. 교육 관련기관, 4. 보건의료 관련기관, 5. 기타로 구분함.

(1) "행정기관"이라 함은 시군구청이나 주민센터 등 행정조직을 의미함.
(2) "고용·복지 관련기관"이라 함은 고용안정센터 등 노동부 관련조직이나 지역자활센터, 사회복지 관련 기관(사회복지사업법에 의해 설치, 설립한 사회복지시설) 등을 통해 직접 의뢰된 경우를 의미함.
(3) "교육 관련기관"이라 함은 학교 또는 교육청 등 교육기관 및 교육지원을 위한 국공립기관을 의미함.
(4) "보건의료 관련기관"이라 함은 보건소, 정신건강센터, 알코올상담센터, 국공립병원, 개인병의원 등 보건의료서비스를 제공하는 공공 혹은 민간 기관을 의미함.
(5) "기타"는 자발적으로 왔거나 이웃이나 친지에 의한 경우, 위 분류체계에 포함되지 않은 조직들은 포함하여 기록함.

*목적 및 주요 활동 : 네트워크활동의 세부내용은 1-기관홍보/ 조직에 대한 특정 정보 문의/ 탐색/ 확인/ 후원개발/ 자원연결(기존사업계획/ 방법에 대한 변동 없이 자원연결), 2-자원조정(기관/ 조직의 기존정책이나 지침, 수행방법에 대한 변화요청), 3-신규서비스/ 사업공동개발논의/ 수행중인 공동사업운영/ 평가, 4-기타로 구분하여 해당 번호를 기입함.

"1. 자원탐색 및 개발" : 지역사회에 본 기관의 다문화가족사례관리사업을 소개하고, 다문화가족사례관리사업의 잠재적 대상자군에게 필요한 지역사회자원의 탐색 및 연계가능성을 타진하기 위한 활동을 의미함. 즉, 실제적인 연계활동이 이루어지기 전 단계이며, 해당 기관 자원의 특성 및 주요 서비스 대상, 제공량 등을 파악하기 위한 목적의 활동을 구분하여 기록함. 즉, 1. 자원탐색 및 개발은 몰라서 활용 못하는 자원인 경우, 이를 탐색하고 개발하는 활동임.

"2. 자원조정" : 대개의 사례관리 대상자들의 미충족 욕구는 서비스에 대한 정보부족뿐만 아니라 제공자중심의 서비스로 인해 서비스에 대한 접근이 어려운 경우, 서비스로부터 배제된 경우에 발생함. 따라서 지역사회 기관의 서비스 제공방식이나 범위에 변화를 가져오도록 하는, 자원조정 활동은 사례관리활동의 핵심이라 할 수 있음. 즉, 자원조정이라 함은 지역사회의 서비스 제공기관에 대한 이미 알고 있는 정보를 토대로 하며, 기관의 서비스 원칙이나 내용, 빈도, 범위 등에 변화를 주어야만 다문화가족 역량강화를 위한 자원으로 활용 가능한 경우에, 이를 도모하기 위한 사례관리사의 활동을 기록함.

"3. 협약체결" : 사례관리를 위해 다문화가족지원센터와 지역사회의 유관기관과 사례의뢰, 서비스 제공 등과 관련하여 두 기관 간의 책임이나 권한, 구체적인 협력사항을 합의하고 이를 공식화한 경우에 해당함.

"4. 신규사업 협력 및 개발" : 신규 협력사업은 네트워크활동의 통해 각 기관이 수행하지 않았던 새로운 사업을 연합하여 수행하거나, 기존에 단독으로 수행하던 유사한 사업을 보완 및 연합하여 수행함으로써 시너지를 얻기 위한 목적으로 개발 및 이를 유지하기 위한 활동에 대한 내용일 경우 이를 기록함. 4. 신규사업 개발은 필요하지만 없던 자원(서비스나 사업)을 새롭게 개발하는 활동을 의미함.

"5. 기타" : 위의 구분에 해당하지 않는 내용을 기록

*접촉방법 : 개입활동이 이루어진 방법을 구분하여 기록함. 1. 팩스/ 인터넷/ 공문/ 소식지 발송 등의 간접적 접촉, 2. 전화, 3. 내관(상대 기관실무자가 찾아온 경우), 4. 기관방문(사례관리사가 상대 기관, 제3의 기관에서 접촉한 경우), 5. 기타
*접촉대상 : 1. 불특정인, 2. 담당실무자, 3. 중간관리자, 4. 조직/ 기관 대표, 5. 기타로 구분하여 해당 번호를 기입함.
*활동시간 : 당일 투입된 활동시간을 10분 단위로 기록함. 서로 다른 접촉방법(전화+내소+기관방문)을 통해 수차례의 활동이 수행된 경우는 각각의 내용을 별도로 구분하여 시간을 기록함(전화 10분+내소 40분+기관방문 50분). 기관방문은 방문을 위해 소요되는 교통시간은 제외하고 실제적인 개입활동이 이루어진 시간만을 기록함.
*담당자 : 당 회기의 개입을 수행한 사람의 이름을 기록함. 이는 대체로 사례관리사이나 경우에 따라 한 사례관리 대상자에 대해 내부의 다른 인력이 해당 서비스를 수행한 경우에는 담당자의 이름을 기록함.
*주요 활동내용 : 당 회기의 주요 활동내용을 요약하여 기록함.

[서식 9] 의뢰서

의뢰기관		의뢰날짜	
담당자		연락처	

<table>
<tr><td>대상자성명</td><td colspan="2"></td><td>연락처</td><td colspan="2">(집)
(H. P.)</td></tr>
<tr><td>주 소</td><td colspan="5"></td></tr>
<tr><td>가구유형</td><td colspan="5">□ 부부중심가구 □ 3세대가구 □ 한부모가구 □ 조손가구
□ 소년소녀가구 □ 노인부부가구 □ 청장년1인가구 □ 미혼모·부가구</td></tr>
<tr><td>수급유형</td><td colspan="5">□ 일반가구 □ 저소득가구 □ 차상위가구 □ 조건부/ 조건유예수급가구
□ 수급가구 □ 기타( )</td></tr>
<tr><td>사례요약</td><td colspan="5"></td></tr>
<tr><td>의뢰/ 요청내용</td><td colspan="5"></td></tr>
<tr><td>첨부자료</td><td colspan="5"></td></tr>
<tr><td rowspan="3">사례관리사</td><td rowspan="3"></td><td>연락처</td><td>사무실</td><td>휴대전화</td><td>이메일</td></tr>
<tr><td>연락 가능한 주요 시간대</td><td rowspan="2"></td><td rowspan="2"></td><td rowspan="2"></td></tr>
<tr><td></td></tr>
</table>

출처 : 여성가족부(2013). 다문화가족 사례관리 실무활용매뉴얼.

[서식 10] 슈퍼비전 및 사례회의록

<table>
<tr><td>구 분</td><td colspan="3">□ 사례판정회의 □ 내부사례회의 □ 통합사례회의
□ 권역별사례회의 □ 내부슈퍼비전 □ 외부슈퍼비전</td></tr>
<tr><td>차 수</td><td></td><td>회의일시</td><td></td></tr>
<tr><td>장 소</td><td></td><td>작 성 자</td><td></td></tr>
<tr><td>안 건</td><td colspan="3"></td></tr>
<tr><td>참 석 자</td><td colspan="3">(참여기관 및 명단)</td></tr>
<tr><td>전차회의
결과보고</td><td colspan="3"></td></tr>
<tr><td rowspan="3">회의
내용</td><td colspan="3">▣ 사례개요</td></tr>
<tr><td colspan="3">▣ 논의사항</td></tr>
<tr><td colspan="3">▣ 적용계획</td></tr>
</table>

출처 : 여성가족부(2013). 다문화가족 사례관리 실무활용매뉴얼.

<의뢰서> 작성방법

*사례관리 대상자에게 필요한 자원이나 서비스를 요청하는 기관과 기관의 부서 및 담당자 이름을 정확히 파악하여 명시함. 정보가 부정확한 경우 의뢰서를 발송하였어도 해당 기관에서 담당자가 명확하지 않아 신속하게 처리되지 않는 경우가 많음.

*사례요약 : 의뢰기관의 보유 자원이나 서비스 제공 여부를 결정하는 데 도움이 되는 필수 정보를 중심으로 제시함. 이를 위해서는 의뢰 기관에서 어떤 조건이나 절차를 중요하게 생각하는지를 사전에 명확하게 파악하고 있는 것이 중요함.

*의뢰/ 요청내용 : 의뢰기관에서 어떤 도움을 어떤 방식으로, 어느 시점에서 제공하기를 기대하는지, 구체적으로 작성함.

*첨부자료 : 의뢰기관에서 의뢰/ 요청내용을 수락하거나 의사결정하는 데 필요한 정보가 담겨있는 첨부자료의 이름을 기록하고 실제자료는 별도로 첨부하여 발송함.

*사례관리사 : 의뢰를 요청하는 사례관리사와 관련된 정보를 제공하는 부분임. 해당 기관에서 요청한 내용에 대한 추가 질문이나 추가 자료 요청 등을 하는 데 필요한 정보임. 특히 도움을 요청을 하는 입장에서 의뢰기관에서 필요한 응답을 신속하게 할 수 있는 가능한 채널을 모두 제시하는 것이 필요함.

<슈퍼비전 및 사례회의록> 작성방법

*구분 : 그날의 회의 목적에 따라 유형을 구분하여 기록함.
*안건 : 이 회의에서 다루어야 할 주요 안건이나 이슈를 요약적으로 제시하여 회의의 목적이 잘 드러날 수 있도록 정리함.
*참석자 : 참석자의 소속기관, 직책, 이름 등을 구체적으로 작성함.
*전차회의 결과보고 : 첫 회의가 아닌 경우, 이전 회의나 슈퍼비전에서 다루었던 내용에 대한 간략한 보고와 그 결정사항 등을 어떻게 적용하고 있는지 경과를 보고함. 후속논의가 필요시 본 회의의 안건으로 채택할 수 있음.

(7) 점검 및 조정

점검 및 조정은 실행계획이 제대로 이루어지고 있는지를 살펴보고 계획이 달성될 수 있도록 사례관리 대상자나 서비스 제공 기관 간의 갈등이나 서비스 간의 충돌에 대한 조정을 통해 협력적 목표달성이 가능하도록 하는 작업이다. 이때 사례관리사는 이 단계에서 서비스의 흐름과 대상자, 대상자와 함께 사례관리에 참여하고 있는 원조 집단의 기능에 민감성을 가지고 단계별로 진행되는 과업들을 잘 관리해 나가야 한다.

사례관리사와 사례관리 대상자, 다른 사례관리 원조제공자들이 초반에 상호 합의한 목적을 공유하며 초기의 약속대로 잘 협조하고 있는지, 협력 속에 갈등이나 위기가 잠재되어 있지 않은지, 그리고 지금여기(here & now)의 상황이 적절한 수준의 서비스와 협력범위를 확보하고 있는 것인지 등을 확인하며 조정해야 한다. 정기 점검은 3개월에 1회 실시하고, 그 결과에 따라 욕구를 재사정할 수 있다.

점검 및 조정 시 핵심 과업으로는 서비스 제공 기관 간 전문적 라포 형성 및 정기적이고 공식화된 의사소통 채널 확보, 서비스 제공 기간 간의 제공방식의 차이를 이해하고 대상자 중심의 실천이 유지하도록 돕기 등이 있다.

첫째, 서비스 제공 기관 간 전문적 라포 형성 및 정기적이고 공식화된 의사소통 채널 확보를 위해서는 서비스가 제대로 전달되고 있는지, 대상자의 욕구충족 여부에 대한 점검 여부 등을 점검해야 한다.

둘째, 서비스 제공 기간 간의 제공방식의 차이를 이해하고 대상자 중심의 실천이 유지하도록 돕기 위해서는 서비스의 적절성에 대한 점검 여부, 대상자의 불평이나 어려움이 즉각적으로 처리되는지 점검 여부, 서비스의 만족도에 대한 점검 여부, 점검 결과에 따라 필요시 서비스 조정이 효과적으로 이루어지고 있는지 여부, 서비스 계획 변동에 대해 기관 및 예산지원기관에 통지 여부 등을 점검해야 한다.

다문화가족에게 서비스 제공을 위한 지역 내 타 기관과의 유대관계 형성이 중요하고, 사례관리자는 전문가로서의 윤리의식을 바탕으로 한 실천이 무엇보다도 중요하다.

[서식 11] 점검 및 평가서

점검 및 평가서(　　차)

수행기간 : 　　년 　월 　일 ~ 　　년 　월 　일

작성일 :

사례유형 : □위기 □일반 □통합

<table>
<tr><td colspan="3">등록번호 :</td><td colspan="3">대상자명 :</td><td colspan="3"></td></tr>
<tr><td colspan="4">사례관리 대상자/ 가족의 삶의 비전과 목표</td><td colspan="5">사례관리 목적</td></tr>
<tr><td colspan="4"></td><td colspan="5"></td></tr>
<tr><td rowspan="2">변화목표</td><td colspan="2">단기목표(1~3개월)</td><td colspan="3">중기목표(4~6개월)</td><td colspan="3">장기목표(7~12개월)</td></tr>
<tr><td colspan="2"></td><td colspan="3"></td><td colspan="3"></td></tr>
<tr><td rowspan="2">욕구영역</td><td rowspan="2">변화목표</td><td rowspan="2">실행계획</td><td colspan="4">사례관리 대상자 점검</td><td rowspan="2" colspan="2">욕구충족도</td></tr>
<tr><td>적절성</td><td>적시성</td><td>충분성</td><td>만족도</td></tr>
<tr><td></td><td></td><td></td><td></td><td></td><td></td><td></td><td colspan="2"></td></tr>
<tr><td></td><td></td><td></td><td></td><td></td><td></td><td></td><td colspan="2"></td></tr>
<tr><td></td><td></td><td></td><td></td><td></td><td></td><td></td><td colspan="2"></td></tr>
</table>

<table>
<tr><td>종합점검 및 평가의견</td><td colspan="5">해당기간 중 총 서비스 제공량</td></tr>
<tr><td rowspan="5"></td><td rowspan="2">제공유형</td><td colspan="4">대 상</td></tr>
<tr><td>대상자</td><td>가족구성원</td><td>비공식 지지체계</td><td>서비스 제공자</td></tr>
<tr><td>전화</td><td></td><td></td><td></td><td></td></tr>
<tr><td>내방</td><td></td><td></td><td></td><td></td></tr>
<tr><td>방문</td><td></td><td></td><td></td><td></td></tr>
</table>

<table>
<tr><td colspan="4">추후 계획</td></tr>
<tr><td>실행계획 지속</td><td>□ 예</td><td rowspan="5">세부내용</td><td rowspan="5"></td></tr>
<tr><td>실행계획 수정필요</td><td>□ 예</td></tr>
<tr><td>재사정 필요</td><td>□ 예</td></tr>
<tr><td>평가 필요</td><td>□ 예</td></tr>
<tr><td>종결 필요</td><td>□ 예</td></tr>
</table>

출처 : 여성가족부(2013). 다문화가족 사례관리 실무활용매뉴얼.

<점검 및 평가서> 작성방법

*사례관리 대상자 점검 : 각각의 서비스에 대해 사례관리 대상자의 주관적 평가를 통한 점검방법으로, 평가척도에서 제시하고 있는 스마일카드를 활용하여 해당 점수를 기입함.

"적절성"은 욕구를 충족하는 방법이 적절했는지, "적시성"은 해당 서비스가 꼭 필요한 시기에 제공되었는지, "충분성"은 해당 서비스의 기간이나 빈도가 목표로 하는 문제를 해결하는 데 혹은 필요한 욕구를 총족하고 변화를 도모하는 데 충분한 양의 서비스였는지를 평가하기 위한 항목임. "만족도"는 해당 서비스에 대한 종합적인 만족의 수준을 나타냄.

* 욕구충족도 : 대상자가 아닌 사례관리사가 종합하여 평가하며 해당 항목별로 서비스를 통하여 사례관리 대상자와 가족의 욕구가 충족되었는지를 평가함. 욕구 영역별 욕구충족 여부를 평가하여 해당하는 항목의 번호를 기록함.

1. 욕구충족은 해당 영역에 대한 욕구(변화 및 서비스의 필요성)는 있으나 현재 받고 있는 서비스를 통해 이러한 욕구가 충족되고 있는 상태로 지속적인 서비스의 필요성을 의미함.
2. 욕구미충족상태는 해당 영역에 대한 욕구(변화 및 서비스의 필요성)가 있으며, 현재 서비스를 받고 있음에도 불구하고 욕구가 충족되지 않거나 문제가 해결되지 않고 남아있는 경우에 해당함
3. 미확인은 본 점검 및 평가서 작성할 시점까지 파악되지 않은 영역인 경우 미확인으로 구분함.

*종합점검 및 평가의견 : 실제로 제공된 내용을 중심으로 기록하고 계획 시의 내용과 달라진 경우는 왜 변경되었는지에 대한 구체적인 사유를 기록하고 분석하여 작성.

*해당 기간 중 총 서비스 제공량 : 서비스가 어떠한 대상에게 제공되었는지 그 양을 분석해 봄으로써 사례관리의 균형을 점검하기 위한 자료임. 즉, 사례유형에 따라 제공대상의 특성은 달라질 수밖에 없음. 예를 들어, 위기개입을 필요로 하는 경우는 대상자에 초점화될 가능성이 많고, 통합사례의 경우는 서비스 제공자와의 접촉이 빈번해질 수밖에 없을 것임.

*추후계획 : 각각의 추후계획별로 재사정이 필요하다고 한 경우는 언제, 어떠한 방식으로 할 것인지, 지난번과는 어떤 차이를 두고 재사정할 계획인지를 구체적으로 기록함.

(1) 실행계획 수정 : 실행계획 수정이 필요한 이유와 근거를 설명하고 실행계획 수정을 위해 사례관리사가 어떠한 활동을 할 것인지에 대한 구체적인 내용을 기술함.

(2) 평가 필요 : 사례관리사의 잠정적 판단으로 목표달성이 어느 정도 이루어졌다고 판단한 경우로, 종결을 확정하기 위한 전 단계를 의미함. 즉 목표달성 여부에 대한 평가가 가능한 사례인 경우 평가를 거쳐서 평가를 확정할 수 있도록 함.

(3) 종결 필요 : 객관적인 평가척도 등을 활용한 평가를 통해 종결이 결정되지는 않았으나 종결이 필요한 경우에 해당함. 구체적인 사유를 기록하고 종결 방법이나 사후관리 방법에 대한 잠정적인 계획을 기술함.

(8) 평가 및 종결

평가는 사례관리를 위해 활용한 기술이나 방법의 효과성을 평가하는 것을 가능하게 하고 성과에 영향을 준 구조적 요소들을 분석할 수 있게 한다. 특히 성과가 강조되는 정책 환경에서는 평가의 중요성이 강조되고 있다. 사례관리의 실천에 대한 평가는 이에 대한 성과를 비용과 관련시키는 것이 쉽지 않아 어려운 부분이 많이 있으나 서비스의 발전을 위해 실천에 대한 효과성은 전체 프로그램 성공과는 또 다른 측면으로 반드시 필요한 부분이다. 정기평가는 매년 11월에 실시하고, 개입기간이 3개월 이내의 사례는 평가하지 않을 수 있다.

평가 시 핵심 과업으로 적절한 평가 자료원 마련, 과정 평가, 성과 평가 등이 있다. 첫째, 적절한 평가 자료원 마련을 위해서는 사례관리 과정별로 요구되는, 사례별로 정확하고 시기적절한 정보 획득 여부, 평가의 필요성, 일정 및 방법에 대해 대상자에게 충분히 설명했는지 여부 등을 점검해야 한다. 둘째, 과정 평가에서는 사례관리사의 활동에 대한 자기 평가 여부, 주기적인 평가 실시 여부 등을 점검해야 한다.

셋째, 성과 평가에서는 사례관리를 통한 변화나 향상에 대해 대상자의 평가 반영 여부, 목표달성을 위한 서비스의 양과 질에 대한 평가 여부, 실행계획이 비용 효과성이 있는지 여부, 재정 성과를 나타내고 있는지를 지속적으로 검토하고 추구하는지 여부, 대상자의 독립성을 개발하고 유지하기 위해 노력하는지 여부, 사례관리의 양적 효과에 대한 기록화 및 문서화 여부 등을 점검해야 한다.

평가는 다문화가족 사례관리사업을 통해 단순히 결혼이민자의 국내 적응능력을 키우는 것이 목표인지, 다문화가족에 대한 생태체계적 관점에서 건강한 가족기능을 발휘하고 한국 사회에 뿌리를 내리는 것이 목표인지, 직업적 차원에서의 자활이나 경제적 독립을 목적으로 하는지에 따라 그 내용이 달라지게 된다. 따라서 이에 대해 개입목표 수립단계에서 대상자와 함께 목표를 분명히 할 필요가 있다.

[서식 12] 종결보고서

등록번호		등록일	
성 명		종결일	
종결사유 (구체적으로 기입)			

욕구영역	변화목표	실행계획	사례관리 대상자 점검				욕구충족도
			적절성	적시성	충분성	만족도	

종결유형	총 서비스 제공량				
□ 욕구충족/ 변화목표달성 □ 계약기간만료 □ 거절이나 해약 □ 이사 □ 사망 ( ) □ 연락두절 □ 기타 ( )	제공 유형	대 상			
		대상자	가족구성원	비공식지지체계	서비스 제공자
	전화				
	내방				
	방문				

사례관리 대상자의 종합의견	
가족/ 보호자 종합의견	

사후관리 계획	사후관리 빈도	□ ( )개월 후부터 ( )개월 간격으로 총 □ 1회 □ 2회			
	사후관리 예정일	1차		2차	
	사후관리 방법	□ 전화상담 □ 내소상담 □ 가정/ 방문상담 □ 기타			
	의뢰기관 선정 여부	□ 아니요 □ 예	기관명	담당자	연락처

사례관리 대상자	성명 : (서명 또는 날인)	가족보호자	성명 : (서명 또는 날인)
사례관리사 종합의견			
사례관리사	성명 : (서명 또는 날인)	작성날짜	

출처 : 여성가족부(2013). 다문화가족 사례관리 실무활용매뉴얼.

〈종결보고서〉 작성방법

*총 서비스 제공량 : 사례관리 계약기간 동안 제공된 총 서비스 제공량을 대상유형별로 어떤 접촉방법을 주로 활용하여 제공하였는지를 종합적으로 제시함. 이를 통해 서비스 제공유형을 전반적으로 평가해 볼 수 있음.

*종결유형 : 사례관리를 수행하면서 야기될 수 있는 종결의 다양한 사유 중 대표적인 사유를 중심으로 구성됨.

(1) "욕구충족/ 변화목표달성" : 사례관리 시 계획했던 욕구가 충족되고 대상자와 합의한 변화목표를 달성한 경우에 해당함.

(2) "계약기간만료" : 사례관리 기본 계약기간은 1년 단위로 갱신하도록 되어 있음. 이 기간 동안 욕구충족 및 변화목표는 달성되지 않았지만 정기계약기간에 따라 완료되는 경우에 해당함. 정기계약기간 완료된 사례는 연초의 정기재등록과정을 통해 사례관리기간을 연장할 수 있음.

(3) "거절이나 해약" : 욕구충족이나 변화목표가 달성되지 않았으나 사례관리 대상자나 가족/ 보호자가 사례관리 등록을 철회하고자 하는 경우에 해당함.

(4) "이사" : 사례관리 대상자와 가족이 사례관리 관할 구역을 넘어서 이사를 한 경우이나, 이는 행정적인 구역과 관계없이 사례관리 수행을 위한 물리적 혹은 심리적 접근성을 고려하여 판단함. 즉, 관할 지역이 아니더라도 타 사례관리기관으로 이관하는 것보다 현 기관에서의 접근성이 더욱 좋다면 등록을 유지할 수 있음. 이러한 부분에 대한 종합적 판단을 통해 종결 여부를 결정함.

(5) "사망" : 사례관리 대상자가 질병이나 사고로 인해 사망한 경우이며, 이로 인한 사례관리대상이 부재한 경우에 해당함.

(6) "연락두절" : 사례관리 대상자와 가족이 사례관리사에게 알리지 않고 연락처 등을 변경하여 사례관리사가 연락을 취할 방법을 강구하지 못하여, 실제적인 접촉이 이루어지지 않은 지 3개월이 넘는 경우에 해당함.

(7) "기타" : 이상의 사유 이외의 경우에 해당하며, 구체적인 내용을 기록함.

*가족/ 보호자 종합의견 : 욕구충족/ 변화목표달성, 계약기간만료, 거절이나 해약, 이사 등을 사유로 종결하는 경우에 사례관리 대상자와 가족/ 보호자에 대한 종결평가상담을 통해 그동안 사례관리과정에서 경험한 서비스에 대한 평가(만족 혹은 불만족요인), 사례관리를 통한 사례관리 대상자와 가족의 변화와 성장 경험, 이후의 생활에 대한 계획 등을 요약하여 기록함. 종합 의견은 사례관리 대상자와 가족/ 보호자의 의견을 각각 분리하여 기록하되, 상황에 따라 사례관리 대상자 혹은 가족/ 보호자와의 종결평가상담 내용 중 1개만 기록될 수 있으며, 이 경우는 그 사유를 기록함.

*사후관리 계획 : 사후관리는 "연락두절" 사례를 제외하고 사례관리 대상자와 가족/ 보호자의 동의를 구한 후 종결 이후의 상황변화에 대한 2회 이내의 재접촉을 의미함. 즉, 사후관리의 목적은 종결상황의 안정화 여부의 확인을 통해 종결상태를 확정하거나 재개입의 가능성을 탐색하기 위한 과정임. 따라서 재접촉의 빈도 및 기간은 사례관리 대상자와의 협의를 통해 정하되 접촉빈도는 2회를 넘지 않도록 함.

*사후관리 예정일 : 사례관리 대상자와의 협의를 통해 사후관리 예정일을 잠정적으로 결정하고 사례관리 대상자들이 이때 사례관리사로부터 연락이 올 수 있다는 사실을 미리 알고 대처할 수 있도록 한다는 의미를 가짐. 사후관리 시 접촉방법은 다양한 접촉방법 중 사례관리 대상자가 희망하는 방법, 현실적으로 가능한 방법 등을 고려하여 미리 합의하여 결정함. 종결사유 중 이사, 서비스에 대한 불만족 등의 사유 시 다른 사례관리기관으로의 이관이 필요가 경우가 있을 시 이관계획에 대한 잠정적인 계획을 수립하며, 선정 여부·기관명·담당자 이름 등 주요 내용을 기록해 둠. 혹은 이관이 이미 확정된 경우는 그 주요 정보를 기록함. 이상의 내용에 대해 사례관리 대상자, 가족/ 보호자, 사례관리사가 종합적으로 합의하며, 그 내용에 대해 각각 서명 확인함.

종결은 목표달성, 사례관리 대상자의 전출, 사망, 연락두절 등의 사유로 더 이상 사례관리를 진행하지 못할 상황이 발생하였을 때 사례관리의 종결 여부를 결정하게 된다. 종결은 단순히 서비스의 종료나 사례관리사와의 관계의 종료가 아닌 중요한 실행의 과정이므로 준비하고 잘 설계해야 하는 과정임을 인식할 필요가 있다. 즉, 목표달성에 의한 성공적 종결이라 할지라도 종결은 대상자에게 또 다른 심리적 위기를 초래할 수 있는 과정이자 대상자 혼자 힘으로 새로운 도전을 할 수 있는 기회임을 알고 이를 효과적으로 활용하는 것이 중요하다. 종결 완료 후 일주일 이내 종결보고서를 작성하면 된다.

종결 시 핵심 과업으로 적절한 종결시점 결정, 종결에 대한 준비, 사후관리계획 수립 등이 있다.

첫째, 적절한 종결시점을 결정하기 위해서는 주 문제 상황의 해결 정도 확인 여부, 대상자의 변화 정도 확인 여부 등을 점검해야 한다.

둘째, 종결에 대한 준비를 위해서는 종결에 대한 합의 및 고지 여부, 공식적인 종결심사 회의 실시 여부 등을 점검해야 한다.

셋째, 사후관리 계획을 수립하기 위해서는 사후관리 계획 수립 여부를 점검해야 한다.

사례관리사는 대상자가 종결의 의미를 이해할 수 있도록 대상자의 입장에서 상세히 설명해 주고 이해할 수 있도록 도와야 한다. 또한 사례관리서비스를 받아온 다문화가족에게 있어서 사례관리사나 다문화가족지원센터는 한국에서 가장 중요한 지지체계일 수 있기 때문에 종결을 받아들이는 것을 힘들어할 수 있으므로, 종결에 대한 준비를 3~4차례의 상담과정을 통해 다루고, 사후관리 계획을 수립해야 할 것이다.

(9) 사후관리

종결 이후 사후관리를 통해 대상자의 상황에 대한 후속적인 점검을 해야 한다. 이는 대상자의 변화된 상태를 유지할 수 있도록 지원하고, 위기상황의 재발을 예방하기 위한 제한적인 활동 목적을 갖는 과정이다. 사후관리 완료 후 일주일 이내 사후관리 보고서를 작성해야 한다.

사후관리 시 핵심 과업으로 사례관리 종결 이후 삶의 안정성 확보, 종결 이후 잠재적 위기에 대한 조기발견체계 마련 등이 있다. 첫째, 사례관리 종결 이후 삶의 안정성을 확보하기 위해서는 적절한 사후관리 계획과 사후관리 계획에 필요한 과정의 기록이 충실히 이루어지고 있는지 여부를 점검해야 한다.

[서식 13] 사후관리 보고서

<table>
<tr><td>대상자명</td><td colspan="2"></td><td>등록번호</td><td colspan="2"></td></tr>
<tr><td>사례 등록일</td><td colspan="2"></td><td>사례 종결일</td><td colspan="2"></td></tr>
<tr><td>주 소</td><td colspan="2"></td><td>전화번호</td><td colspan="2">(집)
(H. P.)</td></tr>
<tr><td rowspan="3">1차
사후관리</td><td>날 짜</td><td colspan="2"></td><td>접촉방법</td><td>□ 전화상담 □ 내소상담
□ 가정/ 방문상담 □ 기타</td></tr>
<tr><td>접촉대상</td><td colspan="4">□ 사례관리 대상자 □ 가족/ 보호자( ) □ 기타</td></tr>
<tr><td>현 상황요약</td><td colspan="4"></td></tr>
<tr><td rowspan="3">2차
사후관리</td><td>날 짜</td><td colspan="2"></td><td>접촉방법</td><td>□ 전화상담 □ 내소상담
□ 가정/ 방문상담 □ 기타</td></tr>
<tr><td>접촉대상</td><td colspan="4">□ 사례관리 대상자 □ 가족/ 보호자( ) □ 기타</td></tr>
<tr><td>현 상황요약</td><td colspan="4"></td></tr>
<tr><td>사례관리사
종합의견</td><td colspan="5"></td></tr>
<tr><td>추후 계획</td><td colspan="5">□ 재개입 □ 타기관 사례관리 의뢰( ) □ 종결확정 □ 기타( )</td></tr>
<tr><td>담당자</td><td colspan="2">성명 : (서명 또는 날인)</td><td>작성날짜</td><td colspan="2"></td></tr>
</table>

출처 : 여성가족부(2013). 다문화가족 사례관리 실무활용매뉴얼.

<사후관리 보고서> 작성방법

*현 상황요약 : 1차, 2차 사후관리 중 사후관리 계획에 따라 1차 혹은 1, 2차 모두를 사후관리할 수 있음. 날짜는 실제 사후관리가 이루어진 날짜를 기록함. 접촉방법은 전화 혹은 내소를 구분하여 기록하며, 외부 방문을 통한 경우는 가정이나 사례관리 대상자나 가족/ 보호자가 이용하고 있거나 참여하고 있는 기관에서 이루어진 경우는 "가정/ 방문상담"으로 체크함. 접촉대상은 사후관리를 위해 접촉한 사람이며, 1회의 사후관리 과정에서 여러 사람과의 접촉이 이루어졌다면 모든 항목에 체크할 수 있음.

*사례관리사 종합의견 : 사후관리를 통해 수집한 정보를 토대로 한 종합 평가결과를 요약 기록함. 사례관리사의 종합의견은 추후계획 및 그 당위성을 반영하고 있어야 함.

*추후 계획 : 1차 혹은 1, 2차 사후관리를 통해 수집한 정보를 토대로 본 사례에 대한 종결을 최종 확정하거나 본 기관에서의 재개입이 필요하다고 판단된 경우, 혹은 재개입이 필요하지만 타 기관 의뢰를 통해서 재개입이 필요하다고 판단된 경우를 구분하여 기록함.

둘째, 종결 이후 잠재적 위기에 대한 조기발견 체계 마련을 위해서는 대상자의 동의에 의해 대상자와 가족에 대한 사후관리 시행 여부, 대상자가 지속적으로 활용할 수 있는 자원의 모색 및 연계 체계 구축 여부, 사후관리를 통해 대상자에 대한 결과평가를 측정하기 위한 자료 수집이 적절히 이루어지고 있는지, 사후관리를 통해 대상자의 현재 생활환경 조정 및 대상자의 기능 안정성에 대한 사정이 적절히 이루어지고 있는지를 점검해야 한다.

[서식 14] 사후 척도

1. 한국생활만족도

*. 다음은 여러 가지 감정 상태를 나타내는 얼굴입니다.

(1) (2) (3) (4) (5)

다음은 귀하의 한국 생활에 대한 만족 정도를 묻는 질문입니다.
귀하는 다음 각각에 대하여 어느 정도 만족하십니까? 해당하는 항목에만 응답해 주세요.

문 항	매우 불만이다	대체로 불만인 편이다	그저 그렇다	대체로 만족하는 편이다	매우 만족한다
A. 한국에서의 생활 전반					
B. 남편과의 관계					
C. 자녀와의 관계					
D. 시댁과의 관계					
E. 이웃과의 관계					
F. 직장 고용주와의 관계					
G. 한국인 직장 동료와의 관계					

2. 평가도구

다음은 응답자 본인과 본인의 상황에 대해 어떻게 생각하는지를 묻는 질문입니다. 각 문항을 잘 읽고 본인의 의견과 가장 가까운 응답을 ① 전혀 그렇지 않다 ② 그렇지 않은 편이다 ③ 그저 그렇다 ④ 그런 편이다 ⑤ 매우 그렇다 중 하나를 골라 답해 주시기 바랍니다.

문 항	전혀 그렇지 않다	그렇지 않은 편이다	그저 그렇다	그런 편이다	매우 그렇다
1. 나는 어려움을 피하지 않고 적극적으로 해결하려고 한다.					
2. 나는 도움이 필요할 때 어디에 가면 도움을 구할 수 있을지 잘 안다.					
3. 나를 격려하고 지지해 주는 사람들이 많다.					
4. 나는 상황을 개선시키기 위해 필요한 자원(예 가족, 친구, 센터의 서비스 등)들을 잘 활용할 수 있다.					
5. 나는 나에게 도움이 되는 정보를 잘 얻는다.					
6. 자신의 미래를 희망적으로 느꼈습니까?					
7. 전반적으로 자신이 일을 잘 하고 있다고 느꼈습니까?					

3. 가족중심실천 척도

다음의 문항들은 사례관리사들과 만나며 경험한 일들에 관한 질문입니다.
본인이 경험한 정도를 ① 전혀 그렇지 않았다 ② 대체로 그렇지 않았다 ③ 중간이다 ④ 대체로 그랬다 ⑤ 항상 그랬다 중 하나를 선택하여 말씀해 주십시오.

문 항 사례관리사 선생님(들)은 ____________	전혀 그렇지 않았다	대체로 그렇지 않았다	중간이다	대체로 그랬다	항상 그랬다
1. 나와 우리 가족의 생각, 습관, 생활방식을 존중해 주었다.					
2. 나와 우리 가족의 형편에 맞게 도움이 되는 일을 권해주었다.					
3. 나와 우리 가족이 다른 프로그램이나 기관으로부터 가능한 한 쉽게 서비스를 받을 수 있도록 도와주었다.					

4. 서비스만족도 평가

다문화가족지원센터의 사례관리서비스에 대한 전반적 만족도는 다음 중 어떤 표정과 가장 가깝습니까?

(1) (2) (3) (4) (5)

출처 : 여성가족부(2013). 다문화가족 사례관리 실무활용매뉴얼.

사례관리 서식

[서식 1] 상담기록지

[서식 2] 사례관리 동의서

[서식 3] 종합정보 기록지

[서식 4] 욕구 및 강점 사정지

[서식 5] 사전 척도

[서식 6] 실행 계획서

[서식 7] 과정기록지

[서식 8] 네트워크활동 기록지

[서식 9] 의뢰서

[서식 10] 슈퍼비전 및 사례회의록

[서식 11] 점검 및 평가서

[서식 12] 종결보고서

[서식 13] 사후관리 보고서

[서식 14] 사후 척도

제3장 다문화가족 교육

CHAPTER
03 다문화가족 교육

1. 다문화가족 교육

다문화 교육(multicultural education)은 다양한 문화적 배경을 가진 피교육자들에게 공평한 교육적 기회를 제공하는 교육이다.

다문화 사회는 정보화 사회, 지구촌 등으로 표현되는 21세기의 다양한 모습 중 하나이다. 수많은 인류와 물적 자원들이 국경선을 넘나들고, 또한 합쳐지며 새로운 문화를 만들어 내고 있다. 한국도 마찬가지로 이러한 사회의 흐름에 따라 총 인구 대비 약 2%의 비율을 다문화가정이 차지하고 있다. 물론, 역사적으로 오래된 다문화 사회를 이루고 있는 유럽 국가와 미국에 비하면 낮은 비율이지만, 세계 인구 대비 평균 디아스포라(diaspora)가 2.5%인 것을 감안했을 때, 한국은 지속적으로 다문화 사회에 근접하고 있다고 볼 수 있다. 교육부의 2012년 자료에 의하면, 이미 국제결혼 가정 자녀의 17.6%가 외모 차이와 언어 미숙으로 인하여 학교 부적응을 겪고 있는 것으로 나타났다. 한국이 그동안 단일민족과 혈통을 강조했던 사회라는 점에서 다문화 사회로의 변화에 대한 적절한 대응이 필요하고 그러한 대응의 하나로 대두된 것이 다문화 교육이라고 할 수 있다.

1) 다문화 교육의 의미

미국에서는 1970년대부터 다문화 교육이라는 용어를 사용하였다. 다문화 교육을 정의하는 것은 학자마다 조금씩 다르다. 그중 다문화 교육의 선두자격인 Banks는 다문화 교육을 다음과 같이 정의하고 있다. “다문화 교육은 교육 철학이자, 교육 개혁운동으로 교육기관의 구조를 바꾸어 피교육자들에게 평등한 교육 기회를 제공하는 것이 중요한 목표다." 또한 여러 개념을 조합한 Bennett은 다문화 교육의 네 가지 구성요소를 평등교육, 교육과정 개혁, 다문화적 능력, 사회정의를 향한 교육으로 구분해서 "다문화 교육은 평등교육을 목표로 교육과정 개혁을 통하여 주류집단과 소수집단의 모든 사람이 다문화적 능력을 배양하여 사회정의의 실현에 참여할 수 있도록 하는 교육"이라 정의하였다.

Bennett의 다문화 교육의 정의의 네 가지 구성요소 중 평등교육은 다문화 가정의 자녀에게 학교에 입학하는 기회를 제공하는 것과 같은 기회의 평등에 그치는 것이 아닌 각각의 아동이 가지고 있던 잠재력을 발현할 수 있도록 또는 문화적 차이에 따른 결핍이 없도록 지원해야 함을 의미하는 과정의 평등이다. 다음으로 교육과정 개혁은 다른 사람의 입장이 되어 판단할 수 있는 비판적 사고력을 키울 수 있는 내용이 교육과정에 포함되도록 하는 것이다. 다문화적 역량은 다양한 방식으로 인식하고 생각하며 평가하고 행동할 수 있는 역량을 말하는데, 자국 내 또는 국가 간에 존재하는 문화적 다양성을 이해하고 조율하는 방법을 학습하는 것이 중요하다. 마지막으로 사회정의를 향한 교육은 사회정의를 향한 교육을 통해 깨닫지 못했던 인종차별, 계급차별 등의 차별을 인식하고 적절한 대응이나 문제해결 행동으로 옮겨가는 것이다.

다문화 교육의 지향점은 크게 다음과 같이 세 가지로 구분된다.

첫째, 사회 분열이 아닌 사회통합을 지향하는 교육

둘째, 민주적 가치를 전체 구성원에게 확장시키는 교육

셋째, 소수집단이 아닌 모든 집단을 위한 교육

(1) 다문화 교육 대상

다문화 교육의 대상을 어느 범위까지 포함시켜야 하는지에 관한 논의는 크게 두 가지 대립되는 의견으로 나뉜다.

첫째, 주류집단으로부터 소외되거나 차별받는 사회문화적 소수집단에 한정하는 것이다.

둘째, 다문화교육의 대상을 전체 구성원으로 확대하는 것이다. 특히 세계화에 따른 다원화가 가속화되고 있는 상황에서 이해관계의 충돌이나 대립 가능성이 높은 집단들이 동일한 사회적 공간에 병존할 가능성이 높기 때문에 사회통합과 평화적 존속을 위해 전체 구성원 대상으로 다문화 교육을 실시해야 한다.

(2) 다문화 정책의 도입

1980년대 후반, 소위 3D 업종이라 불리는 노동시장의 인력부족 해소를 위해 외국인 노동자들이 입국하기 시작했고, 1990년대 후반 국제결혼이 증가하면서 결혼다문화 여성들이 늘어났다. 하지만 이주민에 대한 정책이 제도화된 것은 2000년대 중반에 이르러서이다. 참여정부는 소수자 차별에 많은 관심을 기울였는데, 2005년에는 시민단체, 학계, 관계부처 등의 협의를 거쳐 '외국인 정책 기본방향 및 추진 체계'를 논의하였고, 2006년에는 '결혼이민자 지원 종합대책'을 발표하였다. 2007년에는 재한외국인 처우 기본법을 통해 외국인정책위원회를 구성하여 5년 단위의 외국인 정책을 수립해야 함을 제정하였다.

(3) 다문화 교육의 문제점

국가적 차원에서 다문화에 대한 관심이 증가하고, 정책이 수립됨에 따라 다문화 교육도 시작되었다. 하지만, 한국의 다문화 교육은 몇 가지 문제점을 가지고 있다. 황정미는 한국 다문화 교육 사례의 특징을 다음과 같이 세 가지로 요약하였다. "첫 번째, 현재 한국 다문화 교육의 특징은 분절성이다. 우선 다문화 교육의 대상 측면에서 이주민에 대한 교육과 내국인에 대한 교육이 분리되어 있으며, 이주민 내부에서도 다문화 여성과 그 자녀라는 특정 대상에 편중되는 현상이 나타난다. 다문화 교육을 수행하는 기관 측면에서는 정부 각 부처별로 기존 정책이나 기능의 연장선상에서 다문화 교육 프로그램을 확대 운영하는 사례들이 있다. 이처럼 부처 간 경쟁과 중복사업이 반복되는 관행은 다문화 교육 프로그램을 더욱 세분화하는 결과가 있다. 명목상으로는 각각의 교육 수요에 맞는 다양하고 세분화된 프로그램, '맞춤형' 서비스를 이야기하지만, 결과적으로 거시적인 사회통합에 기여하는 다문화 교육의 지향점에 대한 토론의 결핍을 초래하고 있다. 두 번째는 다문화 교육에서 문화의 의미에 대한 체계적인 접근이나 사회적 합의가 형성되지 못한 것이다. 다문화주의를 채택한 국가에서 다문화정책의 근간이 되는 소수자 문화공동체에 대한 집단적 권리의 인정은 한국의 이주현실에는 아직 들어맞지 않으며, 이를 지향하는 다문화 교육 사례도 찾아보기 힘들다. 한국 다문화 교육의 어젠다 안에서 문화권은 개인의 기본권의 연장선상에서, 사회적 소수자인 이주민 인권의 연장선상에서 사고되는 경향이 있다.

문화적 기본권 보장, 문화 향유권과 복지의 제공은 바람직한 것이지만, 문화를 이주민들의 출신국적과 결부시키는 것은 또 다른 스테레오타입, 문화민족주의적 인식을 강화할 우려가 있다. 마지막으로 이주민에 대한 관심을 보편적인 사회적 소수자 지원과 연계하는 시각이 부족하다. 다문화 교육에서도 문화적 차이나 타문화 이해는 자주 언급되는 주제이지만 소수자에 대한 다수자의 편견을 주목하고 반인종주의 교육을 체계화하려는 관심은 많지 않다. 아시아 각국의 민속의상이나 음식을 경험할 수 있는 축제는 더러 있지만, 타인종 타민족에 대한 뿌리 깊은 편견과 배타적인 태도를 되돌아보고 개방적인 시민의 태도를 토론하고 함양하는 프로그램은 소수에 불과하다." 또한 서덕희는 다문화 정책에 대해서 "겉보기에 동화주의든 다원주의든 다수자의 입장에서 소수자들을 '도구적으로' 활용하기 위한 것이었다. 가령, 다문화 여성 및 이주노동자들에 대한 정부의 각종 다문화 정책이 다문화 여성과 이주노동자를 구분하고 전자에게만 각종 온정주의적 지원을 대폭 확대하였다. 이를 통해 전자는 시혜의 대상으로, 후자는 치안의 대상으로 차별화함으로써 부계혈통 중심의 가부장제 사회를 유지하고 농촌의 공동화를 막으려는 도구적 차원(심보선, 2009; 오경석, 2009)"이라고 지적한 바 있다.

한국 사회의 다문화와 다문화 교육을 둘러싼 논의들의 문제점으로 대상의 편향성, 현장에서의 다문화 교육에 대한 내용구성과 방향성 문제, 다문화 교육 대상 범위의 한정성이 있다. 이는 다문화 관련 논의와 정책들이 북한이탈주민들이나 다문화 여성과 그 자녀의 교육문제 등 궁극적으로 한국인으로 포함되는 대상에 관심이 집중되어 있는 것과 그 교육의 내용들이 언어교육과 문화체험에 그쳐 장기적인 비전을 모색하지 못한 채 온정적, 시혜적 이벤트성이라는 것이다. 또한 그 대상이 이주민 혹은 소수자들을 대상으로 할 뿐, 정주자(다수자)를 대상으로 타자를 받아들이고 평등과 공존의 삶을 모색하는 것에 중심을 두는 교육이 부족하다고 할 수 있다.

2) 다문화가정 자녀 교육의 정책적 과제

다문화가정 자녀를 위한 교육의 요구에 대해 정책적 과제를 꾸준히 반영되어 왔다. 일반적으로 다문화가정 자녀 교육의 주체를 살펴보면 다음과 같다.

첫째, 가정에서 부모의 역량 강화가 필요하다.

다문화가정 부모들의 자녀교육에 관한 다양한 정보 습득의 기회 제고, 다문화가정 부모 대상 언어교육을 통해 이들의 교육지원역량 강화, 학생의 교육결과(학업성취와 같은 지적 발달은 물론 사회적, 정서적, 신체적 발달 등)에 가정의 사회적 자본이 미치는 요인을 감안하여 학부모들, 특히 한국인 아버지와 자녀에 대한 심리적 지지 역할을 강화하는 가족 단위의 정책 마련, 어릴 때부터 어머니 나라의 언어와 문화에 노출되도록 어머니에 대한 긍정적 태도 형성을 돕고 세계화 시대의 인재로 양성 등이 있다.

둘째, 학교에서 교사의 역량 강화가 필요하다.

교사의 다문화가정 학생에 대한 관심 제고 및 이들 가정과 상호교류기회 확대를 위한 노력, 교사들의 다문화 교육에 대한 부담감 해소를 위한 연수기회 확대, 다문화 교육 관련 학생상담, 교수전략 등에 관한 정보 공유 등의 방법이 있다. 또래집단의 강화 등에 관한 다문화가정 자녀들의 학교에서 따돌림을 당한 건수는 예상만큼 많지 않았다. 어렸을 때부터 또래들과 자주 접촉하도록 유도하는 프로그램이 효과적이다.

셋째, 미디어의 역할 제고가 필요하다.

다문화가정에 대한 선정적 보도 태도를 지양하고 균형감 회복, 성공적으로 살아가는 다문화가정의 사례 확산 및 공유 노력, 외국의 사회경제적 현실과 문화적 전통에 대한 이해를 제고할 수 있는 프로그램을 편성하고 방영하는 노력 등이 필요할 것이다.

넷째, 시민단체의 교육 역량 강화가 필요하다.

이주민의 학습권 보장을 위한 인권 보호 차원의 노력, 그리고 중·고등학생의 자발적이고 활발한 학습 봉사 참여 유도 등이 있다.

다섯째, 당사자 자조모임 역량 강화가 필요하다.

장기적으로 이주민 2세, 3세의 사회진출과 정주민들과의 공존을 위해 다양성 속의 일치라는 공생의 논리 개발 및 지속적 추진, 그리고 다문화 시민권의 이념에 입각해 이주민 가족의 경제적, 문화적, 정치적 자립 역량 강화를 위한 정책적 지원이 필요하다.

3) 교육대상의 다양화 및 차별화

교육대상에 따른 다양성이 있으므로 이에 세 가지로 세분화할 수 있다.

(1) 이주민 2세대 교육

이주민 2세대 교육은 한국 사회에 적응한 정도에 따라 다른 접근이 필요하다.

다른 모습, 다른 사고방식에 따라 접근하는 방법, 다른 외관, 비슷한 가치관에 따라 접근하는 방법, 비슷한 모습, 다른 문화에 따라 접근하는 방법, 비슷한 모습, 비슷한 문화에 따라 접근하는 방법이 있다.

① 다른 모습, 다른 사고방식

대부분 국내 이주 기간이 짧고 한국어 구사 능력이 낮으며 피부색도 다른 경우에 속한다. 의사소통이 원활하지 못하여, 주류문화인이 막연한 두려움을 가지고 있고 이방인이라는 인식이 강하다. 이런 유형의 사람들은 이주의 목적보다 출신국 문화권별로 분류하고 접근하는 것이 바람직하다.

② 다른 외관, 비슷한 가치관

한국에 오래 거주하면서 행동양식이나 세계관이 한국인과 비슷한 경우, 혹은 한국에서 태어나거나 한국 체류기간이 긴 학생, 자신을 한국문화의 성원이라고 생각하나 다른 외관 때문에 주류문화인들이 이들을 외국인으로 여기는 경우 등이 포함되며, 다문화 교육 정책의 가장 큰 혜택을 받는다. 이주민 대상의 동화주의나 문화적 박탈 패러다임보다는 주류문화 학생 대상의 문화적 차이 패러다임에 근거한 교육이 더욱 바람직하다.

③ 비슷한 모습, 다른 문화

중국이나 일본 등 민족이 다른 경우와 새터민이나 입국재외동포(조선족, 고려인)과 같은 민족을 포함한다. 주류문화인은 이주민들의 외양이 비슷해 내면적으로 자신들과 같다고 생각한다. 서로 다른 문화가 조화롭게 공존하기 위해서는 한국적 다문화 교육에 따른 어느 정도의 통일이 필요하다.

④ 비슷한 모습, 비슷한 문화

한국문화 구성원과 외양과 사고방식에 있어 차이가 없지만, 다문화가정 학생으로 분류되는 경우에 속하며, 별도의 교육지원이 불필요하다.

(2) 정주민 대상 교육

정주민 대상 교육은 통합적, 다원적, 성찰적, 행동적 시민상의 구축을 위한 교육을 실시한다.

(3) 활동가 교육

민간단체 상근 활동가 대상 재교육이 필요하다. 이주민과 정주민을 대상으로 다문화 교육을 하고자 한다면 무엇보다 담당 상근자의 전문 역량이 강화되어야 한다.

그러므로 다문화 교육의 진정한 의미는 다음과 같다. 가장 이상적이고 현실적인 다문화 교육을 위해서는 아래 두 가지 현상이 균형을 이루며 발전해야 한다. 이에 주류화(mainstreaming)를 설명할 수 있는데 다문화가정 자녀가 사회 구성원으로서 성공적으로 자리 잡기 위해서는 주류 사회로의 통합이 필요하다. 현실적으로 모든 다양성이 공존하는 정책은 다수자와 소수자의 동등한 관계 형성에 어려움을 초래한다. 또한 소수자의 안전한 공간 확보가 필요하다. 무조건적으로 주류(mainstream)사회로의 통합을 강요하기보다는, 그들의 '다름'을 인정해 주면서, 각각 다른 차이에 맞추어 하나로 융합할 수 있는 전체적인 사회상을 꾸려나가는 것이 더 중요하다. 그러기 위해서는, 다문화가정 후원 프로그램뿐만 아니라 이주민 스스로 운영하는 단체에 대한 지원이 필요할 것이고, 사회 구성원들의 의식 전환과 다문화가정 자녀들을 위한 맞춤식 교육이 필요할 것이다.

2. 다문화가족 결혼과 적응

1) 다문화 이주여성 결혼

다문화 이주여성은 일반적으로 개인적, 경제적, 사회적 요인에 의해 결혼을 결정한다. 자국보다는 경제적으로 부유한 국가로 이주함으로써 잘 사는 나라, 한류문화라는 미지의 세계를 동경한다는 차원에서도 결혼을 결정하는 계기가 된다. 특히 한국드라마의 자상한 한국인 남성들의 연기를 보면서 자국의 남성보다 한국 남성이 더 나은 배우자 상대라는 인식을 갖게 되어 선택하게 된다고 한다. 이처럼 자국의 환경과 상황을 벗어나고자 쉽게 선택할 수 있는 방법이 결혼이다. 또한 2000년대 이후 한국은 경제대국으로 급성장하는 과정에서 산업의 부흥의 성장기를 이루면서 많은 인력이 필요하였다. 한국인 근로자들은 3D(Dirty, Difficult, Dangerous)현상이 있는 직종은 피하는 경향이 보편화되었고 중소기업의 노동인력은 매우 부족한 상황에서 외국인 근로자들(여성, 남성)은 계속적으로 늘어나고 있다. 특히 1990년 이후에 한국남성과의 국제결혼이 폭발적으로 증가하게 되었는데, 다문화 이주여성들이 경제적, 신분상승의 목적으로 또는 가난의 도피처, 미지의 세계 동경, 새로운 삶의 출발이라는 생각 때문에 결혼을 선택하게 되는 경향이 대부분이다. 다문화 여성들은 자국의 경제적 어려움과 화폐의 가치가 높은 한국에서의 삶이 경제적으로 안정되고 편안한 삶을 누릴 수 있다는 막연한 기대심리가 한국남성과 결혼을 결정하게 된다고 하였다.

〈표 3-1〉 다문화 이주여성 연도별 증감 추이

연 도	2013	2014	2015	2016	2017	2018
인원(명)	150,865	150,994	151,608	152,374	155,457	155,876
전년 대비 증감률(%)	1.6	0.1	0.2	0.5	2.0	2.2

출처 : 법무부(2018).

다문화 여성은 젠더, 국제화 및 이주현상으로부터 복합적으로 영향을 받고 있다. 또한 두 나라의 시민자격이 교차하는 상황에 있으며 동시에 그들은 친정과 시댁의 생계를 책임지는 노동자이면서, 아내·어머니라는 가족 내의 지위를 가지고 있다(보건복지부, 2012).

가난과 실업으로 허덕이는 저개발국 여성에게는 자신과 가족의 경제적인 문제를 해결할 대책마련으로 자신보다 부유한 나라의 남성과의 결혼을 선망하며 대단위로 이주하고 있는 추세이다. 이러한 선택은 가난이 가져다준 제2의 인생에 대한 도전이며 모험인 동시에 어떠한 고통도 감수할 수 있다는 그들만의 의지표명이기도 하다.

2) 다문화 이주여성 적응

Lazarus(1976)는 적응에 대해 두 가지 차원의 과정, 즉 주어진 환경에 자신을 맞추는 과정과 자신의 욕구를 충족시키기 위해서 환경을 변화시키는 과정이 있다고 하였다. 적응이란 자신에게 주어진 환경에 순응하는 것뿐만 아니라 능동적으로 행하는 다양한 경험과 상황 모두를 포함하고 있다. 따라서 한 개인이 과거와 현재의 문화로 진입하는 과정은 필수적인 적응과정이라 할 수 있다.

적응(adaptation)은 하나의 문화가 새로운 환경의 문화와 끊임없이 상호작용하면서 그 환경에서 편안함을 느끼는 것이다. 적응은 외부의 요구에 대응하여 개인 혹은 집단에서 일어나는 비교적 안정적인 변화이며 개인이 처한 환경 간에 '적합함(fit)'을 증진시킬 수 있지만 그렇지 않을 수도 있다(황연순, 2009; Berry, 1995). 즉, 적응은 개인이나 집단이 처한 환경과 비슷해지기 위해 변화(동화의 방식으로 인한 적응)하는 것은 아니다(구차순, 2007). 다문화 여성들에게는 Berry가 말한 것처럼 새로운 환경과 문화에 끊임없이 다가오는 여러 가지 문제점과 갈등을 극복하면서 한국이라는 환경에 적응하여 편안함을 느끼며 안정적인 삶을 영위하는 것이 관건이기도 하다.

또한 이주를 결심한 순간부터 다문화 여성들은 타문화권에 대한 스트레스가 시작되면서 생활에서의 갈등이 생긴다. 결국 남편으로부터 사랑받고 관심과 지지를 받게 된다면 갈등은 감소되고 위기를 극복하는 데 도움이 되지만 그렇지 않는 경우는 갈등과 스트레스가 누적되어 위기단계를 극복하지 못할 때 가정불화 및 해체까지 이르게 된다. 즉, 다문화 여성이 새로운 환경에 진입하면서 심리적 반응의 결과로 문화충격을 맞게 된다. 처음에는 결혼에 대한 행복감에 젖어들 수 있으나 위기와 고통을 만나면 이를 극복하기 위해 다양한 방법을 찾게 되고, 남편과 가족의 도움과 지지로부터 위기가 서서히 회복되면서 문화적응의 통합단계가 나타난다(Berry, 2005).

문화적응은 시간의 흐름에 따라 순차적으로 이루어지는 3단계의 과정으로 구분된다.

1단계는 접촉단계이다. 서로 다른 두 개의 문화가 만나는 초기단계이며, 2단계는 갈등단계이다. 이주자들을 수용하는 주류사회가 이주자에게 변화의 압력을 가하는 단계로 이 시기에 이주자들은 정체성의 혼미를 경험할 수 있으며 행동의 변화와 문화적 스트레스를 경험하게 된다(홍달아기 외, 2012). 3단계는 해결단계이다. 문화적응을 해결하기 위해 문화적응의 네 가지 유형인 동화, 통합, 분리, 주변화 중에 하나를 선택해서 적응을 하게 된다(박대식 외, 2011).

Oberg(1960)는 외국인들이 새로운 문화를 접하면서 나타나는 심리적 반응을 묘사하는 것을 '문화충격(cultural shock)'이라고 하였다. 문화충격은 나라를 이주한 사람이 겪는 직업병이라고 규정하면서 적응과정을 4단계로 설명했다.

첫째는 허니문단계이다. 새로운 문화를 접하면서 마음을 사로잡는 단계로 행복감 단계이다.

둘째는 적대단계이다. 개인이 문화충격을 몸소 겪으면서 위기와 고통, 그리고 위축의 시기를 갖는 단계이다.

셋째는 회복단계이다. 새롭게 체험하는 문화에 서서히 적응하면서 사회의 중심이 되는 문화적 규범에 따라 정도나 기준에 알맞게 행동하는 것을 배운다.

최종단계는 숙달단계이다. 숙달단계는 적응을 통해 통합되고 점차 익숙하여 즐기는 단계이다(홍달아기 외, 2012).

다문화 여성들이 경험하는 한국의 생활과 문화충격은 타문화에 적응하기 위한 필수조건으로 남편과 가족들의 이해와 배려, 지지가 병행되어야 한다. 다문화 여성의 증가는 저출산, 고령화, 인구성비 불균형, 독신여성 증가 등을 볼 수 있는데 국제결혼을 통해 이주하는 여성이 1990년대부터 2014년에는 18,307건으로 4배 이상 증가 추이를 볼 수 있다(법무부, 2016).

다문화 여성의 출신국은 주로 중국, 베트남이 다수를 차지하고 있으나 그

외에도 일본, 필리핀, 캄보디아, 태국, 몽골 등 동남아 여러 나라가 있다. 다문화 여성 국적별 현황은 <표 3-2>와 같다.

〈표 3-2〉 다문화 여성 국적별 현황

(2016년 1월 31일 기준, 단위 : 명)

구분 \ 국적	계	중국	한국계	베트남	일본	필리핀	캄보디아	태국	몽골	기타
전체	155,876	57,777	21,615	42,266	13,423	11,797	4,468	3,739	2,393	20,013
	(100%)	(37.1%)		(27.1%)	(8.6%)	(7.6%)	(2.9%)	(2.4%)	(1.5%)	(12.8%)
남자	25,378 (16.3%)	12,195	7,221	1,794	1,226	369	124	84	129	9,457
여자	130,498 (83.7%)	45,582	14,394	40,472	12,197	11,428	4,344	3,655	2,264	10,556

출처 : 법무부(2016).

다문화 여성들의 한국 적응에 대한 문제점은 다음과 같다.

첫째, 불평등한 관계를 전제로 시작된 결혼생활이며, 둘째, 언어 및 문화적 차이로 인한 적응의 어려움이 있다. 셋째, 한국의 가부장적 가족관계에서 오는 갈등이 적응의 어려움으로 나타나고 있으며, 넷째, 문화, 의사소통의 문제 등으로 인한 사회적 고립 및 지지자원의 부재라고 할 수 있다. 한국인 남성이 외국인과 결혼한 이유로는 '순종적이고 내 부모에게 잘할 것 같아서' 또는 '한국 사람과 외모 면에서 거의 차이가 없어서'의 이유를 들고 있다(설동훈, 2006).

다문화 여성의 한국 적응 저해요인은 한국이라는 타문화권에 생활적응을 들 수 있는데 신체, 심리, 정신적인 변화에 대한 스트레스를 경험한다. 또한 한국 적응을 위해 한국어 습득, 문화이해, 부부관계, 시부모와의 관계, 이웃, 취업, 자녀양육 교육 등 다양한 요소들이 있다(정기선 외, 2009). 한국 적응과 정착에 가장 유일한 지지자는 남편이며 다문화 여성에 대한 자원 및 정보제공은 물론 정서적 안정과 가족과 사회체계를 연결해 주는 역할을 한다. 즉, 다문화 여성의 결혼생활적응 갈등요인들이 여러 가지가 있겠으나, 가장 큰 비중을 차지하는 갈등요인은 남편과 시부모님 가족들 간의 관계에서 갈등과 적응으로 인한 스트레스 문제, 언어와 문화, 고국에 대한 그리움, 경제적 어려움, 그리고 자녀의 적응 및 양육 문제를 들 수 있다. 이처럼 다문화 여성들은 결혼 후 가장 먼저 남편과 가족 간의 문화와 관습 차이로 인한 가치관의 충돌을 경험하게 되고 한국의 남아선호사상에서 비롯된 가부장적 남성중심의 권위적인 문화, 제사, 외국인에 대한 편견 등 작게는 부부와 가족 간의 문제와 크게는 지역 사회 및 국가의 문화적 신념과 가치관에서 오는 혼란과 갈등을 겪고 있다.

3. 다문화가족 발달주기별 교육

생활주기는 시간의 흐름에 따른 가족의 생성, 성장, 성숙 그리고 소멸에 이르는 발달 단계를 말하며, 각 단계는 가족 내의 주요한 변화를 중심으로 발생한다.

시간의 경과에 따른 가족 내의 발달적인 경향을 지칭하는 용어로, 이를 통해 가족의 움직임과 상호관계를 이해할 수 있다. 개인의 발달과 마찬가지로 가족 역시 각 발달 단계마다 주요한 발달 과업이 있으며, 특정 단계에서 일어날 수 있는 문제들이 존재한다. 가족 발달 과업은 과업의 성공 또는 실패 경험이 가족구성원의 기능과 성장에 영향을 준다. Evelyn Duvall은 가족생활주기를 여덟 가지로 나누었으며 부부의 결혼을 가족의 시작으로 간주하며, 배우자가 사망하는 시점을 가족의 소멸 단계라고 보았다.

각각의 생활주기별 단계의 특징과 발달 과업은 다음과 같다.

① 신혼기 가족(결혼~첫 자녀 출산 전)

결혼이라는 새로운 삶의 형태와 남편과 아내라는 새로운 역할에 적응하는 시기

② 자녀 출산기

부부가 부모로서의 역할을 받아들이며, 자녀의 인격과 인성의 발달이 이루어지는 시기

③ 학령 전기 자녀기

첫 아이가 유치원에 입학할 시기로, 가족 전체의 에너지가 아동에게 집중되는 시기

④ 초등학교 자녀기

첫 자녀가 초등학교에 입학하는 시기

⑤ 중고등학교 자녀기

부모는 중년기, 자녀는 청소년기를 맞이하게 되며, 부모-자녀 세대 간에 갈등이 발생함

⑥ 성인 자녀기

자녀들이 사회로 진출하는 시기로 자녀들은 가족 대신 사회생활에 에너지를 집중

⑦ 중년기

자녀들이 독립하고 부부만 남아 빈 둥지(empty nest)시기라고도 부름. 부모로서의 책임감을 부부간 상호 관계 중심으로 이전해야 하는 시기

⑧ 노년기

부모가 만성적으로 신체적 질환을 나타내며 자녀들이 부모의 보호자가 되는 시기. 부모는 노화와 배우자의 죽음에 적응하게 되며 자녀들에 대한 독립과 의존을 균형 있게 조절해야 하는 시기

다문화가족 이해를 위해서 발달단계별로 태아, 영아, 유아, 아동기를 중심으로 살펴보고자 한다.

1) 태아기 부모

(1) 태아에 대한 이해

부모로부터 받은 유전자에 의해 배아기를 거쳐 태아로 성장한다는 사실은 누구나 알고 있다. 만일 유전자로부터 받은 정보에 의해 태아의 모든 것이 결정된다면 태교의 필요성은 사라진다. 그러나 태아에게 제공되는 자궁 속 환경요인이 부모로부터 받은 유전자의 발현 여부를 결정한다는 '태아기 프로그래밍'은 바람직한 태교가 태아에게 어떠한 영향을 미칠 수 있으며, 이를 통해 출생 이후에도 건강한 삶을 누릴 수 있는 기회와 가능성을 열어 준다(Peter Nathanielsz & Christopher Vaghan, 2001).

태아기 때 자궁에서 임산부에게 받는 영양과 스트레스 등은 태아의 건강과 감정 조절 능력에 영향을 끼치게 된다. 2차 세계대전 당시 독일군이 패전하기 직전 철수하면서 네덜란드의 식량 배급을 극도로 제한한 '고난의 시절'에 태아기를 경험한 사람들은 그렇지 않은 다른 형제보다 훨씬 더 많은 질환에 시달려야 했다는 사례와 한국전쟁 당시 태아기를 경험했던 세대 역시 그 이전 세대보다 당뇨병 등의 다양한 성인병 발병률이 높았다는 조사 결과는 태아기 프로그램을 지지하는 증거로 제시되고 있다(EBS, 2013). 최근 임신 기간 동안 늘어나는 체중을 조절해 여성의 몸매에 관한 사회적 기준에 맞추기 위해 다이어트를 하는 임산부들에게 임신 중 태아에게 적절한 영양을 충분히 공급하는 것의 중요성을 알려주는 사례도 증거가 된다.

태아는 자궁 속 10개월이라는 절대적 시간 속에서 매 순간 성장한다. 신체와 감각기관의 발달은 물론이고 뇌의 발달도 마찬가지다. 따라서 태아의 발달에 맞춘 적절한 자극과 영양 공급은 아이의 신체와 감각적 발달, 뇌 발달에 긍정적 영향을 미친다. 임신 기간에 태아에게 주어지는 다양한 감각적 자극은 뇌 형성과 뉴런의 연결에 영향을 준다. 태아의 뇌는 임신 18일 이후 신경판이 생기고 난 이후 임신 전 기간에 걸쳐 끊임없이 분화해 출생 첫해에 성장 대부분이 이루어진다. 뉴런이라고 부르는 대다수의 신경세포는 임신

중기에 집중적으로 생성되는데, 분당 50만 개씩 약 1,000억 개가 만들어진다. 뉴런은 특정 정보를 처리하는 자극을 주는 신호, 즉 경험이 자주 반복될수록 더욱 강력하게 자라나고 결속력이 강해지지만 그렇지 않으면 절반 이상이 사라져 버린다고 한다. 하지만 여기서 간과하지 말아야 할 것은 태아의 뇌 발달에 긍정적인 도움을 주기 위해서는 적절한 자극을 해야 한다는 것이다. 의도적으로 배에 스피커폰을 대고 큰 소리로 이야기를 한다든지 혹은 임산부가 너무 무리하게 다양한 태교 프로그램을 한꺼번에 섭렵하려 한다면 오히려 예기치 않은 문제가 생길 수도 있다. 스트레스는 임산부의 호르몬 분비에 영향을 주어 태아의 신체적, 정서적 발달에 장애를 일으키게 된다. 즉, 임산부의 스트레스는 감정 변화와 같은 임산부의 심리적 문제에서 끝나는 것이 아니라 이때 분비되는 임산부의 호르몬 때문에 태아에게 적절한 영양과 산소 공급이 차단될 수 있어 태아의 발달에 직접적인 영향을 끼칠 수 있다. 따라서 임산부가 스트레스를 받지 않고 일상에서 태아에게 다양한 자극을 주며 늘 실천할 수 있는 태교를 적절하고 바람직하게 수행하는 것이 좋다. 태교를 위해 특정 장소에 가거나 특정 기술을 새롭게 익히지 않아도 편안한 상태에서 일상적으로 수행이 가능한 태교가 필요한 이유다.

(2) 태아교육

태교는 임신 중 자궁 내 태아를 교육한다는 의미이다. 태교는 임산부가 태아에게 좋은 영향을 주기 위해 몸, 마음, 감정, 행동, 언어 등을 정화해 자궁 속의 아이에게 좋은 환경을 만들어 주며 끊임없이 사랑과 애정을 보여 주고 태어난 아이가 전 생애에 걸쳐 성공적인 삶을 살아갈 수 있도록 부모와 가족 그리고 사회가 행하는 전인적 교육활동의 첫걸음이다. 임산부는 편안한 마음으로 아이와 교감하며 상호작용하는 커뮤니케이션으로 태교를 완성할 수 있다.

태교는 임산부 혼자만의 실천 사항이 아니라 부부가 함께하는 것이 더욱 바람직하며, 태아에게 좋은 환경을 마련해 주기 위해 출산 전에 행하는 준비

과정이다. 현대의 태교는 과학적인 근거에 바탕을 두고 실천 가능한 요소들로 구성되어 있으며 주로 산부인과나 사설 기관의 출산교실에서 임산부들에게 교육되고 있다. 임신 기간에 일어나는 임산부의 신체 변화나 태아의 발달에 바탕을 두고 임신과 출산을 중심으로 전, 후에 행해야 하는 다양한 지식을 전달하며 실습하는 형태를 이룬다(이경혜·배경의, 2004). 태아의 청각을 이용한 음악 태교, 태담 태교, 동화 태교(신인숙, 2006)를 비롯해 임산부의 스트레스를 줄이고 시각적 상상을 통해 태아에게 영향을 주고자 개발된 자연 태교, 숲 태교, 미술 태교(김보영 외, 2012; 박주연, 2011; 정정순·박준호, 2005), 그리고 임산부의 신체 변화에 따른 스트레스를 줄이고 출산을 위한 체력을 관리하기 위한 요가 태교, 수영 태교, 무용 태교(배상미, 2007) 등이 있다.

그 밖에도 라마즈 호흡법, 소프롤로지, 젠틀버스와 같은 건강한 출산을 위한 교육이나 모유 수유 방법과 아기 양육에 관한 방법을 미리 교육하는 임산부 교실도 있다. 또한 최근에는 태아의 성장과 발달을 고려해 필요한 영양소를 공급해 주고 아토피 등 출생 후 발생할 수 있는 건강상 문제를 사전에 관리하기 위한 음식 태교도 행해지고 있다.

임신과 태아 그리고 육아에 관한 정보를 책이나 인터넷 포털 사이트, 스마트폰 앱과 같은 미디어를 통해 쉽게 접할 수 있다는 것도 현대 태교의 특징 중 하나다. 임산부들은 임신·출산 관련 인터넷과 포털사이트를 통해 다양한 지식을 얻고 사회적 지지망을 이용하여 자신의 경험을 작성하여 알리고 또한 경험자들의 답변이 달린 댓글을 읽으며 정서적 지지와 함께 정보를 얻는 방법으로 활용하고 있다. 그러나 인터넷의 정보들과 타 임산부 개인의 경험들이 모두 신뢰성 있는 것은 아니므로 정보를 얻기 위한 유일한 창구로서 인터넷 이용은 지양해야 할 것이다.

(3) 태교의 실천

저출산·산모 고령화 시대를 맞아 태교에 대한 관심은 그 어느 때보다 높다. 태교는 태아에게 좋은 환경을 제공해 신체적, 정서적, 인지적 발달을 돕기 위한 활동이자 조기 교육의 하나로 인식되고 있다. 국내외 임산부를 대상으로 조사한 연구 결과들을 통해 태교에 영향을 미치는 여러 가지 변수들을 확인할 수 있다. 임산부의 태교 인식은 태교 시작 시기, 임신 희망 여부, 종교, 태교 효과에 대한 신념, 임산부 스트레스, 사회계층, 경제적 문제, 사회적 지지, 가족의 지지 여부, 결혼 만족도, 배우자 지지 정도, 자아존중감 등이 관련된 변수에 포함되었다(김영희, 2009; 성미혜, 2011). 임산부는 태교에 관한 필요성을 이미 충분히 인지하고 있지만 경제적, 시간적 여유나 구체적인 태교 방법에 관한 지식이 부족해 태교 실천에 어려움을 겪는다. 특히 직장을 다녀서 시간적 여유가 없거나, 소득 수준이 낮아 태교를 할 경제적 여유가 없는 임산부에게 태교에 관한 높은 사회적 관심은 오히려 스트레스가 되기도 한다. 특정한 장소에 일정 비용을 내고 참가하는 다양한 형태의 태교 프로그램은 아무리 관심이 있다 해도 시간적, 경제적 여유가 있는 임산부들만 참여할 수 있다는 한계를 가진다. 실제 임산부들을 대상으로 심층 면담을 시행한 결과, 시중에 지나치게 많은 태교 프로그램이 넘쳐나 이를 제대로 실천하지 못하는 것에 대해 심리적 스트레스를 느끼고 있다(김은주, 2006). 특히 교육에 관심을 두는 한국의 사회 정서상 임산부가 태교 프로그램에 참석할 수 없는 것이 마치 태아에게 교육적 투자를 해주지 못하는 것과 같은 인식을 갖게 하는데, 이러한 인식은 임산부에게 스트레스로 작용한다. 남편의 무관심이나 시어머니와 태교 가치관의 차이에서 오는 갈등도 임산부의 스트레스를 발생시킨다(김영희, 2009). 결국 태교는 임산부가 편안한 마음으로 태아와 교감하고 상호작용하여, 출산 후 아이가 엄마와 함께 세상을 살아가기 위해 소통하는 준비 과정이 되어야 한다. 특정한 장소에서 일정한 비용과 시간을 투자해야만 할 수 있는 임산부 중심의 태아 학습 프로그램이 태교 실천의 전부로 인식되는 것은 결코 바람직하지 못하다. 또한 태교는 임산부 혼자만의 몫이 아니라 사회적 지지와 더불어 가족의 지지가 필요하다.

2) 영유아기 부모

(1) 영아에 대한 이해

영아기는 인간의 일생에서 사춘기와 더불어 신체적 발달이 가장 급속도로 이루어지는 시기로서, 제1성장 급등기라고도 한다. 출생 후 1년 동안 신장은 출생 시보다 1.5배, 체중은 3배 정도 증가한다. 두 돌이 되면 신장은 성인 시기의 절반, 체중은 출생 시보다 4배가 된다. 신체의 비율에도 변화가 나타나는데, 두 돌이 될 무렵에는 머리가 신장에서 차지하는 비율이 5분의 1이 된다. 골격, 근육, 치아 등이 점점 단단해지고 두미 원리와 중심 말초 원리로 신체가 발달한다. 완전한 뇌간의 기능, 대뇌피질의 발달, 시냅스 밀도의 변화, 수초화 등으로 뇌와 신경계도 급속하게 발달하며 뇌는 부위에 따라 발달 속도가 다르다. 신체발달과 더불어 운동기능도 급격하게 발달하는데, 이러한 발달은 신경계의 정상적 기능을 알려주는 중요한 지표가 된다.

이 시기의 신체발달은 크게 이행운동(locomotor)발달과 협응능력(coordination) 발달로 나누어진다. 이행운동은 일정한 계열적 순서에 따라 발달하는데, 1개월 턱을 든다, 2개월 가슴을 든다, 3개월 닿았다가 놓친다, 4개월 받쳐주면 앉는다, 5개월 무릎에 앉고 물건을 잡는다, 6개월 유아용 의자에 앉고 매달린 물건을 잡는다, 7개월 혼자 앉는다, 8개월 잡아주면 선다, 9개월 가구를 잡고 서있는다, 10개월 기어간다, 11개월 잡아주면 걷는다, 12개월 가구를 잡고 일어선다, 13개월 계단을 오른다, 14개월 혼자 선다, 15개월 혼자 서고 걷는다, 22개월 걸어 올라간다, 24개월 공을 앞으로 찬다 등이다. 이와 같은 이행 운동의 발달은 영아의 지각, 정서, 주의, 동기, 자율신경계, 외부자극 등의 여러 가지 요인이 작용한다.

협응능력은 시각, 청각 등의 감각기능과 잡기, 걷기 등의 운동기능과 협응하는 능력을 말하며, 이 시기에는 자발적인 연습과 숙달로 협응능력을 발달시킨다. 즉, 4~6개월이면 물체를 손으로 잡아 한 손에서 다른 손으로 옮기고 만지작거리며, 16개월이면 크레파스로 낙서를 하고, 18~19개월이면 수직선과 수평선을 따라 그리면서 블록을 쌓을 수 있다. 이 시기의 영아는 형태를 지각하고 4개월이 되면 색깔을 변별하며 6~7개월이 되면 깊이를 지각하고 특히 소리 변별능력이 뛰어나며, 출생 후 2세경이 되면 지각능력이 더욱 정교해진다. 인지는 여러 가지 감각기관을 통해 받아들인 정보를 이해하고 기억하여 발달되며, 재인기억과 회상기억이 가능하다.

언어발달의 첫 단계는 울음이며 울음을 통하여 자신의 욕구를 표현한다. 4~5개월경이면 언어와 유사한 최초의 말소리인 옹알이를 시작하고, 1년경이 되면 자신의 생각을 표현하고 분명하게 이해할 수 있는 한 단어 문장을 사용하며, 24개월경에는 두 단어 이상을 활용하는 문장을 사용할 수 있다. 영아기 초기에는 행복, 분노, 놀람, 공포, 혐오, 슬픔, 기쁨 등의 일차적 정서가 발달하고, 12개월이 지난 후에 부러움, 수치, 죄책감, 자부심과 같은 이차적 정서가 나타난다. 그리고 6개월경에 얼굴표정을 보고 감정을 구별하여 정서를 이해하는 능력을 보이며, 18개월경이 되면 부정적 정서를 숨길 수 있고, 3세가 되면 더 잘 숨길 수 있게 된다.

(2) 유아에 대한 이해

유아기는 임신에서부터 3세까지의 기간으로 본다. 이 기간에 유아는 완전한 심리적 및 신체적 의존 상태에서 벗어나 자율적으로 조절되는 자기와 타인에 대한 감각을 갖게 되고, 언어를 사용하고 의사소통할 수 있는 능력을 갖게 되며, 여러 영역에서 독립성을 지닌 개인으로 발달한다. 유아기 후반까지 자기 표상과 대상 표상을 분명히 구별하고, 좋거나 나쁜 부분 대상을 전체 대상 표상과 전체 자기 표상으로 통합이 가능하다. 자아와 본능 역시 구별되며, 갈등을 일으키는 감정과 충동을 다루기 위한 방어 기제도 발달한다. 내적 불안을 일으키고 신경증적 증상을 발달시키는 능력이 형성되고, 타협하는 능력도 형성된다. 이러한 능력들의 발달과 함께, 자아는 의도성, 방출의 억제, 퇴행에 대한 저항, 좌절 및 불안과 양가감정을 참아내는 능력을 갖게 된다. 이후부터 유아는 환경 안에서 경험하는 보다 광범위한 범위의 복잡한 정동을 점점 더 많이 참아낼 수 있게 된다.

분화와 통합은 빠르게 진행되며, 선천적으로 주어진 요소, 유전적으로 결정된 성숙 경로 그리고 환경(출생 전과 후) 사이의 복잡한 상호 작용의 영향을 받는다. 유아 발달은 여러 가지 이론적 모델을 통해 기술되어 왔다.

생후 1년 동안 경험이 행동의 결정 요인으로 부각됨에 따라 유전적 요소의 영향력은 차츰 줄어든다. 이 시기에는 생리 행동적 변화의 속도가 가장 빠르다. 갑자기 나타나는 새로운 정동 행동을 포함하여 새로운 능력과 기능들이 발달하는데, 이는 새로운 수준의 심리적, 생리적 조직화가 이루어졌음을 나타낸다.

이러한 변화는 유아가 사람들과 맺는 관계에서 극적인 변화를 가져온다. 생후 2~3개월에 유아가 보이는 미소 반응(smiling response)은 사람들과의 관계에서 새로운 형태와 강도의 상호작용을 이끌어 내는 요인이며, 유아가 생후 6~8개월에 보이는 낯선 이 불안(stranger anxiety)은 두려움을 느끼는 능력이 생겼음을 말해주는 지표이다.

세 번째로 눈에 띄는 생리 행동적 변화는 생후 18~24개월에 일어나는 것으로서, 이때 유아가 보이는 "아니야"라는 몸짓은 언어습득, 자율성의 발달, 사회적 관계 형성의 능력, 감각 운동기에서 표상적 지능으로의 이동(Piaget), 재접근 위기(Mahler), 심리성적 발달에서의 항문기(Freud) 등을 알리는 신호이다. 18개월 이후에는 자기에 대한 감각이 생기고, 따라서 거울 속에 있는 사람이 자신임을 알며, 1인칭을 사용하여 자신을 호칭하기 시작한다.

심리적 조직화 수준의 변화는 다음과 같이 요약될 수 있다.

생후 2개월에는 유아가 엄마를 알아보기 시작하고, 7~9개월에는 생리적 및 심리적 욕구를 경험하며, 18개월에는 외부 자극이나 내적 욕구로부터 비교적 독립된 기억을 가진다. 행동 능력에서의 이러한 변화로 인해 발달 과정은 비연속적인 것처럼 보이기 쉬운데, 그것은 유아가 특정 시기에 새로운 수준의 통합과 조직화를 달성함으로써 이전에는 가능하지 않았던 새로운 기능을 갖기 때문이다.

유아의 행동은 스트레스를 다루는 유아의 능력이 가장 취약한 시기에 보다 복잡한 수준으로 조직화된다. 성장과 발달의 잠재력이 탈조직화 및 붕괴의 가능성과 교대로 나타날 수 있는데, 이 두 가지 모두는 아동의 선천적 자질에 의해 영향을 받는다. 예를 들어, 이동하는 법을 일찍 배운 유아는 주로 앉아서 눈으로 세상을 탐색하는 유아와는 다른 종류의 대상관계를 경험할 수 있다. 후자의 유아는 양육자와의 신체적 분리가 시작되기 이전에 개별화 과정을 더 일찍 시작할 수 있다. 마찬가지로, 유아의 스트레스에 대한 취약성은 환경의 실패를 반영한다.

유아의 지각 장치에는 부분 대상(사람의 얼굴 윤곽, 엄마의 목소리, 냄새 등)에 주의를 집중할 수 있는 타고난 능력이 포함되어 있다. 이러한 타고난 지각의 경향성은 대상이 양육을 제공해 주지 않거나 욕동 긴장을 감소시켜 주지 않을 때에도 일어난다. 따라서 유아는 본래적으로 사회적 상호작용을 하며, 자극을 불러일으키기도 하고 진정시키기도 하며, 타인(특히 엄마)을 자극해서 반응을 일으키기도 한다. 따라서 유아는 세상에 도착하는 순간부터 환경을 변화시킬 수 있다. 이처럼 발달은 상호작용을 통해 이루어지며, 따라서 유아와 돌보는 사람 모두의 행동은 시간이 지나면서 점점 더 복잡해진다. 최근에 제안된 하나의 가정은 유전적으로 결정된 유아의 대상-관계 행동은 유아가 생존을 위해 엄마(혹은 일차 양육자)에게 전적으로 의존하는 기간 동안 엄마의 심리적 투사를 이끌어 낸다는 것이다.

3) 아동기 부모

(1) 아동에 대한 이해

아동기는 만 6~12세까지를 초등학교 의무교육을 받아야 할 학령 아동으로 규정하고 있다. 우리나라 '형법'상으로는 만 13세 미만인 자, '아동복지법'상으로는 만 18세 이하인 자로 정의되어 있고, 미국의 형법에는 12세 미만, 미국 지방정부에는 16~18세 이하로 다양하게 규정되어 있는데 만 12세

이하의 아동에 대한 의견은 일치하지만 만 13~18세 사이의 청소년에 대해서는 의견이 분분하다. 또 아동기는 신체적·사회적·정서적·지적 발달의 속도가 매우 뚜렷하기 때문에 이를 다시 아동 전기와 아동 후기로 나누기도 한다. 즉, 만 6~8세까지를 아동 전기, 만 9~12세까지를 아동 후기로 하여 발달단계를 구분한다. 아동기의 이전을 유아기(3~5세), 아동기 이후를 청소년 전기(만 12~14세)라고 한다.

발달심리학에서는 신체적 성장 및 정신적 성숙이라는 입장에서, 소아의학에서는 인간의 발달단계에 따른 발육상태의 수준이라는 입장에서 심신의 성장발달기에 있는 자, 즉 한 사람이 성인이 될 때까지 미성숙, 미완전한 상태에 있는 자라고 규정하였다.

아동의 특성은 첫째, 의존성을 들 수 있다. 아동은 의식주를 포함한 생존과 더불어 신체적·정서적·사회적 발달을 부모와 가족 및 타인에게 의존한다. 이러한 아동의 의존성은 때로는 부모와 가족 및 타인이 아닌 국가 또는 사회가 책임지기도 한다. 아동의 정서적 안정과 따뜻한 보살핌은 아동의 발달에 꼭 필요한 요소로서 성인이 된 이후에도 삶에 중요한 영향을 미친다.

둘째, 성숙이다. 아동은 미성숙 단계에서 성숙 단계로 지속적으로 변화하는 과정에 있는데, 이 시기 보편적으로 거치는 자연스러운 현상이 성숙이다.

셋째, 민감성이다. 아동기는 감정이 예민한 시기로서 타인의 관심을 기대하면서 이 기대치의 충족 여부에 매우 민감하게 반응한다. 즉, 욕구에 대한 만족을 즉각적으로 얻기를 원하며 성인의 보호 또는 보살핌에 대해 매우 민감하고, 환경에 대해서 민감하게 반응한다. 아동의 욕구가 충족되지 않으면 그 상황을 이해하기보다는 실망과 좌절에 빠지기 쉽고 상처받기 쉽다. 또한 아동은 주변인의 반응에 대해서도 큰 영향을 받는데, 학령기 아동들은 성인보다는 또래집단의 영향을 더 크게 받는다고 할 수 있다.

넷째, 욕구이다. 아동은 인간본능의 기본적인 욕구인 생리적 욕구 외에 다양한 욕구, 즉 애정을 받고 싶어 하는 욕구, 집단에 소속되고 싶은 욕구, 자립하고 싶어 하는 욕구, 자아실현의 욕구 등을 가지고 있다. 다양한 욕구는 아동이 하나의 인격체로서 대접받고자 하는 욕구라고 할 수 있다.

다섯째, 적응이다. 아동기는 교육과 학습을 통하여 새로운 지식과 기술을 습득함으로써 독립된 하나의 인간으로서 하나의 제 기능을 할 수 있다. 하지만 본인의 힘만으로 환경에 적응하기란 어렵다. 즉, 아동은 자신이 속한 사회나 문화의 지배를 받으며 적응해 나감으로써 적응과정은 성인이 된 이후에도 지속된다. 따라서 교육과 학습의 장으로서 집단의 기초가 되는 가정을 통해서, 그리고 또래, 이웃, 학교 등의 사회집단을 통하여 사회화되어 간다. 이러한 적응의 과정은 아동이 적극적인 삶의 주체가 되고 창의적인 인간으로 성장하는 데 기초가 된다고 할 수 있다.

(2) 다문화 아동의 교육방법

다문화사회로 빠르게 진전되면서, 이제 피부색이 다르거나 출신국이 다른 다문화가정 출신 아동이나 청년을 학교에서, 심지어 군대에서도 볼 수 있게 되었다. 다문화 아동에 대한 차별은 작은 도시나 시골로 갈수록, 부모의 경제력과 교육 수준이 낮을수록 심해지며, 이는 학업 중단율이 높아지는 현상으로 이어진다고 한다. 이런 상황에서 다문화 아동 스스로가 문화적 정체성에 대해 자부심을 가질 수 있도록 다문화 아동과 일반 아동 모두를 대상으로 한 적극적인 교육이 필요하다.

유아 때는 문화적 차이 자체에 대한 거부감이나 편견이 없지만 청소년기로 접어들수록 그들과 다른 문화에 대해 지각하고, 특정한 태도를 형성할 수 있다는 점에서 모든 아동을 대상으로 한 다문화 교육이 필요하다. 여기에서는 먼저 다문화 아동의 증가 배경과 문제들을 살펴보았고, 이어서 모두를 대상으로 한 다문화 교육 방법과 다문화 아동이 교내 방송이나 신문을 활용해 자신의 삶과 문화를 표현할 수 있도록 하는 교육 방법에 대해 사례를 통해 알아보고자 한다.

① 다문화 아동의 증가

다문화 아동은 한국인 남성과 결혼한 다문화 여성 사이에 태어난 아이들이 다수를 차지한다. 2012년 행정안전부의 자료에 따르면, 결혼이민자는 14만 4,214명으로 전체 국내거주 외국인의 10.2%를 차지하며, 이 중 86.4%가 여성이다. 이는 1990년대 중반부터 저출산 및 농촌 총각 결혼문제 해결을 위해 중국, 필리핀, 베트남, 몽골, 우즈베키스탄, 캄보디아 등 아시아 국가로부터 다문화 여성이 꾸준히 유입된 결과다. 2007년 이미 국제결혼 비중이 전체 결혼의 11.1%에 달했고, 농, 임, 어업 종사자 기혼남성의 40%가 외국 여성과 결혼한 것으로 나타났다. 다문화 여성의 대부분은 우리나라에 영구적으로 거주하며, 내국인과 가족, 친구, 이웃 등으로 다양한 관계를 맺으며, 다문화 아동의 초기 가정교육에도 큰 영향을 미친다.

다문화 아동이 늘면서, 학교 교실이 다문화 경험과 갈등, 문제해결의 현장이 되고 있다. 다문화사회의 미래를 좌우할 다문화 아동이 2015년에는 전체 취학아동의 13% 이상이 되었으며, 따라서 다문화 아동을 위한 전반적인 커리큘럼 등 교육과정의 개발이 필요하다.

다문화 아동이 꾸준히 증가하는 상황에서도 다문화 아동을 위한 학교와 사회의 배려는 취약하다. 어떤 학교에서는 다문화 아동의 한국어 등을 돕기 위해 방과 후 교육을 실시하는데, 수업 후 선생님이 "다문화(학생) 남아"라는 말을 한다고 한다. 이는 다문화 아동과 내국인 아동 사이를 구별 짓는 다문화 감수성이 부재한 태도다. 이들을 다문화라고 부르고, 특별 대우할 것이 아니라 동등한 존재로 바라보며 자연스럽게 융화할 수 있도록 지도하는 것이 필요하다. '이주민'이나 '다문화가정' 꼬리표를 붙여 그들만을 분리하는 식의 교육은 오히려 다문화 아동의 주변화나 왕따를 유도할 수도 있다. 관련 기사는 다음과 같다.

관련기사 **다문화 교육의 문제점**

[내 생각은 …] "다문화 학생 남으세요" 상처 주는 말들

초등학생 자녀를 둔 다문화가정 어머니의 얘기를 듣고 충격을 받은 적이 있다. 하루는 학교에서 돌아온 아이가 몹시 짜증을 내면서 "엄마, 왜 내가 다문화야? 나는 ○○인데", "왜 나한테 이름을 안 부르고 다문화라고 하는 거야! 아이들이 나를 이상하게 생각하잖아!"라며 계속 울고 떼를 쓰더라는 것이다.

자초지종을 들어보니 선생님이 "오늘 수업 후에 조사할 것이 있으니 다문화 애들 잠깐 남아 있어"라고 말한 것 때문이었다. 이 일이 있고 나서 그 아이는 친구들로부터 가끔씩 다문화라는 호칭으로 놀림을 받았음은 두말할 필요도 없다.

물론 아이가 상처를 받지 않게 배려한 경우도 있다. 담임선생님이 다른 학생들과 똑같이 이름을 부르며 자연스럽게 쉬는 시간을 이용해 다문화가정 아이를 불러 관련 자료에 나와 있는 것을 상담한 사례다. 격려와 지지를 해주면서 다른 친구들에게 왜 선생님이 그 아이를 불렀는지 눈치 채지 못하게 했다.

…중략…

다문화, 다문화가정 자녀라는 용어는 정책적 용어이고, 편의적으로 제3자를 지칭할 때 사용할 수 있다. 그러니 교실에서 "오늘 수업 후 다문화 잠깐 남아 있어"라든가, "다문화 학생 이리 나오세요"라는 식으로 사용하지 않았으면 한다. 이로 인해 다문화가정 자녀들이 받는 상처가 얼마나 클지를 생각하면 안타깝기만 하다.

다문화 아동들은 의사소통의 어려움, 피부색으로 인한 차별, 학업성적 저하, 또래 관계 형성의 어려움과 왕따 등 다중적인 문제를 겪고 있다(이창호·오성배·정의철·최승희, 2007). 이들은 한국어가 서툰 어머니로부터 교육 받은 관계로 언어능력 부족과 학습 부진을 경험하며, 학교에서 집단 따돌림도 경험한다(조영달, 2006). 언어 및 학습능력 부족 등 내적 요인과 다문화에 적절하지 못한 학습 환경, 편견과 놀림, 교사의 인식 부족, 다문화에 맞지 않는 교육과정 등으로 인해 학교생활에 어려움을 겪을 수 있다. 부모의 경제소득이 낮고, 맞벌이로 아이를 돌볼 시간이 부족하며, 엄마의 한국어 능력 부족으로 인한 한국어 미숙과 학습부진으로 학교에서 왕따가 될 수도 있다(이성미, 2012). 이러한 환경에 대응해 다문화 아동과 내국인 아동 모두를 대상으

로 한 다문화 교육이 조기에 실시되어야 한다. 문화적 가치관을 학습하고, 태도를 형성하며, 내면화하게 되는 아동기에 모두를 대상으로 다양한 문화적 가치관과 행동을 포용하도록 가르치는 교육이 효과적이다.

② 다문화 민감성과 다문화 교육

다문화가정 출신 자녀가 군대에 입대하는 비율도 2010년 111명, 매년 30~50명씩 증가하고 있다. 그동안 학교 교실과 또래 사이에서 다문화 아동이 겪는 어려움이 컸다면, 이제 군대에서도 다문화로 인한 갈등이 발생할 수 있는 상황이 되었다. 이러한 다문화사회 갈등의 예방을 위해서도 모두를 대상으로 한 다문화 교육의 체계화와 확대가 필요하다. 이주민의 경우 여러 세대의 동화과정을 거치면서도 기본적인 문화적 가치관은 여전히 바뀌지 않은 채, 겉으로는 새로 이주한 사회의 일반적인 기대에 따라 행동하게 된다(Keats, 1997). 이 상황에서, 다문화 이주민의 자녀들은 다른 아이들의 놀림과 공격의 대상이 되거나 교사를 비롯한 어른들의 편견 때문에 고통을 받기도 한다.

어릴수록 다문화의 아이들에게 호의적으로 반응하며, 특별한 교육이나 학습이 없으면 문화적 정체성이 다르다는 이유로 다른 아이들을 거부하지 않는다. 이러한 아동기에 다른 문화권 아동을 거부하거나 배척하지 않도록 적극적으로 교육해야 한다. 이 시기를 놓친다면 아동들은 고정관념과 편견을 자연스러운 것으로 내면화할 수 있을 것이며, 이는 평생에 걸쳐 영향을 줄 수도 있다.

어릴 때부터 이주민의 문화를 이국적이거나 구경거리화하지 말고, 우리 삶의 한 부분으로 받아들일 수 있는 감수성을 배양해야 한다. 이러한 교육과 학습은 자연스럽게 이루어지는 것이 아니라 미디어를 포함한 다양한 도구를 활용해 체계적이고 지속적으로 이루어져야 한다. 아동들이 영상 매체에 익숙하므로 미디어, 특히 영상매체나 인터넷을 활용해 교육하는 것이 효과적일 수 있다. 이주민을 '우리'의 일부로 묘사하는 미디어 콘텐츠의 확산도 필요하다. 체계적으로 신문, 방송, 인터넷 등 미디어의 다문화 콘텐츠를 모니터링과 함께 비평하고 대안을 제시함으로써, 다문화에 부적절한 내용을 규제하고, 좋은 프로그램이 많이 만들어질 수 있도록 유도해야 할 것이다.

그동안 다문화 아동에 대한 교육은 주로 학교생활 적응, 한국어 능력 향상 등 한국화 교육이 중심이 되어 왔다. 또한, 다문화 아동 지원 및 교육 프로그램은 시혜적 차원에서 이루어져 왔다. 이는 이주민을 우리의 이웃이 아니라 우리와 다른 특별한 집단, 또는 도와주어야 하는 대상으로 간주하는 데 기인한다. 동정과 지원의 대상이 되는 다문화 아동은 시혜적 시선에 부끄러워하거나, 다른 친구들과 거리감을 갖게 되기도 하며, 이는 다문화 갈등의 씨앗이 될 수 있다.

다문화 아동을 대상으로 한국어와 한국문화 교육에 치중하는 다문화 교육으로는 아동 사이에 문화 간 갈등을 예방하는 데에 한계가 있다. 다문화 아동의 정체성을 보호하고 자긍심을 갖게 하는 교육, 다문화 공동체 내부 또는 공동체 간 편견과 고정관념을 타파하는 교육, 다수자를 대상으로 다문화 아동 등 소수자에 대한 편견을 줄이기 위한 반편견 교육(non-biased education)이 동시에 추진되어야 한다.

③ 다문화 아동과 커뮤니케이션

다문화 아동들은 언어발달이 늦고, 학습발달도 또래보다 느린 경우가 많으며, 스트레스로 인해 정신건강 문제를 겪을 수 있는데, 치료보다는 사회적 관심과 교육을 통한 예방이 더 중요하다(Keats, 1997). 이러한 다문화 아동을 둘러싼 문제에 대해 적극적인 연구와 대안 제시가 필요하다. 차별과 편견에서 자유로울 것으로 여겨지는 아동기가 사실은 편견이 형성되고, 자연스럽게 체화되는 시기일 수 있다는 점에서 모든 아동을 대상으로 한 다문화 교육이 필요하다. 어릴 때부터 다양한 문화를 인정하도록 교육하는 것이 중요하다. 또한, 다문화 아동들이 부모에게서 물려받은 문화적 정체성에 대한 자부심을 갖도록 하고, 이를 모든 아동이 존중하도록 가르치는 교육이 필요하다. 이를 위해 미디어의 역할이 크다. 이주노동자나 다문화 여성의 문제뿐 아니라 그들의 자녀가 학교나 가정, 지역사회에서 겪는 문제들을 미디어는 적극적으로 다루어야 한다. 또한, 아동들이 많이 보는 어린이 프로그램에 다문화 아동들을 자연스럽게 출연시켜 이들도 우리 사회와 학교의 소중한 부분임을 알리는 작업도 유익할 것이다.

다문화 학생이 직접 아침방송의 진행자로 나서 교육과학기술부가 제작한 '다름에서 어울림으로'라는 제목의 CD 내용 및 다문화 교육 우수사례를 소개했다. 이 학교는 10여 년 전부터 다문화정책연구학교로 선정되어 2년간 다문화 이해 교육과 관련된 다양한 프로그램을 실시하게 되었는데 그 사례는 다음과 같다. 초등학교나 중·고등학교의 방송반 활동이나 신문의 제작을 통해 다문화 아동이 직접 그들의 시각에서 콘텐츠를 만들고, 전파하는 것은 다문화 아동이 주체가 되는 다문화 교육 방법이다. 이러한 교내 미디어를 활용한 참여적이고, 열린 접근을 통해 다문화 아동이 그들의 문화적 정체성에 자부심을 느끼고, 그들의 의견 및 목소리를 표현하도록 유도할 수 있을 것이다.

다문화 아동이 초등학교 교내방송 또는 교내신문의 제작에 참여할 경우, 그들의 문화적 정체성에 대한 자부심 향상은 물론, 학교라는 공동체에 참여한다는 의식도 향상될 수 있다. 이와 동시에, 그들의 목소리를 학교와 또래라는 공동체 속에서 공식 제기하는 기회를 갖게 된다. 결국 이러한 접근법은 다문화 아동의 커뮤니케이션 권리 확대에 기여할 것이다. 한편 학교 친구인 다문화 아동이 제작한 미디어 콘텐츠를 접하는 내국인 자녀들은 다문화 아동의 삶과 근심을 이해하면서, 다문화 감수성이 증진될 수 있다. 또한, 이러한 학교 미디어 제작 참여 프로그램은 다문화 환경의 학교에서 문화 간 갈등 예방에도 유익할 것이다.

'다문화'라는 거대 담론 속에 존재하는 다양성에 대한 고려도 필요하다. 다문화 속 이주민들의 출신 지역은 중국, 동남아, 일본, 러시아, 몽골 등으로 다양하며, 이들이 겪는 문화적·언어적 차이로 인한 어려움의 양상도 다르다. 이들 다양한 출신의 다문화 아동을 모두 동질적인 집단으로 여겨, 동일한 교육 프로그램으로 접근하는 것은 부작용을 일으킬 수 있다. 즉, 다문화 아동을 위한 다문화 교육과 정책 지원은 다문화 속의 또 다른 다양성을 고려해 차별적이고, 맞춤형으로 접근하는 것이 유익하다고 하겠다.

④ 다문화 자녀에 대한 교육적 접근

다문화 교육은 2006년 4월 교육부에서 처음 사용하였으며, 2007년 1월 국회에서 '다문화가족 지원법' 공청회를 처음으로 개최하였다. '다문화가정 자녀'는 일반적으로 우리와 다른 민족 또는 다른 문화적 배경을 가진 사람들이 포함된 가정의 자녀를 지칭하며, 공교육의 대상인 미성년자만 가리킨다. '다문화가정 자녀'라는 개념은 혼혈을 차별하지 말아야 할 당위성을 분명하게 했지만, 이 같은 당위성을 담아낼 적절한 인식까지 신장시키지는 못하고 있다. 다시 말해, 이와 같은 개념은 차별적 표현에서 중립적 표현으로 전환되었다는 데 의의가 있지만 아직까지 해결되지 않은 한계가 있다. 엄밀한 의미에서 같은 나라 출신 이주노동자 부부 사이의 자녀, 북한이탈주민 부부의 자녀, 같은 나라 출신 유학생 부부의 자녀 등은 다문화 배경의 가정이 아니다.

여전히 한국 사회에서 차별받고 있는 실정에서 세대 간, 성 간 문화의 차이를 극복하는 데는 소극적이다. 피부색이 아니면 쉽게 노출되지 않을 가능성이 높기 때문이다.

4) 청소년기 부모

(1) 청소년기의 특성

청소년을 법률학적인 측면에서 살펴보면, 청소년보호법에서는 19세 미만을, 청소년기본법에서는 9~24세를 청소년으로 규정하고 있다. 이 시기는 아동기에서 성인기로 성장해 가는 시기로 신체적, 심리적, 생리적인 발달이 급격히 이루어지는 단계이며 제2의 급성장기 또는 제2의 탄생기, 심리적 이유기, 질풍노도기라고 부른다. 그만큼 청소년들의 생각과 상황을 성인이 쉽게 속단해서 명령하거나 억지로 이끌어 가려는 것은 그 자체가 무리인 것이다.

청소년기는 생식 기능과 성 기능이 급격히 성숙되고 급격한 생리적 성장이 이루어지는 시기이다. 이 시기는 아동과 어른의 중간 상태로서 불안정과 불균형으로 인한 긴장과 혼란을 겪기도 한다. 그렇기 때문에 이 시기를 '질풍노도기'라고도 한다.

① 신체적·생리적 변화

신체적 성장은 여자는 17세가 되면 완료되는 반면에 남자는 21세 이후까지도 성장이 계속되기도 한다. 청소년기에는 신장과 체중이 급속한 변화가 나타나며, 골격, 생식기관의 발달과 호르몬의 변화가 두드러진다. 생리적 현상으로 남녀가 각각 남성으로 또 여성으로 체형이 변화되며, 성적 성숙이 이루어지는 2차 성징 시기이다. 청소년기가 되면 이성에 관심을 갖기 시작하며 성적발달과 관련되어 여성호르몬인 에스트로겐(estrogen)과 남성호르몬인 안드로겐(androgen)이 분비된다. 이로 인해 여자는 유방과 자궁, 질이 발달하며 여성의 몸의 구조를 형성하고 남자는 고환과 음경이 발달하고 정자의 생산이 가능해지며 남성의 몸의 구조를 형성하게 된다.

② 사회적·심리적 변화

Erikson의 심리사회적 발달이론에 의하면 청소년기는 정체성 대 혼돈을 형성하는 시기이다. 자신이 어떤 사람인지, 어떤 사람이 되고 싶은지 등 자신에 대한 탐색을 하게 되며, 자신의 롤모델을 찾고자 한다.

Hurlock(1981)은 청소년이 보이는 심리적 변화에 대해 네 가지의 특성을 설명하다.

첫째, '혼자 있기 경향'을 즐겨하게 된다. 가족모임이나 가족 여행에 따라가기를 거부하거나 혼자 있고 싶어 하는 욕구를 드러내기도 한다. 때로는 함께 하던 친구들과도 떨어져 있기를 원할 때도 있다.

둘째, '정서적 예민성'을 드러낸다. 때로는 사소한 일에도 화를 내거나 금방 토라지기도 하지만 웃음이 많아지기도 한다.

셋째, '수줍음의 증가'를 보인다. 신체적·성적인 발달을 부끄러워하기도 하고 자신을 드러내야 하는 상황에서 소극적으로 행동할 때가 많다. 그래서 성인이 보기에 사소한 일에도 지나치게 민감하게 반응하기도 한다.

넷째, '불안의 고조' 현상을 보인다. 자신의 현재 모습, 즉 아동과 성인의 중간 과도기로서 자신이 '누구'인지를 항상 확인해 보려고 하기 때문에 불확실성 앞에서 불안해할 수밖에 없다.

(2) 청소년기 부모역할

청소년기의 부모역할은 매우 중요하다. 자아정체감 발달을 위한 역할, 학부모로서의 역할, 상담자로서의 역할과 자아정체감의 발달, 자율성의 형성, 자녀와 의사소통이 중요하다. 청소년기의 부모가 되기 위해서는 기다릴 줄 알고, 격려자로 지원해 주며 열정적인 동반자로서의 꿈을 키워갈 수 있어야 한다.

① 인내하는 부모

청소년시기의 부모는 등대지기와 같다. 청소년에게는 긍정의 힘을 실어줄 수 있는 지원자가 필요하다. 부모는 자녀에 대해 모든 것을 다 알아야 하고 도덕적으로 벗어나는 행동은 절대로 해서는 안 된다는 등 지나치게 통제하고자 한다면 오히려 반항심만 커질 수 있으며 부모와의 소통에 의미를 두지 않을 것이다. 부모로서의 권위도 있지만 온정적이고 수용적인 양육태도로 접근하는 것이 바람직하다. 이 시기의 부모들은 자녀들이 한계를 정하게 하고 의사결정을 하도록 하여 결과에 대한 책임을 지는 습관을 도와야 한다. 아직 자녀들이 합리적인 한계를 정하는 데 어려워하지만 그렇다 해도 지나친 개입보다는 묵묵히 지켜보는 부모의 인내가 절실히 필요하다. 청소년은 교사나 부모의 지시적이고 성급한 행동지도를 불편해하고 오히려 그들의 행동을 방해하는 요소로 받아들이는 경우가 많다. 일단, 부정적인 견해로 받아들이다가도 시간이 지나면 부모나 교사의 의도를 알고 행동에 변화를 주려는 마음을 갖는다. 그러나 그런 시간적인 여유를 성인들은 기다려 주지 못하기 때문에 본인을 걱정하여 말한다고 하는 성인들과 함께 있는 공간을 벗어나고자 한다. 그러므로 청소년기의 부모는 자녀가 자신의 능력과 미래를 쉽게 포기하지 않도록 스스로 고민하고 노력하다가 부모에게 도움을 청할 수 있도록 믿고 기다려 주는 인내하는 지원자가 되어야 한다.

② 열정의 부모로서 동반자

청소년기에는 부모가 자신을 변함없이 사랑하고 있음을 느끼게 하고 학업이나 교우관계로 힘들어할 때마다 용기를 주고 지지해 줄 때 행복감을 느끼며 자신감이 생길 것이다. 이 시기는 학업 성취도에서 어느 정도 수준이 나누어진다고 생각하기 때문에 자신의 삶에 대해 비관적이거나 무기력감을 느끼기 쉽다. 반면 학교와 가정에서 학업과 관련해서 칭찬을 받는 청소년의 경우는 자신이 잘할 수 있다는 자신감을 갖기는 하지만 주변 성인들의 지나친 기대 때문에 한 번의 실수로 인해 극단적인 선택을 할 수도 있음을 알아야 한다. 따라서 청소년은 그가 당면한 학업문제, 교우관계, 종교관 등에 관련해서 부모의 조언 또는 주변 성인의 도움을 받기를 원할 것이다. 이를 위해 부모는 청소년들이 갖고 있는 고민과 관련된 지식과 정보를 얻기 위한 노력을 해야 한다. 물론 가르치거나 일방적으로 상담을 해주겠다고 하는 방법은 바람직하지 않다. 애정을 갖고 긍정적인 소통을 하고자 하는 부모의 마음이 느껴지도록 하는 것이 좋으며 자녀가 고민하는 과정은 꿈을 갖고 꿈을 이루어가기 위한 과정임을 알도록 해야 한다.

청소년기 대학입시로 인해 부모와 자녀 모두 상당한 학업스트레스를 받기도 한다. 그러므로 부모는 자녀가 지나친 학교성적 위주의 사고방식에서 벗어날 수 있도록 도와주어야 하며 자녀는 성적으로 인한 우울감이나 좌절을 극복하여 자신만의 개성이나 능력을 발견할 수 있도록 노력해야 한다. 이 시기의 부모는 자녀와 함께 살아가는 동반자의 입장임을 알게 해야 하면서도 부부간에도 동반자로 서로 노력하며 살아가는 부모의 모습, 부모 자신도 열심히 살아가는 모습을 보여줌으로써 불안정할 수 있는 청소년 시기가 빠른 회복력과 평화로움으로 청년기를 맞이할 수 있도록 도와야 할 것이다(김현자 외, 2018).

제4장 다문화가족 인권

04 다문화가족 인권

CHAPTER

1. 인권의 이해

다문화사회의 제도적, 정책적 문제를 논하기 이전에 반드시 살펴보아야 할 문제가 이주민들의 인권문제이다. 이주민을 수용하고 있는 모든 국가에서는 다문화라는 이면에 이주민의 인권에 대한 문제가 늘 야기되고 있다. 특히 대부분이 저소득층인 노동자들과 다문화 여성들은 인권의 사각지대에 놓여있다고 해도 과언이 아니다. 이들이 겪고 있는 인권문제는 매우 심각하다.

1) 인권의 개념

세계인권선언 제1조에는 '모든 인간은 태어날 때부터 자유롭고, 존엄성과 권리에 있어서 평등하다. 인간은 이성과 양심을 부여받았으므로 서로에게 형제, 자매의 정신으로 행해야 한다'고 명시되어 있다. 그리고 제2조에 따르면 모든 사람은 인종, 피부색, 성, 언어, 종교, 정치적 또는 기타의 견해, 민족적 또는 사회적 출신, 재산, 출생, 또는 기타의 신분과 같은 어떠한 종류의 차별이 없이, 세계인권선언문에 규정된 모든 권리와 자유를 향유할 자격이 있다. 또한 국가인권위원회법 제2조 제1호에는 "인권이라 함은 헌법 또는 법률에서 보장하거나 대한민국이 가입, 비준한 국제인권조약 및 국제관습법에서 인정하는 인간으로서의 존엄과 가치 및 자유와 권리를 말한다"라고 명시되어 있다(다르지만 평등한 이주민 인권 길라잡이, 국가인권위원회 편찬) 이를 바탕으로 우리는 다양한 분야에서 다양한 방식으로 행해지고 있는 이주민 차별에 대한 문제를 살펴보아야 한다.

2) 외국인 차별적용

대부분의 외국인 이주자들은 대한민국에서 제도적, 문화적 차별을 경험하고 있다. 이주민 차별에 대한 문제점은 국내의 정치현황만큼이나 복잡하고 산재해 있는 문제이지만 눈에 띄는 몇 가지가 있다.

문화적인 차별은 백인과 유색인종에 대한 국민들의 보이지 않는 차별이다. 지난 역사를 통해서 우리 국민의 정서에 스며든 사대주의 사상으로 인해서 우리 국민은 백인에게는 지나칠 정도로 관대하고 유색인종에 대해서는 드러나게 무시하는 경향이 있다. 이러한 문제를 바로잡기 위해서는 국가적 차원에서의 다양한 캠페인, 공익광고, 유색인종이 대한민국에 기여한 예 등을 활용해서 국민들의 편견을 바로잡아 주는 노력이 필요하다.

제도적인 차별 중 한 가지는 국민기초생활보장제도에서의 예외적용이다. 대한민국 국민은 현재 기초생활보장제도를 통해서 최소한의 생활을 보장받고 있지만 결혼이주자는 그 혜택의 대상이 대한민국 미성년 자녀를 양육하고 있는 자로 한정되어 있다. 나머지는 수십 년을 한국에 살았어도 이러한 혜택의 대상이 되고 있지 않다. 병역의무에서도 차별이 있다. 백인과 흑인의 혼혈아는 병역의 의무를 가지지 않는 반면 아시아계통의 혼혈아들은 병역의 의무가 있다. 차별은 4대 의무보험에서도 나타난다. 대한민국의 근로자는 법적으로 4대 보험(건강보험, 고용보험, 산재보험, 국민연금)의 혜택을 받고 있지만, 외국인 근로자들은 고용보험에서의 실직급여 자체를 구조적으로 받기 쉽지 않다. 실직하면 일정 기일 내에 취업을 해야 하고 그렇지 못하면 외국으로 돌아가야 하는 실정이다.

3) 외국인 노동자 인권침해 사례

외국인 노동자에 대한 인권침해와 차별행위는 우리 사회에서 빈번하게 이루어지고 있다. 이러한 인권침해는 취업과정, 노동시간, 노동의 강도, 임금, 주거환경 등에서 광범위하게 나타나고 있다. 외국인 노동자들의 주요 피해

유형은 과도한 장시간 노동, 낮은 임금수준, 빈번한 임금체불, 열악한 작업환경, 열악한 거주환경, 사용자의 욕설과 구타 등으로 나타나고 있다. 이들은 낯선 국가에서의 언어적 불편과 문화적 충격 이외에도 이러한 비인간적인 대우에 대한 고통을 감수해야 하는 것이다. 외국인의 인권을 보호하고 정당한 과정으로 입국한 외국인 노동자들이 정당한 대우를 받기 위해서는 최우선적으로 이주 노동자들만을 위한 특별한 복지 시스템이 마련되어야 할 것이다. 우선은 이들의 복지에 관한 상담만을 전담할 수 있는 훈련된 사회복지사의 존재가 필요하고, 사회복지사들이 발견한 문제점들을 제도적으로 보완할 수 있는 국가적 장치가 필요하다. 예를 들면, 앞에 열거한 신분보장, 4대 보험 적용, 한국인 근로자와 동일한 수준의 임금보장, 임금체불에 대한 적절한 제재 및 체불된 임금을 대신해 줄 수 있는 보험 등의 적용 등이다.

이 외에도 이주자들은 재판과정이나 교육에서도 차별을 경험하고 있다. 이주민의 자녀들은 낯선 교육환경 속에서 낯선 언어로 교육을 받아야 한다. 그들이 받아들일 수 있는 지식의 정도에 차이가 날 것은 당연한 일이다. 외국의 경우, 특히 호주나 캐나다의 경우는 영어가 서투른 이주자의 자녀를 위해서 학교 내에서 영어를 가르치는 프로그램을 운영하고, 경우에 따라서는 이주민 자녀들만 따로 모아서 영어를 중점적으로 교육하는 학교에 보내기도 하는데, 우리나라에는 이러한 제도가 전무한 실정이다. 교육시스템 자체의 이질성과 더불어 언어소통의 부재로 인해서 이들의 고통은 배가 되고 있는 것이며, 이러한 상황에서는 국가가 원하고 있는 주류사회와의 동화조차 바랄 수 없게 될 것이다.

4) 다문화 인권 과제

현재 다양한 분야에서 일을 하고 있는 외국인 이주자 및 다문화가정에 대한 여러 가지 정책적 문제점이 많이 있겠지만, 우선은 이들의 인권이 적절히 보호되어야 하는 것이 첫 번째로 해결되어야 할 과제일 것이다. 이는 이주민들의 상황을 완전히 이해하고 공감하며, 적절한 상담을 통해서 알맞은 해결책을 제시해 줄 수 있고, 이를 정책에 반영시킬 수 있는 매개자의 역할을 하는 전문가의 양성이 시급하다.

국가인권위원회에서는 2012년 이주민들의 인권강화를 위해서 '이주민 인권가이드라인'이라는 책자를 발간하고, 이주민들이 대한민국 국민들이 국내법상 보장받고 있는 자유권과 사회권 등 기본적인 인권을 가능한 한 평등하게 누릴 수 있도록 세부지침을 마련하였다. 그러나 이러한 세부지침을 마련하는 것만으로 모든 이주민들이 겪고 있는 문제가 단계적으로 해소될 것이라는 생각은 금물이다. 지침을 마련했으면 행동으로 옮길 수 있는 장치가 필요하다. 이를 위해서 국가에서 마련한 지침을 현실적인 문제에 적용시켜서 수행할 수 있는 전문가의 양성이야말로 이주자들의 인권을 최소한이라도 보장해줄 수 있는 장치를 마련하는 시급한 문제이다.

5) 다문화 인권 전문가

인권은 모든 외적 조건에 우선해야 한다. 피부색이 다르고 언어가 서툴다고, 또는 우리나라의 문화, 풍습, 제도에 서툴다고 해서 차별을 받아서는 안 될 것이다. 더더욱 사회적 경제적 약자라는 사실을 가지고 차별의 대상이 되어서는 안 될 것이다. 또한 우리나라에서 불법체류를 하고 있다는 이유로 노동착취를 당하고 있는 이주민들도 해당된다. 불법체류의 문제는 법적인 분야에서 해결해야만 될 문제이며, 법적인 문제 밖에서 그들의 인권까지 짓밟을 권리는 우리에게는 없다. 사회 곳곳에 스며들어서 보이지 않는 문제까지 해결해 줄 수 있는 인력, 다문화 인권 전문가들이 필요하다. 이제 우리나라도 다문화국가로 변화하려는 시점에서, 잘 훈련된 전문가는 시급한 문제 중에 하나이다.

다문화 인권 전문가의 수요에 대한 필요성은 기존 강사의 역량을 강화하고 이주자와 국내인의 문화 간 소통인력을 양성하기 위해서는 이주민의 한국 사회 이해 및 적응 증진이나 일반시민의 다문화사회 인식개선을 위한 강의를 진행하는 이른바 '다문화강사'의 교육 전문성이 요구된다. 최근 법무부에서 인증하는 교과목이 고등교육기관에서 개설되어 운영되고 있지만 막상 이들의 직무에 대한 분류나, 평가기준, 이에 따른 교과목의 타당성 등에 대한 직무설계는 오히려 국가적, 일선 고등교육기관에서 혼선을 초래하고 있다. 이에 국가직무능력표준(NCS : National Competency Standards)을 이용한 교육과정 분석을 통해 글로벌 경제 환경 변화에 대한 경쟁력 제고 방안을 마련하여 다문화정책의 올바른 방향성을 논의하고 한국의 이민정책 전반에 이론적 길잡이를 제공하고 있다. 이는 우리 국민들에게 다문화의 개념을 제대로 심어주고 우리 사회도 이미 다문화사회에 진출했음을 널리 인식시키며, 다문화사회에 걸맞도록 우리 사회 구성원 각자의 사고의 전환을 이루어 넓은 공감대를 형성하게 만드는 기회가 되기를 바라는 마음이다.

국내 체류외국인 2,416,503명(2019. 6. 기준) 현시대는 국제결혼가정과 중도입국자, 외국인근로자, 외국인유학생, 난민, 새터민, 북한이탈주민 등에 대하여 내국인의 다문화수용의시이 제일 중요한 시점이다.

The Plus Tip

이주민의 인권에서 소수자의 인권으로

대한민국은 이미 다문화사회이다.

우리가 원하든 원치 않든 피부색이 다르고, 언어가 다르고, 종교적·문화적 배경이 다양한 2,416,503명(2019. 6. 기준)의 이주민이 함께 살고 있다. 이주민뿐만 아니라 선주민 내에서도 성별, 이념, 종교, 출신지역, 성적 지향 등이 서로 다른 사람들이 어우러져 사는 현대는 다문화사회가 되었다.

사람과 물자, 정보의 이동이 자유로워진 현대 모든 사회는 다문화사회라고 할 수 있다. 이제까지 우리 사회는 함께 사는 사람들의 다양한 삶의 방식을 인정하는 데 무척 인색하다.

'결혼하면 시집의 풍습을 따라야지.', '나이가 어리면 잠자코 있어.', '결혼을 하지 않으면 평생 어른이 못 돼.' 불과 10여 년 전까지만 해도 흔히 들을 수 있었던 이야기들이다. 서로 다른 삶의 방식, 문화가 갈등을 일으킬 때, 다양성을 존중하고 합의하기보다는 힘이 센 쪽이 일방적으로 다른 쪽을 흡수하는 권위주의적 방식의 문제해결이 압도적이었다.

사실 우리 사회에서 인권이 법과 제도로 이야기되기 시작한 것은 불과 십수 년에 지나지 않는다. 오랜 세월, 다양한 개인의 자유와 인권은 국가의 안녕, 전체의 발전을 위해 희생되어도 좋다고 여겨졌고, 남들과 다른 생각을 하거나 다른 삶의 방식을 가진 소수자들은 철저히 배제되어 왔다. 어쩌면 이주민에 대한 차별과 배타적인 태도는 우리 사회에 깊이 뿌리내린 이러한 정치적 권위주의, 경제적 성과주의로부터 연유하는 것인지도 모른다.

다문화인권이 이주민의 인권, 혹은 피부색이나 인종, 민족에 대한 차별만을 다루어서는 안 되는 이유가 여기에 있다. 다문화, 여성, 장애인, 소수자 등 우리 사회의 다양한 구성원들의 차이를 인정하고 평등한 권리를 인정한다면, 우리의 인권 수준이 OECD 국가 중 상위권 어디쯤에 오르고 사회적 합의로 '어떠한 종류의 차별'도 허용하지 않는 법과 제도가 마련된다면 이주민의 인권을 따로 이야기할 필요가 없을 것이다.

이주민의 인권은 '인권친화적인 사회'로 나아가는 데 필요한 여러 해결 과제 중의 하나이다.

6) 폭력피해자 인권

(1) 가정폭력 인정 범위의 협소함

이주여성들이 직면하는 가정폭력 문제는 구타 등의 물리 폭력뿐만 아니라 성적 괴롭힘, 물건 착취, 인격을 무시하는 언어폭력, 특별한 이유 없는 가출과 이혼 종용, 알코올 중독자로서의 행태, 정신질환, 생활 방치, 노동활동 강요와 방임 갈취 등 폭넓은 유형으로 나타나고 있다. 아래의 사례는 가정폭력의 인정범위가 감소하여 이주여성이 겪고 있는 어려움을 보여주고 있다. 비록 구타와 같은 유형의 가정폭력은 없었지만, 무형의 가정폭력으로 볼 수 있음에도 불구하고 가정폭력을 입증할 수 있는 방법이 없어, 이혼소송에서 귀책사유를 인정받지 못하고, 결국 불법체류자로 남게 된 사례이다.

경북의 어느 시골로 시집가서 시부모님과 시아주버님 가족과 함께 살면서 온 가족이 다함께 농사일을 하면서 살았다. 남편과는 12살 차이가 났다. 시아버지가 자신의 피부병 때문에 연고를 바를 때면 며느리에게 시켰는데 그 시부가 허벅다리 안쪽이나 겨드랑이 등 연고를 발라달라고 요구하였을 때 항상 불편하고 싫다고 했다. 남편과 시어머니도 그 사실을 알고 있었고 본인이 그게 하기 싫다고 이야기했지만 아버지니까 그렇게 해야 한다는 말이 돌아왔으며, 아버지가 시키니 할 수밖에 없었다. 집 안에서 아버지와 둘이 있을 때는 아버지가 항상 속옷만 입고 다니시는 등 신체부분을 노출시키는 것에 대해 같이 지내기가 어려워 가출하였고 쉼터에 머물면서 이혼소송을 하였다. 그러나 증거도 없고 증인도 없는 상황에서 이런 사항을 성폭력이라고 법원은 인정하지 않았고 결국 귀책사유에 관한 자료도 받지 못하여 여성은 체류를 연장할 수 없었다. 이혼 이후 여성은 쉼터를 퇴소하여 한국에서 있을 수 있는 만큼 있다가 돌아가겠다고 했다(베트남, 23세). 앞의 사례는 성 학대이지만, 원치 않은 이혼 강요, 낙태 강요, 악의 유기, 인격 모독, 감금 등도 무형 폭력으로서 가정폭력에 포함되며, 실제 이주여성들이 가장 많이 호소하는 가정폭력의 유형에 해당한다. 그럼에도 불구하고 입증의 불가능성으로 인하여 결혼이주여성은 이혼에 동의하고 본국으로 돌아가는 것 이외에 어떠한 신댁도 불가능한 상황에 처해 있다. 최근에는 가정폭력이 있음에도 불구하고 남편의 귀책사유로 인한 체류 연장허가를 받지 못한 경우가 빈번하다고 했다.

(2) 성폭력, 성매매 피해 사례

이주여성은 남편으로부터 원치 않은 성관계의 강요 외에 친척이나 이웃으로부터 성폭력의 대상이 되는 사례가 있지만, 실제로 드러나는 사례는 극히 적다고 한다.

이주여성의 경우, 돈 주고 사온 물건으로 취급하는 인식이 있으며, 많은 나이 차이로 인해 이웃이나 친인척 사이에서도 이주여성을 성인의 존재로 인식하지 않았고, 남편의 무관심과 시어머니의 가해자 입장 지지로 몸과 마음이 심각한 피해를 입었으며, 또한 가해자를 경찰에 고소하여 사건을 접수하던 중 시어머니의 자살 소동과 남편의 설득으로 고소를 취하하고 아이들과 남편이 어머니와 거주지를 떠나 타지역에서 생활하고 있는 사례가 있다(베트남, 30세). 또한, 시누이가 부부 성관계를 몰래 카메라로 찍어 인터넷에 올리거나(베트남 여성), 이주여성이 성매매로 연결되는 경우, 이는 친척이나 이웃으로부터 성폭력 피해를 입게 하는 모습으로 나타나기도 한다. 모 이주여성은 동네 이장으로부터 지속적인 성폭력을 당했다고 한다.

이주여성의 유입이 확산되고, 외국인 노동자들이 늘어나면서, 이주여성이 자국인들과의 이혼이 늘면서 노래방 도우미나 마사지 업체, 성매매 업체로 유입되는 경우도 많다. 결국 이주여성의 성매매로 연결되면서 여성의 성매매로 인한 돈벌이를 남편이 같이 향유하는 경제 착취로 이어지는 경우와 취업을 목적으로 위장결혼한 경우는 가정생활에 신경을 못 쓰게 되고, 결국 가정불화로 이어져 이혼으로 연결되는 경우도 빈번하게 발생하고 있다.

(3) 사회복지기관에서의 인권

사회복지기관에서의 인권에 대한 문제는 신변노출의 문제가 있다. 사회복지 관련법과 연계된 사례는 그다지 드러나지 않아 신변노출의 위험 때문에 수급권 신청을 하지 못한 경우를 소개하고 있다. 합법적인 체류 자격을 갖고 있는 쉼터 입소자는 국가의 지원을 받을 수 있으나, 이 과정에서 신변노출이 되어 충분한 보호를 받지 못하고 있는 경우이다. 이러한 문제를 해결하기 해서는 관련법에 개인정보 보호 의무를 강화하는 규정을 마련함과 동시에 인권 및 개인정보 보호에 대한 교육을 받도록 하여야 할 것이다. 쉼터에 거주하고 있는 한 베트남 여성의 경우 타 쉼터에서 이주되어 왔는데 그쪽 쉼터에서 수급권자로 신청을 하였더니 남편이 쉼터를 알아내서 찾아왔고 다시 남편에게 신변이 노출될 위험이 있어 재수급권자 신청을 하지 못하고 있는 사례가 있다. 한편, 이주여성 신분증명에 개선사항을 소개하면, 법원은 가족관계등록부에 외국인 가족의 국적과 외국인등록번호 기록에 대한 내용으로 '가족관계의 등록 등에 관한 규칙'을 개정하여 2009년 10월 1일부터 시행하고 있다(가족관계등록규정 제314호, 외국인인 경우 기록 방법 제규정). 이처럼 가족관계등록부에 외국인 가족의 국적과 외국인등록번호를 기록함에 따라 외국인 가족의 신분증명의 불편함이 해소될 것이다.

2. 다문화가족 인권

1) 이주여성 상담

인종과 출신국, 남성과 여성, 타문화에 대한 배타성 등이 한국으로 이주해 오는 이주여성들을 대상으로 차별적으로 향해지고 있다. 차별이 폭력임을 인식하는 것이 인권감수성의 기본이며, 폭력에 대한 개념을 확대해서 보아야 이주여성에 대한 인권도 제대로 바라볼 수 있을 것이다.

여성인권 상담의 필요성과 언어 및 소수자의 권력강화를 조력하고 편견과 차별의 사회를 변혁시키는 여성주의 철학의 상담의 필요성은 여성내담자의 삶에 미치는 영향을 사회문화적 요인으로 고려하는 여성주의 상담이론과 부합하다. 이주여성을 상담하는 상담자는 문화적인 배경이 다른 사람들의 문화적인 차이와 거리를 최소화하여야 하며, 사회문화적인 맥락에서 인간행동에 대한 올바른 이해가 반드시 필요하다. 이주여성을 이해하기 위해서는 이주여성들이 어떠한 이유로 한국남성을 선택해서 우리나라에 오는지, 한국생활 정착과정 중 이주여성이 어떤 어려움을 겪고 있는지, 그리고 현실상황에서 처한 어려움이 국적취득의 문제인지, 경제적 어려움인지 혹은 자녀 양육의 문제, 남편과 시댁과의 갈등인지 등 어떤 어려움을 가지고 있는지를 이해해야 하며, 이주해 온 나라의 역사와 문화적인 배경, 우리나라와의 관계, 현재 그 국가의 국제적인 문제, 일상에 대한 이해를 바탕으로 이주여성 상담이 이루어지기를 기대한다.

이주여성의 경우 개인의 부적응의 문제, 심리상담과 인권보호뿐 아니라 상담, 체류문제, 경제적인 결혼 동기 등과 함께 사회적 관계와 적응을 위한 의사소통 어려움과 문화적인 차이 등을 고려해야 한다. 이주여성 상담은 지지적이면서 편안한 분위기에서 경청하며 필요한 부분을 지원하는 여성주의적 인권지향 상담을 추구하며 상담의 양적 성과가 아니라 문제해결 초점을 맞춰야 한다. 이주여성은 체류의 문제가 남편이나 가족에게 의존되는 구조이다. 모든 형태의 차별을 금지하고 차별을 구성하는 모든 조건, 즉 여성의 평등적 참여, 국적취득상의 평등, 동등한 교육 기회, 고용상의 평등, 동등한 사회보장, 법적 평등, 농어촌 여성문제 등 면밀히 검토해서 이주여성의 인권 문제를 끌어낼 수 있도록 하는 것도 중요한 과제일 것이다.

2) 이주여성 폭력피해자의 보호와 지원 체계

여성가족부는 전국 7개 지역에 다누리 콜센터가 운영 중이며 가정폭력, 성폭력, 성매매 체류, 법률 등의 상담을 하고 있다. 이주여성보호 시설 및 이주여성 자활 센터를 운영하여 심리적 안정과 의료지원 사회 적응 자립자활 교육과 취업지원 주거지원사업을 실시하고 있다. 비영리 단체로는 (사)한국이주여성인권센터에서에서 이주여성의 인권보호와 권익신장을 위해 힘쓰고 있다.

3. 다문화가족 상담 사례

1) 가정폭력

(1) 정의

가정폭력이란 가족구성원 사이의 신체적, 정신적 또는 재산상의 피해를 수반하는 행위를 말한다. 그리고 가족구성원의 범위는 배우자(사실상 혼인관계에 있는 자를 포함) 또는 배우자 관계에 있었던 자, 자기 또는 배우자와 직계존비속 관계(사실상의 양친자 관계를 포함)에 있거나 있었던 자, 계부모와 자의 관계 또는 적모와 서자의 관계에 있거나 있었던 자, 동거하고 있는 친족관계에 있는 자로 정의한다(가정폭력범죄의 처벌 등에 관한 특례법 제2조) '피해자'라 함은 가정폭력으로 직접적인 피해를 입은 자를 말한다.

가족구성원 사이에서 상대방을 통제하고 지배하기 위해 신체적, 정서적, 성적, 경제적 학대의 모든 행위를 말하고 있다. 가정폭력은 사적인 영역이라는 이유로 은폐되거나 사소하게 처리된다. 가정폭력은 인간의 안정권과 생명권을 침해받는다.

(2) 유형

신체적 폭력으로는 신체적으로 상처를 입히거나 시도하는 행위, 건강에 필요한 자원을 억제시키는 행위(약품과 치료 중단, 휠체어, 음식, 산소공급중단 등) 강제로 술을 먹이거나 약물을 강요하는 행위 등을 말한다. 언어, 정서적 폭력의 유형으로는 모욕적인 언어, 수치심 유발, 욕설, 폭언, 가족 비난, 심리적 괴롭힘, 외부관계 단절, 일거수일투족 감시하고 위협하는 행위, 성적 자기결정권 침해, 부부 강간, 강제불임 및 낙태, 자녀에 대한 성학대 등의 성적 폭력과 경제적 방임, 유기, 경제활동 통제, 지출목록 감시, 양육비 미지원, 노인 명의의 부동산이전 등을 포함한다. 이 이외에 사회적 관계의 단절과 의처증 노인 유기, 방치 등이 있다.

(3) 특징

가족은 가장 친밀한 인간관계의 한 형태이다. 자녀와 부모, 친족, 이웃을 매개로 분리되기 힘들며 인간관계에 미치는 영향이 크다. 가정폭력은 장기적이고 반복적으로 행하여진다. 긴장－폭력발생－평정(이완)－긴장의 주기를 가지며 확대되고 순환되는 경향이 있다. 이완시기에 피해자는 더 이상 폭력이 없을 것이란 희망을 가지며 폭력이 다시 발생하고 평정되는 반복의 형태를 가진다. 신체적, 정서적, 경제적 폭력 외에 부부간 성폭력까지 시간이 갈수록 폭력의 유형이 다양화되고 정도가 심화된다. 반복되는 폭력의 순환과정을 겪으면서 피해여성의 인지적 판단력이 현저히 떨어져 신체적 손상은 물론, '외상 후 스트레스 장애' 등 정신질환에 시달리게 되며 폭력에 대한 공포와 학습된 무력감에 젖어 가정폭력으로부터 벗어나는 것이 불가능하다고 믿게 된다. 또한 자기존엄성이 약해지기 때문에 스스로 사회적으로 고립시키고 남편의 학대와 구타에 의해 고립 상태로 빠지게 된다. 가정이라는 사적공간을 이유로 외부인 등의 개입이 어렵고, 폭력이 증거 또한 남기기 어렵다.

가정폭력을 경험한 아동, 청소년은 폭력을 제어할 수 없다는 무력감에 시달리고 이것은 잦은 분노표출로 나타난다. 분노표출의 방향이 밖으로 향할 때 폭력적 성향을 보이고, 자신으로 향할 때 우울, 불안, 위축 등으로 나타난다.

가장 신뢰할 만한 친밀한 관계(남편)에서 당하는 폭력은 신체적 상처만이 아니라 심각한 정서적 후유증을 남긴다. 특히 우울증과 무기력, 낮은 자존감, 자기 왜곡, 공포, 외부세계에 대한 무감각한 반응 등의 증상으로 나타나는 피학대여성증후군은 대표적인 아내폭력 후유증이라 할 수 있다. 가부장제 사회구조에서는 가정에 헌신하는 여성상을 강요하기 때문에 가정을 떠나면 비난받고, 머물면 현대사회가 선전하는 행복한 여성상, 성공한 여성상으로 인한 이중적 잣대로 가부장적 사회 구조 속에서 헌신하는 여성상을 강요하는 사회적 요인이 작용한다. 이처럼 가정폭력을 개인의 문제 혹은 가정 내 문제로 인식하여 피해자 역시 가정폭력을 사회적 문제로 생각하지 못하고 가정폭력특례법 등 법적, 제도적 장치에 대해 알지 못해 사회적으로 도움받을 수 없다고 생각하는 경우도 많다.

(4) 이주여성 가정폭력의 특징

이주여성의 가정폭력과 일반가정의 폭력을 비교해 보면 부부폭력 발생률은 비슷하지만, 이주여성의 가정폭력에서 경제적 폭력이 높게 나타나고 있다(여성가족부, 2016년 전국가정폭력 실태조사). 사회적 기반이 취약하고 경제적 활동의 제약 등에 따른 남편에 의한 경제적 폭력에 노출되어 있다. 서울이주여성상담센터 통계자료에서 가정폭력 상담에는 이혼문제, 가정폭력피해에 대처하는 법률문제, 이혼 후 발생하는 체류문제, 가정폭력발생 후 자립을 위한 생활문제, 보호시설이용, 가정폭력으로 발생하는 신체적 피해에 따른 의료기관 이용, 가정폭력의 원인이 되는 가족불화, 부부갈등, 배우자의 성폭력 등이 있다. 이주여성은 언어적 소통 부족과 구조 인프라의 부족 등으로 폭력 피해를 알려 구조요청을 하는 데 어려움이 있다. 권위적인 남성 위주의 가부장적 가족제도에 의한 피해와 경제력, 법률제도의 무지 등으로 더 많은 피해가 발생하고 있다.

(5) 가정폭력 가해자

가정폭력 가해자의 경우, 공격적이고 여자를 무시하며 남성 우월 의식을 가지고 있다. 또한 미성숙하고 의존적인 성격으로 가족 외의 타인에게는 복종적이고 온순하며 사회동료들은 학대현장을 보지 않고는 믿지 못할 정도이다. 이러한 경우 남편은 자신의 스트레스를 아내 구타를 통해 배출하는 경우가 많다. 또한 자신의 감정을 정확히 알아차리는 데 어려움이 있다. 대부분의 폭력 남성은 우울한 성향이 있고 상대방의 반응과 판단에 예민하게 반응하며, 이러한 자존감이 그들의 심리적 상처와 공포가 결합되면서 즉시 분노감정을 일으키게 되며 그러한 감정들은 공격행동으로 전환된다. 또한 행위자의 아내에 대한 질투심과 소유욕의 정도가 병리적이다. 이 밖에도 수줍음이 많고 의사소통과 대인관계에서의 어려움이 있으며 사회지지망으로부터 고립되어 있으며, 충동조절능력에 결함을 보인다. 또한 표현능력이 부족하고, 자기주장을 못하고 상대방을 탓하거나 문제의 원인을 외부의 탓으로 돌리면서 자신의 행동을 정당화시키는 특성이 있다. 분노의 대상을 전위한다거나 갈등해결기술과 문제해결기술 부족 등의 특성이 있다.

(6) 가정폭력 피해자

장시간에 걸친 주기적이고 지속적인 가정폭력으로 인하여 피해자는 신체적 피해 이외에 정신적, 심리적 피해를 경험한다. 사회적으로 가정적으로 보호받지 못하는 소외감과 자신이 학대받는 상황이라는 자체만으로도 피해자는 심한 수치심을 느끼고 이성적인 판단과 폭력에 대항하지 못하고 공포감으로 인해 낮은 자존감과 반복적인 구타와 계속되는 상황에 대해 학습된 무력감에 시달린다. 매맞는 아내들의 심리상태는 맞을 짓을 했는가 하는 죄책감, 심한 우울 경향, 스트레스 등으로 나타난다. 또한 지속적인 가정 폭력 피해 자녀들에게는 판단력과 사고력의 손상, 학습장애, 대인관계의 어려움, 적응장애 등이 나타난다. 가정폭력 가정의 자녀들에게 나타나는 내재화된 반응으로는 우울과 불안을 들 수 있다.

(7) 가정폭력 사건의 대응방법

- 상담 시 현재 어떤 상황인지 확인하고 파악한다.
- 지속적인 폭력인지 긴급상황인지를 파악한다.
- 피해자의 안전을 확보한다.
- 폭력에 대한 책임은 피해자가 아닌 가해자에게 있다.
- 피해자의 선택을 존중하라.
- 폭력증거를 잘 남겨둔다(상담기록, 병원기록, 폭력 증거 사진)
- 이주여성의 경우, 체류 관련된 법적지원에 관한 문제를 파악하여야 한다.

2) 성폭력

(1) 정의

성폭력은 상대방의 동의 없이 강제적으로 성적행위를 하거나 성적행위를 하도록 강요 및 위협한 행위이다. 여성에 대한 제반 폭력(gender violence, violence against women)과 성(sexuality)을 매개로 한 폭력(sexual violence), 즉 상대방의 의사에 반하여 육체적, 심리적 혹은 경제적 압력을 가하는 성행위를 말한다. 또한 성적 자기결정권을 침해하는 행위로 상대방의 동의 없이 성을 매개로 일어나는 강간 및 성추행, 성희롱, 성기노출, 음란통신, 음란물 배포, 윤락행위 강요, 강도강간 등을 포함한다.

이주여성의 경우, 피해 유발 시 어디에서 도움을 받을지에 대한 정보 제공이나 피해자 유발론적인 잘못된 인식의 개선이 필요하며 통번역서비스를 통한 진술을 확보하고 폭력 증거 확보와 이주여성의 신분증 소지 확인 등이 필요한 특수성들을 고려해야 한다.

(2) 이주여성에 대한 성폭력의 특징

이주여성은 열악하고 위험한 주거 환경과 이주여성의 신분을 이용한 협박 등으로 신고율이 낮을 수 있다. 특히 불법체류상태의 성폭력 피해자는 강제출국의 두려움으로 침묵할 수 있으며, 국제결혼과정, 비인권적 상황, 영리추구의 중개업체의 진행과정에서 노출되기도 한다.

일반적인 성폭력 사건의 특성에 더하여 체류자격 불안, 저개발국 출신에 대한 차별과 국제결혼 광고 등에 의한 성적대상화 등 이주여성의 특성이 결합되어 나타난다. 여성노동자의 경우, 성폭력의 피해에 노출되기 쉬운 환경으로 환경의 열악함과 체류자격에 따른 불안정한 외적 환경 때문에 성폭력의 피해로 어려움을 겪고 있다. 2013년 이주민 인터넷 방송인 이주민 방송과 외국인력지원센터에서 고용허가제로 입국한 이주노동자 대상(1,218명) 실태조사 결과 205명 가운데 10.7%가 성폭행, 성희롱 피해를 당한 적이 있다고 응답하였다. 피해유형을(복수응답) 보면 성폭행이 47.4%, 회식 자리에서 불필요한 신체접촉이 31.6%, 성매매를 요구하는 경우 21.1%였으며, 가해자는(복수응답) 대부분 사장(80%)이나 관리자(70%)였다.

(3) 성폭력 후유증

성폭력피해자는 자신감상실과 함께 가족관계, 대인관계가 균형을 잃게 되어 점차 환경으로부터 고립, 단절된다. 또한 자신의 감정과 욕구억압, 부정, 해리 등의 방어행동으로 인해 인격의 통합성을 상실하여 정체성의 위기를 경험한다. 성폭력에 의한 직접적 피해 후 가족이나 주변 사람들, 사법기관이나 언론 등의 피해자에 대한 불신과 비난, 신원 공개, 피해자의 보호미흡 등 부정적인 반응으로 생기는 2차 피해가 발생할 수 있다. 또한 성폭력 피해는 위기상담의 성격이 강하다. 성폭력이 의심되는 관련 근거들을 보전한다. 특히 친족 성폭행의 경우는 피해자와의 격리조치가 필요하며 피해자 보호시설에 입소하도록 조치하여 즉각적인 의료적 법적정보제공이 필요하다.

① 정서적 영역

㉠ **불안강박증** : 성적인 피해 장면을 연상하게 하는 사건이나 장면에 대해서는 민감한 반응을 보이며 사소한 일에도 심하게 놀라는 과잉적인 불안증세를 보인다(외상후 스트레스장애, 강박관념 등).

㉡ **무력감, 우울증** : 자신의 몸이 더럽혀졌고, 무가치한 존재라고 생각한다.

㉢ **수치심과 죄책감** : 순결이데올로기로 인한 수치심, 성폭력이 자신의 부주의로 발생하였다고 죄책감이나 자책감을 갖는다.

② 인지적 영역

㉠ **해리** : 피해상황을 견디기 어려워 피해가 자신에게 일어난 것이 아니라 마치 남의 일을 관찰하는 듯한 느낌을 갖는다. 이 증상이 심해지면 다중인격자가 된다.

㉡ **왜곡된 사고** : 성폭력피해자가 심리적 후유증을 겪는 것은 성폭력을 경험한 후 자신과 환경에 대한 왜곡된 사고를 갖기 때문이다.

㉢ 대인관계를 기피하고, 신뢰 형성이 어렵다. 특히 아동기나 근친성폭력 피해자는 적절한 대인관계 형성이 되지 않아 사회부적응자가 되기 쉽다.

㉣ **신체적 영역** : 자해, 섭식장애, 성관계 거부, 자위행위 집착, 문란한 성생활, 성매매 유입되기 쉽다.

근친 성폭력, 아동성폭력, 상해를 입거나 심각한 성폭력상황, 반복적인 피해상황, 피해자가 일상생활에 어려움을 호소할 때는 반드시 정신과 치료를 받아야 한다.

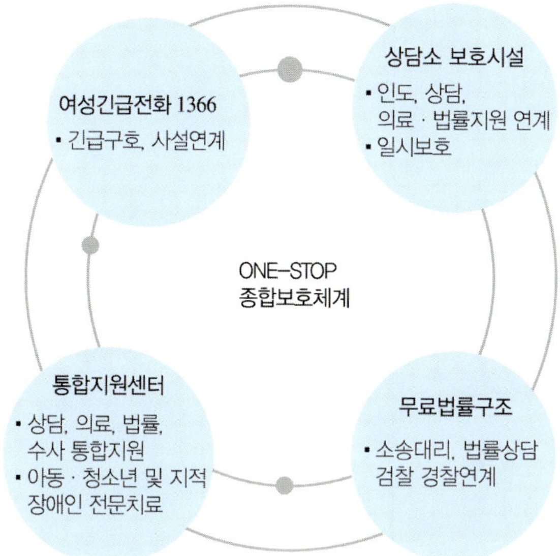

성폭력 피해자 지원 원체계로는 여성긴급전화 1366, 원스톱지원체계인 해바라기센터, 성폭력상담소, 피해자 보호시설, 피해자 국선변호인제도, 피해자 지원 의료 등이 있다.

제5장 다문화가족 상담

1. 다문화가족 사정
2. 다문화가족 상담 방법
3. 다문화가족 상담 평가

CHAPTER 05

다문화가족 상담

1. 다문화가족 사정

1) 가족사정

전통 정신의학 모델에서는 치료의 첫 번째 단계가 진단 또는 사정이다. 가족상담의 경우에도 사정에 대한 관심은 있으나 정신의학적 모델과 비교하면 진단이나 사정의 중요성이 그다지 강조되는 편은 아니다. 물론 상담자는 상담계획을 설정하기 위해 가족을 범주화하고, 판단하고, 평가하는 것이 중요하다. 그러나 가족상담에서의 사정은 가족을 변별하기 위해서보다는 가족에게 어떤 형태의 상담이 바람직한가를 결정짓는 도구이다. 즉, 사정은 제공할 상담의 방향을 결정하기 위해 가족을 충분히 알아가기 위한 과정인 것이다. 사정과정은 가족을 어떻게 적용할 것인지에 대한 정보와 가족 안에서 나타난 문제들의 기능에 대한 정보를 얻기 위해 상담자에 의해 설계된 연속적인 행위이다.

가족사정이 치료적 의미를 가지는지의 여부는 상담 전체의 맥락에서 논의될 문제로서, 그것은 상담자가 추구하는 방향과 방법에 따라 위치가 달라질 수 있다. 그러나 상담자는 사정하는 과정 자체를 치료적 개입이라고 생각하는 마음가짐이 중요하다. 즉, 사정을 위해 투자하는 물리적 노력은 치료적 개입과 가족을 진단한다는 두 가지 목적 모두에 사용할 수 있다.

상담자가 사정 단계에서 다양한 정보를 파악할 때 반드시 가족에게 가족체계론적 관점에서 생각하도록 강요한다면 가족은 오히려 상담에서 멀어질 수도 있다. 가족을 이해하는 상담자의 시각이 가족체계론적 입장을 가지느

냐의 여부가 더욱 중요하다. 상담자가 가족 개인에게 각자의 입장을 설명하지 않더라도 면담을 통해 그들은 가족구조와 가족체계 안에서 자신들의 역할에 대해 생각할 것이다. 그러나 상담에 임하는 초기 단계에서는 가족들은 종종 자신들이 경험한 정리되지 않은 감정 때문에 현재 자신들에게 어떤 문제가 있으며, 무엇을 원하는지를 잘 모르는 경우가 있다. 이때 가족의 문제를 분명히 하지 않으면 상담의 방향을 잃을 수 있는데 상담자가 정확한 가족기능의 개념을 가지고 가족을 사정한다면 자신이 만나는 가족을 보다 잘 이해할 수 있을 것이다. 여기서는 가족 상담이라는 상황에서 유용하게 사용하는 도구인 질문지를 통한 객관적인 사정도구와 가족개념을 통한 가족사정, 가족화와 같은 주관적인 사정 방법을 소개하려고 한다.

(1) 객관적 사정 방법

가족 상담을 하기 전에 가족에게 자기보고식의 질문지로 자신의 가족을 평가하게 한다. 임상에서 사용되는 질문지는 대부분 상담자가 자신이 만난 가족의 문제를 목록화하고, 사정하기 위한 객관적인 도구의 필요성에서 개발한 것이다. 상담과정에서 자기보고식 질문을 사용하면 다음과 같은 이점이 있다.

첫째, 어떤 가족에게 다른 가족의 걱정이 무엇인지에 대해 체계적으로 이해시킬 수 있는 기회를 제공한다.

둘째, 가족 각자에게 자기노출을 할 수 있는 기회를 제공한다. 사람들은 그들이 걱정하는 특정한 문제 또는 잠재적인 문제에 대해 언어로 표현하는 것보다 체크리스트에 답하는 것에 부담을 덜 느낀다. 자신들이 어떤 문제에 대해 편향된 지각을 한다는 통찰은 그 자체만으로도 치료적 효과가 있다.

현대 가족상담 분야에서 자주 사용되는 질문지법의 사정도구는 다양하지만, 여기서는 가족 전체의 기능을 파악하는 두 가지 모델로 맥매스터 모델과 순환모델을 소개한다. 임상현장에서는 그 밖에도 많은 객관적인 도구를 사용하는데, 상담자는 각 도구의 특성을 파악해 실제와 조화를 이루는 것을 선택하는 지혜가 필요하다. 가족상담에서 평가도구를 선택할 때는 개인의 가족역할, 집단으로서 가족, 가족의 상호작용을 포함하는 것이 바람직하다.

① 맥매스터 모델

캐나다의 맥매스터대학 정신과에 있는 N. Epstein 등에 의해 개발된 맥매스터 모델(McMaster model)은 가족기능을 문제해결, 의사소통, 역할, 정서적 반응성, 정서적 관여, 행동통제, 가족의 일반적 기능 차원의 7가지 측면에서 파악하였다(Epstein, Bishop, & Levin, 1978). 본 도구는 53문항이지만 한국의 문화적 특성을 고려해 수정된 단축형(정수경, 1993)인 34문항 <표 5-1>이 주로 사용된다.

〈표 5-1〉 가족 기능 척도

척도내용			
* 다음은 귀하의 가족을 나타낸 질문지입니다. 해당되는 곳에 ✔ 표시 하십시오.			
매우 그렇다		전혀 그렇지 않다	
1	2	3	4

우리 가족은

1. 서로를 잘 이해하지 못하기 때문에 우리가 해야 할 일을 계획하지 못한다.
2. 누군가가 기분이 나쁘면 왜 그런지를 안다.
3. 위기가 닥치면 서로에게 도와달라고 부탁할 수가 있다.
4. 갑자기 큰 일을 맞게 되면 어떻게 할 바를 모른다.
5. 서로에 대한 애정표현을 하지 않으려고 한다.
6. 슬픈 일이 있어도 서로에게 그런 얘기를 하지 않는다.
7. 자신에게 중요한 일일 때만 서로에게 관심을 가진다.
8. 집에서 할 일이 충분히 나누어져 있지 않다.
9. 규칙을 어겨도 그냥 지나간다.
10. 빗대서 말하기보다는 직접 솔직하게 이야기한다.
11. 감정적으로 반응하지 않는 식구들이 있다.
12. 우리가 두려워하는 일이나 걱정에 대해 얘기하기를 꺼린다.
13. 각자의 역할을 다하지 못한다.
14. 집단문제를 해결하려고 애쓴 후에 그것이 잘 되었는지 아닌지에 대해 얘기하고는 한다.

15. 지나치게 자기중심적이다.
16. 서로에게 감정을 표현할 수가 있다.
17. 화장실을 사용하는 방식이 정해져 있지 않다.
18. 서로에 대한 사랑을 표현하지 않는다.
19. 우리에게 관계있는 일에만 서로 관여하게 된다.
20. 식구들이 개인적인 관심사를 알아볼 시간이 별로 없다.
21. 개인적으로 얻는 것이 있다고 생각할 때 서로에게 관심을 보인다.
22. (나쁜)감정문제가 나타나면 거의 풀고 지나간다.
23. 다정다감한 편은 아니다.
24. 어떤 이득이 있을 때에만 서로에게 관심을 보인다.
25. 서로에게 솔직하다.
26. 어떤 규칙이나 기준을 고집하지는 않는다.
27. 어떤 일을 부탁하고 나서 나중에 다시 일러줘야 한다.
28. 집에서 지켜야 할 약속들을 어기면 어떻게 되는 건지 잘 모른다.
29. 함께 있으면 잘 지내지 못한다.
30. 가족으로서 각자가 해야 할 일에 대해 불만을 가지고 있다.
31. 좋자고 하는 것이지만 서로의 생활에 너무 많이 개입한다.
32. 서로를 믿는다.
33. 누가 해놓은 일이 마음에 들지 않으면 그 사람에게 말한다.
34. 문제를 해결하려고 할 때 여러 가지 방법을 생각해 본다(정수경, 1993).

출처 : 김유숙·전영주·김수연(2003). 가족평가핸드북. 학지사.

해석

(1) 문제해결 : 문항 14, 22, 34

문제해결은 가족이 효과적인 가족기능을 유지하면서 가족 문제를 해결하는 능력이다. 대부분의 가족은 유사한 범위에서 통합과 기능에 어려움이 있다. 다만 효과적인 가족은 문제를 해결하고, 효과적이지 못한 가족은 문제에 잘 대처하지 못하는 차이가 있을 뿐이다. 따라서 문제를 해결하는 데 어려움이 있는 가족은 비효과적으로 기능하는 가족이라고 할 수 있다. 그러므로 일반적으로 가족에게 해결되지 않은 문제가 적을수록 그 가족은 건강한 가족이다.

(2) 의사소통 : 문항 2, 10, 25, 33

의사소통 기능이란, 가족 내에서 정보가 어떻게 교환되는가 하는 것으로, 이 척도에서는 언어적인 것에 국한하였다. 실제의 의사소통에서는 목소리, 억양, 얼굴표정, 시선, 신체언어 등 비언어적 의사소통이 중요한 부분을 차지하는데, 맥매스터 모델에서는 그 부분이 배제되었다는 한계가 있다. 의사소통을 결정하는 중요한 요소는 의사소통을 하는 사람이 의사를 얼마나 솔직하고 명료하게 전하는가, 의사소통의 양은 충분한가, 의사를 전달하려는 사람이 존재하는가, 얼마나 마음이 열려있는가 등이다.

(3) 가족의 역할 : 문항 8, 13, 20, 27, 30

가족의 역할이란, 개인이 가족기능을 충족시키기 위해 반복적으로 하는 행동유형이다. 과제를 달성하기 위해서 역할이 적절하게 분배되어야 하며, 가족은 분배된 역할을 실행하는 것이 필요하다. 가족 간에 역할분담이 적절히 이루어지지 못하거나 이미 과중한 부분을 가진 가족들에게 또다시 어떤 역할이 부과될 때 어려움을 겪는다. 건강한 가족일수록 가족 기능이 각 가족을 충족시킬 수 있으며 역할분담과 책임도 명백하다.

가족의 역할은 가족이 건강하게 기능하기 위한 필수적 기능과 그 밖의 가족기능으로 구별된다. 필수적 기능이란 물질적인 자원을 마련하는 것, 가족을 양육하고 격려하는 것, 배우자끼리 성적으로 만족하는 것, 생활하기 위한 기본적인 기술을 획득해 가족을 유지하는 것이다. 그 밖의 가족기능이란 특정 가족에게만 기능하는 것이다. 예를 들어, 가족 중 한 명을 이상화시키거나 반대로 희생양으로 만드는 것이다. 이처럼 가족이 가진 특별한 역할은 개인이나 가족병리를 반영하는 경우가 있으므로 가족상담자가 가족을 이해하는 데 도움이 된다.

(4) **정서적 반응성 : 문항 5, 11, 18, 23**

정서적 반응성은 주어진 자극에 따라 적절한 내용과 적절한 양의 감정으로 반응할 수 있는 능력을 의미한다. 내용 면에서 두 가지 질문을 할 수 있다.

첫째, 가족이 일상적인 정서생활에서 다양한 느낌을 경험하거나 반응하는가?

둘째, 경험된 정서는 상황적 맥락에서 자극에 부합하는가?

효과적인 정서생활을 하는 가족의 경우 질적인 면에서 또는 양적인 면에서 모두 적절한 정서적 경험을 할 수 있는 가능성이 있다. 의사소통의 차원은 가족이 경험하는 감정을 어떻게 전달하는가의 문제를 다루는 것이라면 정서적 반응성이란 가족이 정서를 경험하는 것과 관련이 있다. 정서는 애정, 안정감, 즐거움 등의 안전감과 두려움, 비애, 분노, 우울과 같은 위기감으로 구분된다. 적절한 수준의 정서적 반응이 무엇인지 그리고 어떻게 정서를 표현하는지는 문화적인 특성에 따라 다르다.

건강한 가족은 적절한 강도와 지속성을 가지고 다양한 정서반응을 할 수 있는 능력을 가진다. 반대로 역기능적인 가족은 반응하는 정서의 범주가 극도로 한정되어 있거나 반응의 질이나 양적인 면에서 항상 부적절하다.

(5) **정서적 관여 : 문항 7, 15, 19, 21, 24, 31**

정서적 관여란, 가족 서로에 대한 관심이나 배려의 양과 질의 문제로 가족 전체가 가족 구성원의 흥미, 활동, 가치관에 얼마나 관심을 보이는가를 의미한다. 맥매스터 모델에서는 정서적으로 서로 관여하는 정도는 다음의 다섯 가지로 분류하였다.

첫째, 서로 전혀 관여하지 않은 수준으로 가족은 서로에게 소원하거나 무관심해 가족 구성원은 충족되지 못한다.

둘째, 감정이 배제된 관여로 가족끼리의 관여는 의무감이나 다른 가족을 통제하거나 단호한 호기심이 있을 때만 서로가 관여한다.

셋째, 자기도취적 관여로 다른 사람에 대한 관여가 주로 자기중심적일 때 일어난다. 즉, 어떤 가족이 다른 사람의 일을 진심으로 걱정하거나 보살피는 마음에서보다는 자기 자신의 존재가치를 유지하기 위해 다른 가족과 관여하는 것이다.

넷째, 공감적 관여단계이다. 이는 어떤 문제에 관여할 때 어떤 가족에게 무엇이 필요한가를 진정으로 이해하고 그 사람에게 관여하는 바람직한 관계이다.

다섯째, 공생적 관여로 가족이 지나치게 관여한 나머지 개인의 발달에 장애를 초래할 위험이 있다. 가족이 건강한지의 여부를 판단하기 위해 정서적 관여 형태를 보아야 한다. 가장 효과적이지 못한 관여는 양극에 해당하는 관여의 결핍이나 공생적 관여의 형태이다.

(6) 행동통제 : 문항 4, 9, 17, 26, 28

가족은 지금 상태를 유지하거나 어떤 새로운 상황에 적응하기 위해 다른 가족 구성원에게 영향을 주게 된다. 이 과정에서 가족 구성원의 행동을 통제할 필요가 있다.

맥매스터 모델에서는 행동통제를 다음의 네 가지 유형으로 분류하였다.

첫째, 경직된 통제는 어떤 통제가 행해지는지를 예측하기 쉬우나, 건설적이지 못하고 적응력도 낮다. 이것은 일상생활이나 역할을 현재 상태로 유지하는 데는 도움이 되지만, 어떤 가족이 새로운 발달단계에 직면해 변화가 필요할 경우에는 바람직하지 않다.

둘째, 유연한 통제는 예측 가능하며 건설적이고 환경변화에 적절하게 적응할 수 있다. 다소 지적이며 교육적인 성격을 가지기 때문에 가족이 그들의 이상이나 규칙을 함께 공유하기 쉽다. 따라서 과제 달성이 용이하다.

셋째, 방임적 통제는 어느 정도 예측이 가능하지만 건설적이지 않다. 어떤 일을 준비하거나 실행할 때 힘은 약하고 우유부단하여 의사소통과 역할분담에 문제가 생긴다. 이러한 무질서한 가족 속에서 자란 아동은 정서적으로 불안정하며 다른 사람의 주의를 끌려고 하거나 충동을 억제하거나 통제하는 힘이 약하다.

넷째, 혼돈된 통제는 예측할 수 없으며 건설적이지 못하다. 때때로 엄격하게 통제하기도 하고 또는 자유방임적이므로 그 다음에 어떤 것이 일어날지 예측할 수 없다. 사건의 변화는 가족을 둘러싼 상황이나 필요에 의해서가 아니라 어떤 가족의 기분이나 감정에 의해 일어나는 경우가 많다.

(7) 가족의 일반적 기능 : 문항 1, 3, 6, 12, 16, 29, 32

가족의 정신건강 및 병리적인 면을 총체적으로 측정하는 것이다.

② 순환모델

순환모델은 문헌연구 결과 응집력과 적응력이 가족행동이 가족을 유지하는 데 가장 기본적이라는 것을 밝혀냈다(Olson, Sprenkle, & Russell, 1983). D. Olson 등은 <표 5-2>와 같은 가족응집성과 적응성 측정척도(FACES : Family Adaptability and Cohesion Evaluation Scales)라는 순환모델의 질문지를 개발하였다.

홀수번호 문항은 응집성에 관한 문항이며, 짝수번호 문항은 적응성에 관한 문항이다. 문항번호 3, 9, 15, 19, 24, 25, 28, 29는 역점수를 준다. 본 도구는 신뢰도와 타당도가 높아서 임상현장에서 자주 사용되는 척도이다. 또한 이 척도는 현재 가족에 대해 각각 질문하도록 구성되어 있다.

가족이 어떤 위치에 해당하는지를 규명하는 것보다 가족이 응집력과 적응력 정도에 대해 어떻게 인식하는가에 보다 많은 관심이 있다. 따라서 상담자는 이 도구를 가족사정의 의미보다는 치료수단으로 활용할 수 있다는 점에서 높이 평가한다.

적응성과 응집력을 각각 4개의 수준으로 구성해 총 16개의 가족유형으로 나누었다. 적응성이란 가족의 변화를 허용하는 정도, 균형을 유지하려는 정도를 말한다. 즉, 가정생활의 압박이나 갈등의 반응에서 가족의 규칙, 역할, 구조 등을 유연하게 할 수 있는 가족능력을 의미한다. 가족이 효율적으로 기능하기 위해서는 균형을 유지하려는 힘과 변화하는 능력이 적절한 조화를 이루어야 한다. 혼돈된 가족은 가족생활의 문제와 관련된 어떤 구조도 가지고 있지 않다. 유연한 가족은 규칙이나 역할변화를 인정함으로써 문제를 해결하는 능력을 가진다. 구조화된 가족은 유연한 가족보다 역할이나 규칙을 수용하는 능력이 부족하다. 또한 경직된 가족은 역할이나 규칙의 변화를 소극적으로 받아들이며 그들은 현상유지를 위해 많은 노력을 한다.

〈표 5-2〉 가족응집성과 적응성 척도

척도내용			
* 다음은 가족생활에 대한 질문입니다. 해당되는 곳에 ✔ 표시 하십시오.			
전혀 그렇지 않다	다소 그렇지 않다	그저 그렇다	다소 그런 편이다
1	2	3	4

1. 우리는 서로 돕는다.
2. 우리 식구는 누구나 쉽게 자기 생각을 가족들에게 이야기한다.
3. 고민이나 비밀이 있으면 식구가 아닌 사람과 이야기하거나 의논하는 편이다.
4. 집안의 중요한 일을 결정할 때는 모든 식구가 참여한다.
5. 우리 식구들은 집에 오면 그날 있었던 일을 서로에게 이야기한다.
6. 우리 형제들은 부모님의 교육이나 생활지도방법에 대해 우리들이 생각하는 것을 말씀드리고는 한다.
7. 집안에서 일이 생기면 우리 식구는 함께 일을 처리한다.
8. 문제가 생기면 우리 가족은 함께 의논하고 의논을 통해 만족스러운 해결책을 찾으려고 한다.

9. 우리 식구들은 멋대로 행동하는 경향이 있다.
10. 우리 식구들은 돌아가면서 집안일을 돌본다.
11. 우리 식구는 각자의 친구들을 좋은 친구로 인정한다.
12. 우리 집의 규칙은 상황에 맞게 조절된다고 본다.
13. 우리 식구들은 자신의 일을 결정하기 전에 가족들과 먼저 상의하는 편이다.
14. 우리 식구들은 하고 싶은 말이 있으면 스스럼없이 이야기하는 편이다.
15. 우리 가족은 집안을 위해서 무엇을 해야 할지를 모르는 것 같다.
16. 우리 부모님은 우리 형제들의 의견을 존중해 주는 편이다.
17. 나는 부모님과 형제들에 대해 깊은 애정과 친밀감을 느낀다.
18. 우리 부모님은 상이나 벌을 공정하게 주는 편이다.
19. 식구가 아닌 사람에게서 더 깊은 친밀감과 편안함을 느낀다.
20. 우리 식구는 문제나 고민거리가 생기면 새로운 해결방법을 찾아보려고 한다.
21. 우리 가족이 내린 결정을 잘 따른다.
22. 우리 식구는 집안일을 나누어서 하며, 자기가 맡은 일에 대해 책임감을 갖고 있는 편이다.
23. 우리 식구가 함께 여가 시간을 보내는 것을 좋아한다.
24. 우리 가족의 규칙은 바꾸기가 힘들다.
25. 우리 가족은 집에서 서로 대하기 싫어한다.
26. 우리 식구는 어떤 문제가 생기면 그 문제에 대해 서로 상의하는 편이다.
27. 우리 가족은 서로의 친구에 대해 잘 알고 있다.
28. 우리 가족은 마음속에 있는 생각을 이야기하는 것을 서로 꺼리는 것 같다.
29. 가족 전체가 합심하여 행동하기보다는 몇몇 가족원끼리만 짝을 지어 행동하는 편이다.
30. 우리 가족은 취미활동을 같이 하는 편이다.

출처 : 김유숙·전영주·김수연(2003). 가족평가핸드북. 학지사.

응집력은 가족구성원 서로의 정서적 결합의 정도를 나타내는 것이다. 즉, 가족들에게 부여된 개인의 자율성과 가족이 함께하는 정도와 관련이 있다. 응집력 역시 조화를 이루는 것이 중요한데, 어떤 조화가 최적의 상태인가는 가족이 속한 문화에 따라 달라진다. 분리된 가족은 낮은 응집력을 보여서, 가족은 최대한의 자율성을 즐기며 가족 안에서 자신을 동일시하려는 노력은 전혀 하지 않는다. 분리된 가족은 개인의 자율성에 가치를 두지만 그들은 가족의 통합성과 정체성의 감각도 함께 지니고 있다. 연결된 가족은 친밀함에 가치를 두며, 각 구성원의 자율성 발달을 인정하고 돕는 경향이 있다. 융해된 가족은 가족의 친밀성을 가장 가치 있게 생각하는데, 때로는 자립을 방해하는 희생적인 가족결합을 강요하기도 한다.

순환모델에서는 중간 범위의 가족이 적응성이나 응집력에서 적절한 점수를 가지면 건강한 기능을 한다고 보았다. 이와는 달리 일반적으로 두 차원의 극단적인 점수를 나타내는 가족은 역기능의 특징이 있다고 보았다. 그러나 Olson 등은 극단적인 점수를 가진 모든 가족이 역기능이라고 단정하지 않았다.

③ 가족관계 : 자아분화척도와 부모-자녀 간의 의사소통 척도

우리가 일생 동안 경험하는 많은 인간관계 중에서 가족 내에서 경험하는 인간관계는 특별하다. 가족은 결혼과 혈연으로 맺어진 성과 연령이 다른 개인들이 모여 상호작용한다. 이러한 인간관계는 다른 어떤 관계보다 오랜 기간 지속되며, 무엇보다 가족은 다른 인간관계에 비해 정서적 결합이라는 특징을 갖는다.

다음은 가족관계에서 중요한 부모-자녀 간의 의사소통에 관련된 척도를 소개하고자 한다. <표 5-3>은 부모-자녀 간 의사소통의 기능 정도를 알아보는 척도이다. 이 척도는 개방형 의사소통과 문제형 의사소통의 두 가지 하위 척도로 각각 10문항씩 총 20문항으로 구성되었다. 또한 척도는 부모용과 자녀용으로 나누어 부모 자녀가 동일한 내용의 문항에 대해 응답하도록 하였다.

〈표 5-3〉 부모-자녀 간 의사소통 기능 척도

척도내용				
* 다음 문항을 읽고 해당되는 곳에 ✔ 표시로 응답하시오.				
매우 그렇다	약간 그렇다	그저 그렇다	별로 그렇지 않다	전혀 그렇지 않다

<부모용>

1. 나는 딸(아들)에게 나의 생각을 주저하지 않고 의논한다.
2. 때때로 나는 딸(아들)이 말하는 모든 것이 믿기 어려울 때가 있다.
3. 딸(아들)은 항상 내 이야기를 주의 깊게 잘 들어준다.
4. 때때로 나는 딸(아들)에게 원하는 것을 부탁하기가 어렵다.
5. 딸(아들)은 말하지 않아도 될 것을 나에게 말하고는 한다.
6. 딸(아들)은 말하지 않아도 내가 어떤 기분상태인지 잘 안다.

7. 나는 딸(아들)과 대화하는 형태에 만족한다.
8. 나는 힘든 일이 있을 때 딸(아들)과 의논한다.
9. 나는 딸(아들)에게 애정을 솔직히 표현한다.
10. 우리(딸 또는 아들과 나)에게 문제가 생겼을 때 나는 침묵을 지킨다.
11. 나는 딸(아들)에게 말할 때 조심스러운 편이다.
12. 나는 딸(아들)에게 말하지 않아도 될 것을 말할 때가 있다.
13. 딸(아들)은 나의 질문에 정직하게 대답한다.
14. 딸(아들)은 나의 입장을 이해하려고 노력한다.
15. 나에게 딸(아들)과 얘기하기를 꺼리는 화제가 있다.
16. 나는 딸(아들)과 문제를 의논하기가 쉽다.
17. 나는 딸(아들)에게 나의 모든 진실한 감정을 잘 표현한다.
18. 딸(아들)은 나에게 잔소리를 많이 한다.
19. 딸(아들)은 나에게 화를 낼 때 모욕감을 준다.
20. 나는 어떤 것에 대한 나의 느낌을 딸(아들)에게 솔직하게 표현하기 어렵다.

<자녀용>－아버지와의 의사소통
1. 나는 아버지께 나의 생각을 주저하지 않고 의논한다.
2. 때때로 나는 아버지께서 말씀하시는 모든 것이 믿기 어려울 때가 있다.
3. 아버지는 항상 내 이야기를 주의 깊게 잘 들어준다.
4. 때때로 나는 아버지께 원하는 것을 부탁드리기가 어렵다.
5. 아버지께서는 말씀하시지 않아도 될 것을 나에게 말씀하시고는 한다.
6. 아버지께서는 내가 말하지 않아도 내가 어떤 기분 상태인지 잘 아신다.
7. 나는 아버지와 대화하는 형태에 만족한다.
8. 나는 나에게 문제가 생겼을 때 아버지와 의논한다.
9. 나는 아버지께 애정을 솔직히 표현한다.
10. 우리(아버지와 나)에게 문제가 생겼을 때 나는 아버지께 자주 침묵을 지킨다.
11. 나는 아버지께 말씀드릴 때 조심스러운 편이다.
12. 나는 아버지께 말하지 않아도 될 것을 말할 때가 있다.
13. 아버지께서는 나의 질문에 정직하게 대답해 주신다.
14. 아버지께서는 나의 입장을 이해하려고 노력하신다.
15. 나에게는 아버지와 얘기하기를 꺼리는 화제가 있다.
16. 나는 아버지와 문제를 의논하기가 쉽다.
17. 나는 아버지께 나의 모든 진실한 감정을 잘 표현한다.
18. 아버지께서는 나에게 잔소리를 많이 하신다.
19. 아버지께서는 나에게 화를 내실 때 모욕감을 주신다.
20. 나는 어떤 것에 대한 나의 느낌을 아버지께 솔직하게 표현하기 어렵다.

<자녀용>－어머니와의 의사소통
1. 나는 어머니께 나의 생각을 주저하지 않고 의논한다.
2. 때때로 나는 어머니께서 말씀하시는 모든 것이 믿기 어려울 때가 있다.
3. 어머니는 항상 내 이야기를 주의 깊게 잘 들어준다.
4. 때때로 나는 어머니께 원하는 것을 부탁드리기가 어렵다.

5. 어머니께서는 말씀하시지 않아도 될 것을 나에게 말씀하시고는 한다.
6. 어머니께서는 내가 말하지 않아도 내가 어떤 기분 상태인지 잘 아신다.
7. 나는 어머니와 대화하는 형태에 만족한다.
8. 나는 나에게 문제가 생겼을 때 아버지와 의논한다.
9. 나는 어머니께 애정을 솔직히 표현한다.
10. 우리(어머니와 나)에게 문제가 생겼을 때 나는 아버지께 자주 침묵을 지킨다.
11. 나는 어머니께 말씀드릴 때 조심스러운 편이다.
12. 나는 어머니께 말하지 않아도 될 것을 말할 때가 있다.
13. 어머니께서는 나의 질문에 정직하게 대답해 주신다.
14. 어머니께서는 나의 입장을 이해하려고 노력하신다.
15. 나에게는 어머니와 얘기하기를 꺼리는 화제가 있다.
16. 나는 어머니와 문제를 의논하기가 쉽다.
17. 나는 어머니께 나의 모든 진실한 감정을 잘 표현한다.
18. 어머니께서는 나에게 잔소리를 많이 하신다.
19. 어머니께서는 나에게 화를 내실 때 모욕감을 주신다.
20. 나는 어떤 것에 대한 나의 느낌을 어머니께 솔직하게 표현하기 어렵다.

해석

개방형 의사소통 : 문항 1, 3, 6, 7, 8, 9, 13, 14, 16, 17
문제형 의사소통 : 문항 2, 4, 5, 10, 11, 12, 15, 18, 19, 20

채점은 '매우 그렇다'부터 '전혀 그렇지 않다'까지 5점 리커트식이며, 문제형 의사소통 문항은 역점수로 처리된다. 점수가 높을수록 기능적이며 긍정적인 의사소통을 한다는 것을 의미한다.

(2) 주관적 사정 방법

상담사는 가족을 직접 만나면서 얻은 정보나 행동관찰과 같은 임상적 관찰을 통해 가족을 사정하는 경우가 많다. 물론 개인의 주관이 개입되는 면접이나 행동관찰을 사정기법으로 인정할 수 있는가에 대한 의문은 있으나 이것은 가족 상호작용을 파악하는 중요한 요소이다. 또 다른 방법인 비언어적인 다양한 매체를 통한 가족사정 방법을 통해서도 가족 생활환경에 관한 다양한 정보를 제공받는 경우가 있다. 여기서는 가족개념에 의해 가족을 사정하는 방법과 투사적인 기법의 예로 가족화를 소개한다.

① 가족개념에 의한 가족사정

상담자는 가족을 이해할 때 객관적인 도구보다는 임상적 경험에 의한 사정을 선호한다. 임상적인 경험에 의한 사정을 위해 가족구성원이 보이는 상호작용을 실제로 관찰하거나 상담자가 직접 가족 간의 관계에 대하여 질문하는 방법이 활용된다. 이렇게 언어적·비언어적인 정보를 통해 얻은 정보는 가족구조나 기능을 체계로 이해하기 위한 어떤 개념을 정리할 필요가 있다. 여기서는 가족사정에 도움이 되는 개념을 소개하려고 하는데, 먼저 가족에 대한 기준은 그들이 속한 문화적인 환경에 따라 차이가 있다는 사실을 염두에 두어야 할 것이다.

㉠ 가족규칙

가족은 어떤 규칙에 의해 모든 관계를 규정하고 있다. 따라서 가족은 서로 조직화되며 반복적인 상호작용 유형으로 행동한다. 가족은 일상생활을 영위하기 위해 가정에서 힘을 어떻게 나누며 누가 어떤 일을 할 것인가의 규칙을 가지며, 가족은 그것에 의해 행동한다. 즉, 명백한 규칙은 누가 쓰레기를 치우며 집 안 청소를 할 것인가를 규정하지만, 명문화할 수 없는 세부적인 수많은 규칙도 존재한다. 그것들은 상담계획을 세우는 데 중요한 것으로, 가족의 체계적인 기능을 유지하도록 내적으로 암시된 규칙이다. 상담자는 가족을 지배하는 가족규칙(family rules)에 순응함으로써 더욱 기능적이기도 하며, 그와는 반대로 가족규칙을 무시하여 본의 아니게 상담관계를 종결하는 경우도 있다. 그러나 일반적으로 상담자는 가족규칙을 확인함으로써, 가족조직체계에서 보다 기능적인 조직을 만들 수 있다. 가족 내에는 수많은 규칙이 존재한다. 그러나 역기능적인 가족의 경우에는 가족규칙이 한정되어 있으며, 역기능의 정도가 심하면 심할수록 가정은 적은 수의 규칙에 의해 운영된다. 또한 기존의 규칙은 오랜 기간 존재해 왔으므로 상호작용의 패턴이 쉽게 바뀔 수 없다는 것을 알아야 한다. 또한 가족 내의 규칙은 매우 미묘하며 가족체계와 기능을 유지시키는 표면화되지 않는 내재적인 규칙이 있는데, 이는 오랫동안 반복되는 가족교류를 통해 성립된 불문율이다. 따라서 이러한 가족규칙은 가족들이 맺고 있는 관계에서 반복적으로 드러내는 유형을 통해 추론할 수밖에 없다.

상담자는 상담계획을 세우기 위해 가족규칙을 파악하는 것이 중요하다. 상담자가 가족규칙을 파악하는 방법은 규칙에 대해 직접적으로 질문하여 파악할 수 있다. 그러나 대부분의 가족규칙은 가족이 상호작용하는 것을 관찰하면서 추론한다. 예를 들어, 상담자가 상담과정 중 기회가 많음에도 애정에 대한 어떤 표현도 하지 못하는 가족을 만난다면, 이 가정에는 애정표현을 방해하는 어떤 규칙이 존재할 것이라고 추론하게 된다. 상담자의 가설은 가족 전원 또는 특정한 가족에게 "당신이 가족의 한 사람으로 사랑받고 있다는 것을 어떻게 압니까?" 하는 식의 직접적인 질문을 통해 확인할 수 있다. 상담자가 가족규칙을 염두에 두고 면담계획을 세우면 가족기능의 발달을 더욱 촉진할 수 있다.

ⓛ 가족신화

가족신화(family myth)는 가족의 의식, 역할, 규칙의 상호작용으로 전개되는 가족에게 스며있는 이데올로기의 한 부분이다. 즉, 가족 구성원 그리고 그들 간의 관계에 대한 기대와 공유된 믿음으로 구성된다. 가족신화의 특징은 가족구성원이 의심 없이 공유하는 믿음과 기대라는 점이다. 따라서 담당자는 치료적 개입을 하기 전에 가족이 가진 이데올로기를 이해하는 것이 바람직하다.

상담자는 가족신화가 때로는 자신들에게 불합리하게 작용할 것이라는 사실을 알면서도 가족은 그것이 자신들에게 없어서는 안 될 중요한 정서적 부분이라고 여긴다는 점을 알아야 한다. 이와 같이 가족신화는 가족행동을 결정할 뿐만 아니라 특정한 가족관계를 드러내기도 한다. 가족신화는 가족의 항상성 기능을 유지하는 데 기여하기도 하며, 때로는 가족관계를 파괴시킬 정도로 위협적인 긴장을 유발하기도 한다.

가족신화에 집착하면, 가족의 새로운 시도보다는 오히려 기존 관계의 변화를 저지하며 가족이 습관적인 기능을 반복하도록 조장한다. 가족신화를 파악하기 위해서는 가족들이 어떤 행동에 대한 원인을 어디에서 찾으려는가를 이해하는 것이 필요하다. 가족상담의 목표를 정할 때 가족신화를 이해하면 가족들의 저항을 최소화하는 데 도움이 된다. 그러나 성급하게 직접적인 방법으로 가족을 신화에 직면하게 하는 상담자는 그들과의 관계를 파경으로 이끌 수 있다. 반대로 가족 신화에 대한 이해가 없거나 민감하지 못한 상담자는 그들의 다양한 개입이 가족에 의해 거부당할 가능성도 있다. 때로 이처럼 상담과정에서 이해되지 않는 장애에 부딪치면 상담자는 이것을 가족의 저항이라고 생각하는 오류를 범하는데, 이는 가족신화가 자리 잡고 있을 가능성이 크다. 예를 들어, 어떤 가족은 '우리는 좋은 가족이다. 그러므로 서로 비난하는 의사소통을 하지 않는다'는 가족신화를 가지고 있다. 그런데 상담자가 상담과정에서 가족신화와 어긋나는 행동을 하도록 요구하면 가족은 상담자의 요구를 받아들이지 못한다. 상담자는 때로는 가족신화를 확인하기 위해 가족의 상호작용을 지켜보고, 경청하는 것도 필요하다. 이러한 과정을 거치면서 가족신화를 유지해야 한다는 가족의 욕구는 서서히 경감되어 가족신화에 의존하지 않고 효율적으로 기능할 수 있다. 가족신화에 민감하지 못한 상담자는 아마도 상담과정에서 설명되지 않는 벽과 가족의 저항을 경험하게 될 것이다.

ⓒ 가족의식

가족의식(family ritual)은 질적인 측면을 측정하는 요소 중 하나이다. 전통적인 가족의식은 어떤 특정한 목적에 대해 방향 지어진 행동양식이며, 계속 이어온 역사로서의 정당성을 획득하는 가족 상호작용의 과정이다. 즉, 가족의식은 가족문화의 핵심적 요소로서 세대를 통해 전수된다. 가족의식은 세대 간의 연관성을 제공하고, 가족의 삶의 과정에서 연결고리를 제공한다.

가족의식은 설날이나 추석 같은 명절이나 생일에 전형적으로 보여주는 활동이 포함된다. 때로는 역기능적 구조를 가진 가정에서 보이는 일상적인 상호작용 패턴에서도 찾을 수 있다. 특히 폭력적인 청소년의 경우는 오랜 세대에 걸쳐서 파괴적인 가족의식이 전수되는 경우가 있으므로 그런 것을 파악하는 것이 중요하다.

가족의식의 질을 사정하는 것은 그렇게 어려운 작업은 아니다. "쉬는 날 가족들이 함께하는 일이 있나요?", "생일에 가족들은 당신을 위해 어떤 일을 하나요?"라는 간단한 질문을 통해 가족의식을 파악할 수 있다. 상담자는 가족에 의해 가족의식이 명확하게 묘사되는지, 의식적인 것을 누가 알고 있는지를 파악한다. 이러한 질문은 부모뿐 아니라 자녀에게도 할 수 있다. 일반적으로 가장 중요한 가족의식이 먼저 언급된다. 상담자는 만약 가족이 그들의 의식적인 것을 명확하게 묘사하지 못한다면 사진 등의 매체를 통해 표현할 수 있는지의 여부를 판단해야 한다. 때로는 면담과정에 어린 시절의 사진 등을 가져와 설명하게 함으로써 파악할 수 있다. 그러나 이와 같은 표면적인 의식뿐만 아니라, 혼란스럽거나 포기한 가족의식에 대한 가족들의 반응, 특히 감정적인 반응을 파악하는 것이 중요하다. 상담자는 상담 초기단계에서 가족의식을 전반적으로 측정하는데, 많은 경우 가족의식은 가족신화를 유지하는 수단이 된다는 사실을 알아야 한다. 이 같은 가족의식을 이해하는 것은 가족역할, 가족의 네트워크, 하위체계, 경계선을 판단하는 데 지름길이 될 수 있다.

㉣ 격리와 밀착

가족 내의 격리와 밀착(disengagement & enmeshment) 개념은 Minuchin

에 의해 가족 구성원과 하위체계의 경계선이 경직되거나 밀착된 체계를 표시한 것이다. 이를 통해 현재 가족기능 상태를 이해할 수 있다. 격리와 밀착은 가족이 서로 얼마나 관여되었는지의 여부를 파악하는 개념이다. 그런데 이러한 개념을 이해하기 위해서는 우선 경계선 개념을 이해할 필요가 있다. 경계선은 가족이 서로 얼마나 관여하는지를 측정하는 데 유용하다.

명료한 경계선을 가진 가족은 정상적인 가족이다. 예매한 경계선을 가진 가족은 가족체계와 관련된 규칙이 애매하기 때문에 가족 구성원은 모든 문제에 관해서 서로 지나치게 얽혀서 필요 이상으로 관여하게 된다. 이러한 가족은 일반적으로 밀착된 가족이라 부른다. 반대로 경계선이 경직된 경우에는 구성원이 서로 유리되었으며, 격리된 가족이라고 부른다.

그리고 격리와 밀착은 가족의 개인적 정체감의 강도와 가족의 친밀함의 수준을 알리는 중요한 지표가 된다. 밀착이 약한 가족들은 종종 침묵하거나 위축되었으며 서로 고립되어 있고 친밀감이 부족하다. 때로는 우리 가족은 친밀해야 한다는 가족신화 때문에 진정한 의미에서 정서적으로 친밀감을 느끼지 못하면서도 서로 친하다고 주장하는 거짓 친밀감을 표현한다. 가족이 정서적으로 연결되지 않으면 의사소통의 통로를 방해하는 경우가 많다. 격리된 가족은 경계선이 경직되거나 부모와 연합하는 정도가 약해서 부모에 대한 존중감이 낮다. 이처럼 부모와의 밀착 정도가 낮으면 다른 강력한 연합을 추구하는데, 비행청소년들이 유사가족과 같은 깡패집단에 집착하는 것이 좋은 예이다. 격리는 자신들의 지각을 왜곡시키는 안개와 같으므로 상담자는 가족의 정서적 분위기를 고양시키면서 조심스럽게, 서서히 제거해야 한다. 격리와 밀착은 가족의 친밀성의 단계와 가족 구성원의 개인적 정체성의 강도에 따라 가족 사이를 구별하는 중요한 개념이다.

㉤ 부모화

부모화(parentification)는 가족을 사정할 때 자주 사용하는 개념이다. 일반적으로 부모화란 자녀가 가족 내에서 부모나 배우자의 역할을 대신 수행하는 것을 의미한다. 그런데 이 용어는 지나치게 오용될 위험성이 높다. 부모의 권한이 자녀에게 분배되는 것은 대가족, 한부모 가족, 맞벌이 부부의 가족에게는 자연스러운 현상이다. 체계가 잘 기능하는 가족에서도 부모화된 아동은 자신의 나이보다 훨씬 책임감, 능력, 자율성 등을 발달시킬 이점도 있다.

가족상담에서 부모화는 한쪽 부모가 적절한 역할을 수행하지 못한다고 생각할 때, 부모의 대용물로 부적절하게 역할수행을 하는 경우에 사용한다. 부모 역할을 대신 수행하는 자녀는 정서적·지적·신체적으로 부모의 역할을 수행할 준비가 되지 않았는데도 부모역할이나 책임감을 수행해야 하는 경우가 많다. 이러한 경우 부모로서 역할기대는 자녀가 아이로서 가진 욕구와 상충될 수 있으며, 아동이 가진 능력으로 자신의 욕구를 극복할 수 없을 때도 있다. 결과적으로 자녀는 심리적 압박감을 느끼며 아이가 달성해야 할 다른 측면의 발달과업을 제대로 해내지 못한다.

부모화를 측정하기 위해서는 자녀가 부적절한 역할수행을 하는 빈도, 기간, 상황 등 아동의 발달상 영향에 주의를 기울여야 한다. 빈도와 기간은 종종 언제, 어떻게 식의 전형적인 질문을 통해 평가된다. 치료 내용은 부적절한 역할을 맡기는 모든 가족구성원에게 어떻게 영향을 미치는지도 파악한다. 때로 직접적인 질문을 통해 필요한 정보를 얻을 수도 있으나, 일반적으로 부모화가 존재하는 가족들에게 그 같은 정보를 직접 묻는 것은 자제하는 것이 좋다. 자녀에게 보이는 부적절한 발달은 상담자와 아동, 가족과의 아동의 상호작용을 직접 관찰함으로써 추론하는 것이 바람직하다.

ⓗ 삼각관계

상담자는 가족관계에는 삼각관계(triangulation)가 존재한다고 주장한다. 가족이 정서적인 관계를 맺을 경우, 두 사람으로 구성된 이인 체계는 불안이나 긴장을 유발할 가능성이 많아서 안정을 유지하기가 어렵다(Bown, 1966). 따라서 두 사람 사이에 수용하기 어려운 문제가 생기면 이인 체계는 긴장을 줄이려는 시도로 세 번째 요소인 제삼자나 문제를 끌어들여 삼각관계를 형성한다. 가장 보편적으로 인식되는 삼각관계는 부부와 자녀 세 사람이 만드는 삼각관계이다. 어떤 경우에는 부부와 알코올이라는 문제로 삼각관계를 형성하기도 한다. 또는 상담자가 가족의 삼각관계의 대상이 될 수도 있다. 특히 두 사람이 상담을 받는 부부상담에서는 이러한 현상이 자주 일어난다. 삼각관계는 이인 체계 속에서 긴장을 느끼는 사람이 제삼자나 문제에 관심을 가지면서 생긴다. 그리고 때로는 두 사람 모두가 삼각관계의 제삼의 요소가 제공하는 이익을 얻으려고 투쟁하기도 한다.

삼각관계의 개념은 세 사람의 인간관계를 기술하는 방법으로 사용되는데, 때로는 그보다 많은 인간관계에서도 삼각관계가 형성된다. 둘 이상의 자녀가 하나가 되어 부모의 이인 체계와 삼각관계를 이루는 경우이다. 즉, 셋 이상의 사람이나 문제의 연합도 삼각관계가 될 수 있다는 것이다. 왜냐하면, 어떤 가족에서는 한 명 이상의 자녀가 동시에 부부싸움에 관련될 수 있기 때문이다. 한 예로 아들과 딸에게 아버지가 가정을 전혀 돌보지 않는다고 불평하는 어머니의 경우를 살펴보자. 어머니는 은연중에 자신과 자녀들이 살아남기 위해서는 자녀들이 어머니와 뭉쳐야 한다고 암시한다. 이것이 네 번째 사람인 아버지에게 대항하기 위해 세 사람이 결속을 강화한 것이다. 그렇다면 이 경우는 적어도 네 사람이 삼각관계의 과정에 관여하는 셈이다.

가족관계 유형에서 잘못된 삼각관계를 파악할 수 있다. 잘못된 삼각관계는 어떤 병리적인 문제를 초래할 수 있는 잠재적인 요소를 가지므로 때로는 체계의 갈등과 해체를 가져올 수 있다. 잘못된 삼각관계의 전형적인 유형은 부모 세대와 다른 세대에 속하는 자녀가 만들어 내는 것이다.

세대가 다른 이들 두 사람은 한 사람의 가족에게 대항하기 위해 연합한다. 예를 들어, 남편과 갈등관계에 있는 어머니가 큰아들에게 아버지 역할을 기대함으로써 생기는 삼각관계를 생각할 수 있다. 그런데 객관적으로 보면 어머니와 아들은 분명히 연합하고 있으나 그들 자신은 연합했다는 사실을 인정하지 않는다. 이처럼 연합의 당사자들이 이러한 사실을 계속 부정한다면 관계 유형은 정형화되며 병리적인 상황으로 이어진다.

가족의 삼각관계는 가족 문제를 풀기 위한 대안으로 활용되므로 삼각관계가 항상 가족병리의 지표가 된다고 생각하는 것은 바람직하지 않다. 예를 들어, 긴장된 정서적 관계를 가진 부부가 교회활동과 같은 가족 이외의 활동을 통해 그들의 긴장을 해소하여 친밀한 부부관계를 유지할 수도 있다. 즉, 긴장을 일으키는 어떤 에너지의 방향을 변화시킴으로써 부부는 보다 정상적인 기능을 유지할 수 있는 것이다. 따라서 상담자는 어떤 상황에서 삼각관계는 가족의 역기능을 일으킬 수도 있지만 때로는 보다 자유롭고 효과적으로 기능하는 대안이 될 수도 있다는 점을 명심해야 한다.

② 가족화

가족화는 원래 인물화에서 발전한 것으로 아동의 지적·정서적 발달의 평가 방법으로서 발표된 이래, 현재는 성인의 임상장면에서도 사용한다. 아동의 지적 검사도구로 사용되던 인물화를 Hulse(1951) 등이 아동을 포함한 집단을 그린 인물화를 통해 가족관계를 파악하는 가족화(DAF : Draw-A-Family)로 발전시켰다. 그 이후 다양한 형태의 가족화가 개발되었으나 현재 가족상담 과정에서는 가족이 무언가를 하는 장면을 그리게 하여 가족관계를 분석하는 동적 가족화(KFD : Kinetic-Family-Drawing)가 활발히 활용된다. 가족화는 개인이 가진 가족 이미지를 파악하는 수단으로 사용되지만, 더 나아가 가족 전체의 상호작용을 반영하는 임상도구로서의 역할도 가능하다.

㉠ 동적 가족화의 특징

동적 가족화는 내담자로서 온 가족에게 도화지와 연필을 건네면서 "당신을 포함한 당신 가족이 뭔가를 하는 모습을 그려주세요. 스케치가 아니라 사람 전체를 그려주세요. 반드시 어떤 행동을 포함해서 뭔가 하는 모습을 그려주세요"라고 지시한다. 이와 같은 과정을 통해 그려진 동적 가족화는 다음의 세 가지 축에서 해석된다.

첫째, 동적 가족화가 의미하는 것을 찾는다.

둘째, 그림을 그리는 과정을 관찰한다.

셋째, 그림을 그린 후의 면담과정에서 정보를 수집한다.

동적 가족화는 투사적 기법의 하나인데 다른 투사적 기법과 마찬가지로 내담자의 생활사, 가족 배경과 같은 면접자료 없이 해석하는 것은 불가능하다. 그림을 그린 아동을 둘러싼 환경체계에 대한 고려를 하면서 그림의 특징에 관해 해석하는 것이 바람직하다. 그리고 동적 가족화를 해석할 때 주의해야 할 점은 그린 사람의 문화적 배경이 그들 가족관계의 표현에 반영되기 쉽다는 점을 인식하는 것이다(Burns & Kaufman, 1972).

㉡ 동적 가족화의 해석

Burns는 동적 가족화를 해석할 때 다음의 세 가지 점을 중시하였다.

첫째, 동적 가족화는 전체적 맥락에서 그 흐름이나 질을 파악해야 한다.

둘째, 동적 가족화에 나타난 인물의 대인관계, 표현, 활동을 파악해야 한다.

셋째, 동적 가족화의 위치, 강조점을 파악해야 한다.

ⓐ 인물의 행동

동적 가족화의 인물은 주로 그리는 당사자와 가족이지만, 때로는 친인척이나 친구 등의 가족 이외의 사람을 그리는 경우도 있다. 그려진 인물들의 행동(action)은 가족과 함께 상호작용하거나 때로는 다른 가족과는 상관없이 단독적인 행동을 하는 경우도 있다. 어느 경우라도 상담자가 인물 간의 구체적 행동을 명확히 판단할 수 있다면 가족관계를 파악하는 데 도움이 된다. 예를 들어, 자신이 아버지와 공 던지기를 하는 그림을 그린 아동의 작품을 보면 공이라는 사물을 개입하여 아버지와 자녀 사이의 경쟁, 갈등, 화 등을 상징적으로 표현하는 것을 알 수 있다.

KFD에서 자주 묘사되는 각 가족의 개인적 행동을 살펴보면 다음과 같다. 초등학교 아동이 묘사하는 아버지의 행동은 주로 'TV를 본다, 신문을 읽는다, 식사를 한다, 담배를 피운다' 등이다. 한편, 어머니의 행동은 'TV를 본다, 청소를 한다, 식사준비를 한다, 빨래를 한다' 등으로 표현한다. 그리고 형제에 대해서는 성차가 있는데 남자형제는 'TV를 본다, 식사를 한다, 청소를 한다' 등으로 묘사된다.

KFD의 일반적 행동의 출현빈도가 높은 것은 가정은 단란한 곳, 안식이나 휴식을 제공하는 장소이며, 교육하거나 양육되는 곳이라는 이미지가 뿌리 깊게 자리 잡고 있다. 그런데 어려움을 가진 가족의 경우, 이와 같은 휴식, 교육, 양육 장소로 표현되는 일반적인 행동의 출현이 낮거나 그와 같은 행동이 왜곡되어 표현되기도 한다.

각 가족의 행동을 통해 가족 내의 위치와 역할이 반영되기도 한다. 일반적으로 아버지의 행동은 '신문을 읽는다, 잠을 잔다'로 대표되는 휴식하는 모습으로 표현되며, 어머니의 모습은 '요리한다, 빨래한다'는 양육에 관한 역할이 표현된다. 형제의 경우

나이가 들면서 행동을 묘사하는 데 성차가 반영되지만, 대부분의 경우 '운동이나 게임을 하고 있다, 독서를 하고 있다' 등 휴식, 단란함과 관계되는 행동을 많이 표현하고 있다. 한편, 일반적으로 자주 표현되는 일하는 아버지, 청소하는 어머니, 공부하는 우리들의 모습은 사회적 승인을 얻을 수 있는 노동, 주택관리, 학업과 맥락을 같이 하는 행동의 표현이다.

동적 가족화에 그려진 가족 간의 행동을 통해 그린 사람의 가정 내 위치나 역할을 추론할 수도 있다. 어린 아동의 경우 부모와 같이 놀거나 산책하는 것을 자주 그리며, 초등학생의 경우에는 가족 상호작용에서 게임이나 운동이 자주 나타난다. 그러나 일반적으로 유아부터 성인까지 가족이 직접 어떤 상호작용하는 장면이 직접적으로 표현되는 경우, 거기에는 두 사람이 협조, 화합, 대결, 공격, 회피 등이 반영되었다고 추론할 수 있다. 예를 들어, Burns는 가족끼리 공던지기 놀이를 하면 그들 사이에 경쟁이 있다고 추론하였다. 그리고 직접 공을 던지는 행동은 분노가 표현되었다고 보았으며, 공이 머리 위에 멈추어 있으면서 던지지 않을 때는 경계의 금지 또는 다른 사람과의 접촉금지나 접촉할 능력이 없다는 점을 시사한다고 추론한다.

ⓑ 스타일

KFD를 통해 가족관계에서 자신의 감정을 자연스럽게 표현한다. 따라서 가족 사이에 지나치게 인위적이라고 느껴지는 선이 그려졌거나 필요 없다고 생각되는 책상이나 의자, 그 밖의 물건이 있다면 그것에 주목할 필요가 있다. 이것은 일반적으로 잘 나타나지 않는데, 그려진 장애나 차단과 같은 표현이 스타일(style)이다. 어린 아동은 의식적으로 장애를 그리지 않지만, 초등학생의 절반 정도는 보통 스타일의 표현을 보인다. 그러나 성인이 되면 다시 스타일의 표현은 줄어들어 가족이 함께 활동하는 표현이 생겨난다.

그렇지만 성인의 경우에도 자기와 다른 가족 간에 또는 다른 가족들끼리 뭔가 분명하지 않으면 그러한 감정 상태를 KFD에서 표현한다. 대부분의 표현은 가족 사이에 선을 긋는 것인데, 그와 같은 표현을 Burns는 다음과 같이 나누고 있다.

첫째, 구분(compartmentalization)인데, 자기상을 포함한 가족을 아래나 옆선 또는 구획선을 사용해 나누어 어떤 가족이 고립된 것처럼 그린다. 이와 같은 구분은 언제나 선으로 나타나는 것은 아니다. 동적 가족화에 의하면 기둥, 복도, 방의 칸막이 등이 사용되기 때문에 그것이 구분이라는 것을 깨닫지 못하는 경우도 있다. 이 같은 구분은 다른 가족의 회피, 거부, 부인에 대한 기분이나 공포가 있거나 가족 간의 의사소통이 잘 이루어지지 않는 것을 의미한다.

둘째, 포위(encapsulation)는 마치 캡슐에 자기 또는 다른 가족이 들어있는 것처럼 주의를 둘러싸듯이 그리는 것이다. 이 경우에도 일반적으로 선으로 표시되나, 가구나 놀이기구로 가족을 둘러싸는 은폐된 표현방법을 사용하는 경우도 있다. 이것은 불안이나 공포를 가진 인물을 격리하고 싶은 욕구와 관련이 있다. 특히 정서적으로 어려움을 겪는 아이들이 자주 표현하는 방법이다.

셋째, 가장자리(edging)는 도화지 주변을 따라가면서 가족구성원을 그리는 스타일이다. 이 같은 가장자리의 방법을 쓰는 성인은 보통 방어적이며 강한 저항을 나타내는 경향이 있다. 환경에 의존적인 자녀가 이와 같은 스타일을 보이기도 하지만, 가장자리를 표현하는 아동은 극히 드물다.

넷째, 도화지의 아래나 윗부분에 선을 긋거나 어떤 특정 인물에 선을 긋는 경우가 있다. 이 스타일은 정서적으로 어려움을 겪는 아동에게서 흔히 볼 수 있는 표현인데, 강한 스트레스나 가정 내의 불안이나 공포가 있다는 것을 나타내는 경우가 많다. 이와 같은 표현은 강한 안정감을 원하는 아동이 자주 표현하는 것이다.

ⓒ 상징

상징(symbol)을 고려할 때, 지나친 해석을 지양해야 하는 점을 염두에 두어야 한다. 상징을 해석할 경우에는 KFD 전체의 맥락과 그림을 그린 사람에 관한 자료를 합해서 포괄적으로 검토해야 한다.

비교적 많이 그리는 사물의 상징을 소개하면 다음과 같다.

- TV : 가족의 단란함, 또는 가족끼리 의사소통의 매개물
- 부엌 : 어머니의 양육욕구 또는 애정표현
- 신문 : 지적 관심, 혼자만의 세계, 합리화된 자기방어
- 식탁 : 가족관계의 매개물
- 이불, 침대 : 우울
- 청소기, 빗자루 : 집안일에 관한 정리정돈에 대한 관심, 타인에 대한 지배욕, 합리화된 자기주장
- 자동차 : 다른 가족과의 물리적·심리적 거리
- 열(태양, 불 등), 빛(전구, 램프, 조명 등), 난방(다리미질) : 따뜻함이나 애정에 대한 욕구, 불에 대한 주제를 가진 사물은 종종 분노나 파괴 경향과 관련이 있다. 특히 애정이 충족되지 않았을 경우 이와 같은 파괴 경향과 연결된다. 난방기구는 양육 욕구를 표현한다.
- 냉장고 : 애정박탈, 박탈에 대한 우울 반응
- 칼, 바늘 : 인물과 직접 관계할 때는 분노를 표현하는 것이며, 간접적일 때는 수동적인 공격이다. 또한 가정 내의 거부적인 분위기를 나타내기도 한다.
- 물과 관련된 주제(바다, 연못, 수영장 등) : 판타지나 강한 우울증 경향

2. 다문화가족 상담 방법

1) 가족 원조의 수준

상담자는 자신이 만나는 가족들에게 필요한 도움이 제각기 다른 수준에 있다는 사실을 알아야 한다. 같은 공적 기관에서 가족을 만나더라도 그들을 복지관에서 만날 때와 청소년상담실에서 만날 때, 가족이 상담기관에 기대하는 도움은 다르다. 그리고 때로는 같은 상담실에서 만나는 가족이라도 그들이 지내온 가족환경이나 역사, 문제를 바라보는 관점, 문제에 대해 대처해 온 방식이 다르다는 것을 알아야 한다. 이 같은 차이를 이해한다면 상담자가 단지 한 가지 모델만을 사용해 평가나 개입하는 것은 제각각의 다른 열쇠가 필요한 방문을 단 하나의 열쇠로 열려는 시도와 같다. 사람들은 모두 자신만의 보물의 방을 가졌다고 생각한다. 물론 자신의 방이니까 사람들은 스스로 방문을 쉽게 열 수 있으며, 또 그 방에 있는 보물을 어떻게 활용해야 할지도 잘 알고 있다. 그러나 어떤 사람은 자신의 방 열쇠를 잊어버려 당황하기도 한다. 방 열쇠를 잊어버린 사람은 자신의 방 곳곳에 어떤 보물이 있는지 알아도 들어갈 수 없어서 결국 전문가의 도움을 구하게 된다.

상담이 잠시 방 열쇠를 잊어버려 도움을 구하는 내담자와 만나는 작업이라고 생각한다면 상담자는 열쇠를 다루는 전문가처럼 다양한 종류의 열쇠를 갖추고 내담자를 기다려야 한다. 전문가가 고객의 방 특성에 맞는 다양한 열쇠를 가지지 못하면 그들의 굳게 닫힌 문을 열지 못할 것이다. 그러나 많은 상담자는 자신이 추구하는 모델에 지나치게 큰 의미를 부여한 나머지 내담자의 특성은 고려하지 않은 채 모든 내담자를 한 가지 모델에서 다루려는 경향이 강하다. 그리고 자신이 추구하는 접근이 내담자에게 도움이 되면 자신이 추구하는 모델에 대한 확고한 믿음을 더하는 기회로 삼았고, 실패할 경우에는 내담자가 상담자에 적극적이지 못하다, 저항한다 등으로 내담자를 비난함으로써 자신의 모델을 지킬 수 있다. 이처럼 상담자는 내담자의 필요보다는 자신의 필요와 만난 셈이다. 이젠 유능한 열쇠 전문가가 되기 위해 자신이 가진 열쇠의 종류를 늘리는 것이 중요하며, 고객의 방에 맞는 열쇠를 골라낼 수 있는 힘을 기르는 것이 중요한 것처럼 가족상담의 통합적 접근을 추구할 때이다.

인간발달과 관련하여 욕구의 단계가 있다. Maslow는 5단계를 제안했는데 그의 위계에 따르면, 인간은 사회적 욕구를 고려하기에 앞서 기본적인 심리적 요구를 만족시켜야 한다. 욕구의 5단계를 보다 구체적으로 보면 다음과 같다. 첫 번째 단계는 의식주, 성적 만족, 배설 등의 생리적 욕구와 삶을 유지하기 위한 필요한 욕구를 충족하는 단계이다. 두 번째 단계는 육체적 공격이나 질병에서 보호받는 신체적 안전에 대한 욕구이다. 세 번째 단계는 누군가에게서 중요하게 여겨진다는 느낌, 다른 사람에게서 도움을 받고 지지받는다는 느낌이 필요한 사랑의 단계이다. 네 번째 단계는 자신이 가치 있다고 느끼는 감정, 또한 스스로를 존경하고자 하는 욕구인 자존감의 획득이다. 다섯 번째 단계는 자신이 창조적 또는 생산적이라는 느낌, 의미 있는 목표를 획득했다는 느낌을 가지는 자기실현의 단계이다(Maslow, 1970). 그리고 갓난아이가 배고픔을 충족하기 위해서 돌보는 성인이 필요하듯이 낮은 단계의 욕구 실현이라도 다른 사람과의 관계를 배제하고는 만족할 수 없다. 이 같은 Maslow의 욕구 5단계에서 아이디어를 얻어서 상담 과정에서 만나는 가족 문제도 이 같은 욕구의 위계 속에서 생각하면 도움이 될 것이다. Wettner(1985)는 도움이 필요한 가족의 욕구를 생존을 위한 수준에서 가족 간의 정신적 충족인 자기실현에 이르기까지 위계로 생각하였다. 그리고 이것은 집을 건축하는 것에 비교해 정리하였다. 즉, 집을 지을 때는 가장 기본적인 수준에서 시작해 점차 정교한 단계로 옮겨간다. <표 5-4>에서 보듯이 각 수준에 따라 무엇을 평가하고 어떻게 개입할지의 지침은 다음과 같다(Kilpatrick & Thomas, 2003 재인용).

〈표 5-4〉 가족사정과 개입

수준	쟁 점	개입 전략	개입 기법
1	• 기본적 양육 욕구를 충분히 실천할 능력이 있는가? • 음식물, 주거, 보호, 의학적 돌봄, 최소한의 양육 • 개인과 가족의 탄력성	• 문제 아니라 강점에 초점 • 집행능력을 보강할 수 있는 지지체계의 조사와 결집 • 가족탄력성 구축 • 스트레스의 긍정적 반응	• 가족 보존 • 소집자, 옹호자, 교사, 역할 모델로서 상담자
2	• 최소한의 구조, 한계, 안정을 제공할 충분한 권위가 있는가?	• 강점에 초점 • 필요한 통제를 하지 못하는 것에 대한 비난보다 연합을 발달시킴 • 기대의 명료화를 증대시킴	• 부모체계 연합 • 한계설정 • 명료한 의사소통 • 사회학습 능력 향상 • 행동 강화 • 과제 제시
3	• 명료하며 적합한 경계를 가지고 있는가? • 가족 • 개인 • 세대	• 문제에 초점 • 가족의 기대나 윤리에 적합한 '이상적' 가족구조를 명료화 • 세대 간의 명료화	• 가족과 개인경계를 방어 - 삼각화의 균형 - 동맹의 재구축 - 세대 간 경계발달 - 의사소통 기술
4	• 친밀감을 둘러싼 문제나 내적 갈등 문제를 가지고 있는가? • 가족 구성원은 자아실현을 했는가?	• 문제의 초점 • 유산이나 역사적 외상경험의 명료화와 해결 • 통찰 • 열망과 정신적 원조의 초점	• 이야기 치료적 개입 • 가족조각과 같은 경험적 개입 • 삼세대 문제의 해결 • 정신적 성장

출처 : Kilpatrick & Thomas(2003). Working with Families. Boston : Pearson Education Inc.

(1) 수준 1 : 생존과 관련된 기본적 욕구

① 사례

지역복지관의 가족상담실에 도움을 청하는 전화가 왔다. 전화를 건 이씨는 최근 옆집에 새로 이사 온 미미가 어머니에게서 심한 학대를 받는 것 같아 걱정이 된다고 말했다. 상담자가 사실을 확인하기 위해 미미네 집을 방문했을 때, 집에는 5세의 미미 이외에 아무도 없었다. 세간이라고는 냉장고, 밥솥, 이불이 전부였으며, 집 안은 청소한 지가 언제인지 알기 어려울 정도로 쓰레기가 뒤범벅이었다. 냉장고에는 먹다가 넣어 둔 김치와 마른반찬이 전부였는데, 그 옆에 바퀴벌레들이 있었다. 상담자는 저녁 늦은 시간 다시 방문해 겨우 미미 어머니를 만날 수 있었다. 24세의 미미 어머니는 미혼모였다. 중학교를 졸업한 후 어려운 가정을 돕기 위해 구로 공단에 취직을 했다. 처음 몇 달은 기숙사 생활을 했는데, 주위의 많은 친구는 규제가 심한 기숙사 생활에서 벗어날 수 있으며 생활비도 적게 든다는 이유로 동거를 하고 있었다. 미미 어머니도 친구들처럼 같은 공단의 남자와 동거를 시작했는데, 그 생활은 나름대로 즐거웠으며 시골집에 돈도 더 보낼 수 있어서 기뻤다. 그런데 뜻하지 않은 임신을 하게 되었고 그곳의 대부분의 사람이 그렇듯이 남자는 떠나갔다. 낙태에 대한 두려움과 수술비 걱정으로 주저하는 동안 낙태할 시기를 놓쳐서 결국 미미를 낳게 되었다. 도움을 준 미혼모시설에서는 입양을 권유했지만, 아기를 낳고 보니 도저히 다른 사람에게 맡길 수 없어서 온갖 허드렛일을 해가면서 혼자 기르고 있다. 지난 5년 동안 열심히 살았는데 지금은 끝이 보이지 않는다는 절망감만 남아서 모든 걸 포기하고 싶은 심정이다. 임신한 후 시골의 가족과도 단절하고 살아서 도움을 받을 만한 친인척은 전혀 없는 형편이다.

② 원조 방안

이 수준의 가족에게는 생존을 위한 기본적인 것을 확보하는 것이 필요하다. 이것은 살아가는 데 필요한 최소한의 의식주 해결과 위험으로부터의 보호, 건강, 기본적인 양육 등을 의미한다. 집을 짓는 것에 비유한다면 수준 1인 지하에 해당하는데, 이것은 삶과 죽음의 문제와 연결되어 있다. 어떤 가족은 직업 상실, 심한 질병 같은 위기를 경험하면서 자포자기해 버린다. 그리고 그러한 위기에 적절히 대처하지 못한 좌절은 방임이나 가정을 조직할 수 없는 상태로 내모는 경우가 종종 있다. 이처럼 부모는 기본적인 의식주 문제가 해결되지 못하거나 다른 가족을 보호할 힘을 상실하면 그들은 가족을 이끌어 갈 지도력이나 통제구조에 결함을 보이기도 한다. 바꾸어 말하면, 부모역할에 관한 능력에 결함이 있는 것이다. 이들 가족은 지도력이 없으며 가족 어느 누구도 그 같은 구조에서 충분히 상호작용할 힘을 가지지 못한다. 사회·경제적으로 낮은 계층의 가정에서 아동학대나 방임이 자주 발생한다는 사실이 이를 뒷받침한다.

때때로, 수준 1의 문제에 직면한 가족은 부모로서의 연합이 약하거나 부모-자녀 간의 관계가 흔들리는 것을 볼 수 있다. 또한 가족의 친밀감은 조직적이지 못하거나 모호하며, 가족 간의 경계도 간접적이다. 그러나 이러한 가족은 의식주, 교육, 건강관리 등의 모든 면에서 박탈을 직면하기 때문에 이들에게 정서적 양육이라는 또 다른 필요를 느끼게 하는 것은 거의 불가능한 일이다. 이 같은 문제의 전형적인 예는 방임의 문제를 가진 미혼모나 미혼부, 조손 가정에서 자주 볼 수 있다. 또는 가정에서 영향력이 있는 가족구성원의 질병, 음주, 약물 등으로 인해 역기능이나 능력 결핍을 나타내는 경우도 있다. 그리고 선천적이거나 정서적 재앙으로 인해 신체적·정서적 자원이 고갈되어 삶 전체에 긴장이 존재하는 경우도 있다.

이 같은 가족에게 가족상담을 하게 되는 경우, 가족과 함께 강점이나 탄력성, 자원 등을 찾는 것에 초점을 맞춰야 한다. Wettner(1985)는 이들 가족에게는 부모역할 체계나 부족한 역할 능력을 촉진하도록 돕는 개입이 이루어져야 한다고 주장하였다. 동시에 지역에서 잠재적인 자원을 찾는 개입을 하면 도움이 될 것이다. 가계도나 환경지도를 활용해 친인척이나 지역사회에서 도움을 받을 수 있는 자원이 있는지를 검토해 본다. 이러한 과정을 통해 가족의 탄력성과 강점을 평가해 집을 다시 짓는다. 그들이 만약 위기나 역경을 극복할 수 있었던 탄력성을 스스로 찾을 수 있다면 가족은 보다 강해질 수 있다. 이처럼 스트레스나 곤경에서 긍정적인 의미를 발견하도록 가족을 돕는 강점 중심의 개입은 최근 가족상담 분야에서 많은 관심을 받고 있다. 예를 들어, 상담과정을 '생존자로서 자존심'에 초점을 맞춰서 가족이 탄력성을 나열할 수 있는 기회를 주도록 이끌어 갈 수도 있다. 일반적으로 상담자들은 가족의 물리적 환경변화와 같은 심리적 이외의 원조에는 다소 소극적인 경향이 있는데, 이 단계의 가족에게는 현실적으로 의료적 의뢰, 시설입소 등의 자원연결과 이를 위한 법적 자원을 검토하는 것이 필요하다. 때로는 이들을 도울 수 있는 복지기관이나 학교와 같은 다른 전문가와 연계하는 것이 바람직하다. 따라서 이 단계의 가족을 만나면 상담자의 원조영역을 상담실에 국한하지 말고 과감히 상담실 밖으로 이어갈 수 있는 유연성이 필요하다.

③ 사례에 대한 개입

상담자는 주민센터의 복지사에게 미미 가족이 기초생활수급권 등 국가의 도움을 받을 수 있는지에 대해 문의하였다. 한편 어머니가 일을 하는 낮 시간 동안 미미가 복지관에서 어떤 혜택을 받을 수 있는지를 검토하였다. 상담자는 미미 가족이 보다 나은 생활을 유지하게 위해 지역사회에서 활용할 수 있는 자원이 어떤 것인지를 검토하면서 미미 어머니와의 면담은 파악된 구체적인 정보를 제공하는 형태로 이루어졌다. 상담자는 상담과정에서 구체적인 정보를 제공하는 동시에 어머니가 대부분의 미혼모가 쉽게 선택할 수 있는 낙태와 입양이 아닌 자녀를 스스로 돌보겠다고 선택한 것에 대해 긍정적인 메시지를 전달하였다. 그리고 그러한 선택이 미미 어머니의 삶에 어떤 긍정적인 영향을 주었는지를 물었다. 절망상태에서 아무런 희망도 갖지 못한 어머니는 이런 질문에 답해가면서 스스로에 대한 긍정적인 부분을 발견하기 시작하였다. 상담과정은 이처럼 어머니 자신이 스스로의 강점과 탄력성을 바라볼 수 있도록 진행되었다. 한편 어머니에게 자신을 둘러싼 도움을 받을 수 있는 자원을 시각화할 수 있는 생태지도를 그려봄으로써 현재 상황에서 어떤 도움을 받을 수 있는지 구체적인 대안에 대한 논의를 해나갔다.

(2) 수준 2 : 구조, 제한, 안전

① 사례

김 선생은 자신이 담임을 맡고 있는 중학교 1학년 철수의 부모와 만나기로 했는데, 부모와의 면담을 어떻게 해야 할지 망설이고 있었다. 내성적인 철수는 평소에는 걱정이 될 만큼 조용한 학생이며 또래관계도 활발하지 못하다. 그런데 철수는 사소한 일에 흥분하기 시작하면 이성을 잃고 걷잡을 수 없을 정도로 다른 사람이 된다. 김 선생 입장에서 보면 철수는 그 나이의 아이들이 흔히 할 수 있는 장난을 받아들이지 못하고, 친구들이 자신을 놀린다는 생각에 참지 못하는 것 같다. 김 선생은 기회가 있을 때마다 철수에게 이런 이야기를 해줬으나, 학급에서 번번이 작은 사건을 만들었다. 철수의 아버지는 트럭기사로 일주일에 한 번 집에 오며, 어머니는 집 근처 공방에 다니고 있어서 부모들이 상담하러 학교에 올 형편이 안 되었다. 김 선생은 두 달 전 철수의 행동이 걱정이 되어서 어머니에게 일부러 전화를 걸어 이야기를 나눈 적이 있었다. 김 선생의 전화를 받은 어머니는 철수가 초등학교 때 자주 맞고 다녀서 아버지가 합기도를 시켜서 그런 것 같다며, 상황을 심각하게 받아들이지 않고 오히려 맞지 않아서 다행이라는 반응을 보였다. 김 선생은 어머니와의 전화 상담을 통해 철수가 초등학교 때부터 또래에게 맞은 부정적인 경험이 있었으며, 이 같은 경험 때문에 사소한 일에도 무시당한다는 피해의식을 가지게 되어 현재 또래관계에서 부적절한 대응을 한다는 사실을 알았다. 그러나 어머니의 예상치 못한 둔한 반응에 부모역할을 제대로 수행할 수 없는 어머니와는 더 이상 관계를 가지고 싶지 않아서 그 이후 연락을 하지 않았다. 그런데 며칠 전 철수가 자신을 놀리던 학생에게 칼부림을 하는 큰 사건을 저질러 이번에는 학교 차원의 처벌을 받게 되었다. 이 사건을 계기로 김선생은 그동안 철수 문제에 소극적이었던 자신의 행동을 반성하면서 철수 부모와 면담을 약속한 것이다.

② 원조 방안

이 수준의 가족은 최소한의 의식주는 해결되어 있으며, 가정의 안정이나 양육부분에서도 기본적인 것은 충족되었다. 이들에게는 권위 유지나 제한의 설정이 중요한 과제이다. 집 짓는 비유에서 본다면 수준 2의 집의 골격과 지붕을 세우는 작업과 같으며, 이것을 가족체계와 연관시키면 가족구조와 조직을 세우는 것이다. 부모체계가 가족구성원의 한 명 또는 하위체계에 충분한 제한을 설정하지 못하거나 유지하는 것이 불가능하면, 이 같은 무능력은 가족체계의 안전 체계를 뒤흔들게 된다. 대부분 이러한 실패는 가족 간의 기대를 명확하게 표현하지 못하거나 때로는 분명한 기대는 가졌지만 가족 구성원이 그 같은 기대를 실행할 능력을 가지지 못한 것에 기인한다.

아동의 행동이 부모의 통제를 벗어난 수준이거나 일탈된 청소년, 부모의 약물남용, 도박중독, 그 밖에 가족구조에서 중요한 부분이 실패한 것의 예를 들 수 있다. 결혼 갈등도 통제의 범위를 넘어선 표현이며, 가족 단위의 해결이 불가능한 위협을 초래할지도 모른다. 또한 가정 내 폭력도 위협이 될 수 있다. 그런데 가족구성원들이 이 같은 문제에 즉각적인 조치를 취해야 하는 심각한 상황이라고 인식하지 못하는 경우가 있다.

이 수준의 개입도 수준 1과 마찬가지로 강점, 탄력성, 자원을 찾는 것부터 시작된다. 그러나 상담자는 상황에 관련된 권위와 충분한 희망을 제공하기 위해 상담 회기를 구조화할 필요가 있다. 일반적으로 가족은 적절한 대처능력의 수단을 가지지 못한다. 그러므로 면담과정에서 가족에게 충분한 권위를 제시하며, 부모로서 연합을 가능하게 한다면 이들 가정은 많은 도움을 받을 수 있을 것이다.

Wettner(1986)는 이 같은 가족에게는 필요한 통제를 방해하는 것이 무엇인지를 이해하는 것이 중요하다라고 보았다. 가족구성원의 구조를 한눈에 파악하는 가족지도를 통해 어떻게 연합되었는지를 파악하는 것이 도움이 될 것이다. 구조적 관점을 가진 사회학습이나 행동기법도 이들 가족구성원에게 힘을 부여하는 데 도움이 된다. 행동적 기법은 각 가족 구성원들의 가족 기대를 명료화하며 그들이 다른 가족구성원의 행동을 완화하기 위한 자신들의 자원을 이해하는 데 도움이 된다.

이처럼 다양한 기법은 수준 1과 2의 개입 모두에서 구조적, 특히 체계론적 관점의 접근이 바람직하다. 이러한 접근의 목표는 가능한 모든 자원을 동원해 가족이 이미 가진 행동패턴의 변화를 시도한 것이며, 특히 가족을 이끌어 가는 부모체계에 그들이 가진 강점이나 가능성을 실현하게 한다. 이 같은 과정을 통해 그들은 적절한 통제의 결여가 가족을 얼마나 고통스럽게 했는지를 인식할 수 있을 것이다.

③ 사례에 대한 개입

김 선생은 이전의 전화통화의 경험으로 미루어 어머니는 자녀의 훈육에 그다지 많은 능력을 가지지 못한다고 판단하여 폭력사건임을 강조해 아버지와 함께 학교에 오도록 했다. 김 선생은 부모를 만나서 먼저 자녀문제에 관심을 가지고 생업까지 희생하면서 두 분이 함께 적극적으로 참여한 것에 대한 긍정적인 메시지를 전했다. 그리고 철수가 부모들의 이런 자녀사랑을 아는지에 대한 질문과 만약 안다면 그런 사실이 부모들에게 어떻게 도움이 될 것인가에 대한 순환적 질문을 했다. 철수의 아버지는 이런 순환적 질문을 비교적 잘 이해하고 있었으나, 어머니는 체계론적 관점의 사고를 전혀 하지 못했다. 아버지는 자녀를 바람직하게 훈육하기 위해 적당한 통제와 제한이 필요하다는 것을 인식하기 시작한 시점에서 이번 사건에 대해 부모들의 대응을 확인하였다. 아버지는 폭력은 그렇게 사용하는 것이 아니라고 심하게 야단을 친 반면, 어머니는 철수에게 별다른 반응을 하지 않았다. 오히려 아버지가 너무 심하게 철수를 야단치는 것 같아서 '얼마나 화가 났으면 아이가 이런 행동을 하겠느냐'고 철수의 편을 들었다. 즉, 이들 가족은 철수의 문제행동에 대한 부모들의 합의된 태도가 없었던 것이다. 김 선생이 지금 여기서 이번 사건에 대해 부모로서 합의된 의견을 의논하도록 권하자, 이 같은 경험이 많지 않은 부모는 합의된 의견을 좀처럼 만들지 못했지만 아버지 주도로 논의를 정리할 수 있었다. 김 선생은 아버지의 비교적 안정된 훈육태도는 매일 자녀들과 함께할 수 없는 아버지 직업의 특성상 진가를 발휘하지 못한 채, 부모로서 충분한 권위를 가지지 못한 어머니가 전적으로 자녀교육을 책임지는 것이 이 가정의 어려움이라고 판단하였다. 김 선생은 아버지에게 아무리 피곤해도 집에 오면 먼저 어머니에게 자녀들의 일주일 생활에 대한 보고를 받은 후, 자녀들에게 필요하다고 판단한 행동을 한 시간 이상 하도록 제안하였다. 이는 자녀를 교육하는데 비교적 통제의 힘을 가진 아버지가 어머니를 도와 부모로서 한 팀을 이루어 보다 힘 있는 부모체계를 형성하도록 돕기 위함이다. 그리고 어머니에게는 학교 내의 상담교사가 운영하는 부모교육에 참여할 것을 적극 권했다.

(3) 수준 3 : 경계와 통제

① 사례

어떤 아버지가 고등학교 2학년의 아들이 인터넷게임 중독자라면서 상담기관을 찾았다. 첫 상담에 부모와 아들이 함께 오기는 했으나, 아들은 상담 초반부 자신은 아버지의 '협박'에 마지못해 끌려왔기 때문에 이 상담에 아무런 관심이 없다고 말했다. 그리고는 자신의 이야기를 증명이라도 하려는 듯 상담자의 여러 질문에 '모르겠다', '생각해 보지 않았다'라는 무성의한 표현으로 일관했다. 아버지의 주 호소내용은 중학교까지 상위권을 유지하던 아들이 고등학교에 들어오면서 인터넷게임에 빠져서 성적도 하위권으로 떨어졌다는 것이다. 부모로서 걱정이 되어 야단을 쳤지만 오히려 자신의 이야기는 들은 척도 하지 않은 채 반항적 태도의 아들을 보면 견딜 수가 없어서 더 큰 소리를 치는 악순환이 이어지고 있다. 현재 아버지의 심정은 할 수 있는 일을 모두 해왔기 때문에 이제는 지쳤지만, 그래도 아들의 행동을 고쳐야 한다고 생각한다. 자수성가한 아버지의 눈에 아들은 남자답지 못하며 어떤 일이든 끝까지 하는 끈기가 없어서 자신의 어린 시절과 비교되어 자주 야단을 쳤다. 어머니는 남편이 지나치게 엄격해서 아들이 힘들어하는 것도 이해는 되지만, 아들 역시 가족들과 거리를 두면서 제 방에서 나오지 않은 채 자신들의 말을 통째로 무시하는 태도가 답답하기만 하다. 한 번 화를 내면 불같이 내는 남편과 무슨 이야기를 해도 들은 척하지 않는 아들의 갈등이 계속되어서 지난 1년간은 살얼음판을 걷는 심정이다. 한 30분 이상 부모의 이야기를 듣고 있던 아들이 입을 열었다. 아버지가 얼마나 힘든 어린 시절을 보냈는지는 알 수 없으나, 자신의 경험만으로 모든 것을 이해하려는 아버지의 독단에 지친 상태라는 것이다. 주위 친구들과 비교해 자신은 인터넷 게임중독으로 지탄받을 만한 아무런 근거도 없는데, 어느 날 갑자기 아버지는 자신을 인터넷 게임중독이라고 단정하고 서울역으로 끌고 갔다. 그리고는 노숙자들을 보여주면서 '인터넷만 하면 이 사람들처럼 된다'고 다시는 게임을 하지 않겠다고 맹세할 것을 종용했다. 이것이 아버지가 자신의 관점으로만 상황을 이해하려는 좋은 예이다. 사실, '온실의 화초' 같았던 중학교 때와는 달리 고등학교 생활은 무척 힘들다고 털어놓았다.

② 원조 방안

이 단계에서는 사생활과 통로라는 공간에 초점을 맞춘다. 집을 짓는 것에 비유하면 내부공사에 해당하는 것으로 기초공사, 지붕의 안정성을 전제로 내부공간의 배열, 벽과 문 등의 배치를 하는 단계이다. 가족체계에서 본다면 가족은 각각의 구조와 스타일이 있으며 자신들의 가족생활에 이것이 작용된다고 인식하는 단계이다. 그들은 자신들의 문제를 선천적인 결핍이 아니라 3세대의 전설과 같은 확대가족의 범위에서 표현하거나 그려낸다. 가정을 조직화하지 못한 수준 1, 2의 가족과는 달리, 자신들의 문제에 어떻게 대처해야 하는지에 대한 많은 검토와 나름대로의 대처방식이 있다. 이들은 자신의 방어기제의 특징과 연결해 대처방식을 선택했으며, 그들은 문화가 허용하는 범위에서 자신들의 자녀를 돌보려고 시도해 왔다.

이 단계의 상담자는 가족에게 그들의 생활에 깊숙이 배어든 가족행동을 변화하도록 요구하면 가족과 뜻하지 않은 투쟁을 해야 한다는 점을 알아야 한다. 따라서 상담자는 이러한 투쟁에 적합하며 가족들의 저항을 쉽게 둘러쌀 수 있는 기법을 개발하는 것이 바람직하다. 수준 3은 가족의 내부 인테리어를 다시 하는 과정을 포함한 개입인데, 상담자는 이때 가족구성원이 사생활과 통로라는 것에서 적절한 공간을 가지도록 도와야 한다. 이 단계의 가족을 만나면 상담자는 현재 가족이 추구하는 행동양식에 안주하려는 가족의 도전을 받게 된다. 따라서 상담자는 상담 초기에 정서체계, 의사소통이나 문제를 둘러싼 권력구조에 관한 패턴을 탐색하는 것이 유용하다.

③ 사례에 대한 개입

상담자는 아들에 대한 아버지의 기대와 더불어 구체적인 행동으로 이어지는 아버지의 사랑에 대한 긍정적 메시지를 전달하였다. 예를 들어, 아들이 인터넷 게임중독이라고 판단한 후 후속조치를 어머니에게 전가하지 않고 서울역 등에 데리고 가는 등 아버지 나름의 문제해결 방식으로 즉각적인 대응을 하려는 결단력을 높이 평가했다. 따라서 이 가족에서 아들에 대해 가장 잘 아는 사람은 아버지라고 규정한 후, 상담과정에서 아들이 언급한 고등학교 생활의 어려움에 대한 부연 설명을 부탁하였다. 아버지는 아들이 학교생활에서 어려움을 겪는다는 사실조차 알지 못했다. 상담자가 아버지에게 현재 아들이 겪는 어려움이 무엇인지 추정하게 하고 아들에게 사실을 확인해 갔다. 이런 과정을 통해 아버지는 자신의 어린 시절과 현재 아들의 시대에는 상당한 차이가 있음을 느꼈으며, 현재 아들이 안고 있는 고민에 관심을 보이기 시작했다. 또한 치료팀은 끈기가 없다는 아버지의 우려와는 달리, 아들은 아버지의 압력에도 굴하지 않고 자신이 흥미를 가진 인터넷에 열중한다는 점을 부각하여, 문제행동을 재정의하였다. 상담자는 아버지의 가계도 탐색을 통해 다른 가족구성원이 아버지 삶의 역사를 이해하는 것이 중요하다고 판단하였다. 그러나 자수성가한 아버지는 이미 자신의 성장과 관련된 무수히 많은 이야기를 해왔으므로 가족놀이가계도라는 은유적인 방법으로 아버지의 삶을 표현하도록 하였다. 상징적인 놀잇감으로 표현된 아버지의 삶의 역사는 가족들이 아버지의 삶을 새롭게 이해하는 계기가 되었다. 이 같은 이해를 토대로 이 문제를 해결하기 위해서는 '저 아이가 변해야 한다'는 생각에서 '우리가 바뀌어야 한다'는 순환적인 가족역동을 고려하게 되었다.

(4) 수준 4 : 가족과 개인의 성장

① 사례

자신의 부부관계에 문제가 있다고 호소하는 47세의 김 씨는 아내와 두 딸을 둔 가장이다. 그의 호소에 따르면, 물증은 없지만 아내가 외도를 한다고 판단되는데 아내는 너무 당당하며, 오히려 자신을 의처증 환자로 몰고 있다. 이런 부부간의 갈등이 심해져서 현재는 누가 옳은지 판단이 서지 않았다. 김 씨는 3남 2녀 중 장남으로, 아버지가 일찍 돌아가셔서 어릴 적부터 실질적 가장 역할을 해왔으며, 늦은 나이에 결혼을 하였다. 7세 연하의 아내는 사교적이고 생활력도 강한 여자였다. 이런 능력 있는 아내가 흐뭇하기도 하지만 때로는 자신처럼 나이가 많고 무능한 남편에게 싫증을 느끼고 언젠가는 떠나버릴 것 같은 불안이 늘 자리 잡고 있었다. 2년 전 김 씨는 사업관계로 한 20개월쯤 중국에서 머물러야 했다. 식당을 운영하는 아내를 두고 혼자 출국했는데 영 마음이 편하지 않았다. 귀국 후 아내를 관찰해 보니 아내는 식당에 오는 손님 중 한 명과 유독 친하게 지내고 있어서 둘 사이에 대한 의심을 떨쳐버릴 수 없었다. 그 후도 중국 출장이 잦았는데, 중국에 있는 동안 아내가 사용한 휴대폰의 통화 내역서를 출력해 보았더니 그 남자와 지속적으로 장시간 통화한 사실이 드러났다며 지참한 통화 내역서를 상담자에게 보였다. 아내를 추궁하자, '특별한 관계라면 남편 휴대폰으로 전화를 하겠느냐'고 되물으며 아내는 오히려 담담했으며, 자신을 의처증 환자로 몰아붙였다. 두 딸도 아내의 편을 들고 있어서 뭐가 옳은지에 대한 자신이 없어졌다. 김 씨는 지금까지 세 가지 원칙을 가지고 살아 왔다. 첫째, 남편으로서 약점을 잡히지 않도록 행동하겠다는 결심으로 자신은 결혼생활 이후 한 번도 바람을 피운 적이 없다. 둘째, 비밀 없이 산다. 셋째, 부모님이나 장인, 장모를 동등하게 대우한다. 이런 원칙만 지키면 가정이 평화롭다고 생각했는데 지금은 이런 점들을 지키고 산 것이 후회스럽다. 이제는 갈등을 원만히 해결하고 싶은 마음과 이혼하고 싶은 마음이 반반인데 아직 어떤 결단도 내리지 못했다. 아내가 계속해서 의처증이라고 몰아붙여서 지난해 신경정신과에 가서 상담을 받았다. 그때 의사가 부인을 미행하고 싶은 마음이 드냐고 물어서 그렇지는 않다고 대답하자 그러면 의처증은 아니라고 말했지만, 요즘은 내가 정말 의처증 같은 불안도 있다.

② 원조 방안

수준 4의 가족에게는 기본적인 필요는 충족되어 있으며, 구조적 경계가 비교적 명료하며 만족한다. 현재의 문제는 주로 보다 풍부한 친밀감, 자존감, 자율성을 열망하는 것과 관련이 있다. 수준 4와 관계된 가족은 보다 나은 삶의 기술과 각 가족구성원의 잠재력이 실현을 향해 성장하는 것과 관련 있다. 집 짓는 것에 비유한다면 이 수준은 장식, 그림, 카펫, 등잔 등 장식하는 기능과 관련된 수준이다. 따라서 이 단계는 개인이나 가족의 삶의 풍요함과 질에 개입의 초점을 맞춰야 한다. 여러 가지 문제는 이전 단계에서 다루었기 때문에 수준 4에서는 내면의 갈등, 친밀감, 자기실현, 통찰, 열망과 같은 보다 근본적인 것에 초점을 맞추며 이것은 보다 심도 있는 수준에서 다뤄야 한다.

가계도는 3세대 이상의 가족구조와 관계를 이해하는 것이므로 세대 간의 패턴을 파악할 때 유용하다. 가족조각기법도 도움이 될 것이다. 특히, 이 수준의 가족들에게는 이야기 치료적 접근에 초점을 맞춰 자신의 이야기를 다시 쓰게 하는 것이 바람직하다. 어떤 가족이나 개인은 자신의 가치, 의미, 영적인 것을 명료화하는 데 초점을 맞추고, 그들은 존재와 관련된 문제가 다루어지기 원할지도 모른다. 상담자는 이 같은 문제를 자유롭게 추구하며, 그것에 대한 논의가 편안하게 이루어지도록 하여 강요된 개인적 결론에 구애받지 않고 가족 스스로가 자신의 탁월한 면을 스스로 발견해 그들의 가치를 명료화하도록 돕는다.

③ 사례에 대한 개입

상담자는 혼자 상담실을 방문한 김 씨가 상담 초반부에 내놓은 문제 중심의 대화를 경청하면서 현재 그가 가진 어려움은 아내의 외도가 아니라, 자신의 의처증에 대한 고민이라는 것을 알게 되었다. 이 같은 어려움이 그의 생육사와 관련이 있을 거라고 판단한 상담자는 상담 후반부는 가계도를 통한 원가족의 관계를 파악하였다. 가계도를 그리면서 김 씨는 돌아가신 아버지에 대해 분명한 진술을 하지 못했다. 그는 어린 시절부터 아버지는 돌아가셨다는 어머니의 말을 믿지 않았다. 그러나 어머니에게 이 부분에 대한 사실 확인을 요구한다면 스스로 큰 상처를 받을지도 모른다는 두려움 때문에 한 번도 물어보지 못했다. 막연히 아버지가 외도하면서 가족을 버렸을 것이라고 추측할 뿐이다. 상담자는 계속 회기를 진행하면서 이 같은 해결되지 않은 삶의 한 부분이 자신의 삶 전체에 어떤 영향을 미치는지 탐색해 갔다. 이런 과정을 통해 자신의 현재 어려움은 해결되지 않은 자신의 원가족 문제에서 기인한다는 것을 깨닫고, 시골에 계신 노모를 방문하여 아버지에 대한 이야기를 나누었다. 이 같은 김 씨 개인에 대한 개입 후 가족이 함께 모여 가족조각기법을 통해 가족의 느낌을 서로 알아가는 작업을 하였다. 이런 상담과정에서 가족의 친밀감을 높일 수 있었다.

상담자는 어려움을 겪는 가족을 만나면 집으로 비유된 네 가지 원조수준에서 가족과 어떤 작업을 하게 된다. 물론, 공식처럼 모든 가족에게 일률적으로 적용되는 것은 아니지만, 가족원조가 필요한 상황을 평가한 후, 그것을 토대로 개인, 커플 또는 가족에게 어떤 치료적 모델을 적용하는 것이 바람직한가의 안내서와 같은 역할을 한다.

3. 다문화가족 상담 평가

1) 가족평가

가족평가는 가족을 측정하고 진단하는 것으로 가족의 내부체계 및 외부체계 간의 상호작용을 이해하기 위한 것이다. 가족평가 활동에는 관련된 자료를 수집, 분석, 종합하고 그것을 바탕으로 가족에 대한 개입 계획을 세우는 일련의 과정이 모두 포함된다. 상담자는 가족평가를 통하여 가족이 갖고 있는 문제가 무엇인지, 가족체계의 구조 및 관계 유형은 어떤 것인지, 나아가 가족의 문제해결을 위하여 이용 가능한 자원들은 어느 것인지 등에 대한 정보를 얻을 수 있게 된다.

가족평가는 상담과정의 어느 특정 시기에 제한되어 이루어지는 것이 아니라 상담의 전 과정을 통해 이루어지는데 크게 초기 단계에서의 평가, 개입 단계에서의 평가, 종결 단계에서의 평가로 나누어 볼 수 있다. 초기 단계에서의 평가는 주로 개입 계획을 세우기 위하여 필요한 것이므로 상담자와 가족 간에 라포(rapport) 형성이 중요하며 가족과의 일상적인 가벼운 대화에서 평가가 시작된다. 이 단계에서는 가족들의 이름과 연령, 그리고 발달단계 및 가족들의 문제가 무엇인지 등을 파악하고 상담을 필요로 하는 이유와 가족들이 자신들의 문제에 대하여 어떻게 생각하고 있는지 등을 확인하는 것이 포함된다.

개입 과정에서의 평가는 주로 가족 상호작용의 방식이나 가족구성원들 간의 의사소통 방식 등에 대해 알아보며 평가를 통해 가족들이 그들의 역동성의 특징과 가족구성원과의 견해차 등을 확인하게 된다. 그래서 현재의 방식으로는 가족들의 문제가 해결될 수 없음을 깨닫게 되어 대안적인 해결책을 찾기 위해 가족들의 노력이 나타나는 시기이다.

마지막 평가는 종결 단계에서 이루어지는데 변화된 가족관계의 패턴을 확인하며 상담 효과를 평가하고 추후 상담에 대한 계획을 세울 수 있도록 한다.

이 절에서는 가족평가 중 가족 변인과 가족 기능을 측정하는 양적인 평가 방법을 주로 소개하고자 한다. 가족 변인은 가족관계, 가족문제, 가족 기능, 적응, 건강성 등 가족과 관련된 폭넓은 영역을 포함한다. 즉, 가족관계의 변인은 부부관계나 부모-자녀 관계, 형제자매 관계 등 다양한 하위체계의 관계를 포함하며, 관계 차원에서도 권력이나 스트레스, 갈등, 역할 등 폭넓은 범위를 포함하고 있다.

가족을 평가하는 방법으로 여기에서 소개하려는 도구들은 연구와 실무에서 사용될 수 있는 자기보고식 척도들이다. 주로 가족 내의 인간관계에 대한 것을 측정하며 또한 가족의 기능성 등을 측정하는 도구들인데 이러한 것들은 가족과 관련된 연구에서 상관관계를 보는 조사연구나 치료를 통한 가족의 변화를 보려는 실험연구에서 반드시 필요하며 임상 실무자들에게는 가족을 진단하고 평가하는 과정에서 필요하다.

이 절에서 소개하는 척도들은 고려대학교 행동과학 연구소가 심리척도들을 정리하여 발간한 『심리척도 핸드북 I · II』에서 그리고 국내외 전문 학술지와 석·박사 논문에서 사용된 척도들을 정리하여 소개한 『가족평가 핸드북』에서 널리 사용되는 도구들을 발췌하였다.

(1) 가계도

가계도는 Bowen의 가족치료에서 쓰이기 시작하여 가족상담에서 널리 쓰이고 있는 가족 평가 도구이다. 이것은 초기 상담 과정에서 대부분 완성되는데 새로운 사실이 나타날 때마다 추가되거나 수정된다. 가계도는 3세대 이상에 걸친 가족구성원에 관한 정보와 관계를 기호를 사용한 표로 작성하는 방법으로 한눈에 가족 유형의 형태를 볼 수 있다. 가족들의 존재가 가족 맥락과 어떠한 관련이 있으며 그것이 시간에 따라 어떻게 변하는지를 여러 측면에서 알아볼 수 있다. 가계도를 작성하기 위해서는 모든 가족구성원들의 협조가 필요한데 가족들은 가계도 작성에 참여힘으로써 자신들과 관련된 중요한 정보들을 제공한다. 가계도를 그리는 방법은 다음과 같다.

(2) 가계도 작성 요령

① 가족구성원과 가족구조를 표시하는 기호

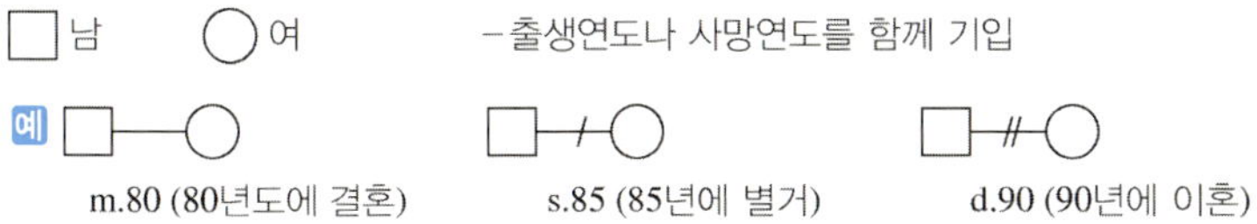

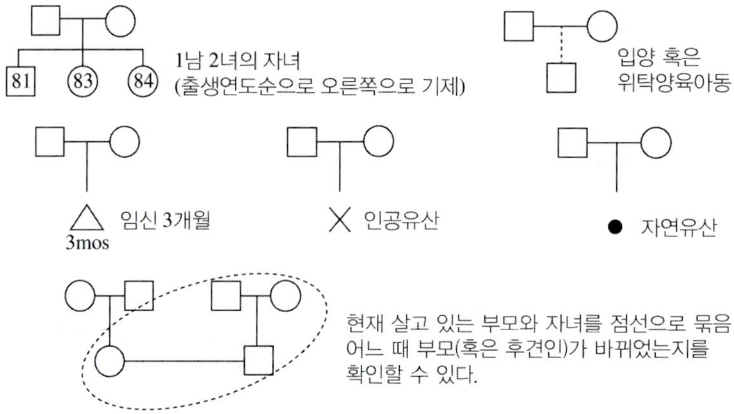

② 가족상호작용을 나타내는 기호, 이러한 기호들은 선택적으로 사용될 수 있으며, 별도의 용지에 기술할 수도 있다.

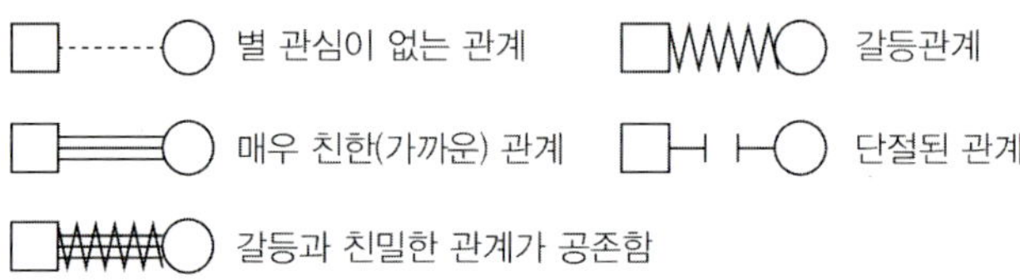

③ 가계도의 빈 여백에 다음과 같은 중요한 정보를 간결하게 기록한다.

예 ① 만성적 질환　② 종교　③ 교육
④ 취업 혹은 실업　⑤ 퇴직　⑥ 범법 행위
⑦ 알코올리즘 혹은 마약 사용 외에 가족의 사망이나 이사 등 중요 정보를 기록한다.

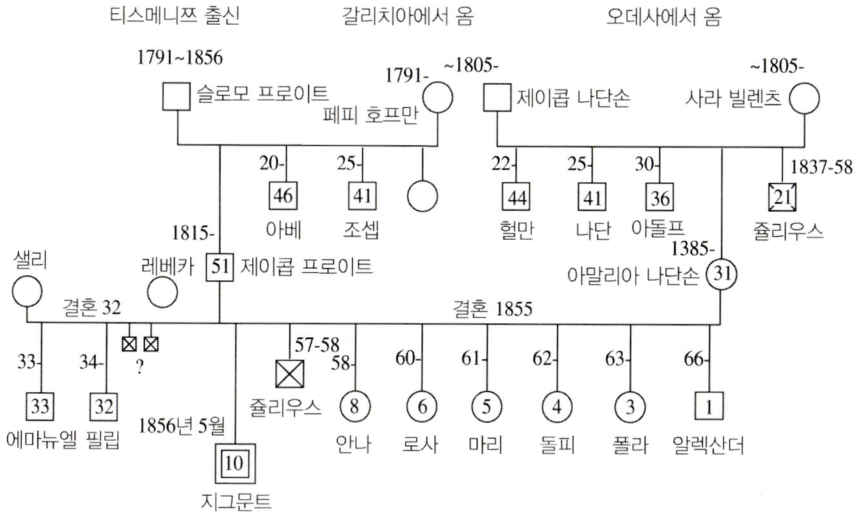

|그림 5-1| 지그문트 프로이트 가족

출처 : Monica McGoldrick, Randy Gerson & Sylvia Shellenberger. Genograms : Assessment and Intervention. 이영분·김유숙·정혜정 공역(2005). 가계도 사정과 개입. 학지사, pp. 29-41.

〈표 5-5〉 가계도 면접을 위한 질문

문제 진술을 위한 시작	• 그들은 왜 이 시점에 도움을 청하러 왔는가? • 문제는 언제 시작되었는가? • 문제를 알아챈 사람은 누구인가? • 가족원은 문제를 어떻게 보는가? • 가족은 각자 그 문제에 어떻게 반응하는가? • 문제가 있기 전의 가족관계는 어떠했는가? • 바꾸고자 하는 문제는 변화했는가? 어떻게 변화했는가? • 문제가 지속된다면 어떤 상황이 일어날 것인가?
가구에 대한 질문	• 가족원 누구와 사는가?(이름, 나이, 성별) • 가족원 각자는 어떠한 관계인가? • 다른 가족원은 어디에 사는가? • 전에도 이 집에 비슷한 문제가 있었는가? • 해결을 하기 위해 과거에는 어떤 노력을 했는가? (치료, 상담, 입원 등) • 최근 가족에 무슨 일이 일어났는가? • 최근에 어떤 변화나 압박이 있었는가?

부모의 출생가족에 대한 정보 수집	• 형제자매의 수, 이름, 출생일, 출생지 • 부모의 결혼상태(별거, 이혼, 재혼 등) • 형제자매의 결혼 상태(별거, 이혼, 재혼, 자녀) • 가족원의 사망 원인
조부모 세대에 대한 질문	• 조부모(이름, 출생일과 사망일, 직업, 건강, 사망원인) • 조부모의 형제(이름, 출생일과 사망원인, 직업, 건강)
민족·문화적 가변성에 대한 조사	• 죽음에 대한 문화적 의례(죽음에 대한 태도, 시신처리방법, 기일 의식) • 내세에 대한 태도 • 죽음이나 상실과 관련된 낙인이나 중대 사건 • 민족적·문화적 배경의 주요 사건에 대한 대처, 가족관계 역할, 개인의 기능에 미치는 영향 등
성역할 태도에 관한 질문	• 성역할 태도가 가족의 여러 상황, 주요 생활 사건에 대한 대처, 개인의 기능에 미치는 영향 • 슬픔의 표현, 장례, 기일에 관한 민족과 가족의 성역할 규칙은 무엇인가?
주요 생활사건에 대한 질문	• 결혼, 출생, 사망, 질병, 장애, 이사, 직업상의 변화 • 자연재해, 전쟁과 같은 충격적인 사건 • 가족은 이러한 변화에 어떻게 적응하는가?
가족관계에 대한 탐색	• 정서적 단절, 연합 • 부부관계의 유형, 부모자녀의 유형, 지배·복종의 유형
가족역할에 대한 탐색	• 부양자는 누구인가? • 아픈 사람은? 문제 있는 사람은? • 좋은 사람? 나쁜 사람? • 성공한 사람은 누구인가? 실패한 사람은 누구인가? • 괜찮은 사람은 누구인가? 냉정하고 소원한 사람은?
가족의 강점에 대한 탐색	• 탄력성을 나타내는 행동 • 성격적 강점 : 충성심, 용기, 희망, 유머, 지적능력 등 • 자원 : 외부자원과의 연결 능력, 돈, 사랑, 이웃, 종교집단, 직업 등
개인의 기능에 관한 질문	• 일(직업, 전직, 실직, 만족도) • 학교(성적문제) • 의료적 문제 • 정신적 문제(우울증, 불안, 공포감) • 중독(알코올, 약물, 컴퓨터) • 법적문제(체포, 자격박탈, 현재 소송상태)

출처 : 이영분·김유숙·정혜정 공역(2005).

2) 가족체계 유형 질문지 Ⅲ
(Family Adaptability and Cohesion Evaluation Ⅲ : FACES Ⅲ)

가족체계유형에 관한 질문지는 개인이 자각하고 있는 가족체계의 유형을 평가하는 질문지인데, Olson과 Lavee(1985)가 개발한 것으로서, 국내에서는 한상분(1992)이 번안하였다.

이 질문지는 순환모델(circumplex model)의 두 차원에 해당하는 가족응집성과 적응성을 측정하는 검사로 FACES 척도에 관한 시리즈 중 세 번째 것이고, 성인 및 청소년을 대상으로 실시할 수 있는 자기보고식 검사이다.

총 20개 문항으로 홀수에 해당하는 10문항은 가족응집성을 측정한 반면에, 짝수에 속하는 10개 문항은 가족적응성을 측정한다. 또한 이상적인 가족체계에 대한 질문지가 있는데, 이것은 각 문항들이 '우리 가족은 …했으면 좋겠다'라는 식으로 된 것이다. 각 문항은 5점 척도로 평정하는 것이고, 전체 점수의 범위는 응집성과 적응성 두 차원 각각에서 10점에서 50점까지 얻을 수 있으며, 높을수록 응집성과 적응성이 높다고 해석할 수 있다.

가족체계 유형에 관한 질문지 Ⅲ

다음의 문항들은 여러분이 평소에 가족들과의 생활에서 느끼고 있는 것들에 관한 것입니다. 각 문항을 읽고 그 내용이 현재 여러분의 가족과 가장 가깝다고 생각되는 번호에 ✔표 하십시오. 응답을 고치고 싶은 경우에는 ×한 후에 다른 번호를 찾아 ✔표 하시면 됩니다.

거의 아니다	대체로 아니다	반반이다	대체로 그렇다	항상 그렇다
5	4	3	2	1

현재 가족체계에 대한 질문지

1. 우리 가족은 서로에게 도움을 청한다.
2. 우리 집에서는 문제를 해결할 때 자녀들의 의견이 받아들여진다.
3. 우리 가족은 각자의 친구들을 서로 인정한다.
4. 우리 집에서는 자녀들도 자녀교육 문제에 대해서 부모에게 이야기할 수 있다.

5. 우리 가족은 우리 가족의 일에만 관심이 있다.
6. 우리 가족은 어느 한 사람만이 아니라 식구 누구라도 가족 내에서 주도적인 역할(리더 역할)을 할 수 있다.
7. 우리 가족은 다른 사람들보다는 우리 가족끼리 더 친하게 느낀다.
8. 우리 가족은 문제를 해결할 때 한 가지 방법이 아닌 여러 가지 방법을 쓴다.
9. 우리 가족은 여가시간을 함께 보내기를 좋아한다.
10. 우리 집에서는 자녀가 받을 벌에 대해 부모와 자녀가 함께 이야기를 나눈다.
11. 우리 가족은 서로 매우 친하게 느낀다.
12. 우리 집에서는 자녀들도 의사결정을 할 수 있다.
13. 우리 집에서는 가족행사가 있으면 가족이 모두 참여한다.
14. 우리 집에서는 경우에 따라서는 규칙이 바뀐다.
15. 우리 가족은 가족 모두가 함께 할 수 있는 일을 쉽게 생각해 낼 수 있다.
16. 우리 집에서는 집안일을 한 사람이 도맡아 하지 않고 식구 모두가 함께 돌아가면서 한다.
17. 우리 가족은 각자의 일을 결정할 때 다른 식구들과 상의한다.
18. 우리 집에서는 누가 가족 내에서 주도적인 역할(이 역할)을 한다고 분명하게 말하기가 어렵다.
19. 가족의 담합은 매우 중요하다.
20. 우리 집에서는 집안일에 대한 분담이 분명하게 정해져 있지 않다.

이상적인 가족체계에 대한 질문

1. 우리 가족은 서로에게 도움을 청하면 좋겠다.
2. 우리 집에서는 문제를 해결할 때 자녀들의 의견이 받아들여졌으면 좋겠다.
3. 우리 가족은 각자의 친구들을 서로 인정하면 좋겠다.
4. 우리 집에서는 자녀들도 자녀교육 문제에 대해서 부모에게 이야기할 수 있으면 좋겠다.
5. 우리 가족은 우리 가족의 일에만 관심이 있으면 좋겠다.
6. 우리 가족은 어느 한 사람만이 아니라 식구 누구라도 가족 내에서 주도적인 역할(리더 역할)을 할 수 있으면 좋겠다.
7. 우리 가족은 다른 사람들보다는 우리 가족끼리 더 친하게 느끼면 좋겠다.
8. 우리 가족은 문제를 해결할 때 한 가지 방법이 아닌 여러 가지 방법을 쓰면 좋겠다.
9. 우리 가족은 여가시간을 함께 보내기를 좋아하면 좋겠다.
10. 우리 집에서는 자녀가 받을 벌에 대해 부모와 자녀가 함께 이야기를 나누면 좋겠다.

11. 우리 가족은 서로 매우 친하게 느끼면 좋겠다.
12. 우리 집에서는 자녀들도 의사결정을 할 수 있으면 좋겠다.
13. 우리 집에서는 가족행사가 있으면 가족이 모두 참여하면 좋겠다.
14. 우리 집에서는 경우에 따라서는 규칙이 바뀌면 좋겠다.
15. 우리 가족은 가족 모두가 함께 할 수 있는 일을 쉽게 생각해 낼 수 있으면 좋겠다.
16. 우리 집에서는 집안일을 한 사람이 도맡아 하지 않고 식구 모두가 함께 돌아가며 했으면 좋겠다.
17. 우리 가족은 각자의 일을 결정할 때 다른 식구들과 상의하면 좋겠다.
18. 우리 집에서는 누가 가족 내에서 주도적인 역할(이 역할)을 한다고 분명하게 말하면 좋겠다.
19. 가족의 담합은 매우 중요하게 여겨졌으면 좋겠다.
20. 우리 집에서는 집안일에 대한 분담이 분명하게 정해져 있으면 좋겠다.

출처 : 한상분(1992); Olsen, Portner & Lavee(1985).

3) 가족관계 진단용 SDS

가족관계 진단용 SDS는 부모·형제자매 등 가족 구성원을 표시하는 어휘들에 대한 지각과 그 의미를 통해 가족 구성원 간의 사회적 및 심리적 상호작용의 특징과 거리를 찾는 도구이다.

C. E. Osgood에 의해 개발된 이 도구는 의미미분법(SD)을 사용한 일련의 연구를 통해 언어와 문화를 초월한 모든 문화에서 평가 요인과 역기능 요인 그리고 활동 요인 같은 세 가지의 일반적인 요인으로 구성되어 있다. 장동환(1994)은 여기에다 한국어의 의미론적 구조의 특유한 요인인 정신적-사변적 요인을 하나 더 첨가해서 열두 개의 개념과 열 개의 척도로 이루어진 가족관계 진단용 SDS를 만들었다.

가족관계 진단용 SDS

이 질문은 여러분이 여러 가지 낱말에 대하여 어떤 느낌이나 생각을 가지고 있는지를 알아보기 위한 것입니다. 다음에 각 페이지마다 할아버지, 할머니를 비롯하여 가족을 표시하는 낱말이 열두 개 있고, 그 밑에는 서로 반대되는 형용사가 한 짝으로 된 척도가 있습니다. 각 낱말을 보시고 그 낱말이 주는 첫인상과 직접적인 감정에 따라 판단하여 각 척도의 적절한 위치에 ✔표를 하여 주십시오.

〈유의점〉

(1) ✔표는 반드시 경계점 위가 아니고 점 사이의 빈칸에다 해야 합니다.
(2) 어느 척도도 빠뜨리지 말고 끝까지 모두 해주십시오.
(3) 한 척도상에는 ✔표시를 하나만 해야 합니다.
(4) 각 척도에 대한 표시는 주저 말고 빨리 결정하여야 합니다.
(5) 낱말의 뜻이 여러분에게 주는 첫인상 또는 직접적인 감정에 따라 판단하여 주십시오.
(6) 문제를 미리 보지도 말고 지난 것을 다시 보지도 마십시오.
(7) 하나하나의 문항을 따로따로 독립된 것으로 다루어 주십시오.

1. 할아버지

깨끗하다							더럽다
추하다							아름답다
좋다							나쁘다
멀다							가깝다
넓다							좁다
작다							크다
연하다							굳다
빠르다							느리다
무디다							날카롭다
이르다							늦다

2. 할머니

깨끗하다							더럽다
추하다							아름답다

좋다							나쁘다
멀다							가깝다
넓다							좁다
작다							크다
연하다							굳다
빠르다							느리다
무디다							날카롭다
이르다							늦다

3. 아버지

깨끗하다							더럽다
추하다							아름답다
좋다							나쁘다
멀다							가깝다
넓다							좁다
작다							크다
연하다							굳다
빠르다							느리다
무디다							날카롭다
이르다							늦다

4. 어머니

깨끗하다							더럽다
추하다							아름답다
좋다							나쁘다
멀다							가깝다
넓다							좁다
작다							크다
연하다							굳다
빠르다							느리다
무디다							날카롭다
이르다							늦다

5. 형(남자에 한함)

깨끗하다							더럽다
추하다							아름답다
좋다							나쁘다
멀다							가깝다
넓다							좁다
작다							크다
연하다							굳다
빠르다							느리다
무디다							날카롭다
이르다							늦다

6. 누나(남자에 한함)

깨끗하다							더럽다
추하다							아름답다
좋다							나쁘다
멀다							가깝다
넓다							좁다
작다							크다
연하다							굳다
빠르다							느리다
무디다							날카롭다
이르다							늦다

7. 오빠(여자에 한함)

깨끗하다							더럽다
추하다							아름답다
좋다							나쁘다
멀다							가깝다
넓다							좁다
작다							크다
연하다							굳다

빠르다		느리다
무디다		날카롭다
이르다		늦다

8. 언니(여자에 한함)

깨끗하다		더럽다
추하다		아름답다
좋다		나쁘다
멀다		가깝다
넓다		좁다
작다		크다
연하다		굳다
빠르다		느리다
무디다		날카롭다
이르다		늦다

9. 남동생

깨끗하다		더럽다
추하다		아름답다
좋다		나쁘다
멀다		가깝다
넓다		좁다
작다		크다
연하다		굳다
빠르다		느리다
무디다		날카롭다
이르다		늦다

10. 여동생

깨끗하다		더럽다
추하다		아름답다
좋다		나쁘다

멀다								가깝다
넓다								좁다
작다								크다
연하다								굳다
빠르다								느리다
무디다								날카롭다
이르다								늦다

11. 아들

깨끗하다								더럽다
추하다								아름답다
좋다								나쁘다
멀다								가깝다
넓다								좁다
작다								크다
연하다								굳다
빠르다								느리다
무디다								날카롭다
이르다								늦다

12. 딸

깨끗하다								더럽다
추하다								아름답다
좋다								나쁘다
멀다								가깝다
넓다								좁다
작다								크다
연하다								굳다
빠르다								느리다
무디다								날카롭다
이르다								늦다

출처 : 김재은(1974).

4) 부모-자녀 의사소통 측정 도구

이 도구는 가족 내의 의사소통 및 세대 간의 의사소통에 대한 지각을 평가한다. 척도 내용은 개방형과 문제형 의사소통 유형으로 나뉘며 부모용, 청소년용 두 종류가 있다.

- 개방형 의사소통 유형은 부모-자녀 간의 긍정적이고 개방적인 상호작용을 측정한다(10문항 : 홀수번).
- 문제형 의사소통 유형은 세대 간의 의사소통에 어느 정도의 어려움과 장애가 있는가를 측정한다(10문항 : 짝수번).

부모-자녀 의사소통 측정 도구

(부모용)

* 다음 문항을 읽고 해당되는 것에 응답하시오.

매우 그렇다	약간 그렇다	그저 그렇다	별로 그렇지 않다	전혀 그렇지 않다
5	4	3	2	1

1. 나는 딸(아들)에게 나의 생각을 주저하지 않고 의논한다.
2. 때때로 나는 딸(아들)이 말하는 모든 것을 믿기 어려울 때가 있다.
3. 딸(아들)은 항상 내 이야기를 주의 깊게 잘 들어준다.
4. 때때로 나는 딸(아들)에게 원하는 것을 부탁하기가 어렵다.
5. 딸(아들)은 말하지 않아도 될 것을 나에게 말하고는 한다.
6. 딸(아들)은 말하지 않아도 내가 어떤 기분 상태인지 잘 안다.
7. 나는 딸(아들)과 대화하는 형태에 만족한다.
8. 나는 내가 힘든 일이 있을 때 딸(아들)과 의논한다.
9. 나는 딸(아들)에게 애정을 솔직히 표현한다.
10. 우리(딸 또는 아들과 나)에게 문제가 생겼을 때 나는 침묵을 지킨다.
11. 나는 딸(아들)에게 말할 때 조심스러운 편이다.
12. 나는 딸(아들)에게 말하지 않아도 될 것을 말할 때가 있다.
13. 딸(아들)은 나의 질문에 정직하게 대답해 준다.
14. 딸(아들)은 나의 입장을 이해하려고 노력한다.
15. 나에게는 딸(아들)과 얘기하기를 꺼리는 화제가 있다.

16. 나는 딸(아들)과 문제를 의논하기 쉽다.
17. 나는 딸(아들)에게 나의 모든 진실한 감정을 잘 표현한다.
18. 딸(아들)은 나에게 잔소리를 많이 한다.
19. 딸(아들)은 나에게 화를 낼 때 모욕감을 준다.
20. 나는 어떤 것에 대한 나의 느낌을 딸(아들)에게 솔직하게 표현하기 어렵다.

(청소년용)

＊다음 문항을 읽고 해당되는 것에 응답하시오.

전혀 그렇지 않다	별로 그렇지 않다	그저 그렇다	약간 그렇다	매우 그렇다
5	4	3	2	1

1. 나의 소신을 아버지(어머니)와 거리낌 없이 의논할 수 있다.
2. 아버지(어머니)가 나에게 하시는 말씀은 가끔 믿기가 어렵다.
3. 아버지(어머니)는 늘 내 말을 귀담아 들어 주신다.
4. 내가 원하는 바를 아버지(어머니)께 부탁드리려면 겁이 난다.
5. 아버지(어머니)는 내가 말하지 않아도 나의 감정이 어떤지 잘 아신다.
6. 아버지(어머니)는 나보고 어떤 말을 하느니 차라리 입 다물고 가만히 있으라고 하신다.
7. 나는 아버지(어머니)와 대화를 하면 만족스럽다.
8. 우리에게 어떤 문제가 생기면 나는 아버지(어머니)께 차라리 아무 말씀 말고 가만히 계시라고 한다.
9. 나에게 무슨 일이 있더라도 나는 아버지(어머니)께 모두 말씀드릴 수 있다.
10. 아버지(어머니)께 말씀드리려면 조심스럽고 어렵다.
11. 마음 놓고 아버지(어머니)께 어리광을 부린다.
12. 아버지(어머니)와 대화를 나눌 땐 차라리 말을 안 하는 것이 더욱 마음 편하다.
13. 내 질문에 아버지(어머니)는 솔직하게 대답을 해주신다.
14. 아버지(어머니)가 솔직하게 대답을 해주신다.
15. 아버지(어머니)는 내 의견을 이해해 주시려고 애쓴다.
16. 나는 아버지(어머니)의 잔소리 때문에 귀찮다.
17. 나는 아버지(어머니)와 여러 가지 문제에 관해 의논을 잘 한다.
18. 아버지(어머니)는 나로 인해 화가 나시면 창피를 주신다.
19. 나의 느낌을 아버지(어머니)에게 솔직하게 잘 털어놓는다.
20. 무슨 일에 대한 내 진심을 아버지(어머니)께 그대로 말씀드릴 수 없다.

출처 : 최태산·홍경자(1997); Barns & Olson(1982).

5) 갈등 대처방안 척도 Ⅱ

갈등 대처방안 척도(CTS Ⅱ : Conflict Tactics Scales Ⅱ)는 갈등 상황에 대처하는 남편과 아내의 대처방법을 측정하는 총 26개의 문항으로 구성되어 있다.

채점은 5점 리커트(likert) 척도로 각 항목에 대한 점수가 높을수록 해당 대처방안을 많이 사용함을 의미한다. 외부 도움요청 문항(1~4), 신앙에 의지(5~8), 이성적 대처(9~13), 감정 및 행동표출(16~22, 25, 26), 회피적 대처(14, 15, 23, 24)를 나타낸다.

갈등 대처방안 척도 Ⅱ

＊다음 문항을 읽고 해당되는 것에 응답하시오.

전혀 그렇지 않다	별로 그렇지 않다	보통이다	자주 그런 편이다	거의 항상 그렇다
5	4	3	2	1

1. 친척과 상의하거나 조언을 듣는다.
2. 전문가의 책을 통해 도움과 정보를 얻는다.
3. 친한 친구나 이웃과 상의한다.
4. 비슷한 상황의 사람에게 충고와 정보를 얻는다.
5. 교회나 성당, 절을 찾는다.
6. 성직자에게 도움을 청한다.
7. 신에게 기도하는 등 신앙의 힘을 얻는다.
8. 종교 활동을 통해 도움을 얻는다.
9. 문제를 오래 끌지 않고 빨리 해결하려고 노력한다.
10. 문제를 긍정적으로 생각한다.
11. 문제의 원인이 무엇인지 파악하려고 노력한다.
12. 문제를 인생을 살아가는 데 겪어야 할 현실로 생각한다.
13. 내가 할 수 있는 일을 계획하고 실천해 본다.
14. 배우자와 타협해서 문제를 해결하려고 노력한다.
15. 외출, 텔레비전 보기, 운동하기, 일에 열중하는 등의 기분전환을 한다.
16. 화가 나면 참지 않고 화를 낸다.
17. 짜증을 내거나 욕을 한다.
18. 서로 부딪치지 않도록 따로 생활한다.

19. 큰소리로 싸운다.
20. 물건을 집어던지거나 폭력을 사용한다.
21. 일부러 늦게 귀가한다.
22. 집안일을 소홀히 한다.
23. 성관계를 회피한다.
24. 술을 마시자고 한다.
25. 헤어지자고 말한다.
26. 잠시 집을 나간다.

출처 : 이현주(1997); 최규련(1994a); 최규련(1994b); 한미향(1999).

6) 역기능적 의사소통의 유형 척도

이 척도는 부부간의 비난, 경멸, 방어, 냉담 등의 역기능적 의사소통의 유형을 측정하는 것으로서 채점 방법은 각 대처방식에 대해 따로 합한다.

- 비난 : 1~9번(남편 평균 : 25.8, 아내 평균 : 26.2)
- 경멸 : 10~20번(남편 평균 : 27.6, 아내 평균 : 29.0)
- 방어 : 21~31번(남편 평균 : 29.3, 아내 평균 : 30.1)
- 냉담 : 32~38번(남편 평균 : 18.7, 아내 평균 : 20.5)

역기능적 의사소통 유형 척도

* 다음은 부부가 갈등 상황에서 대화하는 방식에 대한 것이다. 당신이 그 상황에서 어떻게 반응하였는지 해당되는 숫자에 ✔표시 한 다음, 각 유형의 평균점을 적으시오.

전혀 그렇지 않다	그렇지 않다	보통이다	그런 편이다	정말 그렇다
5	4	3	2	1

1. 일이 잘못되면 누가 그랬는지를 아는 것이 중요하다.
2. 나는 감정이 매우 상하기 전까지는 불평을 하지 않는다.
3. 나는 구체적인 상황이나 행동보다는 전반적인 면에 대해 불평하는 편이다.
4. 나는 불평들을 오랫동안 쌓아둔 뒤 한꺼번에 터뜨린다.
5. 나는 불평할 때 감정이 매우 격해진다.

6. 나는 불평할 때 배우자의 결점을 들추어낸다.
7. 한번 불평하게 되면 아무도 나를 멈추게 할 수 없다.
8. 내가 문제를 제기하는 이유는 내가 옳다는 것을 보여주기 위해서이다.
9. 나는 불평할 때 '당신은 항상', '당신은 절대로'와 같은 말을 자주 한다.
10. 배우자의 자질이 의심스러울 때가 있다.
11. 나는 종종 배우자의 기를 꺾는 말을 한다.
12. 배우자가 거만할 때가 있다.
13. 배우자가 잘난 척한다.
14. 배우자가 너무 고집이 세서 타협이 안 된다.
15. 의견이 서로 다를 때 나는 배우자의 입장을 생각하기 어렵다.
16. 나는 배우자를 존중하는 마음이 없어질 때가 있다.
17. 나는 배우자의 태도에 대해 혐오를 느낄 때가 많다.
18. 배우자가 어리석을 때가 있다.
19. 배우자가 유능하지 못할 때 나는 한심하다는 생각이 든다.
20. 배우자가 이기적일 때가 있다.
21. 배우자가 나를 헐뜯을 때 나는 앙갚음할 방법을 생각한다.
22. 일이 잘못되었을 때 나에게는 그다지 책임이 없다.
23. 비난을 피하기 위해서 문제에 대한 이유와 과정을 설명해야만 한다.
24. 배우자가 지나치게 부정적인 태도를 가지고 있다.
25. 배우자가 예민해서 마음의 상처를 쉽게 받는다.
26. 배우자의 불평 중에 맞는 말도 있지만 모두 맞는 건 아니다.
27. 배우자가 불평하면 나는 죄가 없다는 생각이 든다.
28. 배우자가 불평하면 나는 이것을 물리쳐야 한다고 생각한다.
29. 배우자가 불평하면 내 자신을 방어할 방법을 찾게 된다.
30. 배우자가 불평하면 내 입장을 다시 설명하려고 한다.
31. 배우자가 내 입장을 진정으로 이해한다면 그런 불평은 하지 않을 것이다.
32. 배우자가 나를 비난하려고만 한다.
33. 배우자가 너무 고집이 세서 타협이 안 된다.
34. 내 감정이 폭발했을 때 나를 혼자 있게 놔두었으면 좋겠다.
35. 배우자가 화났을 때 가만히 있는 것이 상책이다.
36. 배우자와의 사소한 말다툼이 큰 싸움으로 번져 당혹스러울 때가 있다.
37. 배우자의 감정이 격해지면 그 자리를 피하는 것이 상책이다.
38. 우리가 싸울 때 내가 이런 대접을 받을 이유가 없다는 생각이 든다.

출처 : 김수연·김득성(2001); Gottmam(1994).

7) 가족기능 설문지

(1) 맥매스터 모델

맥매스터 모델(McMaster Model)은 캐나다의 맥매스터 대학 정신과에 있던 Epstein 등에 의하여 개발된 것으로서 가족 기능을 평가하고 진단하는 데 훌륭한 개념적인 준거틀을 가지고 있다. 이 모델은 가족 기능을 문제해결, 의사소통, 역할, 정서적 반응성, 정서적 관여, 행동 통제로 나누어 설명하고 있다.

① 문제해결

문제해결이란 건강한 가족 기능을 유지하면서 가족 문제를 해결하는 능력인데 문제를 해결하는 데 어려움이 있는 가족은 비효과적으로 기능을 하는 가족이다. 문제를 해결해 가는 과정을 일곱 단계로 제시하고 있다.

- 문제 인식
- 적절한 사람에게 문제에 대해 의사소통
- 대안적인 행동 생각하기
- 한 가지 대안 정하기
- 행동화
- 행동 모니터하기
- 행동의 성패 평가

위의 과정들에서 모든 단계를 잘 실행하면 가장 효과적으로 문제를 해결하는 것이고 문제를 인식조차 하지 못하면 가장 비효과적인 유형으로 본다.

② 의사소통

의사소통이란 주로 언어에 의하여 가족 간의 정보가 어떻게 교환되는지를 알아보는 것이다. 의사소통 유형은 네 가지로 나뉘는데 분명하고 직접적인가, 분명하고 간접적인가, 불분명하고 직접적인가, 불분명하고 간접적인가이다.

가장 효과적인 의사소통 유형은 분명하고 직접적인 것이고 가장 비효과적인 의사소통 유형은 불분명하고 간접적인 것이다.

③ 가족의 역할

가족의 역할이란 개인이 가족 기능을 충족하기 위하여 반복하여 일어나는 행동 유형인데 각 가족은 분배된 역할에서 요구되는 활동 등을 적절하게 수행해 나가야 한다.

이 모델에서는 가족의 역할 유형을 필수적인 가족 기능과 기타 가족 기능으로 나누었는데 필수적인 가족 기능에는 가족들의 물질적인 것을 마련하는 것이나 가족을 양육하고 격려하는 일 등이 포함된다.

여기에서도 가장 효과적인 유형으로는 모든 필수적인 가족 기능이 개인들에게 적절하고 분명하게 할당되고 그에 따른 책임을 가질 경우이고 가장 비효과적인 유형으로는 필수적인 가족 기능들이 거론되거나 분단되지 않고 그에 대한 책무를 언급하지 않은 경우이다.

④ 정서적 반응성

정서적 반응성이란 주어진 자극에 따라 가족들이 적절한 내용과 적절한 양의 감정으로 반응할 수 있는 능력을 말한다. 반응성의 유형은 안녕감과 위기감으로 나뉘는데 애정, 안정감, 즐거움과 같은 반응은 안녕감에 속하고 두려움, 비애, 분노, 우울과 같은 반응은 위기감에 속한다. 가장 효과적인 유형은 다양한 정서가 질적·양적 측면에서 주어진 자극과 맞을 경우이고 비효과적인 유형은 질적·양적으로 매우 제한된 정서만 있는 경우이다.

⑤ 정서적 관여

정서적 관여란 가족 간에 서로에 대한 관심이나 배려의 양과 질에 대한 것으로서 가족 전체가 가족 구성원 개인들의 관심사에 얼마나 관심을 보이는가를 의미한다.

이 모델에서는 정서적 관여의 유형을 여섯 가지로 나누는데 관여의 부재, 정서가 없는 관여, 자기도취적 관여, 공감적 관여, 과잉 관여, 공생적 관여이다. 가장 효과적인 유형은 공감적 관여로서 가족들이 무엇을 필요로 하는지 진심으로 이해하고 그 가족과 서로 관여하는 상태이다. 가장 비효과적인 유형은 공생적 관여와 관여의 부재인데 공생적 관여는 가족에게 지나치게 관여하여 발달의 장애를 가져오는 경우이고 관여의 부재는 가족에게 소원하고 무관심한 경우이다.

⑥ 행동 통제

가족 구성원의 행동 통제 유형은 네 가지로 구분되는데 엄격한 통제, 융통성 있는 통제, 자유방임형 통제, 혼란형의 통제이다. 이 중에서 가장 효과적인 유형은 융통성 있는 통제로서 환경 변화에 적절하게 적응할 수 있게 하며 가족들이 그들의 목표나 규칙을 함께 공유하고 따르는 것이 용이하다. 가장 비효과적인 유형은 혼란한 행동 통제인데 이것은 예측할 수 없으며 일관성이 없고 가족의 기분이나 감정에 의해 변화가 일어나는 경우이다(정수경, 1993).

〈표 5-6〉 맥매스터 모델 질문지

우리 가족은	매우 그렇다 ⇐		⇒	전혀 그렇지 않다
	1	2	3	4
1. 서로를 잘 이해하지 못하기 때문에 우리가 해야 할 일을 계획하지 못한다.				
2. 누군가가 기분이 나쁘면 왜 그런지를 안다.				
3. 위기가 닥치면 서로에게 도와 달라고 부탁할 수 있다.				
4. 갑자기 큰일을 맞게 되면 어떻게 할 바를 모른다.				
5. 서로에 대한 애정 표현을 하지 않으려고 한다.				
6. 슬픈 일이 있어도 서로에게 그런 얘기를 하지 않는다.				
7. 자신에게 중요한 일일 때만 서로에게 관심을 가진다.				
8. 집에서 할 일이 충분히 나누어져 있지 않다.				
9. 규칙을 어겨도 그냥 지나간다.				
10. 빗대서 말하기보다는 직접 솔직하게 얘기한다.				
11. 감정적으로 반응하지 않는 식구들이 있다.				
12. 우리가 두려워하는 일이나 걱정에 대해 얘기하기를 꺼린다.				

13. 각자의 역할을 다하지 못한다.				
14. 집안문제를 해결하려고 애쓴 후에 그것이 잘 되었는지 아닌지에 대해 얘기하고는 한다.				
15. 지나치게 자기중심적이다.				
16. 서로에게 감정을 표현할 수가 있다.				
17. 화장실을 사용하는 방식이 정해져 있지 않다.				
18. 서로에 대한 사랑을 표현하지 않는다.				
19. 우리에게 관계있는 일에만 서로 관여하게 된다.				
20. 식구들이 개인적인 관심사를 알아볼 시간이 별로 없다.				
21. 개인적으로 얻는 것이 있다고 생각할 때 서로에게 관심을 보인다.				
22. (나쁜) 감정 문제는 거의 풀고 지나간다.				
23. 다정다감한 편은 아니다.				
24. 어떤 일들이 있을 때에만 서로에게 관심을 보인다.				
25. 서로에게 솔직하다.				

(2) 순환모델

순환모델은 Olson 등에 의하여 만들어진 것으로 가족의 응집성과 적응성이라는 두 차원으로 가족 기능을 평가하는 도구이다. 이 질문지는 가족이 현재의 가족을 어떻게 인식하는지 그리고 이상적인 가족의 모습은 어떠한지에 대하여 답하는 것으로 구성되어 있다. 적응성은 가족의 변화를 허용하는 정도와 균형을 유지하려는 정도를 의미하며 응집력은 가족 구성원 간의 정서적 결합의 정도를 말한다.

〈표 5-7〉 순환모델 질문지

우리 가족은	거의 그렇지 않다	약간 그렇다	그저 그렇다	상당히 그렇다	항상 그렇다
1. 우리 가족은 서로 돕는다.					
2. 가족의 어떤 문제를 들을 때 우리 형제 의견을 들어준다.					
3. 부모님은 우리 형제의 친구를 아시고 그 친구들과 사귀는 것을 좋게 생각한다.					
4. 우리 형제는 우리들의 교육에 대해서 의견을 이야기할 수 있다.					
5. 우리 가족끼리만 무언가 하는 것을 좋아한다.					
6. 우리 가족은 우리 형제들이 성장함에 따라 이제는 맞지 않는 일이라고 생각되는 일은 바꿔 준다.					
7. 우리 가족은 여가시간을 함께 보내는 것을 좋아한다.					
8. 잘못하여 받는 벌에 대해 사전에 부모님께 의견을 이야기할 수 있다.					
9. 우리 가족은 서로 매우 친밀하다고 느낀다.					
10. 가족의 중요한 일을 결정할 때 우리 형제들이 결정한다.					
11. 가족이 함께 해야 할 일에는 가족 모두가 참여한다.					
12. 가족 공동의 흥미가 있어서 가족이 함께 할 수 있는 일을 쉽게 생각해 낼 수 있다.					
13. 아버지만이 의사결정권을 갖는 것이 아니라 다른 사람이 결정권을 가질 수 있다.					
14. 우리 가족은 각자의 일을 결정할 때 부모나 형제 또는 다른 식구들의 조언을 받는다.					
15. 가족이 함께 한다는 것은 중요하다.					
16. 가장의 역할을 누가 하는지 말하기 어렵다.					
17. 가족 내의 어떤 일을 결정할 때 이웃이나 친척이 결정권을 갖는다.					
18. 친구나 친척, 이웃과 함께보다 우리 가족끼리가 더 잘 어울린다.					
19. 어떤 것을 지켜야 하는지에 대한 규칙이 때때로 변한다.					
20. 우리 가족의 주도권을 가진 사람이 누구인지 말하기 어렵다.					

제6장 다문화가족 상담의 실제

1. 다문화가족 상담 이마고 접근
2. 다문화가족 상담 해결중심 접근
3. 다문화가족 상담 현실치료 접근
4. 행동변화를 위한 상담과정
5. 다문화가족 상담 이야기치료 접근
6. 다문화가족 상담 모래상자치료 접근
7. 다문화가족 상담 독서치료 접근

06 CHAPTER

다문화가족 상담의 실제

1. 다문화가족 상담 이마고 접근

1) 이마고 이해

이마고는 라틴어 어원으로 '이미지(image)'를 의미하는 용어다. 이마고 부부관계치료(imago couple relationship therapy)에서는 부부의 어린 시절의 다양한 경험을 통해 보호자에 대한 긍정적 혹은 부정적인 이미지, 곧 이마고(imago)가 형성되는데 이는 성인이 되어 자신의 배우자를 선택하는 동기에 영향을 미친다고 한다. 즉, 어린 시절 형성된 이마고의 긍정적 혹은 부정적 이미지와 비슷한 사람에게 끌리는 경향이 생긴다는 것이다. 개인이 배우자를 선택할 때 긍정적인 이마고뿐만 아니라 부정적인 이마고의 영향도 받는 것은 이러한 과정이 무의식적으로 일어나기 때문이다. 따라서 어린 시절에 경험한 상처가 치유되지 않으면 성인이 되어 어릴 때 형성된 부정적인 이마고와 비슷한 배우자를 선택할 가능성이 높아지는 것이다.

이마고 부부관계치료에서는 결혼 생활에서 부부갈등의 원인이 되는 다양한 배우자의 특성이 사실 본인의 어린 시절 상처로 형성된 이마고가 배우자 선택의 당시에는 상대방에 대한 무의식적 이끌림으로 나타난 결과임을 설명하고 있다. 이처럼 무의식적으로 이루어지는 이마고의 영향이 배우자 선택과 부부생활에 미치는 과정에 대해 구뇌(paleoencephalon)로 설명한다. 구뇌는 뇌의 중심부로 크게 파충뇌(reptilian)와 포유뇌(mammalian)로 구성되어 있다고 한다. 파충뇌는 심장박동이나 소화기관, 호흡기관과 같이 우리가 의식하지 못한 채 몸의 기능을 통제하는 곳에 위치해 있다. 또한 안전과 관계된 생존

기제가 작동하는 곳이다. 위험이 다가올 때 숨거나 싸우는 것은 파충뇌의 작용이다. 포유뇌는 욕구와 감정, 생활방식 등이 저장되어 있으며 포유동물과 함께 진화되어 왔다. 동물이나 인간은 집단 안에서 이루어지는 삶, 즉 어린 것들을 먹이고 양육하고 감정을 경험하는 것 등 구뇌에서의 기능은 똑같이 존재하고 기능한다. 인간이 다른 동물과 다른 것은 제3의 뇌라 부르는 대뇌층이며, 이는 논리적 사고의 뇌이다. 대뇌층은 구뇌보다 5배나 크고 구뇌에 둘러싸여 있다. 대뇌층은 주로 인간의 기계적 모험에 대한 반응으로 의식을 담당한다. 하지만 인간은 많은 부분 의식되는 부분보다 무의식적인 부분이 많다. 이 무의식적 관점은 부부에게 아주 중요하다. 부부가 처음 만나 사랑에 빠질 때 안전감을 경험한다. 이 에너지로 창의적인 일을 하기도 하고 특정한 일에 열정을 쏟기도 한다. 이는 구뇌가 안전감을 느낄 때 하는 활동이다. 그러다가 낭만적 사랑이 식어가면 부부는 위기를 느끼면서 서로 싸우거나 도망치려고 한다. 이때 이마고가 형성된 구뇌는 어린 시절에 겪은 아주 무서운 감정적 상처나 빼앗김, 당혹감을 현재의 상황과 연결시켜 생각한다는 것이다. 구뇌는 시간에 대한 감각이 없으므로 현재의 감정과 과거의 어떤 사람에게 받은 감정을 구분하지 못한다. 이것이 부부관계에서 문제를 악화시키는 원인이 되는 것이다. 따라서 치료사는 부부가 구뇌의 파충뇌 부분이 작동하여 방어하지 않고 안전감을 느낄 수 있도록 하는 것이 치료의 시작에서 중요하게 작용한다.

2) 이마고 부부대화법

이마고 부부치료에서는 부부의 문제를 연결의 단절로 보고 있다. 인간에게는 누군가 자신의 이야기를 들어주고 이해해 주기를 바라는 욕구가 있다. 이 같은 욕구가 어린 시절에 충족되지 못했을 때 그것이 무의식에 남아 있다가 성인이 되어 부부관계 안에서 자신의 방어기제로 사용되어 문제를 확대시킨다고 보는 것이다. 이처럼 이마고에서는 부부문제의 원인을 연결의 단절로 보기 때문에, 적절한 대화를 통해 단절이 회복될 때 관계가 다시 회복된다고 보고 있다. 그렇다고 부부간에 일치된 생각을 추구하는 것이 목표는 아니다. 다만, 같은 상황에 대해 부부 각자가 보는 현실이 다르고 관점이 다르다는 것을 인정하는 것이 중요하다.

부부대화법에서는 화자가 충분히 자신의 생각과 감정을 말하도록 한다. 청자는 반드시 화자의 말에 동의하지 않더라도 진심으로 귀 기울여 들어 준다. 이를 통해 그동안 힘겨루기에 사용했던 에너지를 서로를 이해하고 서로의 상처를 치유하며 친밀한 상호관계를 만드는 데 사용함으로써 부부관계 향상을 도모할 수 있다. 부부대화 과정에서 제일 중요한 것은 말하는 사람이 자신의 감정과 말이 충분히 받아들여지고 있다는 안전감을 갖는 것인데, 그 과정은 크게 반영하기, 인정하기, 공감하기의 세 부분으로 구성되어 있다.

첫째, 반영하기는 부부대화의 첫 단계로 청자가 화자의 말을 그대로 반복하는 것이다. 대개의 경우 사람들은 화자가 말을 하는 동안 자신이 할 말을 생각하느라 화자의 말에 집중하지 못하는 경향이 있다. 반영하기는 청자가 화자의 말을 잘 들었음을 표현하는 것이고 화자와 청자 간의 연결점을 만드는 중요한 기능을 한다. 따라서 청자는 자신이 듣고 싶거나 표현하고 싶은 식으로 이야기하는 것이 아니고 화자가 말한 그대로를 되풀이하는 것이 중요하다. 예를 들면, "그러니까 당신은 ~했단 말씀이죠?"와 같은 식으로 표현할 수 있다.

둘째, 인정하기는 화자의 생각에 대한 인정을 의미한다. 이는 화자의 생각에 대해 반드시 동의한다는 것만을 의미하지는 않는다. 내 입장에서는 이해가 가지 않지만 당신의 입장에서는 그렇게 생각할 수도 있다는 것을 받아들인다는 의미이다. 인정하기는 관계 안에서 상대방과 내가 다르다는 것을 알려 주는 일종의 개별화 과정이며, 이를 통해 건강한 분화가 이루어질 수 있다. 이를 위해 청자는 자신을 방어하지 않고 상대방의 관점이 타당하다고 인정해 주는 적극적인 경청이 필요하다. 예를 들면, "나는 당신이 그런 관점으로 볼 수 있다고 생각해요" 혹은 "그렇게 생각할 수도 있겠네요"와 같은 식으로 상대방을 인정했음을 표현할 수 있다.

셋째, 공감하기는 청자가 화자의 생각을 인정하게 되면 감정이나 느낌도 이해할 수 있음을 의미한다. 청자가 감정이입을 통해 화자의 감정을 충분히 이해했다고 해도 때로 부정확하게 느낄 수 있다. 그러나 이것 역시 반영하기를 통해 화자가 수정함으로써 화자의 감정을 정확하게 읽는 것이 가능하다. 부부대화법은 감정을 정확하게 읽기 위한 훈련이다. 따라서 화자의 생각과 감정이 충분히 이해되고 있다고 느낄 때까지 의도적으로 훈련해야 한다. 이를 위해 서로 정기적으로 연습하고 의식적, 의도적으로 대화하며 상대방을 이해하려는 노력을 할 때 부부관계가 성장한다.

이 같은 부부대화의 연습으로 서로 연결되어 있다는 느낌을 갖게 되고 부부가 독특성을 인정하면서도 분화되어 갈 수 있다. 또한 서로의 어린 시절 성장과정에서 멈추어 버린 부분을 찾아 부부대화의 기술을 습득함으로써 그동안 고통받았던 상처가 치유되며, 이 경험을 통해 남녀 간 대화 방식의 차이와 성 차이를 이해하는 데 도움을 받을 수 있다. 부부대화법이 자연스러워지기까지 부부는 3단계를 경험한다. 첫 번째는 기계공 단계다. 다른 사람의 말을 반복하는 것이 기계적이고 딱딱하게 느껴지는 것으로, 우리가 처음 다른 기술을 배울 때처럼 어색하고 몸에 익지 않은 단계다. 다음은 장인 단계다. 조금 더 능숙하고 자연스러운 단계로, 대화의 과정 속에 계속 머무를 때 가능하다. 마지막은 예술가 단계다. 이때는 자신들만의 방식으로 창조적으로 세련되고 진실하게 대화할 수 있다.

3) 이마고 부부발달단계

이마고에서는 Margaret Mahler의 분리개별화 발달이론과 E. H. Erikson의 심리사회적 발달단계 이론을 통합하여 생후부터 7년 혹은 10년까지의 과정이 전 생애를 통해 반복되는 것으로 보았다. Margaret Mahler와 Erikson은 분리와 개별화를 발달단계에서 성취해야 할 아주 기본적이면서도 중요한 것이라고 하였다. 그러나 이마고에서는 발달단계의 과업이 보호자와의 관계에 연결되어 있는 것으로 파악하였다. 즉, 어린아이가 각 발달단계의 과업을 성취하는 데 양육자에 의해 일관성 있게 감정의 손상 없이 성취할 수 있다면 이것이 성격발달에 좋다고 보았다. 이마고의 발달단계는 5단계로 구분되어 있다. 각 단계에서 과업이 성취되지 못하면 두 가지의 반대적인 성격유형을 형성하게 된다.

1단계는 애착단계로 이 시기는 애착의 욕구가 나타나 다른 사람의 도움과 따뜻함이 필요하다. 아기에게는 필요할 때마다 언제나 옆에 있어 주는 의지하고 신뢰할 만한 부모가 필요하다. 부모를 통해 아기의 애착욕구가 채워지면 아기는 이 세상에 존재하는 모든 것에 대해 어느 정도의 신뢰감과 안전감을 얻을 수 있다. 하지만 부모가 고의든 아니면 상황적 요인으로 아기의 욕구를 채워주지 못하면 아기는 냉정함을 경험하고 상처와 고통 또는 거부감을 느끼게 된다. 상처를 입은 아기는 자신을 보호하기 위해 밀착형 또는 회피형의 성격유형 중 하나를 형성한다. 밀착형은 필요한 사랑과 욕구가 충족되지 못했기 때문에 자신의 그러한 욕구를 충족해 주는 사람을 만나면 그 사람에게 매달리거나 그가 절대 떠나지 못하도록 한다. 회피형은 거부당하는 데 대한 고통을 줄이기 위해 접촉하지 않고 피하는 것이 더 안전하다고 생각하는 사람이다. 이들은 다른 사람이 자신을 붙잡거나 보호하는 것을 원하지 않으며 대부분 혼자 지내고 싶어 한다.

2단계는 탐험단계로 생후 만 18~24개월의 시기다. 애착이 형성된 유아는 그들의 세계를 탐험하기 시작한다. 또한 다리근육이 발달하여 자신이 원하는 대로 갈 수 있기 때문에 양육자에게서 벗어나 조심스럽게 세계를 탐험하는 것이다. 하지만 안전한 장소에서 멀리 왔다고 생각되면 불안을 느끼게 된다. 유아가 자신이 돌아갈 안전한 장소가 있다는 것을 알게 되면 이 탐험의 욕구 때문에 유아는 독립심과 세상을 향한 건전한 호기심을 가지고 생활한다. 이 단계에서 유아는 두 가지가 필요하다. 첫째는 탐험할 수 있는 기회이고, 둘째는 탐험 후 돌아와 탐험에 대해 나눌 수 있는 누군가이다. 이 단계의 욕구가 충족되지 못하면 융합형이나 격리형 중 하나로 발달하게 된다.

융합형은 다른 사람을 만났을 때 자신과 자신의 취향을 좋아하도록 만들려는 노력을 한다. 격리형은 자신을 위해 열심히 사는데, 일이 관심의 중심이기 때문에 사업이나 직장에서 성공을 거둔다. 3단계는 정체성을 확립하는 시기로 만 2~4세까지가 해당한다. 이 시기의 아동은 아기의 시기에서 벗어나 자아감을 찾기 시작한다. 자신의 정체성 형성을 위해 노력하며 이를 위해 자신의 모습을 실험해 보고 부모의 반영에 영향을 받는다.

이 경우 부모가 아동의 여러 역할 시도를 인정해 주면 기분이 좋아지겠지만 부모가 아동에게 창피를 줄 수도 있다. 그러면 아동은 수치심을 경험하고 그 역할뿐 아니라 다른 것도 시도하지 않게 된다. 이러한 아동은 자신이 무언가를 반드시 해야 한다는 매우 엄격한 생각을 가지고 삶을 살아가며 경직형의 성격을 띤다. 경직형은 자신이 믿는 일에 확고하고 고집스러우며 엄격한 행동을 나타내는 것이다. 반면, 부모가 아동의 어떤 역할적 시도에도 반응해 주지 않으면 산만형이 된다. 산만형은 자신이 마치 눈에 보이지 않는 사람인 듯한 느낌을 지니고 살면서 선택에서는 갈등, 결정에서는 어려움을 가지고 있다.

4단계는 힘과 경쟁의 단계로 만 4~6세의 시기다. 이 시기의 아동은 자신이 얼마나 힘과 능력이 있는지를 시험하는데, 유치원에 다니고 집 밖의 활동을 시작하면서 주변에 흥미를 보이며 경쟁력을 발달시킨다. 이때는 아동에게 부모의 칭찬, 지지, 반영이 필요하다. 그러나 부모가 아동의 행동에 대해 부분적 반영이나 비판 또는 아무 언급을 하지 않으면 경쟁형 또는 수동, 조종형의 성격 중 하나로 발전하게 된다. 경쟁형은 일을 아주 잘하며 출세의 방법을 확실하게 알고 있고 사업에서도 성공적이다. 반면, 수동, 조종형은 어느 곳에서나 자기 위치를 찾는 데 어려움을 가지고 있으며 실패에 대한 두려움 때문에 다른 사람에게 보이는 것, 앞에 서는 것을 싫어한다.

5단계는 관심의 단계로 만 6~9세의 시기다. 이 시기의 아동은 또래 친구와 우정을 발달시킨다. 아동이 친구를 사귀며 어려움을 경험할 때 부모의 적절한 모델링을 받지 못하면 고독형이나 보호자형의 성격 유형을 형성하게 된다. 즉, 아동은 친구를 사귀기 위해서는 보호자가 되어야만 한다고 배움으로써 보호자형이 되거나, 친구를 사귀는 일은 너무 고통스러운 일임을 경험하고는 고독형이 된다. 이마고 이론에 따르면, 이 같은 다양한 유형의 사람들이 성인이 되었을 때 대부분 서로 반대유형의 사람과 사랑에 빠진다고 한다. 이마고 이론은 발달단계에서 특정의 같은 지점에서 상처받았던 두 사람이 서로 사랑에 빠지는 특성을 가지고 있다고 설명하고 있다.

4) 이마고 감사대화법(실제)

이마고 감사대화법은 대화 요청하기, 역할극 들어가기, 시작하기 전 분위기 만들기, 반영하기, 요약하기, 인정하기, 공감하기, 역할극 바꾸어서 실행하기로 반영하기, 요약하기, 인정하기, 공감하기, 부부의 허락받기, 역할 탈출하기 등으로 진행한다.

장소 : 상담실 등(부부는 마주보고 앉고 상담자는 90도 각도에 앉는다)
준비물 : 티슈

<대화요청하기>
S(Sender) : 내가 당신과 이마고 대화법으로 얘기하고 싶은데 지금 괜찮나요?
R(Receiver) : 네 지금 괜찮아요.

<역할극 들어가기>
상담) 아내(남편)분 먼저 할까요? 눈은 배우자를 보시고 따라 해보세요.
S : 당신은 나의 동료가 아니라 남편입니다.
R : 나는 당신의 동료가 아니라 남편입니다.

<시작하기 전 분위기 만들기>
상담) 편안하게 눈을 감고 숨을 들이마십니다.
(숨을 들이마시고, 내쉬고 약 3회 정도 실시)
상담) 제가 이제 알려드릴 테니 편안하게 따라하시면 됩니다.
오늘은 어떤 분이 먼저 자기 이야기를 해보실까요?
누가 먼저 얘기해 보고 싶으세요?

(이 부분에서 익숙지 않아 서로가 칭찬하기보다 비난할 수도 있다. 상담자 촉진기능 필요)

오늘은 배우자와 이야기할 때 생각을 내려놓고 모든 마음을 최대한 내려놓고 배우자를 이해하는 마음으로 따라 해보세요.

오늘은 감사대화법을 배워보겠습니다.

두 분이 살면서 고마웠던 부분에 대해 이야기해 볼 겁니다.

<반영하기>

상담) 아내(남편)분 따라 해보세요. 배우자 눈 보시고 귀만 빌려주세요.

S : 제가 당신하고 이마고 대화법을 하려고 하는데 얘기할 수 있어요?

R : 네 좋아요.

S : 제가 당신하고 살면서 정말 감사했던 것은 ___________예요.

R : 당신 말은 나하고 살면서 감사했던 것은 ___________말이죠.
제가 바르게 이해했나요? (혹시 놓쳤다면) 어떤 부분을 놓쳤나요?

S : 네 맞아요. / 당신은 ___부분을 잘 이해했는데 ___부분은 놓친 것 같아요.

R : 당신 말은 내가 당신하고 살면서 정말 감사했던 것은 ___________말이죠.
제가 바르게 이해했나요?
좀 더 얘기해 주세요. 하실 말 더 있으면 더 이야기해 주세요.

S : 아니요.

<요약하기>

상담) 아내(남편)분 따라 해보세요.

R : 제가 당신 말을 바르게 이해했는지 요약해 볼게요.
당신은 나와 살면서 감사했던 것이 ___했고, ___했던 것, ___에 감사했어요.
제가 바르게 요약했나요?

S : 네.

<인정하기>

R : 당신의 얘기를 듣고 보니까 당신의 말이 이해가 돼요. 뭐가 이해가 되냐 하면 _____ 했을 때 _____라는 것이 이해가 돼요.
제가 잘 이해했나요?

S : 네.

<공감하기>

상담) 감사한 것이 이해가 돼요./ 이해하고 보니 아내의 감정(기분)이 어떨 것 같아요? 남편(아내)분 따라 해보세요.

R : 당신의 감사한 마음을 이해하고 보니까. 당신의 기분이 _____했고, _____했을 것 같은데 그것이 당신에게 그런 감정(기분)을 느낀 것이 맞나요?

S : 네 맞아요. 제 이야기를 들어줘서 고마워요.

R : 당신의 이야기를 나눠줘서 고마워요.

<역할극 바꾸어서 실행 : 반영하기>

상담) 아내(남편)분 따라 해보세요. 배우자 눈 보시고 귀만 빌려주세요.

S : 제가 당신하고 살면서 정말 감사했던 것은 ____________예요.

R : 당신 말은 나하고 살면서 감사했던 것은 ___________이란 말이죠.
제가 바르게 이해했나요. (혹시 놓쳤다면) 어떤 부분을 놓쳤나요.

S : 네, 맞아요 / 당신은 ____부분을 잘 이해했는데 ___부분은 놓친 것 같아요.

R : 당신 말은 내가 당신하고 살면서 정말 감사했던 것은 _________말이죠.
제가 바르게 이해했나요?
좀 더 얘기해 주세요. 하실 말 더 있으면 더 이야기해 주세요.

S : 아니요.

<요약하기>

상담) 아내(남편)분 따라 해보세요.

R : 제가 당신 말을 바르게 이해했는지 요약해 볼게요.
당신은 나와 살면서 감사했던 것이 _____했고, _____했던 것, _____에 감사했어요.
제가 바르게 요약했나요?

S : 네.

<인정하기>

R : 당신의 얘기를 듣고 보니까 당신의 말이 이해가 돼요. 뭐가 이해가 되냐 하면 _____했을 때 _____라는 것이 이해가 돼요.
제가 잘 이해했나요?

S : 네.

<공감하기>

상담) 감사한 것이 이해가 돼요./ 이해하고 보니 아내의 감정(기분)이 어떨 것 같아요? 남편(아내)분 따라 해보세요.

R : 당신의 감사한 마음을 이해하고 보니까. 당신의 기분이 ______했고, ______했을 것 같은데 그것이 당신이 그런 감정(기분)을 느낀 것이 맞나요?

S : 네 맞아요. 제 이야기를 들어줘서 고마워요.

R : 당신의 이야기를 나눠줘서 고마워요.

상담) 두 분 서로 안아주기 해줄 수 있나요?(부부의 허락받기)

S : 제가 잠시 안아봐도 돼요?

R : 네, 좋아요!

<약 2분 정도 허깅을 하도록 돕는다>

허깅이 끝나면 다시 자리에 앉아서 지금의 기분상태에 대해서 물어본다.

아내 : 지금 기분이 어떠세요?

남편 : 지금 기분이 어떠세요?

<역할 탈출>

R : 당신은 나의 남편이 아니고 나의 동료입니다.

S : 나는 당신의 남편이 아니고 당신의 동료입니다.

<진행상 주의 사항>

1. 감사대화에서 비난하지 않기(존중하기)
2. 안전이 보장된 가운데 진행하기(의식교육)
   ⇒ 구뇌를 진정시키는 깊은 심호흡하기
3. 반영하기에서 받는 사람은 보내는 사람의 말 그대로 반영하기(I-message)
   ⇒ 말을 곧이 곧대로 전하지 않고 자신의 생각을 해석해서 반응하는 것은 안 됨(방어반응)
4. 모든 것을 내려놓고 배우자의 관점에서 수용하고 경청한다.
5. 감사대화에서는 반드시 경어체를 쓴다.
6. 숙제 : 지속적인 미러링 훈련하기

2. 다문화가족 상담 해결중심 접근

해결중심 가족치료는 de Shazer와 Insoo Berg가 중심이 되어 1970년대 초에 발전시킨 모델이며, Milton Erickson의 가치, 철학, 기술, 전략 등에서 영향을 받았다. De Shazer는 주로 조사연구, 이론형성, 저술활동에 치중하여 왔고, Insoo Berg는 전략과 접근기술을 발전시키며, 저술활동과 치료자를 위한 교육사업에 헌신해 오고 있다. 1978년에 밀워키에 BFTC(Brief Family Therapy Center)를 설립하였으며, 단기가족치료모델을 해결방안 구축모델로 발전시켰다. 현재는 해결중심치료의 명칭을 사용하며, 알콜중독, 행동장애, 관계문제, 가족문제, 개인문제, 집단문제 등 다양하게 접근법을 사용하고 있다. 해결중심치료는 인간의 잠재적인 자원, 문제해결능력, 과거의 성공적인 경험, 변화욕구 등을 중요시하고 있으며 가족치료자로서 인간에 대한 긍정적인 건강한 가정과 전제가치를 모든 전략과 기법의 근거로 하고 있다.

1) 기본 가정

해결중심 가족치료는 전통적인 가족치료 모델들과 다른 일반적인 가정, 전제가치, 철학을 가지고 있으며, 이러한 것들은 치료모델에 대한 de Shazer와 Insoo Berg의 관점과 철학을 표현하고 있다. 해결중심치료의 기초가 되는 가정과 전제가치들은 다음과 같이 지적할 수 있다.

① **문제** : 문제는 개인이나 가족을 위해 표면에 나타나지 않는 기능을 한다. 사람들은 문제에 대하여 양가감정을 가지고 있으며 역기능적인 것은 문제해결을 위해 잘못 시도한 것에서 발생한다.

② **변화** : 내담자는 진정으로 변화하기를 원하며, 효과가 없는 것에 몰두하는 생각은 과거에 성공하였던 해결방안을 생각할 때 변화할 수 있다. 변화는 연쇄적이고 불가피한 것이고, 변화를 발생하는 요인은 많고 다양하다. 작은 변화는 큰 변화의 모체가 되며 해결을 위한 출발이다.

③ **문제해결** : 사람들은 문제해결을 위한 방안과 기술을 이미 알고 있지만 문제에 압도당하여 기능을 잠시 상실할 뿐이다.
④ **자원 신뢰** : 목표성취를 돕기 위해 내담자의 자원을 신뢰하고 사용한다.
⑤ **계속성** : 효과가 있는 것은 계속할 수 있다.
⑥ **문제 이면의 힘** : 행동, 견해, 사고, 감정, 기대 중심으로 발생하는 문제 이면에는 숨겨진 힘이 있다.
⑦ **치료과정** : 치료과정은 잠긴 문을 열 수 있는 열쇠를 찾는 것과 같다.
⑧ **문제원인** : 문제의 원인을 이해하는 것보다 해결방안을 아는 것이 더 유용하다. 문제의 유형과 해결방안을 구축하는 것에는 명확한 상관관계가 없다. 문제의 원인적인 요인은 주관적, 가변적, 다양성이 있기 때문에 정확한 진단을 할 수 있는 방법이 없다.

2) 기본 원리

해결중심치료의 기본 원리는 내담자가 이미 문제해결을 위한 자원을 가지고 있으며, 문제를 해결할 수 있는 능력을 가지고 있다고 하는 것을 기본 전제로 하고 있다. 이러한 원리는 모든 전략과 기술의 기초가 된다. 구체적이고 실제적인 원리이다.

① 병리적인 것 대신에 건강한 것에 초점을 둔다. 잘못된 것에 관심을 두는 대신에 성공한 것과 성공하게 된 구체적인 방법을 발견하는 데 관심을 둔다.
② 내담자의 강점, 자원, 건강한 특성을 발견하여 치료에 활용한다. 내담자가 원하는 결과를 성취하기 위해 내담자가 이미 가지고 있는 자원, 기술, 지식, 믿음, 동기, 행동, 증상, 사회 관계망, 환경, 개인적인 특성 등을 활용한다.
③ 탈이론적, 비규범적, 내담자의 견해를 존중한다. 인간 행동에 대한 이론의 가설적 틀에 맞추어 내담자를 사전 평가하지 않는다.

④ 단순하고 가장 솔직한 의미를 추구한다. 해결중심적 모델은 치료목적을 달성하기 위해 치료방법의 경제성을 추구한다. 경제성은 단순한 것에서부터 복잡한 것을 접근하는 것이다.
⑤ 변화는 불가피하다. 누구에게나 변화는 삶의 일부이기 때문에 변화를 막을 수 없다. 어떠한 문제라도 문제가 발생할 때가 있고, 문제가 발생하지 않을 때가 있다. 일반적으로 내담자들은 문제에만 관심을 두기 때문에 많은 예외적인 것, 즉 문제가 발생하지 않는 상황을 무시한다.
⑥ 현재와 미래를 지향한다. 과거와 문제에 관하여는 관심이 적고, 현재와 미래에 초점을 두고 해결방안을 구축한다.
⑦ 내담자의 자율적인 협력을 중요시한다. 치료자와 내담자가 함께 해결방안을 발견하고 구축하는 과정에서 협력을 중요시한다.
⑧ 해결중심 치료에서는 첫째, 어떤 것이 기능을 하면 그것은 고치지 않는다. 둘째, 일단 효과가 있는 것을 알면 그것을 계속해서 한다. 셋째, 효과가 없다면, 다시는 같은 방법을 사용하지 않고 다른 방법을 사용한다.

3) 목표설정

해결중심치료에서는 치료자와 내담자의 관계유형을 크게 방문형, 불평형, 고객형으로 분류하고, 목표설정과 접근법을 달리한다. 목표설정은 내담자에게 문제를 정리하고 구체화하며, 치료목표 규정을 예전과 다르게 만드는 과정으로 목표설정 자체가 매우 치료적이다. 그리고 치료자와 내담자가 변화와 성장을 구체적으로 확인할 수 있는 도구가 될 수 있으며, 평가의 기준이 되기 때문에 목표를 내담자와 협동하여 설정하는 것은 매우 중요하다.

목표를 설정하는 데 있어 중요한 원칙은 다음과 같다.

(1) 내담자에게 중요한 것을 목표로 한다

치료목표는 내담자 입장에서 중요하다고 생각하는 것을 중심으로 목표를 설정하여야 한다. 목표는 구체적이고 행동적이어서 목표의 성취에 관하여 직접 관찰이 가능하고 누구나 인정할 수 있는 것이어야 한다.

예 본인이 문제로서 제기하였고, 치료받기 원하는 문제를 목표로 한다.

(2) 작은 것을 목표로 한다

내담자에게 중요한 것을 목표로 설정하면서 아주 작은 부분을 목표로 한다. 일반적으로 내담자들은 처음부터 최종적으로 성취되기를 원하는 전체적이고 큰 것을 목표로 설정하려는 경향이 있다. 치료목표가 적을 때 내담자는 쉽게 성취하고 성공할 수 있다. 목표를 성취하고 성공할 때 새로운 희망을 갖게 되고, 변화하고자 하는 동기가 강화된다.

예 1주에 1회만 아침에 깨우지 않아도 혼자 일어난다.

(3) 구체적이고 행동적인 것을 목표로 한다

'친구관계가 원만해지고, 학교생활에 잘 적응하는 것'과 같은 목표는 내담자가 직접 행동으로 실천하기가 막연하고, 성취결과를 관찰하여 측정하기가 매우 힘들다. 내담자가 제시하는 추상적이고 개념적인 목표를 실제 생활 속에서 관찰이 가능하며, 구체적이고 명확하고 행동적인 것을 목표로 설정하도록 돕는다.

예 귀가시간이 9시 이후가 될 때 전화하기, 아침에 일어나면 웃으며 인사하는 것을 목표로 한다.

(4) 없는 것보다는 있는 것에 관심을 둔다

문제시되는 것을 없애는 것보다는 있는 것에 관심을 두고, 긍정적인 단어로 치료 목표를 규정하였을 때 좀 더 효과적이고 효율적이다. 문제행동 대신에 할 수 있는 일에 관심을 두고 의논하며, 실제 생활 속에서 찾아내어 목표로 설정하는 것이다. 이것은 내담자가 문제행동 대신에 과거에는 무의식중에 하던 바람직한 행동을 의도적으로 행동을 하도록 하는 과정에서 자기 통제 능력이 발달하기 때문에 더욱 치료적이다.

예 반항하지 않는 대신에 순응하고, 싸우는 대신에 형제간에 협동하는 것을 목표로 한다.

(5) 목표를 종식보다 시작으로 간주한다

대부분의 내담자들은 전체적인 목표, 즉 원만한 것, 행복해지는 것, 관계가 좋아지는 것과 같이 완전한 것을 목표로 생각한다. 그러나 내담자들은 현재의 단계에서 구체적으로 무엇을 어떻게 시작해야 좋을지 모르기 때문에 궁극적인 목표를 성취하기 위하여 현재부터 시작할 수 있는 아주 작고 긍정적인 행동을 시작하는 것이 중요하다.

예 부부관계가 원만해지기 위하여 오늘부터 시작할 수 있는 것을 찾도록 한다.

(6) 내담자의 생활에서 현실적이고 성취 가능한 것을 목표로 한다

일반적으로 내담자가 과거에 실패한 이유는 목표가 비현실적이고 성취할 수 없는 것이었기 때문이다. 내담자와 상담자에게 중요한 것은 내담자의 생활환경에서 현실적이고 성취가 가능한 것을 파악하고 목표로 설정하는 것이다.

예 새벽 2시까지 전화를 사용하는 아들에게 전화사용을 하지 못하도록 하는 것은 불가능하다. 전화를 아들의 이름으로 설치하고 전화요금을 아들이 책임지도록 하는 것이다.

(7) 목표수행은 힘든 것이라고 인식하도록 한다

목표가 아무리 작고 현실적이고 성취 가능한 것이라고 하여도 내담자 입장에서 변화를 시작하는 것은 힘들다는 것을 인식해야 한다. 목표수행이 '힘든 일'이 될 것이라고 말하는 것은 내담자를 이해하는 것이며, 쉽게 동의할 수 있는 일이다. 만일 목표에 도달하지 못하였다면 그것은 단순히 좀 더 노력해야 할 것이 남아있다는 신호인 것이며, 목표를 성취하였다면 그것은 의도적으로 노력한 증거이기 때문에 인정해 주고 칭찬해 주어야 하는 일이다.

예 전화 사용시간을 갑자기 줄이는 것은 매우 힘든 일이기 때문에 새벽 2시까지 사용하는 것을 목표로 다음주까지는 1주 1일 30분 정도만 줄일 수 있겠어요?

4) 질문기법

해결중심치료에서 치료자와 내담자 체계는 상호신뢰와 협동을 기초로 하는 치료적 단위로 간주한다. 치료체계의 참여자들은 대화를 통하여 대담자의 문제를 해결하기 위해 협동하며 해결방안을 구축해 간다. De Shazer와 Insoo Berg는 면담과정에서 문제에 대한 내담자의 견해나 잠재적 해결능력이 변화할 수 있다는 신념을 가지고 내담자가 문제를 보는 견해에 영향을 주는 질문기법을 발전시키려고 노력하였다. 치료자의 질문을 통하여 내담자는 치료자가 치료목적을 성취하는 데 중요하다고 믿는 것에 관하여 알게 된다. 치료자는 내담자의 문제해결에 유용한 질문을 상황에 따라 적절한 것을 선택하여야 한다. 해결중심치료에서는 질문을 통하여 내담자가 자신의 힘과 자원을 이용할 수 있도록 돕는 것이 최상의 전략이며 기법이라고 본다. 대화를 해결중심으로 이끌고 대화를 풍성하게 하는 질문기법은 다음과 같다.

(1) 처음 치료면담 이전의 변화에 관한 질문

내담자들이 상담실에 전화하여 도움을 요청하는 시기가 문제의 심각 정도가 가장 높은 경향이 있다. 그리고 상담 약속을 하고 오기까지 많은 생각을 정리하고 해결책을 모색하는 과정에서 변화하는 경향이 있다. 따라서 약속한 후 지금까지 발생한 변화에 대하여 질문하고 변화를 발견한다. 치료자는 어떻게 문제의 심각 정도가 완화되었는지를 내담자가 파악할 수 있도록 질문을 하며, 의식·무의식적으로 실시한 방법에 관하여 인정하고 칭찬을 해준다. 그리고 누구의 도움 없이 스스로 노력한 것과 해결능력을 인정하고, 그러한 사실을 강화하고 확대할 수 있도록 격려한다.

예 전화로 약속하고 오늘 오기까지 어떤 변화가 있었나요?

(2) 예외질문 : 성공했던 경험과 현재 잘하고 있는 것을 발견하는 질문

예외질문은 우연적인 성공을 의도적으로 실시하도록 하는 목적이 있으며, 사람들이 일반적으로 문제가 있는 상황에서는 정상적인 것을 예외적인 것으로 보아야 한다는 개념을 근거로 한 것이다. 문제에 관하여 주로 부정적이며 문제에 몰두하는 사고방식으로부터 해결방안을 모색하는 것에 관심을 집중하게 하는 질문이다. 그러므로 중요한 것은 일상생활에서 성공적으로 잘 하고 있으면서도 의식하지 못하거나 가치를 두지 못하는 것이 있고, 그리고 우연하게 효과적인 행동을 하는 경우가 많다. 여기서는 그러한 것을 발견하고, 의식적이고 의도적으로 성공하였던 행동을 하도록 강화시키는 전략 또는 기법이다.

예 문제가 발생하지 않는 때는 언제입니까?, 문제가 발생하지 않았다는 것을 어떻게 압니까?, 문제가 발생하는 상황과 발생하지 않는 상황에 차이점은 무엇인가?

(3) 기적질문 : 현실변화의 구축, 가능성에 대한 자기상을 형성

기적질문은 문제가 해결된 상태를 상상해 보고, 해결하기 원하는 것들을 구체화하고 명료화하며, 치료목표를 현실적이며 구체적으로 설정하기 위한 질문 기법이다. 기적질문 치료과정에서 자기문제를 재인식하고, 해결된 상태를 상상하고, 작은 변화가 큰 변화의 시작인 것을 인식하고 점차로 확대해 나가도록 한다. 기적질문은 문제를 제거시키거나 감소시키지 않고, 문제와 해결을 분리하여 해결상태를 상상하게 하는 것이다.

예 밤에 잠자는 동안에 기적이 일어나 지금 염려하는 문제가 다 해결되었다고 상상합시다. 아침에 아들이 엄마의 어떠한 모습이나 행동을 보면 지난밤에 기적이 일어나 엄마가 변화하였다고 생각하겠습니까? 당신에게 변화가 일어난 것을 다른 가족들은 무엇을 보고 알 수 있을까요?

(4) 척도질문 : 수치로 정도 표현

내담자에게 자신의 문제, 우선순위, 성공, 정서적 관계, 자아존중감, 문제해결 가능성에 대한 확신, 변화를 위해 투자할 수 있는 노력, 변화를 위한 동기, 진행에 관한 평가 등의 수준을 수치로 표현하도록 할 때 좀 더 구체적으로 표현하게 되고, 진행하는 데 있어 변화 정도를 사실적으로 설명하는 데 도움이 된다. 척도질문은 변화에 대한 동기를 강화하고, 다음 단계로 발전하기 위해 무엇을 해야 할지 탐색하게 하기 위해 만들어진 질문이다. 척도 질문은 문제의 심각 정도를 사정하고, 치료목표 성취 정도를 측정하고, 사정평가 및 결과 평가를 위해 유용하다.

예 최악의 상태를 0점으로 하고 모든 문제가 해결된 상태를 10점으로 한다면 오늘의 상태는 몇 점이라고 할 수 있습니까?, 몇 점까지 도달하면 그런대로 만족하겠습니까?

(5) 대처질문 및 극복질문 : 만성적인 어려움과 위기에 관련된 것

문제가 오래 지속이 되었기 때문에 매우 낙담하고, 절망하고, 좌절하고 있는 내담자들은 장래 희망이 없는 것같이 생각한다. 이러한 대처질문이 효과적인 것은 내담자에게 경험을 활용하게 하고, 새로운 힘을 갖게 하며, 내담자가 자신의 자원과 강점을 발견하도록 하는 데 도움이 되기 때문이다. 어려운 상황에서 견디어 내고 더 나빠지지 않은 것을 강조하고, 위기에서 살아남기 위해 해온 것을 발견하고, 그것을 인식, 강화, 확대하기 위한 근거로 이용하는 것이다. 구체적으로 내담자가 "모든 것이 다 소용없다", "아무것도 나아지는 것이 없다", "죽지 못해 살고 있다"고 표현할 때 다음과 같은 질문이 유용하다.

예 어떻게 모든 것을 포기하지 않고 지탱해 왔는가?, 자살을 시도한 것이 어떻게 도움이 되었는가?, 계속 반항하는 것이 어떻게 도움이 되는가?, 오늘까지 어떻게 참고 견디어 왔는가?

5) 메시지와 전달법

해결중심치료는 2명 이상의 치료 팀이 일방경이나 비디오 모니터를 통하여 가족치료진행 상황을 관찰하고, 자문역할을 하는 치료 팀과 치료실 사이에 연결된 전화를 활용한다. 치료진행과정에서 전화를 통하여 자문을 하기도하고, 좀 더 구체적인 내용을 파악하기 위하여 질문을 하기도 한다. 일반적으로 60분간 상담하는데 40분 정도 진행한 이후 치료자가 치료 팀에게로 나와서 자문시간을 갖는다. 10분 정도 치료 팀은 주로 치료진행과정을 검토하고, 내담자에게 전달할 메시지와 과제를 만든다. 그동안에 내담자는 치료실이나 밖에서 기다리게 된다. 메시지와 과제가 결정되면 다시 치료실로 들어가 메시지를 전달하고, 과제를 주고 종결한다. 다음에 치료를 계속하는 것에 관하여는 내담자가 결정하도록 한다. 치료 팀 없이 혼자 진행하는 경우도 10분 정도 휴식시간을 가지면서 자료를 정리하고, 메시지를 만들고 과제를 준비하여 전달한다.

치료자가 치료실을 나와서 다른 장소에서 메시지와 과제를 만드는 동안 내담자 역시 많은 질문에 응답한 것과 이야기한 것을 생각하면서 치료자의 반응에 관심을 집중하게 된다. 치료자는 내담자가 호기심을 가지고 귀를 기울이는 분위기에서 메시지와 과제를 주기 때문에 그 효과는 매우 크다. 메시지를 작성하는 데 필요한 구성요소와 전달방법은 다음과 같다.

① 내담자의 문제가 어렵다는 것과 그동안의 노력을 인정한다. 특히 내담자가 실시하여 온 긍정적이고 성공적인 노력을 지적하고, 인정하고, 문제해결과 관련된 변화나 노력을 칭찬한다.

② 내담자가 사용하는 특징적인 표현과 단어를 사용함으로써 협조를 증가시킨다. 목표설정과 해결방안 구축을 위해 협조관계인 것을 강조한다.

③ 내담자가 설명하는 목표를 수용하고, 목표설정을 확인하고 가치를 부여하며 긍정적인 설명과 해석을 하기도 한다.

④ 치료자는 목표가 성취되기 어려운 것을 강조한다. 과거 목표가 실패한 것에 대하여 긍정적인 측면에서 지적하고 격려한다.

⑤ 과제는 치료자와 내담자의 관계 유형에 따라 차이가 있지만 관찰하기, 생각하기, 긍정적으로 반응하기, 작은 것을 행동으로 옮기기, 새로운 노력을 시도하기 등 다양하다. 그리고 과제는 내담자가 실행할 수 있는 것을 구체적으로 설명하기도 하지만, 추상적이고 분명하지 않게 전달하므로 내담자가 생각을 많이 하도록 하기도 한다.

⑥ **메시지 전달하기** : 작성한 메시지는 메모지에 적어 가지고 치료실로 들어가며, 팀이 함께 노력한 결과임을 설명하고, 내담자의 노력과 변화 결과를 인정하고 칭찬하며, 내담자의 강점과 자원을 지적한다. 그리고 내담자의 능력과 자원은 문제를 해결하고 과제를 실행하는 데 도움이 될 것이라고 연결시켜 준다. 치료자는 신중하게 중요한 메시지를 천천히 전달한다.

⑦ **과제주기** : 과제는 메시지 전달과 함께 주는데 목표설정의 원칙을 적용하며, 아주 작고 분명한 과제이기 때문에 쉽게 할 수 있는 것을 주거나, 단순히 생각하고, 관찰하고, 찾아보도록 하는 과제를 줄 수 있다. 과제를 결정하는 것은 내담자 중심으로 내담자의 문제, 상황, 상태 등을 고려하여 신중하게 결정한다. 그리고 과제를 수행하는 것은 쉬운 일이 아님을 강조한다.

3. 다문화가족 상담 현실치료 접근

William Glasser는 1925년 오하이오주의 클리블랜드에서 태어나 23세에 임상심리 전문가가 되었고 28세가 되던 해에 정신과 의사가 되었다. 그러나 정신분석치료의 이론과 기법, 그리고 효과에 불만족을 느끼게 되면서부터 오늘의 현실요법을 발전시키게 된 것이다. 그는 개인상담 이외에도 재활센터와 청소년 감화원 등에서 정신치료를 하였으며 1967년 현실요법을 위한 연구소를 로스앤젤레스에 개설하였다. 초기의 연구소 활동은 미국과 캐나다에 국한되었으나, 이후에는 아일랜드, 유고슬로비아, 호주, 일본, 노르웨이와 한국 등을 비롯한 전 세계로 확장하였다. 그는 선택이론과 현실요법 강의와 훈련과정 지도에서 적극적으로 참가하였고, 현실요법연구소(1996년 5월에 'William Glasser 연구소'라고 명칭을 바꿈)에서는 의사, 간호사, 심리학자, 심리학자, 목회자, 사회사업가, 법률가, 교사들을 위한 현실요법 집중훈련 과정에 필요한 교재와 기타 정보를 제공하였다. 그의 대표적인 저서로는 『정신건강과 정신병(Mental Health and Mental Illness, 1960)』, 『현실요법(Reality Therapy, 1965)』, 『낙오자 없는 학교(Schools without Failure, 1969)』, 『당신의 삶은 누가 통제하는가?(Control Theory, 1985)』, 『좋은학교(The Quality School, 1990)』, 『결혼의 기술(Staying Together, 1995)』, 『행복의 심리, 선택이론(Choice Theory)』, 『결혼의 비밀(Getting Together and Staying Together)』 등이 있다.

1) 주요 개념 : 선택이론

선택이론은 인간은 누구나 자신의 삶의 주인이 될 수 있으며, 자신의 삶을 통제할 수 있을 때 행복감을 느낀다고 본다. 이 이론은 인간의 모든 행동은 외부작용이 아니라 내부작용에 의해서 행해지고 있다는 기본 가정에 근거하고 있다. 우리가 어떻게 생각하고 행동하는가 하는 것은 타인이나 외부상황에 의해서 좌우되는 것이 아니라 우리 스스로가 선택한다는 것이 기본 개요이다.

선택이론에서는 우리가 행동하고 생각하는 모든 것, 즉 좋은 것과 나쁜 것, 효율적인 것과 비효율적인 것, 즐거운 것과 고통스러운 것, 정상적인 것과 비정상적인 것들 모두가 우리 내면의 강한 욕구를 충족시키기 위한 선택이라고 본다. 따라서 적절한 선택을 통하여 자신을 통제하는 방법을 배우게 되면 문제를 비난하는 대신에 문제를 해결하기 위해서 긍정적으로 에너지를 사용하게 될 것이라는 것이 기본적인 주장이다. 선택이론의 기본적인 개념들은 다음과 같다.

(1) 기본적 욕구(Basic Need)

인간을 움직이게 하는 강렬한 힘은 생래적인 기본적 욕구에서 비롯된다. 기본적인 인간의 욕구는 신뇌(new brain)에 자리한 네 가지의 심리적이고 정신적인 욕구인 사랑과 소속의 욕구, 힘에 대한 욕구, 즐거움에 대한 욕구, 자유에 대한 욕구와, 구뇌(old brain)에 자리한 생존에 대한 욕구 등의 다섯 가지가 있다.

① 사랑과 소속의 욕구(love and belonging need)

사랑하고, 나누고, 협력하고자 하는 인간의 속성을 말한다. 일반적인 소속 욕구는 자기 자신의 가족을 형성하기를 원해 결혼하고 싶어 하거나 친구를 사귀고 싶어 하는 것, 또는 학생이나 청년들이 또래집단에서 함께 어울리고 싶어 하거나 어떠한 모임에 소속되고 싶어 한다.

② 힘에 대한 욕구(power need)

경쟁하고, 성취하고, 중요한 존재이고 싶어 하는 속성을 의미한다. 힘에 대한 욕구에 매력을 느끼게 되면 종종 소속에 대한 욕구 등 다른 욕구와 직접적인 갈등을 경험하게 된다. 즉, 사랑과 소속에 대한 욕구를 만족시키기 위해 결혼을 하지만, 가끔 부부 사이에서 힘에 대한 욕구를 채우고 싶어 서로 통제하려고 하다가 결과적으로 부부관계를 파괴시키는 원인이 되기도 한다.

③ 자유에 대한 욕구(freedom need)

이동하고 선택하는 것을 마음대로 하고 싶어 하는 속성이다. 자유의 욕구란, 각자가 원하는 곳에서 살고 대인관계와 종교 활동 등을 포함한 모든 삶의 영역에서 어떠한 방법으로 삶을 영위해 나갈지를 선택하고 자신의 의사를 마음대로 표현하고 싶어 하는 욕구를 말한다. 그러나 자기 욕구 충족을 하는 데 있어서 다른 사람의 자유를 침범하지 않도록 타협을 통하여 이웃과 함께 살 수 있는 절충안을 찾아야 한다.

④ 즐거움에 대한 욕구(fun need)

많은 새로운 것을 배우고, 놀이를 통해 즐기고자 하는 속성을 말한다. Glasser는 즐거움에 대한 욕구는 기본적이고 유전적인 지시(instruction)라고 말한다. 이 즐거움의 욕구를 충족시키기 위해 때로는 생명의 위험도 감수하면서 자신의 생활방식을 과감히 바꾸어 나가는 예를 볼 수 있다. 생명을 걸고 암벽을 타거나 자동차 경주를 하는 것과 같은 위험한 활동을 택하기도 한다.

⑤ 생존에 대한 욕구(survival need)

살고자 하고, 생각을 통한 자기 확장을 하고자 하는 속성을 의미한다. 이 욕구는 척추 바로 위에 위치한 구뇌(old brain)로부터 생성된 것으로서, 호흡, 소화, 담, 혈압 조절 등 신체구조를 움직이고 건강하게 유지하도록 하는 중요한 과업을 수행하고 있다. 구뇌의 기능은 우리가 생존하는 데 없어서는 안 되는 요소이지만, 우리가 일상생활을 영위하는 데 지배적인 힘을 직접 발휘하지는 못한다.

이러한 인간의 욕구(need)는 기본적이고 본질적인 것이지만, 욕구를 충족시켜 주는 구체적인 대상인 바람(want)은 각 개인에 따라 독특하고 고유하다. 이 바람들은 비현실적일 수도 있고 변할 수도 있으며, 서로 갈등을 일으키기도 한다. 현실에서 얻고 있는 것이 바람을 충족시켜 주지 못할 때 욕구 좌절을 경험하며, 이때의 불균형과 고통이 행동의 동기가 된다.

(2) 전행동(Total Behavior)

모든 행동에는 목적이 있는데, 원하는 것과 얻고 있다고 지각한 것 사이의 간격을 줄이고자 고안된 것이다. 행동체계는 활동(acting), 생각(thinking), 감정(feeling), 신체반응(physiology)의 네 가지 요소로 구성되어 있다. 우리는 특정 행위를 보았을 때 전행동의 한 부분을 보지 않고 하나의 분리된 행위로 이해하는 경향이 있다. 그러나 겉으로 드러나는 것만 다를 뿐이며 모든 행동은 항상 네 가지 구성요소가 모두 포함되어 있는 전행동이다. 전행동의 구성요소 중에서 활동요소에 대해서는 거의 완전히 통제력을 가지고 있고, 사고요소에도 어느 정도의 통제가 가능하나, 감정요소의 통제는 어려우며, 신체현상요소에 대해서는 더더욱 통제력이 없다. 그러므로 우리가 전행동을 변화시키고자 할 때, 활동과 사고를 먼저 변화시키면 감정이나 신체현상도 따라오게 된다. 즉, 적극적인 활동에 많이 관여할수록 좋은 생각과 유쾌한 감정, 그리고 더욱 쾌적한 신체적 편안함이 따를 것이다.

(3) 지각 체계(Perception)

개인이 인지하는 현실세계는 감각체계와 지각체계를 통해 인식하게 된다고 한다. 지각체계는 사물을 객관적이고 있는 그대로 바라보는 지식여과기(knowledge filter)와, 우리들 각자가 가지고 있는 가치를 부여하는 가치여과기(valueing filter)로 구성되어 있는데, 이를 통해 각자가 이상적이라고 믿고 또한 욕구를 즉시 채워줄 수 있는 수단들을 질적인 세계에 보관하는 작업을 한다. 그런데 이렇게 지각된 세계(perceived world)가 우리가 원하는 질적인 세계(quality world)와 맞지 않을 때 우리는 그것들을 머릿속의 저울(comparing place)에 올려놓고 비교하게 되고, 저울의 기울어진 차이를 줄이려는 욕구 때문에 다시 행동하게 되는 것이다.

(4) 행동 체계(Behavior System)

행동 체계의 왼쪽 부분은 조직화된 행동을 포함하고 있고, 오른쪽 부분은 끊임없이 조직 또는 재조직하는 행동들의 행동단위로 구성되어 있다. 이런 행동단위들은 독립된 별개의 행동들을 생각해 내는, 즉 조직, 재조직 과정을 통해 유용한 하나의 행동을 조직화하는 것이다. 이처럼 끊임없이 진행되는 창의적 재조직화는 가끔 잘 조직된 새로운 행동을 유발시키는데, 그러한 행동들이 삶의 통제력을 얻는 데 도움을 준다고 판단되면 즉시 그 행동을 시도하는 것이다. 재조직 체계가 창조해 내어 제공한 행동들이 지금 현재 가지고 있는 행동들보다 효과적이지 않을 경우에는 자기파괴적인 행동들을 유발하기도 하며, 또 계속하여 재조직하기도 한다.

2) 현실치료의 특징

현실치료는 다른 상담방법과 비교해 볼 때, 신경증적 행동, 정신병적 행동, 정신신체화 행동이나 중독증적인 행동도 모두 자신의 욕구충족을 위한 최선의 선택으로 간주한다. 과거보다 현재와 미래를 중요시하고 전이 및 역전이의 필요성을 인정하지 않으며, 내담자의 무의식과 꿈의 해석보다는 의식세계에서의 현실지각을 중요시하며, 자기욕구 충족을 위한 행동의 효과성을 냉철하게 자기평가(self-evaluation)하면서 자기욕구를 충족하는 새롭고 합당한 방법을 찾도록 상담자가 교육적인 도움을 주는 과정이다.

현실치료와 전통적인 정신분석치료의 특징을 비교하면 다음과 같다.

〈표 6-1〉 전통적 정신분석치료와 현실치료 간의 기본적 차이점

구 분	전통적 정신분석 치료	현실치료
정신질환	개념을 도입, 진단적 분류 이를 기초로 치료가 이루어짐	개념 자체를 용납하지 않음
과거사	탐색이 치료의 불가결한 요소	현재에 초점, 미래를 향해 노력
치료사	중요인물의 감정 전이, 해석필요	그대로의 자신, 따뜻한 인간적 위치

무의식	이해와 통찰이 중요, 전이, 꿈, 자유연상을 통해 해석	무의식적 갈등, 원인에는 관심 없음. 행동에 대한 무의식적 변명 불허
도덕성	정신질환은 병이라는 전제하에 내담자의 도덕적 문제, 책임회피	행동의 도덕성과 책임성 강조
가르침	좀 더 나은 행동을 가르치는 것은 중요하지 않음	좀 더 효과적인 방법으로 자신의 욕구를 채우도록 가르침

3) 이론의 적용 : 치료 기법 및 절차

현실치료는 크게 두 과정, 즉 상담 환경 가꾸기와 내담자를 행동이나 방향 변화로 인도하는 과정으로 구성되어 있다. 상담이라는 예술은 이 두 과정을 조화롭게 엮어 내어 내담자로 하여금 그들의 삶을 스스로 평가하고 바람직하게 방향선택을 결심하도록 함께 작업하는 것을 의미한다.

(1) 상담 환경 가꾸기

상담자는 지지적인 환경을 만들어야 하며, 그 안에서 내담자들이 삶을 변화하도록 해야 한다. 이러한 환경을 만들기 위해서는 다음과 같이 일관성이 있어야 한다.

첫째, 친근감을 가지고 내담자의 이야기를 경청할 것. 상담자는 내담자가 그들의 욕구를 충족할 수 있는 바람직한 방법을 찾는 데에 도움을 줄 수 있는 사람이라고 믿을 수 있게 해야 한다.

둘째, 내담자의 과거사는 그것이 현재 상황을 설명하는 데 도움이 되지 않는 한 이야기하는 것을 허용하지 말 것

셋째, 내담자의 느낌이나 신체현상을 전행동과 분리시켜 이야기하는 것을 피한다.

넷째, 무책임한 행동에 대한 변명을 허용하지 말 것

다섯째, 벌하거나 비판하지 않으면서 내담자의 행동 선택에 대한 필연적인 결과 깨닫기를 하게 해야 한다.

① 권장 사항

㉠ 주의를 기울이는 행동하기(use attending behavior)

다른 상담과 마찬가지로 얼굴 표정, 수용적 자세, 언어적 행동, 비언어적 행동, 바꾸어 말하기 등의 기술들은 상담자-내담자 관계를 증진시킨다.

㉡ AB 법칙을 실시하기(practice the AB-CDEFG)

- 항상 침착하고 예의 바를 것(Always Be Calm & Courteous)
- 항상 신념을 가질 것(Always Be Determined)
- 항상 열성적일 것(Always Be Enthusiastic)
- 항상 확고할 것(Always Be Firm)
- 항상 진실할 것(Always Be Genuine)

㉢ 판단 보류하기(suspend judgement)

이것은 내담자의 어떠한 행동도 내담자 자신의 욕구를 충족시키려는 최선의 선택으로 일단 보아야 한다는 것을 의미한다. 즉, 상담자는 판단하거나 비난하지 말고 1차적 수준의 지각을 통해 이해하여야 한다.

㉣ 예상하지 않은 행동을 하기(do the unexpected)

내담자가 그의 또 다른 내적 바람을 보게 하여 잠시나마 고통을 제쳐두도록 도와준다.

내담자는 좌절과 갈등을 겪고 있기 때문에 상담을 받으러 온다. 고통스러운 내담자의 심리적인 사진첩 혹은 질적인 세계 속에는 부정적인 사진들로 가득 차 있을 수도 있다. 고통스러운 상황에서는 잠시나마 그 상황을 제쳐두는 것도 도움이 되는 것이다.

㉤ 건전한 유머 사용하기(use humor)

웃음은 인간의 고통을 치유하는 최상의 묘약임을 믿기 때문에 현실요법에서는 유머를 적극 권장한다. Glasser는 상담할 때도 수시로 유머를 사용하여, 상담하는 이도 상담받는 이도 그들의 만남을 즐겁게 기대하도록 한다.

ㅂ 자기답게 상담하기(be yourself)

상담자가 진취적이면 진취적으로, 부드럽고 조용하면 조용하게, 가장 자기답게 상담하는 것이 좋다.

ㅅ 자기 자신 개방하기(share yourself)

상담자의 진지하고도 개방적인 태도는 내담자가 자기의 질적 세계로 상담자를 들어오게 할 수 있을 뿐 아니라 상담자에 대한 내담자의 신뢰를 증진시킬 수 있다.

ㅇ 은유적 표현에 귀 기울이기(listen for metaphors)

내담자가 이미 알고 있는 것을 더 많이 이해하도록 하고, 분명하게 알려지지 않았던 것에 대해 통찰력이 생기게 되며, 심미적이고 정서적인 강도를 표현할 수 있게 하기 위한 것이다. 내담자의 표면 이면에 그의 진실이 무엇인지 살펴야 한다.

ㅈ 주제에 귀 기울이기(listen for themes)

내담자들의 주제를 경청한 후 그 이야기를 확인하고 다시 반영시켜 준다. 집단상담의 경우에는 상담자는 집단의 바람과 지각을 함께 묶음으로써, 상담자는 내담자가 상담주제로부터 이탈되지 않게 하여 효과적으로 방향을 설정해 나갈 수 있다.

ㅊ 요약하기와 초점 맞추기(use summarize and focus)

유능한 상담자는 내담자가 하는 이야기를 요약하여 진실로 원하는 것에 초점을 맞출 수 있도록 도와준다. 이런 초점 맞추기는 한 가지 또는 그 이상의 요점들, 주제, 평가적인 사고 등을 강조하는 것을 의미한다.

ㅋ 결과를 허용하거나 떠맡기기(allow or impose consequences)

내담자의 바람직하지 않은 행동에 대해 책임을 지게 하는 기술이다.

ㅌ 침묵을 허용하기(allow silence)

내담자가 침묵하는 동안 자신의 생각을 모으고 자신의 내면의 심리적 사진과 지각을 명료하게 하고, 문제해결을 위한 행동 계획을 세울 수 있도록 도와주는 것이다.

㉬ 윤리적이기(be ethical)

상담자의 태도는 내담자와의 관계형성을 위해 반드시 필요하다. 예를 들어, 살인이나 자살기도를 원하는 등, 내담자 자신이나 타인의 안녕을 침해하는 것이 명백할 경우, 상담자는 합법적이고 적절한 행동을 취하거나 감독 기관에 알릴 의무가 있다. 또한 상담관계 이상의 호의적인 행동을 허락하거나, 상담자-내담자 관계 이상의 친밀관계나 상거래 관계 등과 같은 상황으로 발전시키는 것은 삼가야 한다.

② 금지 사항

㉠ 변명을 받아들이지 말 것(don't accept excuse)

내담자들은 예외 없이 변명을 늘어놓게 되는데, 그때 상담자들은 "왜?"라고 질문하지 말아야 한다. 이 질문은 변명이 뒤따를 우려가 있으므로, 책임감이 내담자에게서 상담자에게로 옮겨질 가능성이 있다.

㉡ 비판하거나 논쟁하지 말 것(don't punish criticize, or argue : allow consequences)

처벌은 처벌자의 화난 감정이 개입되며 비교육적이고 또한 처벌받는 자의 분개와 복수심을 야기시키며, 내담자가 좌절하는 원인이 되기도 하고 문제들을 해결하는 더 좋은 방법을 제공하지도 않으므로 비생산적이다. 비판을 하지 않는다는 것은 쉬운 일이 아니지만 비판 역시 처벌의 일종일 수 있으므로 피해야 한다.

㉢ 쉽게 포기하지 말 것(don't give up easily)

유능한 현실요법 상담자들은 수동적이고 비협조적이며 화를 잘 내는 등 다루기 어려운 내담자를 돕는 상담자, 즉 내담자를 절대로 포기하지 않고 최선을 다하는 자로서의 상담자 이미지를 내담자의 질적인 세계 안에 간직하게 하여 내담자가 필요할 때마다 꺼내 쓰기 쉽게 해야 한다.

이 외에도

㉣ 강압하지 말 것

㉤ 공포 분위기 조성하지 말 것

㉥ 무시하지 말 것, 아무리 작은 일이라도 지지, 강화해 줄 것

등이 있다.

③ 기타 권장 사항

㉠ 사후 지도(follow-up)

상담이 종료된 후에도 내담자가 시도하고 있는 변화들을 강화시켜 주기 위해서 전화나 추후 상담, 방문 등을 통해 내담자와 계속 교류한다.

㉡ 자문(consultation)

상담자 자신의 일에 대한 피드백을 얻기 위해 동료상담자끼리 서로 정보를 교환하고 역할극 등을 통해 각자의 상담기술에 대한 피드백을 받는 것이 도움이 된다.

㉢ 지속적인 교육(continuing education)

상담자가 내담자를 돕는 데 있어 효율성을 높이기 위해 끊임없이 상담자 자신의 성장을 위해서 노력해야 한다. 상담 관련분야의 학문이나 관련직, 현실문제 등에 대한 폭넓은 탐구를 병행해야 한다.

4. 행동변화를 위한 상담과정

(1) 욕구·바람·지각 탐색하기(Want)

① "무엇을 원하는가?"

내담자가 자신의 질적인 세계를 탐색하고, 자신의 바람을 확실하게 알게

한다. 내담자 마음속의 사진들이 분명하면 분명할수록 내담자 자신이 원하는 것을 얻을 수 있는 가능성은 더욱 높아진다. 또한 그것을 얻는 방법을 원하는 것을 방해하는 것이 있는지 상세히 말하도록 도움으로써, 실제로 그들의 행동체계 내에 효과적인 행동들을 실제로 소유하고 있거나 재조직해 낼 수 있다는 결론을 얻을 수 있다.

② "진정으로 원하는 것이 무엇인지?"

내담자로 하여금 성취할 수 있는 현실적인 그림을 자기 자신 안에 있는 이상적인, 어쩌면 비현실적인 그림과 바꿀 수 있도록 도움을 주게 되는 것이다. 좌절을 해결해 나가면서, 또는 내담자가 주위 환경에서 원하는 것과 경험하고 있다고 지각하는 것 사이의 간격을 좁혀감으로써 충족되지 못한 욕구를 구분해 내도록 도와준다.

③ "사람들이 당신에게 원하는 것이 무엇이라고 생각하는가?"

내담자가 내담자에게 영향을 끼치고 있다고 믿는 세상을 어떻게 보는가를 알 수 있다. 주위 사람들과 내담자가 원하는 것의 일치 혹은 불일치를 알아봄으로써, 내담자 자신의 마음속의 사진(바람 : want)에 내포되어 있는 근본적인 욕구가 무엇인지를 더욱 확실하게 보도록 도와준다.

④ "당신은 어떤 시각으로 사물과 환경을 바라보는가?"

내담자의 지각체계를 탐색, 즉 외부세계로부터 여과된 것을 점검하는 단계이다.

상담자는 내담자가 1차 수준의 지각(지식여과기)으로 현실상황을 보는지 혹은 2차 수준의 지각(가치여과기)으로 보는지를 묘사해 보도록 하는 동시에, 내담자가 자신의 삶의 방향을 바꿀 것인지에 관해 질문을 할 수 있게 된다.

⑤ "당신은 상담자에게 무엇을 바랍니까?"

상담자가 내담자에게 어떤 도움을 제공해야 하는지, 주위 사람들에게서 무엇을 원하는지, 또는 내담자 자신이 상담상황을 어떻게 바라보는지에 대해 내담자에게 말하게 하는 것이다. 또한 상담 초기에, 열심히 노력하겠다는 동의를 해야만 내담자가 나아지도록 도와줄 수 있고, 그들이 원하는 것의 얼마간이라도 최소한 얻게 해줄 수 있다는 것과, 현실요법에 대한 간략한 설명을 해준다.

⑥ 상담에 대한 확약 얻기

"문제를 해결하기 위해 기꺼이 노력하겠습니까?", "당신이 원하는 것을 얻고 또한 당신이 자기 행동을 변화시키기 위해 얼마나 많은 노력과 에너지를 쏟을 수 있다고 생각합니까?" 등을 질문한다.

(2) 전행동과 행동 방향 탐색하기(Doing)

전행동 탐색하기는 상담자가 상담과정 초기에 내담자에게 상담의 전반적인 방향, 즉 내담자가 어디로 가고 있는가를 탐색하도록 도와주는 절차이다. 현실요법 상담자들은 내담자가 통제할 수 있는 활동을 스스로 탐색할 것을 강조하고 있는데, 이것은 내담자의 활동요소를 바꿈으로써 그가 지녔던 우울, 격분, 외로움 등의 느낌요소와 신체현상까지 변화시킬 수 있기 때문이다.

(3) 바람 · 행동 · 계획에 대한 자기 평가하기(Evaluation)

평가는 개인의 행동과 욕구와의 관계를 점검해 보는 것이다. 현실요법에서 가장 핵심이 되는 부분은 내담자의 행동변화를 위해 그들 스스로 자기평가를 하게 하는 단계이다. 상담자의 능숙한 질문을 통해 내담자가 자신의 행동과 자신의 수행능력을 평가한다.

- 지금의 행동이 당신에게 도움이 됩니까?
- 지금 하고 있는 것은 당신이 진정으로 원하는 것을 얻는 데 도움이 됩니까?
- 당신이 행동하는 것이 규칙에 어긋납니까?
- 당신이 원하는 것은 현실적이거나 실현가능한 것입니까?
- 그런 식으로 보는 것이 당신에게 도움이 됩니까?

- 상담의 진행과 당신 인생의 변화에 대해 어떻게 약속을 하시겠습니까?
- 도움이 되는 계획입니까?

(4) 계획하기(Plan)

① 다섯 가지 욕구가 충족되는 계획(need fulfilling)
② 단순한 계획(simple)
③ 현실적이고 실현가능한 계획(attainable)
④ 어떤 행위를 중지시키는 것이 아니고 특정 행위를 하도록 권장하는 것 (something to do, not to stop doing)
⑤ 활동자에 기초한 계획(dependent on the doer)
⑥ 구체적인 계획(specific)
⑦ 측정가능하고 반복적인 계획(measurable and repetitive)
⑧ 즉각적인 계획(immediate)
⑨ 현실적인 계획(realistic)
⑩ 진행중심적인 계획(process-centered)
⑪ 계획의 평가와 재평가(evaluated)
⑫ 단호함(firm)
⑬ 강화된 계획 등

5. 다문화가족 상담 이야기치료 접근

1) 이야기치료 이해

(1) 이야기치료 개념

인간은 자신의 삶에 대해서 끊임없이 의미를 부여하고 해석하여 이야기하는 존재이며, 또한 그러한 이야기로 구성된 인생을 살아가는 존재라는 생각을 기본 바탕으로 하고 있다. 따라서 인간은 누구나 자신의 삶에 대해서 전문가의 위치에 있다는 것을 강조하고, 상담과정에서 자기 삶의 전문가인 내담자가 삶의 사건을 이해하고 해석하여 의미를 부여하는 방식으로 내담자의 이야기를 이해하려고 노력해야 한다. 이렇게 내담자의 독특한 삶의 이야기를 이해하는 과정을 통해 내담자가 자신의 문제에 대해 해석하고 의미를 부여하는 전형적인 시각인 지배적 이야기(dominant story)가 드러나게 되고, 이 같은 인식은 내담자가 가지고 있는 문제적 이야기(problematic story)에 대해 이전과는 다른 의미 부여와 해석을 시도해 보도록 해준다.

이야기치료사는 상담과정에서 내담자가 자신의 문제에 대해 여러 가지 다양한 방향에서 해석하고 의미를 부여할 수 있도록 그 가능성을 열어주는 역할을 한다. 이렇게 문제적 이야기에 대한 다양한 해석과 새로운 의미 중에서 내담자는 자신의 삶에 만족감과 희망을 줄 수 있는 새로운 의미(선호하는 이야기, preferred story)를 발견하게 되고, 이를 강화하고 이야기로 구조화(대안적 이야기, alternative story)하여 보다 만족스러운 삶을 살아갈 수 있게 된다. 이야기치료과정을 통하여 내담자가 자신의 삶에서 일어나는 문제적인 이야기를 이해하고 해석하는 새로운 방법을 발견하고, 새로운 의미를 부여할 수 있도록 도움을 주는 것이 이야기치료의 목표다.

포스트모더니즘(postmodernism)과 사회구성주의(social-constructionism)의 영향을 받은 이야기치료의 독특함은 상담과정에서 내담자의 문제를 집중적으로 조망하기보다는 그와 연관된 다양한 사회문화적 요소들과 주고받는 '영향력' 및 그 '의미'에 더욱 집중하는 것으로 나타난다. 이야기치료의 이러한 내담자의 '문제'를 대하는 태도는 상담진행과정에서 내담자가 자신의 문제를 이야기하는 것에 대해 부담감이나 죄의식을 느끼지 않고 좀 더 자유롭게 표현하는 것을 도와줄 수 있다.

또한 내담자가 가지고 있는 '문제'와 다른 사건들, 그리고 더 넓은 사회의 장과의 관계성과 서로에게 미치는 영향력을 파악하는 과정을 통해 '문제'의 정체성을 파악하고, 그에 대한 새로운 해석 발견의 가능성을 열어주는 계기가 될 수 있다. 이 같은 내담자의 문제를 대하는 이야기치료의 독특한 특성 때문에 Morgan(2000)은 "이야기치료는 상담과정에서 내담자를 존중하고, 비난하지 않으려고 노력하는 접근법"이라고 설명하였다.

(2) 문제적 이야기

이야기치료에서는 내담자가 상담현장에 가지고 온 문제를 대할 때 문제와 사람을 분리해서 생각하는 태도를 기본으로 하는데, 이는 내담자 안에 그 문제가 내재하고 있다고 인식하여 그 문제로 내담자의 정체성을 규정해서는 안 된다는 것이다. 따라서 내담자와 문제는 따로 분리해서 생각해야 하며, "사람이 문제가 아니라 문제가 문제다(The person is not the problem. The problem is the problem)"라는 시각에서 문제를 독립적으로 다루어야 한다. 이때 내담자가 이야기하는 문제에 대한 이야기는 삶 속의 여러 가지 사건 중에서 특별히 부정적인 영향력을 지닌 문제적 사건에 집중하여 의미를 부여하고 해석한 것이거나, 혹은 삶의 사건들을 특별히 부정적인 방향으로 해석한 것이라고 본다. 따라서 이러한 내담자의 문제를 특별히 '문제'라고 고정된 의미의 단어를 사용하지 않고 '문제적 이야기', '문제로 가득 찬 이야기', '호소하는 이야기'라고 불러서, 그 이야기의 의미와 그에 따른 영향력이 재구조화(reconstruction)와 새로운 의미부여를 통해서 얼마든지 삶에서의 부정적인 영향력이 변할 수 있다는 가능성을 표현한다.

(3) 이야기치료 지도

인간의 경험을 이해하고 이야기하는 방식인 내러티브적 이해를 중시하는 이야기치료를 실제 상담치료에 적용하는 것은 기존의 상담치료접근법에 익숙한 치료자에게는 상당히 낯설고 까다로운 작업이다. 이야기치료를 창설한 White는 이러한 어려움을 도와 이야기치료의 과정을 쉽게 이해할 수 있는 방법으로 이야기치료의 지도를 고안하였다. 이 지도는 단순히 이야기치료의 과정을 도식화하여 보여주면서 치료자들이 그 순차적인 흐름을 따라가며 치료의 과정을 이끌어 가도록 통제하는 지침서 역할만 하는 것은 아니다. 여행을 떠날 때는 목적지를 설정하고, 그 목적지에 도달하는 여정을 정할 때는 보통 지도를 사용한다. 지도를 보면 목적지에 이르는 방법이 하나만 있는 것이 아니라 매우 다양하여 그중에 선택이 가능하다는 것을 알 수 있다. 또한 여행을 시작해서 목적지로 가는 도중에 지도를 보고 얼마든지 여정을 바꾸어 다른 경로로 목적지에 갈 수도 있다. 이렇게 여행을 할 때 지도의 역할처럼 이야기치료의 지도는 치료자가 치료과정을 통하여 궁극적으로 추구해야 할 것이 무엇이며, 그곳으로 가는 다양한 방법과 가능성이 존재한다는 것을 인식하고, 자신만의 여정인 치료과정을 자유롭게 탐색할 수 있도록 만든 것이다.

이러한 다양한 경로의 탐색을 통해 치료자는 그 치료과정을 보다 창의적으로 만들고, 내담자 삶의 이야기를 더 풍부하게 발전시키는 것을 보다 효과적으로 도와줄 수 있다. 또한 상담과정에서 내담자에게 지도를 제시함으로써 자신의 삶의 사건들에 대하여 새롭게 이해하는 기회를 주고, 그동안 간과했던 부분에 대한 호기심을 불러일으키며, 상담치료를 통해 발전한 자신의 이야기들을 확인하도록 하는 효과가 있다. 이야기치료의 지도종류로는 입장 말하기 지도 1과 2, 재저작 대화의 지도 등이 있다.

(4) 입장 말하기 지도 1

입장 말하기 지도 1의 주요 목표는 내담자의 삶에 부정적인 영향을 미치고 있는 문제적 이야기의 정체성을 파악하고 그 특성을 보다 풍성하게 서술하도록 하는 것이다. 입장 말하기 지도 1은 모두 4단계로 구성된다.

1단계는 내담자의 문제적 이야기에 대해서 실제 경험한 사건을 보다 풍부하고 자세하게 서술하는 것을 돕는 단계다. 보통 내담자는 상담현장에 자신이 해결하고 싶은 여러 가지 문제를 가지고 찾아온다. 하지만 이 문제들은 내담자의 삶에서 대부분 광의적이고 통상적인 개념의 정의하에 불분명하고 모호한 형태로 서술되는 특징이 있다. 치료자는 이 단계에서 내담자의 문제를 내담자만의 방식으로, 그리고 내담자가 경험한 것을 개인의 독특한 시각에서 자세하게 서술하도록 돕는다.

2단계는 내담자의 문제가 가지고 있는 영향력의 구조에 대해서 파악하는 단계다. 내담자의 문제를 개인의 삶뿐만 아니라 보다 넓은 사회문화적 장에 올려놓고, 그 속에서 다양한 요소와 어떠한 영향을 주고받고 있는지를 인식하도록 돕는다.

3단계는 1, 2단계를 통해 정체성을 드러낸 문제가 내담자의 삶에서 갖는 영향력을 평가하는 단계다. 내담자의 문제는 내담자 자신의 삶에서 일반적으로 생각하는 것과는 다른 영향을 미치고 있을 가능성이 있다. 따라서 이러한 문제의 영향력을 일반적인 사회적 관점이나 다른 사람의 관점에서 평가하는 것이 아니라, 내담자가 그 영향력에 대해서 어떻게 평가하고 있는지를 생각해 보도록 돕는다. 또한 같은 문제라도 내담자의 삶에서 보다 큰 영향을 미치거나 보다 작은 영향을 미친 시기나 순간에 대해서도 이야기할 수 있다.

4단계는 3단계에서 이루어진 평가의 근거를 제시하는 정당화(justification) 단계다. 여기서는 왜 그러한 평가를 했는지가 관심의 대상이다. 예를 들어, "왜 그 문제에 대해서 그러한 생각을 가지고 있는지 말해주겠습니까?"라는 질문을 통해 그 평가를 뒷받침할 수 있는 근거를 알고자 한다. 이러한 질문으로 치료자는 내담자가 문제에 대하여 가지고 있는 독특한 시각과 그에 대한 생각, 의도, 이해 혹은 목표에 대해 파악할 수 있다. 이러한 과정에서 종종 내담자는 스스로 문제가 가지고 있는 긍정적인 면을 찾아내기도 하여 독특한 결과를 발견하는 출발점이 되기도 한다.

(5) 입장 말하기 지도 2

입장 말하기 지도 2에서 제시하는 단계를 통해 발견되는 독특한 결과(unique outcomes)는 내담자의 지배적 이야기(dominant story)를 재구조화하여 대안적 이야기(alternative story)로 변화시킬 수 있는 재저작 대화로 이끄는 기초가 된다. 입장 말하기 지도 2도 입장 말하기 지도 1과 마찬가지로 4단계로 이루어져 있고, 기본 요소도 비슷하다. 하지만 문제의 외재화(externalizing the problem)를 위해 주로 문제에 초점을 맞춘 입장 말하기 지도 1과는 달리, 독특한 결과들의 발견에 초점을 맞추고 이를 풍부하게 서술하여 강화하려는 의도를 가지고 있다는 점에서 큰 차이가 있다.

4단계는 다음과 같다.

1단계는 독특한 결과들에 대해 실제 경험한 것을 보다 풍부하고 자세히 표현하는 단계다. 이야기치료과정에서 발견된 독특한 결과들은 만들어진 것이 아니라 본래 내담자의 삶에 있었지만 주목받지 못했던 이야기들이다. 이러한 독특한 결과들이 치료과정 중에 드러나기 시작했을 때, 이 이야기들에 집중함으로써 내담자의 삶 속에서 의미를 가지고 영향을 미치게 할 수 있다. 이를 위해 독특한 결과들과 관련된 삶의 경험을 기억하여 보다 자세하고 풍부한 서술을 하도록 내담자를 돕는 과정이 바로 1단계다.

2단계는 독특한 결과들의 영향력에 대해 구조화하는 단계다. 여기서는 보다 풍부하게 서술된 독특한 결과들이 내담자의 삶에서, 그리고 보다 넓은 사회문화적 장에서 다른 관계들과 어떠한 영향을 주고받고 있는지에 대해 생각해 보도록 유도한다. 독특한 결과들의 영향력에 대해서 이전에는 간과했기 때문에 그 영향력에 대해서 생각하는 것이 내담자에게 무척 어려울 수도 있다. 이러한 경우에는 독특한 결과들이 가질 수 있었던 잠재적인 영향력에 대해서 이야기를 나누어 보아도 된다.

3단계는 독특한 결과들의 정체성과 영향력 혹은 잠재적 영향력에 대해 평가를 하는 단계다. 예를 들어, "이 이야기에 대해서 본인은 어떻게 생각하나요, 만족합니까?", "이러한 이야기들이 본인에게 어떠한 의미가 있나요?"라는 질문을 통해서 독특한 결과들이 다른 사람이 아닌 내담자 자신에게 미치는 영향에 대해, 혹은 그 잠재적인 영향력에 대해 어떠한 생각, 느낌 또는 의견을 가지고 있는지를 물어본다.

4단계는 독특한 결과들의 영향력에 대한 평가의 근거를 제시하는 정당화(justification) 단계다. 여기서는 독특한 결과들의 영향력 혹은 잠재적 영향력의 평가에 대해 내담자 자신이 생각하는 이유를 묻는다. 이 같은 4단계의 입장 말하기 지도 2를 통해서 내담자는 자신의 삶을 재구조화하는 보다 풍성한 재저작의 단계로 나아갈 수 있다.

(6) 재저작하기

인간은 누구나 살아가면서 자신의 삶에서 경험하는 여러 가지 사건에 대해 자기만의 독특하게 구조화된 방식으로 해석하고 의미를 부여하여 이야기하며, 이렇게 구조화된 이야기는 개인의 삶의 정체성을 형성하는 데 강력한 영향을 미치는 지배적 이야기의 형태로 나타난다. 이러한 내담자의 구조화된 지배적 이야기를 해체하고 이전에는 주목하지 않았지만 지배적 이야기의 영향력을 감소시킬 수 있는 가능성을 가진 이야기(독특한 결과)로 재구성하여 이전과는 다른 의미와 해석을 부여하는 과정이 재저작이다.

재저작은 내담자가 자신의 삶을 이해하고 의미를 부여하는 기존의 구조화된 방식에서 벗어나 보다 다양한 의미와 해석의 가능성을 탐색하고, 보이지 않지만 암시적인(absent but implicit) 삶의 이야기들을 찾아 선호하는 이야기를 구성할 때 가능하다. 인간 삶의 이야기를 새롭게 구성하여 다시 이야기한다는 의미에서 '다시 쓰는 이야기'라고도 한다. 재저작을 통하여 재구조화된 새로운 이야기(대안적 이야기)는 개인의 삶의 정체성을 새롭게 구성하고, 현재 문제적 이야기의 영향력에서 벗어나 만족스러운 미래를 꿈꿀 수 있게 해준다.

(7) 문제의 외재화

이야기치료의 창설자인 White가 어린아이들이 자신의 심각한 문제에 재미있게 접근하여 자유롭게 표현할 수 있도록 유도하기 위해 고안한 기법이다. 호주의 아동병원에서 사회상담가로 일하고 있을 때, 유분증이 있는 아동을 위한 그림 동화책 『Beating Sneaky Poo(말썽꾸러기 푸 혼내주기)』(Terry Heins & Karen Ritchie, 1988)를 보고 영감을 얻어 문제의 외재화기법을 발전시키게 되었다.

이 동화책에서는 속옷에 변을 묻히는 증상인 유분증이 있는 아이에 대해 새로운 시각으로 접근하고 있다. 아이가 변을 속옷에 묻히는 것은 자신의 잘못이 아니라 푸(poo)라는 말썽꾸러기가 장난을 치고 있는 것인데, 모두들 그러한 푸의 장난에 속아 넘어가고 있는 것이라고 경고하였다. 따라서 푸의 장난에 넘어가지 않으려면 그의 '장난치기 전략'을 자세히 알고 대비해야 한다는 충고를 하고 있다. 즉, 아이가 유분증이라는 잘못된 증상을 가지고 있어서 어떻게 그 문제를 해결할 것인지에 대해 이야기하는 것이 아니라, 아이는 잘못이 없는데 푸라는 말썽꾸러기의 장난에 영향을 받아서 그러한 곤란한 문제가 생긴다는 것이다.

이러한 외재화 기법은 자신의 문제에 대해 죄책감과 수치심을 낮춤으로써 문제적 상황을 보다 객관적이고 통합적으로 바라볼 수 있도록 도와준다. 또한 문제에 대해 놀이처럼 재미있게 접근하여 보다 자유로운 탐색이 가능해진다. 문제의 외재화 기법은 주로 아동에게 많이 사용되지만, 성인 내담자의 경우에도 이 기법을 적용하여 심각하다고 생각하는 문제의 부정적인 영향력을 감소시켜 보다 흥미를 가지고 열린 태도로 문제에 접근할 수 있도록 할 수 있다.

"사람이 문제가 아니라 문제가 문제다(The person is not the problem. The problem is the problem)."라는 유명한 문장에 문제의 외재화 기법의 독특한 특징이 잘 드러나 있다. 따라서 내담자의 삶의 과정에서 일어나는 문제들이 자신이나 자신의 삶의 본질을 반영하는 것이라고 생각하는 경향에서 탈피하여 자신과 문제가 하나가 아니라 문화, 역사적 요소와의 상호관계 속에서 형성된 관계적인 것임을 깨닫도록 하는 데 목표를 둔다.

문제의 외재화는 보통 내담자의 문제적 상황이나 생각, 행동 등에 이름을 붙여 '의인화'하는 작업을 시작으로, 여러 가지 독특한 대화기법(외재화 대화)

을 사용하여 내담자가 자신과 문제와의 관계를 인식하게 만들고, 그 밀착되어 있는 관계 사이를 벌려서 영향을 주고받는 상호관계에 대해 다시 생각해 볼 수 있는 기회를 제공한다(외재화 대화의 진행에 관해서는 '입장 말하기 지도 1' 참고).

문제의 외재화를 통해 내담자는 이제까지는 자신이 문제였고, 문제가 자신의 안에 있다는 생각에서 벗어나 자신과 문제와의 관계성에 대해 생각해 보는 새로운 시각을 가질 수 있으며, 또한 그 관계에 일어나는 상호작용에 대해 객관적으로 생각할 수 있다. 이러한 변화는 내담자가 기존에 가지고 있던 문제에 대한 생각이 재정립되고, 자신과 문제와의 관계에서 구조화된 지배적 이야기(dominant story)에서 벗어나 새로운 의미를 가진 대안적 이야기(alternative story) 발견의 가능성을 보여 준다.

2) 이야기치료 적용하기

McAdams는 상담에서 내담자가 자기 자신에 관해 이야기할 수 있는 일곱 단계의 전개 방식을 제안했다.[1)]

(1) 1단계

인터뷰는 자신의 삶에 관해서 제목을 붙여 보는 것(life-chapters question)으로 시작한다. 자신의 삶이 마치 한 권의 책으로 쓰여졌다고 생각하는 것이다. 이 책은 삶의 여러 부분으로 나누어져 있고, 각 장마다 그럴듯하게 재미있는 제목을 붙여 본다. 적어도 두세 개 내지는 일고여덟 개 정도의 여러 장을 만들고, 대충 어떤 내용인지 간략하게 정리해 본다. 처음부터 내용이 너무 산만하거나 장황해지지 않도록, 30분 내지 40분 정도의 시간 내로 준비하도록 한다. 자신의 삶의 모든 이야기를 한꺼번에 이야기하라는 것이 아니라, 전체적으로 중요한 윤곽을 잡는 것이다.

---

1) Philip Culbertson(2000). Caring for God's People. Minneapolis : Fortress Press, pp. 61-63.

(2) 2단계

이번 단계는 삶에 관해 일반적인 설명에서 좀 더 구체적이고 자세하게 이야기할 수 있도록 삶의 여덟 가지 주요 경험(eight key events)에 관해 묻는다. 이 여덟 가지 경험에 관한 질문은 어떤 특정한 시간과 장소에서 발생한 특별하고 중요한, 그러면서 자신의 삶에 어떤 결정적인 영향을 미친 사건이나 경험을 의미한다. 과거 그때, 자신이 어디에 있었고, 누구와 함께, 무엇을 하고 있었으며, 무슨 생각을 하며 어떤 감정을 지니고 있었는지 등을 이야기한다. 또한 각 사건이나 경험이 내가 누구이며, 나를 어떻게 바꾸어 놓았는지 등의 영향을 주었는지를 생각해 보고 정리한다. 사람들은 자신의 삶에서 어떤 특별하고 구체적인 사건이나 경험을 이야기할 때, 생각이 질서정연하고 명확하게 정리되거나 어떤 새로운 영감이 튀어나오기도 한다. 그러므로 이런 작업을 할 때, 보다 구체적으로 표현할 수 있게끔, 많은 시간과 에너지를 쏟아야 한다.

① **절정 경험**(peak experience) : 내 인생에서 최고의 순간은 언제였으며, 가장 놀랍고 감동적인 순간은 언제였는가?

② **침체의 경험**(nadir experience) : 내 인생에서 가장 밑바닥으로 떨어졌을 때는 언제였으며, 가장 최악의 순간은 언제였는가?

③ **전환점**(turning point) : 나 자신을 이해하는 데 중대한 변화를 가져온 사건

④ **초기 기억**(earliest memory) : 가장 어렸을 때의 기억, 가장 오래된 기억, 그 사건의 주요 장면과 분위기, 등장인물, 그 사건과 관련된 사고와 감정. 특별히 어떤 중요한 의미를 띤 경험을 찾으려고 애쓸 필요는 없고, 단지 가장 어렸을 때의 기억을 찾으려고 하면 된다.

⑤ **중요한 아동기 기억**(important childhood memory) : 긍정적이든지 부정적이든지 아동기와 관련된 기억. 그것이 지금의 나와 어떻게 연결되는가? 어떤 영향을 미쳤는가?

⑥ 중요한 청소년기 기억(important adolescent memory) : 청소년기의 경험과 기억이 현재의 나와 어떤 연관을 갖고 있는가?

⑦ 중요한 성인기 기억(important adult memory) : 20대 이후 나의 삶에 중요한 기억

⑧ 그 밖의 중요한 기억(other important memory) : 그 밖의 과거에 일어난 중요한 사건의 기억

(3) 3단계

인터뷰는 중요한 사건에서 중요한 주변 인물들로 옮겨간다.

누구나 자신의 삶에 관한 이야기에는 자신의 삶에 중대한 영향을 미친 몇몇 주변 인물들로 둘러싸이게 된다. 이런 사람들로는 부모나 자녀, 형제, 배우자, 애인이나 친구, 선생님, 직장 동료, 멘토 등을 들 수 있을 것이다. 나의 삶의 이야기에서 가장 중요했던 네 명에 대해 이야기해 보도록 한다. 적어도 이 네 명 중의 한 명은 당신과 관계가 없는 사람이어야 한다. 그들과의 관계를 설명하면서, 그들이 당신의 삶에 어떤 방식으로 어떤 영향을 주었는지 이야기해 보라. 좀 더 자세하게 당신의 삶에서 가장 중요하게 긍정적인 영향을 준 사람(또는 어떤 공동체)은 누구인지, 그리고 가장 중요하게 부정적인 영향을 준 사람은 누구인지도 이야기해 보도록 한다. 이들에 대해 각기 이야기한 후, 당신의 삶에 어떤 영웅적인 존재가 있었는지 이야기해 보라.

(4) 4단계

과거와 현재에 대해 충분한 시간을 쓴 후 인터뷰는 미래에 대한 이야기로 나아간다. 삶의 이야기는 앞으로 무슨 일이 있기를 기대하고 계획하는지를 살펴보면서, 미래로 확장된다. 미래에 대한 전반적인 계획과 당신의 꿈에 대해 이야기해 보라. 대부분의 사람들은 자신의 삶에서 얻기를 바라거나, 미래에 실현하기를 바라는 꿈과 계획을 지니고 있다. 이런 꿈과 계획은 우리 인생의 목적, 관심사, 희망과 갈구, 욕구 등을 불러일으킨다. 당신이 현재 갖고

있는 미래에 대한 꿈과 계획 등을 소개해 보라. 또한 당신의 그런 꿈과 계획이 어떤 식으로 당신에게 삶의 활기나 생산적인 힘을 주는지, 다른 사람들을 위해 살아가게 하는지를 이야기해 보라. 상담자는 삶의 어떤 새로운 전환점이 나타나는지 주목해 보고, 내담자에게 자신의 이야기가 어디로 가고 있는지 그리고 어떻게 그곳에 도달하고자 하는지를 밝혀보도록 격려한다.

(5) 5단계

이 단계에서는 스트레스나 문제들을 다룬다.

모든 삶의 이야기는 중요한 갈등, 미해결과제, 심한 스트레스의 기간 등을 갖고 있다. 현재 당신의 삶의 어떤 영역에서 심한 스트레스나 갈등, 어려운 문제나 도전 등을 겪고 있는지 두 가지만 찾아내서 설명해 보라. 이 둘을 각기 스트레스나 문제나 갈등이 구체적으로 어떤 성격을 띠고 있는지, 그것에 관해 무엇을 신경 쓰고 염려하는지, 어떤 식으로 그 문제가 진행되고 있는지, 그것에 관해 미래적인 계획이 있다면 어떤 것인지 등을 이야기해 본다.

(6) 6단계

이번 단계에서는 개인적인 사상과 신념을 살펴보는 것이 중요하다.

여기서는 근본적인 믿음과 가치에 대해서 질문을 한다. 각 질문에 대해 생각하면서 충분하게 자세히 답변하도록 한다.

① 당신은 하나님이나 신성, 또는 이 우주에 어떤 영향을 주고 다스리는 어떤 존재로 믿습니까?

② 당신의 종교적인 믿음의 내용이 무엇인지 이야기해 보시오.

③ 당신의 믿음은 당신이 아는 대부분의 사람들과 어떻게 다릅니까?

④ 시간이 지나면서 당신의 믿음이 어떤 식으로 변하게 되었는지 설명해 보십시오. 당신의 종교적 믿음에 급격한 변화가 생긴 어떤 시기가 있었습니까?

⑤ 당신은 정치에 관해 어떤 특별한 견해가 있습니까?

⑥ 당신은 인간의 삶에서 가장 중요한 가치가 무엇이라고 생각합니까?
⑦ 그 밖에 우리의 삶과 이 세상에 관해 더 들려주고 싶은 것이 있다면 이야기해 보십시오.

(7) 7단계

마지막으로 삶의 전반적인 주제에 대해 살펴본다.

당신의 전체적인 삶의 이야기를 돌이켜 보면서 중심적인 주제나 메시지, 신념과 이념 등을 살펴보라. 무엇이 당신의 삶에서 중요한 주제인지 설명해 본다.

이처럼 단순히 자기 자신에 관한 이야기를 써보는 것도 치유와 성장의 경험이 될 수 있다. 먼저 자신의 삶의 이야기를 있는 그대로 자신이 이야기하고 써볼 때, 새로운 변화를 위해서 다른 틀에서 자신의 삶의 이야기를 써볼 수 있게 된다. 서양사에서 첫 번째로 유명한 자서전은 St. Augustine(354~430)에 의해 쓰였다. 그의 고백록은 깨어지고 무질서해졌던 자신의 마음을 회복시키기 위해서 쓰게 됐는데, 주로 자신의 과거를 회상하면서 자신을 깊이 분석했다. Augustine은 자서전을 쓰면서 자신에 대해서와 하나님의 창조 속에서 자신의 위치를 통합적으로 바라보게 되었다. 이렇게 자기 자신에 대해 새로운 시야로 바라보게 되므로, 인생의 목적과 방향을 돌이킬 수 있었다. 이런 과정 속에서 내담자는 비로소 자신의 삶의 이야기를 막연한 시간의 흐름 속에 축적된 기억의 파편들이 아니라 한편의 짜여진 이야기 체계로서 인식하게 되는 것이다.

6. 다문화가족 상담 모래상자치료 접근

1) 모래상자치료

모래상자치료란 모래가 담긴 상자에 여러 가지 모형물을 늘어놓아 하나의 작품을 만드는 것으로 모래 두 상자와 다양한 모형물만 있으면 실시할 수 있는 매체치료 양식 중의 하나이다.

(1) 모래상자치료의 역사

모래상자치료란 모래상자(tray)를 이용한 놀이치료 기법이다. 모래상자를 이용한 이 기법은 영국의 소아과 의사인 Lowenfeld에 의해 고안된 아동심리치료 기법이다. 그녀는 Freud의 이론을 아동의 치료에 적용한 Melanie Klein이나 Anna Freud의 공헌을 인정하면서도 이들의 방법에는 문제가 있다고 지적하였다. 즉, Freud의 이론을 아동의 놀이에 지나치게 적용시켜 해석하려고 하였다고 비판하면서 아동의 생각은 성인과 다르기 때문에 전통적인 정신기법을 그대로 놀이에 적용시키면 안 된다고 하였다. 아동은 사고, 감정, 감각, 관념, 기억들이 모두 복잡하게 뒤엉켜 있고, 아동의 사고는 유동적이며, 단계적이 아니라 한꺼번에 서로 얽혀 있다. 또한 아동에게는 감정이 절대적이며 의식의 전체를 지배하고 있고, 아동의 개념은 외부세계(external reality)와 관계없이 형성된다. 따라서 정신분석 방법으로는 아동을 치료할 수 없기 때문에 특별한 방법이 필요하다고 보고, 해석(interpretation)이나 전이(transference)의 과정이 없이도 아동이 자기의 생각과 정서를 쉽게 표현할 수 있는 새로운 매체가 필요하다고 하였다. 그녀는 새로운 매체는 동시에 이루어지는 아동의 사고(simulataneous thinking)를 표현하면서도 사고의 전체를 표현할 수 있어야 하며, 시각뿐만 아니라 촉감과 같은 감각요소를 함께 지닌 도구가 필요하다고 보았다. 이런 도구로 개발한 것이 바로 'The world' 기법이며 'The world technique'이라고도 부른다. Dora Kalff(1966; 1961)는 Lowenfeld의 'World

Technique'과 Jung의 분석심리학을 접목시켜 이 기법을 크게 발전시켰다. 그러나 Kalff는 Lowenfeld와는 달리 치료자와 환자의 관계를 중요시하였다. 치료자와 환자 사이에는 '모자의 일체성'의 관계가 이루어져야 하며 이러한 관계가 이루어지면 환자 자신이 자기치유력을 발휘하기 시작하여 전체성의 상징, 즉 Jung이 말하는 자기(self)의 상징이 생겨나기 시작한다는 것이다. 이 상징의 의미는 구태여 해석하지 않아도 치료가 가능하며 특히 아동의 경우에는 아무런 해석도 필요하지 않다고 보았다.

(2) 모래상자치료의 특징

- 모래상자치료는 비언어적 문제점을 표현하게 한다.
- 모래상자치료는 독특한 운동감각적 성질을 가지고 있다.
- 모래상자치료는 내담자를 위한 치료적 거리감을 제공해 준다.
- 모래상자치료가 제공하는 치료적 거리는 해방감이 생기는 안전한 장소를 만든다.
- 가족 모래상자치료는 모든 경험을 포함한다.
- 모래상자치료는 아동에게 자연스런 경계선과 제한을 제공하며, 안전성을 장려한다.
- 모래상자치료는 내담자의 저항을 극복하는 데 있어서 효과적이다.
- 모래상자치료는 낮은 언어능력을 가진 아동이나 가족에게 필요한 효과적인 의사소통이다.
- 모래상자치료를 통해 방어수단으로 이용되는 언어적 표현의 이면을 엿볼 수 있다.
- 모래상자치료는 아동이나 가족에게 통제력을 경험하기 위한 장을 제공한다.
- 전이의 문제는 모래놀이를 통해 효과적으로 제기될 수 있을 것이다.

(3) 모래상자치료실의 구성

모래상자치료실은 신비하고 독특한 느낌을 주는 것도 좋고, 치료자의 개인 취향에 따라 꾸미는 것도 좋다. 모래상자치료실의 배치는 상담실의 일부분만을 차지하기도 하며, 분리되어 있기도 하다. 모래상자치료실은 수집한 모형물을 진열하고, 새로운 놀잇감(figure)들을 배치하게 충분한 선반을 갖춘 넓은 공간에 꾸미는 것이 이상적이다.

모래놀이실에는 약 50×70×10(cm)의 크기를 가진 2개의 모래상자를 구비해야 한다. 각각에 모래를 절반 정도 채워놓고, 가능하다면 바퀴가 달린 받침대 위에 올려놓는 것이 좋다. 한 개의 상자에는 마른 모래를, 다른 상자에는 젖은 모래를 담아놓는 것이 좋다. 상자의 바닥은 파란 색의 방수페인트를 칠해야 한다. 모래는 반드시 소독하여 미생물이 서식하는 것을 방지해야 한다. 모래는 비교적 오래 사용할 수 있지만 적어도 세 달에 한 번씩은 바꿔주어야 한다. 약간 거친 느낌을 주는 것에서부터 아주 고운 느낌을 주는 모래까지 선택할 수 있지만 자연색을 띤 것이 바람직하다. 상자의 위치는 시각적으로 편하게 볼 수 있도록 허리 높이에 두는 것이 좋다. 마른 모래상자와 젖은 모래상자를 함께 제시할 것을 권하며 모래의 종류도 은모래나 갈색 모래, 그 밖의 다양한 질감과 색깔의 모래를 첨가할 수 있다.

소품(figure)은 모래상자 안에 꾸밀 도구로 실제 모형의 축소판들을 나타내는 상징물이 사용되는데, 이는 내담자의 내면을 묘사하기 위해 가능한 한 선택의 폭이 넓게 제공해 주는 것이 좋다. 모형물은 일상생활과 상상을 나타낼 수 있는 모든 것들을 분류시켜 놓는 것이 바람직하다. 소품은 내담자의 삶을 다양하게 표현할 수 있도록 주변 세계를 상징하는 크기가 다양한 종류들이 준비되어야 한다. 아동의 감정, 정서, 상황을 표현하는 데 사용될 수 있는 것이라면 어느 것이라도 사용될 수 있다.

(4) 소품의 종류

소품(figure)의 종류는 다음과 같다.

① **사람** : 가족, 종교적 인물들, 직업을 상징하는 사람들, 움직임을 나타내는 사람들, 피부색이 다양한 사람들, 신화적 인물, 원시인에서부터 문화가 다른 사람들 등

② **동물** : 가축, 맹수, 암수와 어미와 새끼를 나타낼 수 있는 동물, 알을 상징할 수 있는 것, 조류, 바다생물, 사라진 동물이나 전설적인 동물들, 곤충, 파충류 등

③ **식물** : 나무(산 것과 죽은 것, 열매가 달린 나무, 활엽수, 침엽수 등), 새싹, 낙엽, 꽃, 잔디 등

④ **탈것** : 각종 자동차, 기차, 비행기, 로켓트, 배, 가마, 말 등

⑤ **무기** : 탱크, 군함, 대포, 총, 활, 각종 무기류 등

⑥ **자연물** : 돌, 조개, 나뭇잎, 풀잎, 나뭇가시 등

⑦ **구조물** : 다양한 모양의 집, 집의 내부를 꾸밀 수 있는 가구나 각종 소품, 울타리, 다리, 건물, 터널, 깃발, 교통표시판, 길 안내판, 병원, 학교, 교회 건물, 주유소 세트, 비행장 등

⑧ **만화영화의 주인공들** : 아이들에게 인기가 있는 만화나 그림책의 등장인물들, 로봇 등

⑨ **일기를 나타낼 수 있는 입체 구조물** : 해, 구름, 달, 번개 등

⑩ **종교적 상징물들** : 교회, 탑, 종교적 인물상 등

⑪ 기타 무대장치, 솜, 다양한 종이나 헝겊, 악기, 화분, 삽 등

⑫ **물** : 물은 모래놀이에서 필수적인 것 중 하나로, 모래를 촉촉하게 만들거나, 뒷마무리를 할 때 필요하다. 아동이 물을 흘리고 싶어 한다면 마음껏 흘리게 해주는 것이 바람직하다. 물을 사용하면 옷에 물이 묻거나 지저분해질 수 있다. 아동에게 지저분하게 물을 흘렸을 때 빠르게 청소하는 법을 가르쳐 줄 수도 있다.

⑬ **카메라** : 사진을 찍을 때 아동에게 사진을 찍는 이유와 좋은 점에 대해서 설명해 주는 것이 좋다. 그리고 줄 것과 상담자가 갖고 있어야 할 것을 미리 설명해 주어야 한다. 아동과 부모 모두에게 동의서를 받는 것이 좋다. 사진은 종결과정을 위한 긍정적인 효과를 거둘 수 있다.

(5) 소품(Figure)을 활용한 모래상자치료

아동의 경우 놀이는 주위를 탐색하고 경험하는 방법으로 생각할 수 있으며, 놀이를 통하여 갈등과 곤란을 처리하는 기술을 배우며 숙련시키게 애쓴다. Axline(1987)에 의하면 놀이는 자연스러운 자기표현의 매체로 놀이를 통해 아동은 긴장 및 좌절, 불안, 공격, 두려움, 혼란 등을 발산할 수 있는 기회를 갖는다고 하였다. 수줍어하는 아동이 불안함을 느낄 때 놀이를 통해 자연스럽게 해소시킬 수 있으며 인형놀이를 통해 두려운 감정을 표출하고 편안하게 느끼며 자연스럽게 의사전달을 할 수 있다.

매체활용 놀이기법은 독자적인 치료이론이나 방법론이 따로 있는 것은 아니다. 다만 이를 사용하는 치료자가 자신의 이론적 배경에서 인형을 활용함으로써 진단과 치료의 정보를 얻을 수 있다. 심리치료에 인형을 사용한 역사는 오래되었지만 대부분 아동치료에 국한되어 왔다. 그것은 아동이 인형을 갖고 노는 데 익숙해져 있으며, 따라서 인형에 대해서 자연스럽게 흥미를 보이기 때문이다. 아동은 인형을 갖고 놀면서 쉽게 인형과 자기 자신을 동일시하여, 인형을 통해 자신의 욕구나 감정을 표현한다. 이때 아동은 자신의 욕구나 감정을 인형에 투사하고서 인형을 때리거나 미워하기도 하며, 다른 인물의 대치물로 간주하고 그 인물에 대한 감정을 인형을 상대로 풀기도 한다. 소품은 아동이 자발적이고 능동적으로 참여하도록 촉진시키는 기능을 갖고 있다. 소품을 활용한 놀이는 자발성을 촉진시키는 기능 때문에 긴장하는 내담자들 사이에서 많이 활용되고 있으며 일반적인 방어능력을 가지고 있으면서 자아통제력이 약한 사람에게 유용한 방법이다. 언어적인 소통을 어려워하는 내담자에게 인형을 가지고 놀이를 하도록 초대하면 즐겁게 반응한다.

언어능력이 제한된 내담자의 경우에도 소품이라는 대리물을 통해 자신의 감정이나 생각을 투사하게 함으로써 즐거움을 느낄 수 있다. 최근에는 아동뿐 아니라 성인의 치료에도 소품을 많이 활용한다. 성인의 경우는 인형을 다루거나 인형을 상대로 감정표현을 하는 것에 대해서 어색하게 느끼지만 성인에게도 아동기의 기억이 남아 있기 때문에 분위기가 형성되면 쉽게 소품작업에 몰입할 수 있다. 특히 성인들의 어린 시절 이야기를 다룰 때는 인형이 매우 유용한 도구가 될 수 있다.

2) 다문화가족 아동의 모래상자치료 사례

모래상자치료는 내담자의 정서를 다루는 데 효과적으로 사용될 수 있으며 자유롭고 한정된 모래상자의 공간 안에서 내적 조화와 균형을 이루는 경험을 통해 내담자 스스로 문제를 해결하고 회복할 수 있다. Neumann의 자아발달 단계에 따라 도입에서는 동식물 단계, 전개에서는 투쟁단계, 종결에서는 적응단계로 구분할 수 있다. 첫째, 자아표현이 동식물의 피겨를 사용한 그림으로 표현된 단계이다. 둘째, 지속적인 반복되는 혼란, 갈등과 싸움을 표현한 단계이다. 셋째, 환경과 조직의 구성원으로서의 자신을 스스로 인정하고 적응하는 단계이다.

(1) 동식물 단계(1~2회기)

1회기는 자동차 경주를 하다가 사고 난 자동차와 이긴 자동차, 2회기는 상어를 피해 도망가는 사람들이다. 내담 아동은 현재 친구 관계에서 문제를 겪고 있고, 이를 이기는 사람, 피하고 도망가는 사람으로 표현하였으며, 불안정한 것으로 보인다.

1회기		• 제목 : 자동차 경주를 하다가 사고 난 자동차와 이긴 자동차 • 이야기 : 자동차 5대가 경주하는데 상자 위 2대의 차는 출발할 때 넘어지고, 상자 아래 2대의 차는 모래에 박히었으며, 빨간 차는 집중력이 높고 스피드가 좋아 이겼다. 계절은 봄, 날씨는 맑고 분위기는 좋다.
2회기	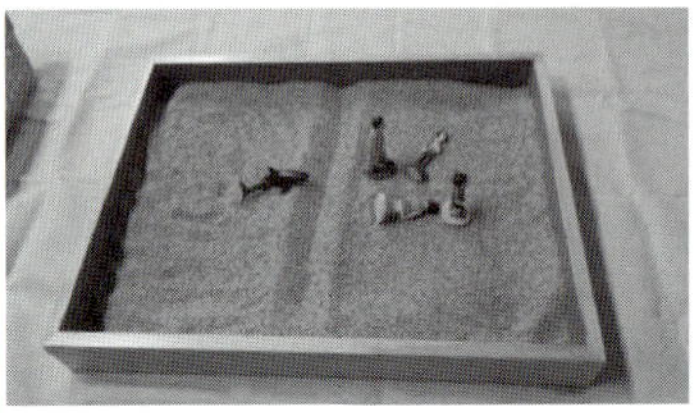	• 제목 : 상어를 피해 도망가는 사람들 • 이야기 : 모래밭에서 사람들이 놀고 있는데 바다에 상어가 나와 사람들이 도망가면서 다치고, 3명이 잡아먹히었으며, 남자아이는 다리가 빨라 도망칠 수 있었다.

(2) 투쟁단계(3~15회기)

3회기 경기장에서 자신은 경주를 관중석에서 구경하여 관망하는 태도를 보이다가 4회기는 5.18 민주화 운동이며, 5회기 6.25 전쟁 패러디에서는 휴전선인 다리에서 새로운 연결이 형성되면서 다리를 건너 싸움이 일어난다. 6회기는 프랑스 1회 자동차 경주, 7회기는 세계 버전, 8회기는 추억 속 축구, 9회기는 함정 경주, 10회기는 동물들의 결투이다. 11회기 도둑의 습격 1편은 게임형태의 모래상자로 공격자에 관한 것이 아니라 위험으로부터의 싸움을 표현한 것으로 보인다. 12회기는 되찾은 트로피, 13회기는 올림픽 축구 1부, 14회기는 올림픽 축구경기 2부이다. 15회기 마리오들의 한판 승부는 게임형태로 투쟁하면서 일방적인 승리가 아닌 균형 잡힌 경기로 통합하려는 정신의 무의식적인 시도로 보여진다.

4회기	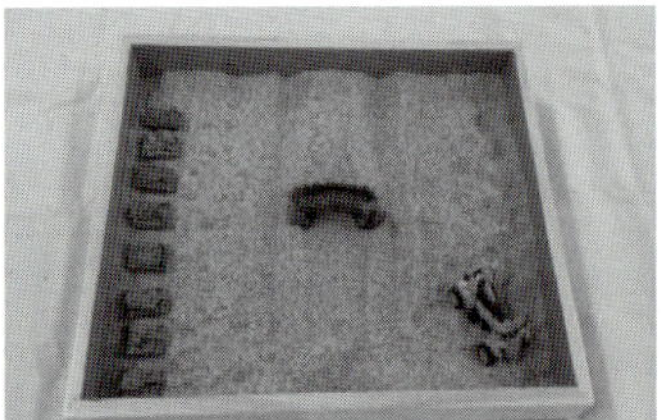	• 제목 : 5.18 민주화 운동 • 이야기 : 5.18 민주화 운동이고 분위기는 아주 치열하다. 광주시민들이 민주화 운동을 하는데 군인들이 눈치 채고 시민들을 막으러 가서 시민들이 패배하였다. 하지만 나중에 시민들의 마음을 알고 민주화를 발전시켰다.

5회기		• 제목 : 6.25 전쟁 패러디 • 이야기 : 우리나라는 38선이고 6.25 전쟁으로 오른쪽은 남한, 왼쪽은 북한으로 북한이 승리하고 남한이 패배했다가 전투기가 와서 공격하여 무승부가 되었다.
8회기		• 제목 : 추억 속 축구 • 이야기 : 짱구와 마리오를 움직이며 축구공을 쳐서 골대에 넣었다. 최강팀이라 막강하고 분위기는 치열하다. 짱구가 3골, 마리오가 1골 넣어 3:1, 전반전에 5:1로 짱구팀이 승리하였다. 후반전에 9:2로 짱구팀이 승리하였다.
11회기		• 제목 : 도둑의 습격 1편 • 이야기 : 트로피를 가진 구미호 팀 집에 도둑이 트로피를 가져갔다. 동물들이 트로피를 되찾기 위해 도둑을 쫓아갔다. 도둑이 유럽, 아프리카, 아시아로 도망다녔다. 도둑이 발차기 필살기로 동물들을 쳐서 도망다녔다. 마지막으로 북아메리카 미국으로 도망가고 동물들은 도둑의 발차기로 기절한 상태여서 아직 도둑을 쫓아오지 못한다.

셋째, 적응단계(16회기) : 마리오의 재도전은 슈퍼마리오에서 떨어져 다음 대회에 다시 도전하여 슈퍼마리오가 되어 능력을 부여받은 것을 볼 때 투쟁에서 점차 적응이 시작되려는 시기로 보인다. 내담자는 친구들에게 기분이 상하면 상담 초기에는 바로 화를 내었는데 상담 종결에는 화를 내지 않고 대화로 풀려고 노력하는 모습이 보였다.

16회기	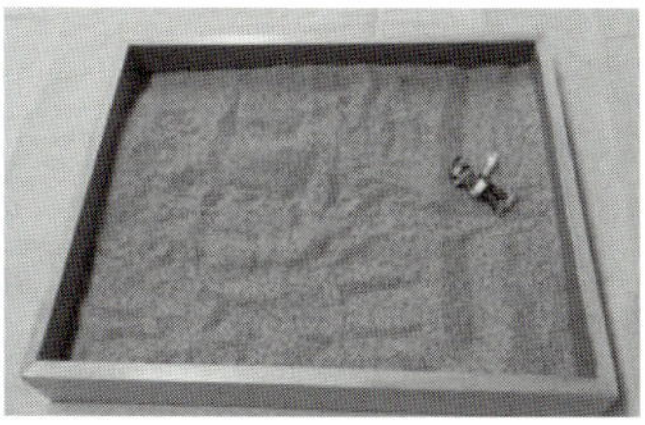	• 제목: 마리오의 재도전 • 이야기 : 초록색 마리오는 점프를 하며 신나하고 슈퍼마리오가 되지 못한 빨간색 마리오는 초록색 마리오를 부러워하며 서운해했다. 다음번에 슈퍼마리오 대회가 열릴 때 이기면 된다고 초록색 마리오가 말해주었다. 제2회 슈퍼마리오 대회가 열려 연습하여 대회에 나가 3단계 장애물을 넘어 결승선에 들어와 슈퍼마리오가 되었다. 나중에 초록색 마리오와 빨간색 마리오는 친하게 지내게 되었다.

7. 다문화가족 상담 독서치료 접근

1) 다문화 독서치료의 의의

현재 한국 사회는 세계화에 따른 영향으로 국제적인 인적교류의 현상이 두드러지고 있다. 특히 결혼 이주여성과 이주 노동자의 증가로 다민족, 다인종의 구성원들이 증가하고 학령기의 다문화가정의 자녀 수도 지속적으로 증가하고 있다.

이처럼 증가하는 수적 추세에도 불구하고 그들은 다양한 적응상의 어려움을 겪는다. 결혼 이주여성이 있는 가정의 자녀의 경우, 외국인 어머니로부터 양육되는 상황에서 언어발달의 지연이나 학업 성취도가 낮은 문제를 지닐 가능성이 많은 것이다. 또한 사회적 편견으로 인해 학교와 환경에서 소외감을 느끼며 친구관계에도 어려움을 많이 겪는 것으로 나타났다(최윤희·김순자, 2011). 이러한 현실을 볼 때 다문화가정의 학업을 포함한 학교적응을 위해서는 아동의 언어발달이 주요한 요건이라는 것을 알 수 있다. 특히 초등학생 때 학습의 기본인 언어능력을 잘 갖추어야 하는 것이 기본 조건이라는 것을 알 수 있다.

언어는 타인과 의사소통을 위한 기본적인 요소이다. 지식을 습득하고 정서를 표현하는 수단이기도 하다. 인간의 언어발달은 유아기에 그 토대가 완성이 된다. 특히 유아기에 부모와의 일상적 상호작용은 모국어 발달에 결정적이다. 다문화가정의 경우 이중언어를 사용하는 경우가 많기도 하고 부모의 언어구사 능력이 부족한 경우 아동의 언어능력발달에도 영향을 끼칠 수 있다.

다문화가정의 언어능력을 높이는 방법으로는 독서교육을 들 수 있다. 독서는 언어의 영역인 듣고 말하기, 읽고 쓰기의 영역과 연결되는 것이다. 아울러 다문화 교육의 내용을 적절히 담고 있는 내용을 통해 독서상담이 이루어진다면 정서적인 면과 학습적인 면을 동시에 교육할 수 있는 좋은 방법이 될 수 있다고 본다.

이미 해외에서는 공공도서관 등을 통해 다중언어 자료와 관련 프로그램을 제공하는 한편 모국과 정착국가에 대한 정보를 제공하고 있다고 한다. 독일이나 핀란드, 미국, 캐나다 등 많은 나라에서 가족 단위와 개별 아동들을 대상으로 다양한 문화를 알 수 있도록 주로 '독서'와 관련된 활동을 진행하고 있는 것이 특징이다(정인혜, 2018).

우리나라에서도 한윤옥, 김수경, 조미아 등(2009)의 연구에서 보면 공공도서관에서 '이야기 들려주기', '동화 구연' 등의 방법을 통해 한국어를 익히도록 하는 행사 위주로 진행되고 있다고 하였다. 다문화가족을 대상으로 하는 독서 프로그램에 대해서는 연구자들이 각기 다양한 사람들을 대상으로 다문화수용성이나 자존감, 독서태도 등에 대해 긍정적인 영향이 있었음을 보고하고 있다. 이민정과 이영선(2017)은 그림책을 활용하여 결혼 이주여성을 대상으로 독서치료 프로그램을 실시하였다. 독서치료 프로그램 실시 후 연구대상 결혼이주 여성들의 자아존중감, 사회적 유능감 등이 유의미하게 성장하였다고 하였다. 권선영(2011)은 그림책을 활용하여 10차시의 독서치료활동을 실시하였는데 모두 학생들의 자아존중감이나 공감능력에 긍정적인 결과를 제시하였다.

2) 독서치료란 무엇인가

독서치료(bibliotherapy)란 책 읽는 사람으로 하여금 개인적 문제를 다루도록 도와주려는 목적으로 책을 나누는 것을 말한다. 인간의 전체적인 발달에 영향을 미치기 위해 책을 사용하는 것으로서, 이것은 인성 평가, 적응, 성장, 정신위생을 위해 사용되는 책과 독자 간의 상호작용 과정을 말한다. 대상은 사회·정서적 기능에 문제가 있는 '내담자'이다. 정신건강적인, 혹은 발달적 요구를 갖고 있는 아동이 대상인 경우가 많다.

(1) 독서치료의 유형

독서치료는 발달적 독서치료와 임상적 독서치료로 나누어 볼 수 있다. 발달적 독서치료는 생의 과업을 정상적으로 수행하기 위해 책을 사용하는 것으로, 발달을 강조하는 목표를 설정한다. 임상적 독서치료는 정서적 또는 행동적으로 심한 문제를 가지고 있는 사람을 돕기 위한 개입 양식이다.

(2) 독서치료의 목적

① 통찰력과 자기이해

자기 자신을 더 잘 이해하고 인간의 행동을 이해하며 타인의 관심사를 발견할 기회를 제공하고, 독서 중 갖게 된 느낌을 정확히 알도록 돕는 통찰력을 발달시킨다. 또한 독서 중 생긴 정서가 자기가 알고 있는 지식을 통합시켜 주고, 인간 행동에 대한 심리학적 지식, 자신과 같은 문제를 갖고 있는 사람들의 기본 동기에 대한 이해, 자신의 행동에 의해 제기된 어려움들을 밝힌다.

'적절한 시기에 주어지는 최적의 이야기'는 읽는 사람의 내부에 숨어있지만 아픔을 가져다준 은밀한 상처나 분노, 욕구를 이야기 속에 나온 인물들의 행동을 통해 발견하여 자기이해의 과정으로 이끈다.

② 카타르시스

읽고 있는 책의 등장인물들의 감정을 경험함으로써 일어나는 정서적 또는 심리적 긴장의 이완이다. 정서적 긴장을 방출함으로써 치료를 돕는다. 책에 의해 생긴 정서는 아동이 대처하기에 더 쉽고 성인이 도와주기에 더 쉽다. 그것은 아동이 겪는 다른 자생적인 정서보다 더 예측 가능하고 통제하기가 쉽기 때문이다.

③ 문제해결

이야기 속에서 등장인물들의 행동을 통해 다양한 해결책을 통찰함으로써 문제해경의 방법을 선택할 수 있다. 독자가 혼자서는 생각하지 못했던 문제에 대한 해결책을 제시하거나 그 해결책들에 대한 결과를 예측해 볼 수 있도록 한다.

④ 타인과의 상호작용 방식에 있어서의 변화

등장인물과의 동일시를 통해 정서적 이완, 삶에 대한 새로운 방향 조망, 새로운 상호작용 방식의 조정이 가능하고 타인과의 효율적이고 만족스러운 관계를 형성한다. 내가 겪는 심리적 문제가 나만의 것이 아님을 알고 문제를 대하는 방식을 유연하게 사고하며 심리적 위안을 얻는 것도 중요한 치료의 단계이다.

(3) 독서치료의 절차 수립

독서치료를 시행하기 전 치료자는 우선 독서치료 프로그램을 계획할 수 있어야 하며 다음으로 독서치료의 절차를 단계적으로 체계화할 수 있어야 한다.

① 독서치료에 참가하는 대상

참여자의 세 가지 특징을 미리 정의하여야 한다. 먼저 그 프로그램이 수용하여 치료할 수 있는 사회·정서적 스트레스와 혼란의 정도, 그리고 프로그램에 참여할 수 있는 연령 범위, 마지막으로 프로그램에 대한 흥미가 그것이다. 참여자의 연령은 읽기 능력, 다루는 주제에 관한 성숙 정도, 사용할 매체를 다루어 본 경험의 정도와 밀접한 관련이 있다.

심각한 사회·정서적 문제를 가진 사람은 불안정할 뿐 아니라 집단형성에도 어려움을 가지고 있다. 이러한 사람을 대상으로 독서치료 프로그램을 계획할 때는 정신건강 전문가의 확실한 지원을 받아야 할 것이다. 독서치료는 내담자가 매체에 흥미를 가질 때 치료가 강화되므로 내담자 사이에 흥미의 차이를 고려하는 일은 중요하다.

② 프로그램의 목적 수립

독서치료를 계획할 때는 목표에 따라 치료 계획과 활동을 골라 어린이의 이해를 돕도록 해야 한다. 예를 들어, 참여자가 심각한 문제를 가지고 있는 경우에 그들을 치료하는 과정에서 격렬한 정서적 반응을 유도하기 위한 프로그램을 시도한다면, 정신건강 전문가와 함께 프로그램을 계획하고 지도하게 하는 것이 현명하다.

프로그램의 목표와 참여 대상자에 따라 그 프로그램이 발달적 독서치료를 위한 것인지 임상적인 독서치료를 위한 것인지를 결정한 후, 함께 프로그램을 계획하고, 수행하고, 평가할 수 있는 정신건강전문가와 협력을 결정할 수 있다.

㉠ 발달적 독서치료

치료자들은 발달심리학과 심리학에 대한 훈련을 받은 사람이어야 한다. 또한 치료자는 특정 주제에 대한 도서나 교재에 대해 전문적 지식과 함께 치료의 목표와 대상에 따라 적절하면서도 다양한 자료를 제공해 줄 수 있는 기술을 갖고 있어야 한다.

㉡ 임상적 독서치료

임상적 프로그램을 계획할 때는 내담자의 정신치료와 맥을 같이 해야 하므로 정신건강 전문가의 참여가 필요하다. 이런 전문가는 내담자가 가장 힘들어하는 문제를 변별하는 기술을 가지고 있어서 그들이 스스로 문제를 풀어나가거나 자신의 문제를 직면하도록 도울 수 있다.

(4) 자료의 선정

독서치료자들은 내담자를 위한 적절한 책과 영화 등의 매체를 선정하는 능력을 가지고 있어야 한다. 독서치료를 위한 도서를 제대로 선정하기 위해서는 주제와 플롯, 성격묘사, 문체 등 책이 갖고 있는 특성에 관계된 포괄적 조사를 해야 하고, 영화나 비디오 등과 같은 영상 매체를 선정하기 위해서는 영상이 가지는 함축적인 시각적 이미지에 대한 신중한 조사가 필요하다. 자신의 경험이나 선행 지식 등을 활용해 글을 이해하고 추리하는 과정이 제대로 이루어져야 가치화, 내면화 등의 정서적 반응을 기대할 수 있다는 점에서 이는 독서 치료과정에서 중요하게 다루어져야 할 단계라 할 수 있다. 내담자의 흥미를 고조시킬 수 있는 적합한 책이나 영화를 선정하는 과정으로서, Pardeck & Pardeck(1986)은 특히 유아를 위한 책 선정 기준을 목록화한 바 있다. 특히 임상적 독서치료사들은 아동이 직면한 문제에 대한 정보를 제공하고 아동 자신의 상황을 고려하여 유용하게 보이는 문제에 대한 시각을 제공하며 그 문제에 대한 자신의 이해보다 약간 세련된 조망을 갖추어 줄 만한 자료를 선택한다.

(5) 자료제시

선정된 책을 아동 각자 읽기도 하고 큰 소리로 읽어주기도 하며 질문, 극화 과정이 포함되기도 한다. 이 과정에서 아동은 등장인물과 자신의 유사점을 발견하거나 책을 통해 느끼는 정서적 반응을 자세히 이야기하게 된다. 또한 등장인물이 직면한 문제, 문제해결을 위해 등장인물이 택한 방법을 분석해 보게 된다.

심각한 문제에 대해 지나치게 가벼운 책을 처방함으로써 실패할 수 있다. 이야기 속의 단순화된 해결책으로는 아동의 실제 문제해결에 도움이 안 될 수도 있고, 아동이 책 속의 해결책을 제대로 이해하지 못하는 경우도 있다. 그 결과 아동이 좌절하여 문제해결을 하고자 하는 의지가 꺾이기도 한다. 그러므로 이런 실패를 줄이기 위해서는 독서치료에 앞서 아동이 갖고 있는 문제의 심각성을 평가하고 그 밖의 상황을 검토해야 아동이 책이 주는 해결책을 통해 좀 더 성공적으로 적응할 수 있게 된다.

〈표 6-2〉 독서치료 선정 기준

구 분	바람직한 자료	바람직하지 않은 자료
주 제	• 보편적인 경험과 정서 • 영향력 있는 주제 • 이해할 수 있는 주제 • 긍정적인 주제	• 사적인 경험이나 정서 • 진부한 주제 • 모호한 주제 • 부정적인 주제
문 체	• 연속성이 강한 리듬	• 불연속적인 리듬
	• 뚜렷한 이미지 • 구체적인 이미지	• 진부한 이미지 • 추상적인 이미지
	• 쉽고 정확한 어휘 • 명확하고 간결한 언어	• 어렵고 고리타분한 어휘 • 모호한 언어
	• 적당한 길이 • 간결하고 명확한 문장	• 긴 문장 • 산만한 언어

출처 : 김현희 외(2004). 독서치료의 실제.

그러나 내담자의 아픈 기억과 경험을 너무 자세히 보여주는 이야기는 상처가 될 수 있다. 문제에 대한 직접적 언급보다는 문제를 은유적으로 다루는 자료를 선택한다. 이는 강한 정서적 반응이나 고통스런 인상 때문에 내담자가 문제해결을 포기할 수 있다. 전문가는 이와 관련한 내담자의 고통에 민감해야 하고 정서적 충격을 인식하고 다룰 수 있는 전략을 가르칠 수 있어야 한다.

(6) 독서치료의 활동 계획

독서치료과정에서 진행되는 모든 활동을 계획할 때는 먼저 그 활동들이 프로그램의 목적에 적합한가를 고려해야 한다. 다음으로 활동을 하는 데 필요한 발달 수준을 고려해야 한다. 활동들은 프로그램 참여자들의 연령에 적절하여 참여자가 적극적으로 참여할 수 있을 만큼 흥미진진하여야 한다. 참여자들의 발달 수준이 활동참여에 적절한지를 사전에 평가할 필요가 있다는 것이다.

(7) 독서치료의 일반활동

독서치료자는 다양한 자료를 이용하여 많은 활동을 할 수 있는데, 초기 과정에서 이루어질 수 있는 활동으로 문장완성검사 중 문항을 선택하여 얘기해 볼 수 있다. 독서치료의 중간단계에서는 모방시를 써 보거나 시 완성하기 등 글쓰기 활동을 많이 활용할 수 있다. 또한 미술활동과 역할놀이나 토의 등 다양한 활동을 하여 자신을 이해하고 행동을 변화시킬 수 있도록 도와줄 수 있다. 독서치료는 아동과 청소년이 일상생활의 문제들을 다루도록 돕는 하나의 방법으로 책을 좋아하는 사람들이 그것을 활용할 수 있게 해준다. 책 속의 인물들은 생활의 딜레마를 정상화시킬 수 있고, 대안적 해결방안을 제공할 수 있다. 독서치료 지도자는 독서의 맥락에서 일어날 수 있는 아동과 청소년의 작은 걱정들을 민감하게 다루어야 하고, 더 심각한 행동을 보일 때, 정신건강전문가로부터 도움을 받아야 한다.

3) 다문화 독서치료를 위한 자료

도서명		서지정보	내 용
방귀차		김준철 글·그림 | 웅진주니어 | 2017년	다문화 아이라는 이유로 마을에서 놀림을 받는 아이의 이야기이다. 검은 피부와 곱슬거리는 머리, 두툼한 입술 등 다른 생김새 때문에 마을에서 소외받는 아이는 마을에 소독차가 다니는 날이면 마냥 신이 난다. 그 순간만큼은 아무도 자신을 놀리지 않기 때문이다. 문화의 정체성을 존중하고 다양성을 인정하는 교육이 필요함을 말하는 책이다.
나 좋은 점 가득		요시모토 유키오 글 마루야마 사토시 그림 김영주 옮김 | 꿈터 | 2016년	다문화가정의 아이들이 직접 쓴 일기를 그림책으로 만나다. 일본에서 살고 있는 다문화가정의 여러 아이들의 일기다. 낯선 곳에서 느끼는 외로움, 가정에 대한 이야기 등은 아이들을 이해하는 것에 큰 도움이 된다. 또한 왼쪽에 아이들을 가르치는 선생님의 짧은 글도 함께 있다. 아이들의 마음과 상황의 이해를 더욱 도와준다. 아이처럼 그려진 그림은 아이들의 감정을 잘 드러나게 하고, 상상력 있게 그려졌다.

스토의 인권 교실		신연호 글 이민혜 그림 | 시공주니어 | 2016년	평소 다문화가정의 아이를 업신여기는 재인이가 글쓰기 대회에서 다문화가정의 아이에게 대표를 빼앗긴다. 화가 난 재인이 앞에 수상한 비행기 한 대가 나타나 재인이를 1860년대 미국의 남부로 데려간다. 그곳에서 재인은 『톰아저씨의 오두막』을 쓰게 될 스토 부인을 만나 흑인 노예의 참혹한 현실을 접하게 된다. 본문이 끝나면 이야기 속에서 만난 주제를 더욱 상세하게 알아보고, 스스로 생각을 정리해 볼 수 있는 '인권의 세계사', '책 속 인물, 책 속 사전', '생각이 자라는 인문학' 코너가 마련되어 있다. 세계사의 인물과 역사 속으로 들어가는 모험을 통해 인권의 의미와 그 소중함을 생각해 보는 이야기이고 인권과 역사에 대한 생각을 키울 수 있다.
마량과 신비한 붓		신정숙 글 리강 그림 송춘남 옮김 | 단비 | 2016년	다문화가정의 엄마와 아이들이 엄마 나라의 옛이야기를 담은 그림책을 함께 보며 엄마 나라의 말과 한국어를 같이 배울 수 있도록 만든 다문화 시리즈이다. 한국말과 엄마 나라 말로 두 언어가 들어 있으며, 각 나라의 사람이 그림을 그렸다.
코코넛 신랑		이혜숙 글 강은하 그림 류티씽 옮김 | 단비 | 2016년	다문화가정의 엄마와 아이들이 엄마 나라의 옛이야기를 담은 그림책을 함께 보며 엄마 나라의 말과 한국어를 같이 배울 수 있도록 만든 다문화 시리즈이다. 한국말과 엄마 나라 말로 두 언어가 들어 있으며, 각 나라의 사람이 그림을 그렸다. 이 책은 베트남 옛이야기로 코코넛을 먹은 할머니에게서 나온 아들 이야기이다.
땅콩 시장에서 행복 찾기		이혜진 글 김효진 그림 | 사계절 | 2016년	다문화가정의 이야기로 우리 사회의 모습을 점검하고 생각하게 한다. 민주의 엄마는 베트남 사람이다. 아이들은 민주를 놀리고, 어른들은 엄마와 같이 다니는 민주를 이상한 눈으로 보았다. 어느 날 민주 엄마는 일일 선생님으로 베트남에 대한 수업을 했다. 베트남에 대해 알게 된 아이들은 오히려 민주를 부러워했다. 다양한 인종이 함께 사는 우리나라에서 우리는 어떤 행동을 해야 할지 생각하게 된다. 문화에 대해 잘 알지 못하여 편견만 가지고 있는 것은 아닌지 생각해 보자.

몽당분교 올림픽		김형진 글 김중석 그림 | 파랑새 | 2016년	다양한 인종으로 구성된 일곱 명 뿐인 산골 작은 초등학교에서 이야기이다. 폐교 직전의 몽당분교와 몽당리 사람들의 이야기를 통해 다름을 이해하고 포용하는 가치를 생각해 본다. 외진 산골 동네 몽당리에 언제부터인가 피부색이 다른 사람들이 하나 둘 모여 든다. 부모가 없는 동자승을 비롯해 새터민, 다문화가정의 사람들이 함께 어울려 살아가는 이야기가 훈훈하다. 다문화가정이 겪어야 하는 아픔과 폐교의 위기에 놓인 산골 학교의 이야기이다.
꼬레아에서 온 아이		이슬인 글 류한창 그림 | 바람의아이들 | 2016년	아르헨티나로 이민을 간 다빈의 이야기이다. 다문화라는 주제를 우리나라에 온 필리핀 아이가 아닌 유럽으로 간 우리나라 아이를 주인공으로 풀어나간 점이 신선하고 흥미롭다. 다빈은 타지의 학교를 다니며 동양인이라는 편견으로 괴롭힘도 당하지만, 다빈을 좋아하는 친구들도 있다. 다빈이 친구들과 겪는 갈등과 화해를 그려내어 아이들은 간접 경험을 통해 성장할 수 있다. 또한 가족의 끈끈한 정과 부모님과 형제간의 사랑을 느낄 수 있는 따스한 이야기가 있다.
빨간 머리 앤		이민숙 글 정 림 그림 | 책고래 | 2016년	까다롭기로 소문난 조세핀 할머니가 앤을 초대하면서 벌어지는 에피소드를 담았다. 단순히 원작을 요약하는 것이 아니라 요즘의 아이들이 공감할 수 있는 이야기로 다시 썼다. 가족을 떠난 앤의 마음에서 일어나는 미묘한 변화를 섬세한 글로 표현해 냈다. 정림 작가의 아름다운 수채화로 재현되는 빨간 머리 앤은 아이들에게 따뜻한 가족애를 느끼게 한다.
베트남에서 온 우리 엄마		신동일 글 윤문영 그림 | 가문비어린이 | 2016년	준호의 엄마는 베트남인이다. 준호 반에는 준호처럼 다문화가정의 어린이가 13명이나 된다. 그러나 한국 부모들은 자신의 자녀들이 다문화가정의 아이들과 함께 공부하는 것에 강한 불만을 가진다. 이러한 불만이 차별로 이어지고, 마침내 서로의 인종에 대해 심한 욕설까지 하고 만다.

필리핀 사람이 어때서	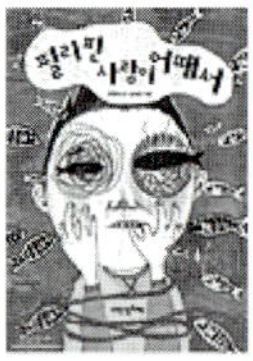	박현숙 글 송혜선 그림 | 내인생의책 | 2016년	민기네 아빠는 필리핀 사람이다. 전 학교에서 다문화라는 이유로 괴롭힘을 당했던 민기는 이번 학교에서는 다문화 아이라는 것을 숨기기로 한다. 엄마를 닮은 민기는 말을 하지 않으면 다문화라는 걸 알 수 없기 때문이다. 민기네 반에 이면수라는 다문화 친구가 새로 전학을 온다. 반의 짱인 홍기는 다문화라는 이유로 이면수를 괴롭힌다. 심지어 민기에게도 동참하라고 강요한다. 이 셋은 각자의 아픈 상처가 있다. 편견에 맞서며 자신을 찾아가는 세 어린이의 성장 이야기이다.
우리 엄마는 응우웬티기에우 짱		신채연 글 김미정 그림 | 노란돼지 | 2015년	다문화가정의 아이의 이야기를 담은 저학년 창작동화이다. 3학년 민재의 엄마는 베트남사람이다. 그래서 응우웬티기에우짱이라는 긴 이름을 가지고 있다. 민재는 엄마의 긴 이름 때문에 학교에서 놀림을 받는다. 그 다음부터는 무엇을 하든 차별과 놀림을 받을까 봐 엄마의 이름을 숨기고 싶다.
벌집이 너무 좁아!		안드레스 피 안드레우 글 킴 아마테 그림 유 아가다 옮김 | 고래이야기 | 2015년	어느 날 꿀벌들이 회의를 한다. 벌들이 살고 있는 벌집이 비좁아졌기 때문이다. 조사관 꿀벌들이 조사했더니 벌집에 외계 꿀벌 한 마리가 더 있다는 것이었다. 모든 꿀벌들은 외계에서 온 꿀벌이 위험할 거라고 걱정했다. 논의와 회의를 거듭하던 중에 여왕벌이 멋진 결론을 내어 주었다. 그 결론은 무엇일까? 더불어 사는 일, 나와 다른 문화와 공동체 사회에 대해 한 번 생각해 보게 하는 그림책이다.
미켈란젤로 아저씨네 공작실		김하은 글 홍정선 그림 김 신 도움글 | 주니어김영사 | 2015년	다문화가정의 아이 데이빗은 늘 자신의 까만 피부와 필리핀 엄마를 놀리는 정우 때문에 학교 생활이 그리 편치 않다. 정우의 놀림에 화가 나지만 주먹을 불끈 쥐며 겨우 화를 참으며 생활한다. 그런 데이빗의 마음도 몰라주는 엄마 때문에 데이빗은 더욱 화가 난다. 그러던 어느 날 우연히 골목길에서 미켈란젤로 아저씨네 공작실을 발견하고 자신을 사랑하고 열정이 넘치는 아저씨의 모습을 보며 조금씩 마음의 문을 연다. 아저씨와 커다란 어린왕자 인형을 만들며 자신의 정체성을 찾아가는 데이빗의 모습은 다문화가정 어린이들에게 깊은 공감을 불러일으킬 것이며 우리 아이들에게 다문화가정 친구를 이해하는 좋은 계기도 마련해 줄 것이다. 또한 남을 배려하고 자신을 사랑하는 것이 얼마나 소중한지도 생각하게 한다.

<table>
<tr><td>우리도 철학이
필요해</td><td>
</td><td>김병규 글
조신애 그림
| 좋은꿈 |
2015년</td><td>철학은 우리 주변의 모든 것을 스스로 보고 느끼고 생각하는 힘에서 출발한다. 그리고 그 물음에 답을 찾아가는 방법이기도 하다. 우리가 주변에서 접하게 되는 주제를 쉽고 재미있는 동화에 담아 스스로 생각하는 힘을 키울 수 있도록 도와주는 책이다. 이 책은 총 4개의 장으로 구성되어 있으며 각 장마다 4~5편의 주제가 담긴 이야기가 실려 있다.</td></tr>
<tr><td>세계의
시장여행!</td><td>
</td><td>테드 르윈 글·그림
이선오 옮김
| 북비 |
2014년</td><td>여러 나라의 전통시장 여행으로 도시 고유의 문화를 알려준다. 칼데콧 수상작가 테드 르윈이 세계문화유산 도시의 전통시장을 보여준다. 남아메리카, 중앙아프리카, 미국 등 여러 전통시장의 특징을 알 수 있다. 작가는 시장 구석구석을 생동감 있는 글로 전해준다. 사진을 보는 듯한 사실적인 그림도 생동감을 나타내는 데 한몫하고 있다. 다른 나라의 전통시장을 보며 고유한 문화를 알 수 있다. 하지만 한편으로는 우리와 사는 것이 비슷하다는 느낌도 든다. 아이들이 책 한 권으로 세계의 시장을 둘러볼 수 있다.</td></tr>
<tr><td>다문화 속담
여행</td><td>
</td><td>유네스코 아시아태평양
국제이해교육원 기획
김영순 그림
| 대교출판 |
2011년</td><td>다양한 아시아 국가의 속담을 통해 그 나라의 문화에 대해 알려주는 인문교양서이다. 우리나라의 속담들을 살펴보면 조상들의 정신이나 한국인만의 정서를 알 수 있다. 이와 같이 아시아의 다른 나라들도 저마다의 속담을 가지고 있는데, 그 안에는 그들만의 문화가 담겨 있다. 우즈베키스탄, 인도, 태국, 베트남, 필리핀, 중국, 몽골, 일본, 이렇게 여덟 나라의 속담이 소개된다. 한국의 속담과 비교해 보며 비슷한 것은 무엇인지 함께 찾아보는 재미가 있다. 또한 각 국가마다의 속담을 서로 비교해 보고 문화적 유사성과 차이점을 찾아보는 것도 이 책을 읽는 방법 중 하나이다.</td></tr>
<tr><td>곤니치와 일본
낫토와 비빔밥</td><td>
</td><td>전국다문화가족사업
지원단 공동기획
타가미 요코·이대연 글
전혜주 그림
| 한솔수북 |
2009년</td><td>우리 이웃을 바라보는 편견 없는 시선을 일깨우는 '열린 마음 다문화' 시리즈. 가깝고도 먼 나라, 일본에 대한 재미있고 알찬 정보를 동화에 담았다. 아빠는 한국 사람이고 엄마는 일본 사람인 태랑이와 일본 사람은 나쁘다는 편견을 가지고 있는 윤호 사이에 벌어지는 일을 흥미진진하게 보여 준다. 축구를 하던 중에 태랑이와 윤호가 머리를 부딪친 일을 계기로 몸이 뒤바뀐 채 서로의 집에서 지내며 상대방을 깊이 이해하는 과정이 생생하게 펼쳐진다.</td></tr>
</table>

니 하오 중국 쿵푸 소년 장비		전국다문화가족사업 지원단 공동기획 손요 글 김지민 그림 ｜한솔수북｜ 2009년	오래 전부터 우리나라와 깊은 관계를 맺어 온 중국의 문화와 역사, 생활 모습을 소개한다. 정혁이는 엄마가 중국 사람이고 중국에서 살다 왔다는 전학생 대호가 마음에 들지 않는다. 연극 '삼국지'에서 정혁이가 관우를, 대호가 장비를 맡았다는 소식에 불만은 더욱 커져가지만 연극반 선생님이 주신 제갈공명 인형의 안내로 중국을 여행하고, 같은 반 선화의 비밀을 알게 되면서 서서히 중국을 이해하기 시작한다. 이야기 중간마다 실린 중국 역사, 음식, 조선족, 신화, 중국어 이야기 등 다양한 정보를 통해 이웃 나라 중국을 좀 더 가까이 느끼게 된다.
마부하이 필리핀 우정의 섬 일로일로		전국다문화가족사업 지원단 공동기획 송혜진·이대연 글 홍자희 그림 ｜한솔수북｜ 2009년	우리 이웃을 바라보는 편견 없는 시선을 일깨우는 '열린 마음 다문화' 시리즈이다. 필리핀에 대한 재미있고 알찬 정보를 동화에 담았다. 작은 오해로 사이가 틀어진 상준이와 선우가 필리핀에서 다시 우정을 회복하는 과정을 흥미진진하게 보여준다. 필리핀의 역사를 비롯해서 언어, 음식, 옷 등 다채로운 정보를 통해 필리핀을 이해하고 다양한 문화를 포용하는 마음을 가질 수 있다.
신 짜오 베트남 태권팥쥐와 베트콩쥐		김영희 글 김정연 그림 전국다문화가족사업 지원단 공동기획 ｜한솔수북｜ 2009년	우리 이웃을 바라보는 편견 없는 시선을 일깨우는 '열린 마음 다문화' 시리즈이다. 베트남에 대한 재미있고 알찬 정보를 동화에 담았다. 태권도를 너무 잘해서 아이들이 슬금슬금 피하는 태권마녀 수빈이와 엄마가 베트남 사람이라는 이유로 따돌림을 받는 베트콩쥐 린의 우정을 통해 베트남 문화를 배운다. 베트남의 역사를 비롯해서 언어, 음식, 옷 등 다채로운 정보를 통해 베트남을 이해하고 다양한 문화를 포용하는 마음을 가질 수 있다.
센 베노 몽골 으라차차 바야르		중앙건강가정지원센터 공동기획 서해경 글 강수인 그림 ｜한솔수북｜ 2009년	우리 이웃을 바라보는 편견 없는 시선을 일깨우는 '열린 마음 다문화' 시리즈이다. 우리와 가깝고 깊은 인연을 가지고 있지만 잘 알지 못했던 몽골의 문화와 역사, 사는 모습을 소개한다. 아빠가 몽골 사람인 바야르는 자기 이름도 싫고, 아이들이 '몽골'이라고 놀리는 것도 싫다. 씨름반 대표로 몽골을 방문하게 된 바야르는 몽골에 대해 하나하나 배워가며 마음의 빗장을 풀어간다. 드넓은 초원, 전통 의상 '델', 몽골의 언어, 칭기즈칸, 나담 잔치 등 여러 가지 정보를 통해 몽골을 이해하고 다양한 문화를 포용하는 법을 배울 수 있다.

쑤어쓰데이 캄보디아 내 이름은 쏘카		전국다문화가족사업 지원단 공동기획 이소영 글 이남지 그림 | 한솔수북 | 2008년	우리 이웃을 바라보는 편견 없는 시선을 일깨우는 '열린 마음 다문화' 시리즈이다. 캄보디아에 대한 재미있고 알찬 정보를 동화에 담았다. 캄보디아에서 왔다는 이유로 엄마를 미워하던 은지가 압사라 여신을 만나 캄보디아에 대한 이해를 넓히고, 엄마를 마음으로 받아들이기까지의 과정을 담았다. 캄보디아의 역사를 비롯해서 언어, 음식, 옷 등 다채로운 정보를 통해 캄보디아를 이해하고 다양한 문화를 포용하는 마음을 가질 수 있다.
블루, 화이트, 레드의 다문화주의 프랑스		로버트 프로서 글 정지현 옮김 | 주니어김영사 | 2008년	프랑스는 유럽에서 가장 큰 나라 중 하나로 유럽 연합에서 중심적인 역할을 하고 있다. 가장 인기 있는 관광지이기도 하다. 다양한 문화를 가진 프랑스의 역사와 문화를 사진과 상세한 지도, 여러 자료를 이용해 세밀하게 살펴본다. 경제와 산업, 국민, 문화, 환경뿐 아니라 미래에 대한 전망까지 꼭 필요한 정보들을 알려준다.
까만아이		세바스티엥 조아니에 글 다니엘라 티에니 그림 김주열 옮김 | 산하 | 2014년	백인의 부부가 흑인 아이를 입양하여 키운다. 엄마 아빠와 행복하다 여기던 아이는 점점 자라면서 자신이 흑인이라는 사실을 깨닫고 친구들에게 놀림받는 것이 두려워진다. 흑인이라는 자기 존재를 돌아보며 아이는 자기 정체성에 대해 고민하게 된다. 흑인에 대한 편견과 그 편견 속에 살아가는 흑인 아이의 정체성 문제를 그렸다.
금희의 여행		최금희 | 민들레 | 2007년	탈북 청소년의 성장기이다. 아오지 탄광마을에서 보낸 따뜻했던 어린 시절 이야기, 탈북하면서 겪은 어려움 이야기, 그리고 한국에 와서 자신의 정체성을 찾아가는 이야기 등을 들려주고 있다.
내 귀는 레몬 빛		카챠 라이더 글 안겔라 폰 로엘 그림 이진영 옮김 | 문학동네 | 2001년	한쪽 귀가 노란색인 어린 양이 친구들의 놀림 때문에 슬퍼한다. 자신의 노란 귀가 늘 나쁜 일만 생기게 한다고 생각한다. 하지만 할아버지 양의 지혜로 모든 일은 마음 먹기에 따라 다르다는 사실을 깨닫고 남들과 다른 자신의 귀에 대해 자신감을 갖게 된다. 남들과 조금 다르다는 이유로 마음의 상처를 받은 어린이들에게 용기를 줄 그림책이다.

무에타이 할아버지와 태권 손자		김리라 글 김유대 그림 | 웅진주니어 | 2011년	관우는 아빠가 태국사람이어서 유달리 까만 얼굴 때문에 태국간장이라고 놀림을 받는다. 태국사람이면 무에타이를 잘할 것이라 생각한 관우는 할아버지가 오실 날을 손꼽아 기다린다. 관우 앞에 나타난 할아버지는 비쩍 마르고 이가 빠져 아무리 봐도 무에타이와는 거리가 멀어보여서 관우는 실망스러운 마음에 할아버지와 마주치지 않으려 애쓰지만 시간이 지날수록 할아버지와 정들고 있는 자신을 발견한다. 무에타이 할아버지와 태권손자가 가족이 되어가는 과정을 통해 가족의 진정한 의미를 일러주는 이야기이다.
파프리카		서성란 |화남출판사 | 2009년	무기력한 개인들의 몰락의 정서가 소설적 공간을 차지하고 있으며, 작가 특유의 소설적 감성으로 우리 시대의 병적인 징후를 날카롭게 포착하고 있다. 영웅이 부재하는 현실에서 누추한 일상을 살아가고 있는 서민들의 자화상을 관조적 필치로 담담하게 그려낸다.
내 말 좀 들어 주세요		윤영선 글 전금하 그림 | 문학동네 | 2007년	아이들이 속으로 하고 싶었던 이야기를 담았다. 아이들도 때로는 외로움을 느끼고 진정으로 소통하지 못할 때 힘들어한다. 조용하고 말이 없는 아이들이라도 미처 표현하고 있지 않을 뿐 하고 싶은 말은 많을 것이다. 아이들의 속마음을 들어볼 수 있는 질문과 이야기를 담고 있다.
줄무늬가 생겼어요		데이빗 섀논 글·그림 조세현 옮김 | 비룡소 | 2006년	남의 시선보다 자신이 진정으로 좋아하는 것을 인정하는 것이 중요하다는 것을 알려주는 그림책이다. 카밀라는 아욱콩을 좋아하지만 다른 친구들의 시선이 신경 쓰여서 솔직하게 말하지 못하는 아이이다. 남의 시선을 의식해서 자신이 정말 바라는 것을 표현하는 걸 부끄럽게 생각하는 아이들을 위한 그림책이다.
에드와르도 세상에서 가장 못된 아이		존 버닝햄 글 조세현 옮김 | 비룡소 | 2006년	어른들에게 꾸지람만 듣고 가장 못된 말썽쟁이가 되어버린 에드와르도가 칭찬의 말, 관심의 말, 격려의 말을 들으며 변해가는 이야기를 묘사하고 있다. 때로는 지저분하고, 버릇없고, 사납지만, 그래도 아이들은 정말 사랑스럽고 무한한 가능성을 가졌다는 것을 말하는 그림책이다. 에드와르도는 장난이 심해서 야단을 맞는 일이 다반사이다. 어린 친구들과 애완동물을 괴롭히고, 방은 지저분하며 물론 몸도 지저분하다. 어른들은 에드와르도에게 심술궂고, 인정머리 없고, 지저분하다고 말한다. 그럴수록 에드와르도는 더욱 심술궂고 인정머리 없고 지저분해진다.

내 친구는 얼굴색이 달라요		마리알린 바뱅 그림 콜레트 엘링스 글 이정주 옮김 | 시공주니어 | 2010년	다른 문화의 친구를 사귈 때를 주제로 이야기가 펼쳐진다. 톰의 친구 말리크는 아프리카에서 왔다. 톰은 말리크네 집에 가서 독특한 물건들을 보고 색다른 요리를 맛보며 다른 문화를 경험한다. 생활하는 모습이 다르고 얼굴색이 다르지만 말리크는 톰의 가장 친한 친구다. 아프리카에서 온 친구를 통해 다른 나라의 문화를 받아들이는 톰의 모습이 사랑스럽게 느껴진다. 본문 뒤에는 도움 글을 실어 부모님이 아이들에게 힘이 되어줄 수 있는 방법을 제시하고 있다.
내 말 좀 들어주세요, 제발		하인츠 야니쉬 글 질케 레플러 그림 김라합 옮김 | 상상스쿨 | 2010년	귀 기울여 듣는 경청의 중요성을 일깨워 주는 그림책이다. 고민이 생긴 곰이 마음을 털어놓기 위해 사람들을 만난다. "저에게 문제가 조금 있어요. 그게 뭐냐면……." 하지만 곰이 말을 채 마치기도 전에 사람들이 오히려 아는 체하며 말을 끊는다. 발명가, 재단사, 노점상, 모자 가게 주인, 신발 가게 주인 등 곰이 만나는 사람들은 곰의 말을 듣지도 않고 그들의 생각대로 곰에게 필요한 것을 정해준다.
괜찮아		최숙희 | 웅진주니어 | 2005년	개미는 사람보다 훨씬 작지만 힘이 세고, 고슴도치는 가시가 많지만 가시를 세우면 사자도 무섭지 않고, 뱀은 다리가 없어도 사사사삭 어디든 잘 간다. 동물들이 어떤 특징을 가지고 살아가는지 알 수 있다. 물감으로 짙게 그린 동물들 모습이 귀엽다. 세상에는 다양한 사람들의 모습이 있다는 '공존'의 내용을 말할 수 있다.
그래도 넌 내 짝꿍		아오키 히로에 글·그림 김난주 옮김 | 아이세움 | 2008년	나츠헤이는 정신지체아이다. 수업시간에 제대로 책을 보지 않고, 준비물을 안 가져오는 게 예사다. 벌 받으면서도 웃고, 체육 시간에는 달리기를 하다가 집까지 뛰어가 버리기도 했다. 짝꿍인 '나'는 나츠헤이가 썩 마음에 들지 않는다. 평범한 친구가 아니었기 때문이다. 하지만 '나'는 시간이 지날수록 점점 나츠헤이에게 눈과 마음이 간다. 생각과 행동이 조금 어리숙한 면이 있지만 늘 밝고 명랑한 좋은 친구라는 걸 알게 된 것이다. 장애나 다름에 있어 내 짝꿍을 있는 모습 그대로 인정하는 과정을 순수하게 보여준다.

이웃사촌		클로드 부종 글·그림 조현실 옮김 | 파랑새 | 2002년	갈색 토끼 브랭과 회색 토끼 그리주의 다툼과 화해의 이야기는 친구와 이웃의 소중함을 깨닫게 한다. 처음엔 사이좋던 브랭과 그리주는 작은 일 때문에 싸움을 시작한다. 그리주의 쓰레기, 브랭의 라디오 소리, 지저분한 빨래, 고약한 냄새 등 싸움의 이유가 많다. 그 싸움으로 담을 쌓고 몸싸움까지 벌인다. 그러다가 여우가 나타났을 때 서로 힘을 합해 도망치게 되면서 다시 좋은 이웃으로 살아가게 된다. 생각이 다르고 모습이 다른 사람들과의 공존을 말하고 있다.
우리 친구하자		쓰쓰이 요리코 글 하야시 아키코 그림 | 한림출판사 | 1994년	다른 동네로 이사한 아름이에게 매일 누군가가 제비꽃과 민들레를 보낸다. 아름이는 그 사람이 누굴까 궁금하다. 어느 날 삐뚤삐뚤한 글씨가 씌어 있는 편지를 받는다. 그 편지에는 '우리 친구하자. 네가 와서 기뻐'라고 적혀 있었다. 결국 아름이는 그 아이를 만나고 둘은 친구가 된다. 어른들처럼 계산적이지 않은 아이들에게 친구 사귀기는 아주 작은 마음을 나누고도 서로 좋은 친구가 될 수 있다.
살색은 다 달라요		캐런 카츠 글·그림 신형건 옮김 | 보물창고 | 2011년	다인종 시대에 맞춰 아이들이 가지고 있는 '살색'에 대한 편견을 버릴 수 있도록 돕는 그림책. 혹시 '살색'이라고 했을 때 마음속에 떠오르는 한 가지 색이 있는가? 하지만 살색은 딱 한 가지 색으로 명명할 수 없는 영역이라는 사실을 이 책을 통해 배워본다. 레나의 살은 계피 색이다. 그렇다면 레나의 친구들은 어떨까? 레나와 엄마는 함께 길을 나선다. 친구 소니아의 피부색은 연한 황갈색, 레나가 만나게 되는 친구들 모두 다양한 피부색을 가지고 있다. 피부색은 딱 하나로만 정해져 있지 않다는 사실을 알려주면서 편견에 맞서는 내용을 알려주는 그림책이다. 이렇듯 인종의 다양성을 알려주고, 아이들의 다문화수용성에 대한 사고를 확장시킬 수 있도록 돕는 그림책이다.
우리, 그림자 바꿀래?		미리암 프레슬러 글 사라 발 그림 김경연 옮김 |국민서관 | 2002년	그림자 동물들만 모여 사는 나라가 있었다. 그림자 동물들은 언제나 같은 동물의 그림자로 살아가야 한다는 게 따분하고 지루해서 아주 멋진 생각을 하나 했다. 서로의 그림자를 바꾸기로 한 것이다. 사자는 돼지의 그림자로, 개구리는 박쥐의 그림자로, 코뿔소는 메뚜기의 그림자로 바꾸게 된다.

내 이름이 담긴 병		최양숙 글·그림 이명희 옮김 | 마루벌 | 2002년	자신의 정체성을 찾아 나가는 소녀 이야기. 미국에 이민 간 은혜는 미국 친구들이 자신의 한국 이름 '은혜'를 발음하기가 쉽지 않다는 것을 알게 된다. 쉽게 부를 수 있는 미국 이름을 지으려는 은혜. 친구들은 데이지, 웬즈디, 타멜라와 같은 미국 이름을 모아서 골라보라고 한다. 하지만 결국 은혜는 친구 조이의 도움을 받아 '은혜'라는 이름이 가장 자랑스러운 자신의 이름임을 깨닫게 된다.
사라, 버스를 타다		윌리엄 밀러 글 존 워드 그림 박찬석 옮김 | 사계절 | 2004년	1950년대 미국에는 흑인과 백인을 구별하는 흑인 차별법이 있었다. 화장실, 음식점, 병원 같은 공공장소에서 백인들은 더 좋은 자리를 차지할 수 있었다. 버스에서도 마찬가지였다. '로사 팍스'라는 흑인 여성은 이를 거부했다. 그리고 백인들만이 앉을 수 있는 자리에 앉았다. 이 그림책은 로사 팍스 사건을 바탕으로 꾸몄다. 사라라는 흑인 아이가 버스에서 지켜야 하는 옳지 못한 법에 자신의 방식대로 대응하는 이야기이다. 옳지 못한 것에 대항하고, 옳은 것을 행할 수 있는 용기를 생각하게 한다. 실제 이 이야기의 주인공인 로사 팍스가 책의 서문을 썼다.
혼자서는 살 수 없어		존 무스 글·그림 이현정 옮김 | 달리 | 2009년	판다 곰 평심과 친구들의 이야기이다. 여름이 시작되자 평심의 조카인 쿠가 찾아온다. 평심과 쿠는 친구인 애디, 마이클, 칼과 함께 혼자 살고 있는 이웃의 휘태커 부인을 방문한다. 아이들은 건강이 좋지 않은 부인을 위해 수프를 끓이고, 청소를 하고, 그림을 그려드린다. 처음엔 무뚝뚝하던 휘태커 부인도 점점 마음을 열고 철자 맞히기 대회에 나가는 마이클에게 도움을 준다. 긴밀하게 얽힌 사람들의 관계, 사랑과 배려의 소중한 의미를 이야기한다. 서양인의 눈으로 본 일본 선사상과 문화를 엿볼 수 있는 그림책이며, 다양한 문화에 대한 수용과 이해를 도울 수 있는 그림책이다.

시애틀 추장		수잔 제퍼스 글·그림 최권행 옮김 | 한마당 | 2001년	“이 땅은 우리의 소유가 아니다. 우리가 이 땅의 일부일 뿐.” 시애틀 추장의 뜨거운 연설의 주제이다. 우리가 더이상 우리와 한 몸인 자연을 파괴하지 않아야 한다는 뜻을 인디언의 삶이 배인 말을 통해 전하고 있다. 초원의 풀, 웅웅거리는 곤충들 모두가 성스럽고, 대지 위에 핀 꽃들이 그들의 누이이며, 반짝이며 흐르는 시냇물은 조상들의 피가 살아 흐르는 것이라 여기며 자연을 아끼며 살아 왔던 인디언들이 자연을 마구 해치는 백인들의 모습을 안타깝게 바라보며 던지는 아픈 연설이다. 그 150여 년 전 인디언 지도자 시애틀 추장의 의연한 목소리를 통해 서로 다른 이질적인 문화와 민족의 공존과 인류애를 말하는 그림책이다.
불을 가져온 라망		신정숙 글 베일루즈 로아 빌라비센시오 그림· 필리핀어 옮김 | 단비 | 2016년	다문화가정의 엄마와 아이들이 엄마 나라의 옛이야기를 담은 그림책을 함께 보며 엄마 나라의 말과 한국어를 같이 배울 수 있도록 만든 다문화 시리즈이다. 한국말과 엄마 나라 말로 두 언어가 들어 있으며, 각 나라의 사람이 그림을 그렸다. 이 책은 필리핀 옛이야기로 무시무시한 거인 둘만 불을 가졌던 시절, 청년 라망이 여러 동물들과 함께 불을 인간 세상으로 가져온 이야기이다.

부록

연계기관

1. 다문화가족지원 포털 다누리 사이트
2. 전국다문화가족지원센터
3. 여성긴급전화 1366 설치 지역
4. 여성폭력 피해자 지원기관 → 성폭력피해상담소
5. 중독관리통합지원센터(알코올중독센터)

1. 다문화가족지원 포털 다누리 사이트

www.liveinkorea.kr <다누리콜센터 : 1577-1366>

여성가족부 지원 : 한국건강가정진흥원 운영, 다문화가족지원 포털, 다문화가족지원센터 소개, 한국생활가이드, 상담실, 통계자료 등 제공

2. 전국다문화가족지원센터(2019년 현황)

시도	시군구	소 재 지	전화번호	유형
서울 (24)	*종로구	서울 종로구 종로53길 29,(창신동 197-17)토월 2층	02-764-3524	나형
	*중구	서울 중구 퇴계로 460, 10층	02-2279-3891	나형
	*용산구	서울 용산구 이태원로 224-19(한남동) 한남동 공영주차장 부대시설 3층	02-797-9184	나형
	*성동구	서울 성동구 무학로 6길 9(홍익동) 3층	02-3395-9445	나형
	*광진구	서울 광진구 아차산로 24길 17, 자양공공힐링센터 5층	02-458-0666	나형
	*동대문구	서울 동대문구 청계천로 521 다사랑행복센터 7층	02-957-1073	가형
	*중랑구	서울 중랑구 용마산로 369(면목동) (면목동 62-2)	02-435-4149	가형
	*성북구	서울 성북구 안암로 145(안암동 5가) 고려대학교 라이시움 102호	02-3290-1660	나형
	*강북구	서울 강북구 한천로 129길 6	02-987-2567	나형
	*도봉구	서울 도봉구 도봉로 552(창동) 도봉구민회관 2층 도봉구 다문화가족지원센터	02-995-6800	나형
	*노원구	서울 노원구 동일로 173가길 94 가온빌딩 3F	02-979-3502	가형
	*은평구	서울 은평구 은평로21가길 15-17	02-376-3731	나형
	*서대문구	서울 서대문구 증가로 244(북가좌동), 2층	02-375-7530	나형
	*마포구	서울 마포구 양화로 19 홀트아동복지회 B2층	02-3142-5482	나형
	*양천구	서울 양천구 남부순환로 88길 5-7지층	02-2699-6900	나형
	*강서구	서울 강서구 강서로 5길 50, 곰달래 문화복지센터 4층	02-2606-2037	가형
	*구로구	서울 구로구 우마2길 35, 구로구가족통합지원센터 2,3층	02-869-0317	가형
	*금천구	서울 금천구 금하로 11길 40, 1층	02-803-7747	가형
	*영등포구	서울 영등포구 영등포로 84길 24-5(신길1동 465-2) 주민센터 4층	02-2678-2193	가형
	*동작구	서울 동작구 동작대로 29길 63-26, 3층(동작구 사당2동 1136-1 3층)	02-599-3301	가형
	*관악구	서울 관악구 신림로 3길 35(김삼준 문화복지기념관) 다문화복합시설 3층	02-883-9383	가형

시도	시군구	소 재 지	전화번호	유형
서울 (24)	*강남구	서울 강남구 개포로 617-8, 4층 다문화가족지원센터	02-3412-2222	나형
	*송파구	서울 송파구 마천로41길 12(마천2동 127-1)	02-403-3844	가형
	*강동구	서울 강동구 양재대로 138길 41 강동청소년회관 2층	02-471-0812	가형
부산 (9)	동구	부산 동구 중앙대로 248(초량동, 엘림빌딩 3층)	051-465-7171	나형
	진구	부산 진구 백양대로 160, 2층(당감동, 부산진구 여성가족문화센터)	051-817-4313	나형
	*동래구	부산 동래구 사직북로 63번길 20-7, 사직종합사회복지관 2층	051-506-5766	나형
	남구	부산 남구 수영로 356, 2층(대연동,부산광역시 여성회관)	051-610-2027	나형
	북구	부산 북구 효열로 76(금곡동 1108)	051-365-3408	나형
	해운대구	부산 해운대구 양운로 91, 좌1동 주민센터 2층	051-702-8002	나형
	사하구	부산 사하구 신산로 177(신평동) 농협신평동지점 2층	051-205-8345	가형
	*사상구	부산 사상구 가야대로 196번길 51(학장동) 다누림센터 4층	051-328-0042	나형
	*기장군	부산 기장군 기장읍 차성로 206, 기장종합사회복지관 (대라리 175-3)	051-792-4750	나형
대구 (7)	*동구	대구 동구 안심로 300, 4층 동구 다문화가족지원센터(동호동)	053-961-2203	나형
	*서구	대구 서구 서대구로 330, 5~6층	053-341-8312	나형
	*남구	대구 남구 이천로 10(봉덕3동 624-14번지)	053-475-2324	나형
	*북구	대구 북구 칠곡중앙대로 473(관음동) 조은빌딩 2층	053-327-2994	나형
	*수성구	대구 수성구 들안로16길 78, 두산문화센터 1층	053-764-4317	나형
	*달서구	대구 달서구 달구벌대로 1095동 계명대학교 성서캠퍼스 산학협력관 411호	053-580-6819	가형
	*달성군	대구 달성군 화원읍 성천로 5, 5층(화원읍 설화리 553-41 5층)	053-637-4374	나형
인천 (9)	*중구	인천 중구 답동로 23, 천주교 사회복지센터 3층	032-763-9337	나형
	*동구	인천 동구 박문로 8(송림동)	032-773-0297	나형
	*미추홀구	인천 미추홀구 소성로 189, 5층	032-875-1577	가형
	*연수구	인천 연수구 청능대로 109 탑피온빌딩 4층	032-851-2740	나형
	*남동구	인천 남동구 소래로 645(남동구 평생학습관 2층)	032-467-3904	가형
	부평구	인천 부평구 열우물로 103(십정1동 279-20) 열우물어울림센터 7층	032-511-1800~1,9	가형
	*계양구	인천 계양구 계양산로 102번길 5, 사회복지회관 3층	032-541-2860~1	가형
	*서구	인천 서구 경명대로 693번길 6, 1층(공촌동 305-13)	032-569-1560	가형
	*강화군	인천 강화군 강화읍 북문길 11-1(관청리 523)	032-933-0980	나형

시도	시군구	소 재 지	전화번호	유형
광주 (4)	*서구	광주 서구 상무대로 1224번길 18(양3동 385-20)	062-369-0072	나형
	*남구	광주 남구 군분로 155 초당빌딩 2층(월산동)	062-351-9337	나형
	*북구	광주 북구 하서로 195(양산동)	062-363-2963	가형
	*광산구	광주 광산구 광산로 57-1(송정2동 802-4)	062-954-8004	가형
대전 (5)	동구	대전 동구 동대전로 171(자양동) 우송도서관 706호	042-630-9945	나형
	중구	대전 중구 대흥로 128(대흥동 445-1)	042-335-4566	나형
	*서구	대전 서구 배재로 155-40, 배재대학교 우남관 103-1호(도마동)	042-520-5928	나형
	*유성구	대전 유성구 테크노6로 40-17(관평동 767)	042-932-9995	나형
	대덕구	대전 대덕구 오정로 112(오정동) 대전가톨릭사회복지회관 2층	042-639-2664	나형
울산 (5)	*중구	울산 중구 중앙길 162, 4층(시티빌딩 4층)	052-248-1103	나형
	*남구	울산 남구 대공원로 84, 가족문화센터 A동 3층	052-274-3185	나형
	*동구	울산 동구 대학길 59, 3층	052-232-3357	나형
	*북구	울산 북구 동대5길 31(호계동 259-13)	052-286-0025	나형
	*울주군	울산 울주군 범서읍 점촌5길 39-7, 중부종합사회복지관 구영관 2층	052-229-9600	나형
세종	*세종특별자치시	세종시 새롬로 14 새롬종합복지센터	044-862-9338	나형
경기 (30)	수원시	경기 수원시 장안구 송원로 63 신성빌딩 3,4층(송죽동)	031-257-8504	가형
	성남시	경기 성남시 중원구 광명로 395번길 1	031-740-1175	가형
	고양시	경기 고양시 일산동구 대산로 27 정원빌딩 4층	031-938-9801	가형
	부천시	경기 부천시 조종로 68번 가길 4	032-327-1370	가형
	*안양시	경기 안양시 동안구 동안로 158(비산동) 동안구청별관 동안문화관 2층	031-8045-5572	가형
	안산시	경기 안산시 단원구 화정로 26, 안산글로벌다문화센터 2층(초지동)	031-599-1700~16	가형
	*용인시	경기 용인시 수지구 상현동 1129-2 용인시 종합가족센터(법조로 230)	031-323-7133	가형
	*의정부시	경기 의정부시 둔야로 5번길 67	031-878-7117	나형
	*남양주시	경기 남양주시 경춘로 522 남양주시청 제2청사 2층	031-590-8215	가형
	*평택시	경기 평택시 서정로 295, 북부복지타운 1층(서정동)	031-615-3959~65	가형
	*광명시	경기 광명시 디지털로 34 철산별관 노둣돌 1동 2층	02-2060-0453	가형
	*시흥시	경기 시흥시 봉우재로 63, 4층(정왕동, 상경빌딩)	031-319-7997	가형

시도	시군구	소 재 지	전화번호	유형
	*군포시	경기 군포시 수리산로 112, 군포책마을 슬기관 1층	031-392-1811	나형
	화성시	경기 화성시 태안로 145, 유앤아이센터 4층(병점동 734)	031-267-8786	가형
	*파주시	경기 파주시 중앙로 229	031-949-9164	가형
	*이천시	경기 이천시 남천로 31, 종합복지타운 여성회관 3층	031-631-2260	나형
	*구리시	경기 구리시 동구릉로 8, 건영빌딩 3층	031-556-3873	나형
	*김포시	경기 김포시 김포한강4로 564, LH한가람마을 2단지 내	031-996-5920	나형
	*포천시	경기 포천시 호국로 1007, 대진대학교 대진교육관 B1	031-532-2065~6	나형
	*광주시	경기 광주시 통미로 52번길 19(송정동 115-4)	031-798-7141	나형
경기 (30)	*안성시	경기 안성시 산수유길 15 안성종합사회복지관 3층	031-677-7191	나형
	하남시	경기 하남시 신장로 130-5(덕풍동)계명빌딩 7층	031-794-5158	나형
	*의왕시	경기 의왕시 청계동 983번지(덕장로 19) 청계종합사회복지관 4층	031-429-4782	나형
	*양주시	경기 양주시 평화로 1475번길 39 회천2동 행정복지센터 6층	031-848-5622	나형
	*오산시	경기 오산시 성호대로 83	031-372-1335	나형
	*여주시	경기 여주시 세종로 61, 상가 3층(홍문동 현대아파트)	031-886-0327	나형
	*양평군	경기 양평군 양평읍 양근로 302-1	031-775-5951	나형
	*동두천시	경기 동두천시 중앙로 249, 두드림희망센터 2층	031-863-3801	나형
	*가평군	경기 가평군 가평읍 향교로 38, 행정정보관 2층	070-7510-5876	나형
	*연천군	경기 연천군 전곡읍 전영로 11, 연천군종합복지관 5층	031-835-1107	나형
	*춘천시	강원 춘천시 공지로 305번길	033-251-8014	가형
	*원주시	강원 원주시 판부면 매봉길 16-18	033-765-8134~5	가형
	*강릉시	강원 강릉시 옥가로 48(강릉농협 2,3층)	033-648-3019	나형
	*동해시	강원 동해시 천곡1길 20-3 동해시청 제 1별관	033-535-8378	나형
	*태백시	강원 태백시 해지개길 41, 태백시다문화가족지원센터	033-554-4003	나형
강원 (18)	*속초시	강원 속초시 도리원길 5(노학동) 경동대 설악캠퍼스 유아교육관 2층	033-638-3523	나형
	*삼척시	강원 삼척시 원당로2길 72-6 삼척시종합사회복지관 5층	033-573-5434	나형
	*홍천군	강원 홍천군 홍천읍 너브내길 123 종합사회복지관 3층	033-433-1915	나형
	*횡성군	강원 횡성군 횡성읍 횡성로 379 횡성군 종합보건복지타운 3층	033-344-3458~9	나형
	*영월군	강원 영월군 영월읍 단종로 12, 4층(영월군 영월읍 975-2)	033-372-4769	나형
	*평창군	강원 평창군 평창읍 평창중앙로 67 평창군문화복지센터 2층	033-332-2063~4	나형
	*정선군	강원 정선군 정선읍 봉양7길 16	033-562-3458	나형
	*철원군	강원 철원군 갈말읍 삼부연로 22-1	033-452-7800	나형

시도	시군구	소 재 지	전화번호	유형
강원 (18)	*화천군	강원 화천군 화천읍 산천어길 212	033-442-2344	나형
	*양구군	강원 양구군 양구읍 장터길 43, 행복나눔센터 1층	033-481-8663	나형
	*인제군	강원 인제군 인제읍 비봉로 44번길 100, 하늘내린센터 2층	033-462-3651	나형
	*고성군	강원 고성군 간성읍 간성로 97, 여성회관 1층	033-681-9390	나형
	*양양군	강원 양양군 양양읍 안산1길 36, 여성회관 2층	033-670-2943~5	나형
충북 (12)	*청주시	충북 청주시 서원구 무심서로 333번길	043-298-8830,8831	가형
	*충주시	충북 충주시 봉방 9길 12	043-856-2253	나형
	*제천시	충북 제천시 명륜로 13길 3 제천가톨릭복지관 2층(의림동)	043-643-0050	나형
	청원	충북 청주시 상당구 남일면 단재로 480 상당보건소 내 2층	043-293-8887	나형
	보은군	충북 보은군 보은읍 남부로 4515, 거성상가 2층	043-544-5422	나형
	옥천군	충북 옥천군 옥천읍 중앙로 126 다목적회관 2층	043-733-1915	나형
	영동군	충북 영동군 영동읍 성안길 8, 여성회관 1층	043-745-8489	나형
	*증평군	충북 증평군 증평읍 문화로 75-1	043-835-3572	나형
	*진천군	충북 진천군 진천읍 중앙북1길 11-10 생거진천종합사회복지관 2층	043-537-5431~2	나형
	*괴산군	충북 괴산군 괴산읍 금산길 3 괴산군다문화가족지원센터	043-832-1078	나형
	*음성군	충북 음성군 음성읍 음성천서길 103번길 여성회관 2층	043-873-8731	나형
	단양군	충북 단양군 단양읍 별곡12길 5 여성발전센터 2층	043-421-6200	나형
충남 (15)	천안시	충남 천안시 동남구 은행길 15-1 3층	041-558-8653	가형
	*공주시	충남 공주시 우금티로 753 유아교육관 2층 (공주대학교 옥룡캠퍼스)	041-856-0883	나형
	*보령시	충남 보령시 한내로 45 (문화빌딩 2층)	041-936-8506	나형
	*아산시	충남 아산시 시장길 29 시민문화복지센터 4층	041-548-9779	가형
	*서산시	충남 서산시 율지6로 10, 2층	041-664-2710	가형
	*논산시	충남 논산시 관촉로 277번길 23-13(3층)	041-733-7860~2	나형
	*금산군	충남 금산군 금산읍 군청5길 35 금산군가족통합지원센터	041-750-3990	나형
	*부여군	충남 부여군 부여읍 나성북로 17	041-830-2900	나형
	*서천군	충남 서천군 서천읍 서천로 38, 2층	041-953-1911	나형
	청양군	충남 청양군 청양읍 칠갑산로 9길 32 복지타운 2층	041-944-2333	나형
	*홍성군	충남 홍성군 홍성읍 조양로 75번길 17	041-634-7432	나형
	*예산군	충남 예산군 예산읍 산성공원2길 15, 2층	041-334-1368	나형
	*태안군	충남 태안군 태안읍 백화로 180	041-670-2396	나형

시도	시군구	소 재 지	전화번호	유형
충남 (15)	당진시	충남 당진시 시청 1로 38 수청동(1005, 당진시종합복지타운 4층)	041-360-3160	가형
	*계룡시	충남 계룡시 엄사면 엄사중앙로 94 4층 411호	042-551-1133	나형
전북 (14)	전주시	전북 전주시 완산구 태평5길 26 3층	063-243-0333	가형
	군산시	전북 군산시 축동1길 15-2(수송동) 군산시 다문화가족지원센터	063-443-0053	가형
	*익산시	전북 익산시 고현로 10-3	063-838-6046	가형
	*정읍시	전북 정읍시 중앙2길 22 다문화가족지원센터	063-531-0309	가형
	*남원시	전북 남원시 용성로 43 남원시 다문화가족지원센터	063-635-5474	가형
	*김제시	전북 김제시 요촌길 45, 지평선어울림센터 3층	063-545-8506	가형
	*완주군	전북 완주군 용진읍 완주로 462-9 완주가족문화교육원 1층(운곡리 905-2)	063-231-1037	가형
	*진안군	전북 진안군 진안읍 중앙로 28, 3층	063-433-4888	나형
	*무주군	전북 무주군 무주읍 신교로2길 17 (구, 군수관사)	063-322-1130	나형
	*장수군	전북 장수군 장수읍 싸리재로 15	063-352-3362	나형
	*임실군	전북 임실군 임실읍 운수로 27, 2층	063-642-1837	나형
	*순창군	전북 순창군 순창읍 장류로 192 청소년수련관 3층	063-652-3844	나형
	*고창군	전북 고창군 고창읍 성산로 57 1층	063-561-1366	가형
	부안군	전북 부안군 부안읍 오리정로 89 2층	063-580-3941	나형
전남 (21)	목포시	전남 목포시 산정로 150번길 22	061-278-4222	나형
	*여수시	전남 여수시 새터로 33(신기동)	061-659-5428	나형
	*순천시	전남 순천시 중앙로 255 순천대학교 평생교육원 B동 1	061-750-5352~7	가형
	*나주시	전남 나주시 예향로 4075(송월동 921-5)	061-331-0709	나형
	*광양시	전남 광양시 중마로 410 커뮤니티센터 6층	061-797-6832	나형
	*담양군	전남 담양군 담양읍 완동길 10-5 담양군여성회관 내 4층	061-383-3655	나형
	*곡성군	전남 곡성군 곡성읍 학정3길 6	061-362-5411	나형
	*고흥군	전남 고흥군 고흥읍 고흥로 1656, 새마을회 3층	061-832-5399	나형
	*보성군	전남 보성군 보성읍 송재로 186-5	061-852-2664	나형
	*화순군	전남 화순군 화순읍 대교로 11(화순희망센터 2층)	061-375-1057	나형
	*장흥군	전남 장흥군 장흥읍 흥성로 37-24, 장흥종합사회복지관 4층	061-864-4813	나형
	*강진군	전남 강진군 강진읍 사의재길 41	061-433-9004	나형
	*해남군	전남 해남군 해남읍 북부순환로 10 2층	061-534-0017~8	나형
	*영암군	전남 영암군 삼호읍 세가래로 88, 삼호종합복지회관 2층	061-463-2929	나형
	*무안군	전남 무안군 무안읍 무안로 511번지	061-452-1813	나형

시도	시군구	소 재 지	전화번호	유형
전남 (21)	*함평군	전남 함평군 함평읍 들샘길 36, 함평천지종합복지관 4층	061-324-5431	나형
	*영광군	전남 영광군 영광읍 중앙로 3길 6-11 여성문화센터 3층	061-353-7997	나형
	*장성군	전남 장성군 장성읍 충무5길 24 가정복지회관 내	061-393-5420	나형
	*완도군	전남 완도군 완도읍 개포로 34-10, 3층	061-554-3400	나형
	*진도군	전남 진도군 진도읍 진도대로 7195(여성플라자 1층 우)	061-544-9993	나형
	*신안군	전남 신안군 압해읍 천산로 1004 신안군청 보건소 3층	061-240-8706	나형
경북 (23)	*포항시	경북 포항시 북구 선착로 18-10(대신동)	054-244-9702	가형
	*경주시	경북 경주시 북성로 87(북부동, 평생학습가족관 2층)	054-779-8709	나형
	*김천시	경북 김천시 공단로 152-32	054-439-8280	나형
	안동시	경북 안동시 은행나무로 106-5, 안동종합사회복지관 3층 다문화북카페	054-853-3111	나형
	*구미시	경북 구미시 형곡동로 5길 6-15 2층(형곡2동)	054-443-0541	가형
	*영주시	경북 영주시 명륜길 28번길 25(하망동, 182)	054-634-5431	나형
	*영천시	경북 영천시 운동장로 41(교촌동) 3층	054-334-2882	나형
	*상주시	경북 상주시 경상대로 3063-10	054-531-1342~4	나형
	*문경시	경북 문경시 매봉로 65, 4층	054-554-5591	나형
	*경산시	경북 경산시 경산로 131	053-816-4071	가형
	군위군	경북 군위군 군위읍 중앙길 31-10번지(군위군 구 보건소 2층)	054-383-2511	나형
	*의성군	경북 의성군 의성읍 후죽1길 21	054-832-5440	나형
	청송군	경북 청송군 청송읍 금월로 244-30	054-872-4320	나형
	영양군	경북 영양군 영양읍 군민회관길 36	054-683-5432	나형
	*영덕군	경북 영덕군 영덕읍 강변길 324 영덕문화체육센터 내 여성회관 2층	054-730-7383	나형
	*청도군	경북 청도군 화양읍 청려로 1846 청소년수련관 3층	054-373-8131~4	나형
	고령군	경북 고령군 고령읍 왕릉로 30 문화누리 3층	054-956-6336	나형
	성주군	경북 성주군 성주읍 성산9길 45 문화예술회관 2층	054-930-8245	나형
	*칠곡군	경북 칠곡군 북삼읍 인평1길 54, 새마을회관 2층	054-975-0834	나형
	예천군	경북 예천군 예천읍 충효로 239, 2층(베스트프라자A)	054-654-4321	나형
	*봉화군	경북 봉화군 봉화읍 거촌로 12-3	054-673-9023	나형
	울진군	경북 울진군 울진읍 울진북로 496-11	054-789-5414	나형
	*울릉군	경북 울릉군 울릉읍 봉래2길 31	054-791-0205	나형
경상남도		경남 창원시 의창구 창원대학로 20 국립창원대학교 21호관 404호	055-274-8337	-형

시도	시군구	소 재 지	전화번호	유형
경남 (19)	*창원시	경남 창원시 성산구 대정로 20번길 11, 1층 (가음동, 여성회관 창원관)	055-225-3951	가형
	*창원시 마산	경남 창원시 마산합포구 중앙북5길 20, 마산YWCA 지하1층	055-245-8744	나형
	진주시	경남 진주시 진양호로 305(신안동)	055-749-5443	가형
	*통영시	경남 통영시 안개 4길 94(통영시종합복지관내 3층)	055-640-7741	나형
	*사천시	경남 사천시 용현면 부곡3길 90, 사천시여성회관 2층	055-832-0345	나형
	*김해시	경남 김해시 김해대로 2232, 여객터미널 4층	055-329-6349	가형
	*밀양시	경남 밀양시 밀양대로 2089, 희망나눔봉사센터 1층	055-351-4404	나형
	*거제시	경남 거제시 탑곡로 75, 근로자가족복지회관 2층(아주동)	055-682-4958	가형
	*양산시	경남 양산시 양주1길 7-1, 2층	055-382-0988	나형
	*의령군	경남 의령군 의령읍 의병로 17길 6	055-573-8400	나형
	*함안군	경남 함안군 산인면 가야로 217, 산인면종합복지관 1층	055-583-5430	나형
	*창녕군	경남 창녕군 창녕읍 창녕대로 172	055-532-1606~7	나형
	고성군	경남 고성군 고성읍 성내로135번길 10-1	055-673-1466	나형
	남해군	경남 남해군 남해읍 망운로 32, 종합사회복지관 2층	055-864-6965	나형
	*하동군	경남 하동군 하동읍 섬진강대로 2214, 종합사회복지관 4층	055-880-6530	나형
	*산청군	경남 산청군 산청읍 꽃봉산로 79번길 31-3	055-972-1078	나형
	*함양군	경남 함양군 함양읍 함양여중길 10, 함양문화원 1층	055-963-2013	나형
	거창군	경남 거창군 거창읍 강남로 1길 170번지	055-945-1365	나형
	합천군	경남 합천군 합천읍 중앙로63 합천군청 제2청사(별관)	055-930-4735	나형
제주 (2)	제주시	제주 제주시 중앙로 265 성우빌딩 6층	064-712-1140	가형
	서귀포시	제주 서귀포시 중앙로 81, 동산빌딩 3층	064-762-1141	나형

* : 다문화가족지원센터+건강생활가정지원센터
출처 : 여성가족부 홈페이지(www.mogef.go.kr).

3. 여성긴급전화 1366 설치 지역

ONE-STOP 서비스 제공의 중심기관으로 여성폭력 관련 상담소, 보호시설 및 112, 119 등 관련 기관 연계서비스 제공(의료기관, 상담기관, 법률구조기관, 보호시설 등 위기개입)

지 역	긴급전화 1366	소재지
중앙센터	1366	서울특별시 용산구 효창원로 158 아림빌딩 4층
서 울	02-1366	서울특별시 구로구 가마산로 272 3층
부 산	051-1366	부산광역시 금정구 중앙대로 2238
대 구	053-1366	대구광역시 중구 태평로 53-13 해밀센터 내
인 천	032-1366	인천광역시 부평구 백범로 557번길 20, 경인센터 5층
광 주	062-1366	광주광역시 서구 상무자유로 73 광주여성발전센터 내
대 전	042-1366	대전광역시 중구 대흥로128 대전 YMCA 2층
울 산	052-1366	울산광역시 중구 중앙길 162 3층
강 원	033-1366	강원도 춘천시 스포츠타운길 528 DC마트 3층
경 기	031-1366	경기도 수원시 영통구 영통로 200번길 영통우리빌 가동 303호
경기북부	031-1366	경기도 의정부시 둔야로 54-1
충 북	043-1366	충청북도 청주시 상당구 목련로 27 충북여성발전센터 내
충 남	041-1366	충청남도 공주시 한적2길 42-20
전북·전북	063-1366	전라북도 전주시 완산구 효자로 67-5
전 남	061-1366	전라남도 무안군 삼향읍 어진누리길 30 전남여성플라자 5층
경 북	054-1366	경상북도 김천시 평화12길 10(3층)
경 남	055-1366	경상남도 창원시 의창구 북면 동전로 179-18
제 주	064-1366	제주특별자치도 제주시 우정로 6길 23

출처 : 여성가족부 홈페이지(www.mogef.go.kr).

4. 여성폭력 피해자 지원기관 → 성폭력피해상담소

성폭력피해상담소는 성폭력 상담, 교육, 쉼터연계, 법률지원 등을 받을 수 있는 곳

시도	상담소	소재지	전화번호
서울	가족과성건강 아동청소년상담소	서울특별시 구로구 오리로 10길 20. 201호	02-2688-1366 070-8128-1366
	한국성폭력상담소	서울특별시 마포구 성지1길 32-42	02-338-2890
	한국여성민우회 성폭력상담소	서울특별시 마포구 월드컵로 26길 39, 시민공간 나루3층 (성산동)	02-739-8858
	꿈누리여성장애인상담소	서울특별시 중랑구 망우로244 덕화빌딩 본관602호	02-902-3356
	꿈과희망상담센터	서울특별시 동작구 대림로 6	070-7503-1366
	다미안성폭력상담소	서울특별시 동대문구 한천로 46길 13	02-2242-1366
	한국성폭력위기센터	서울특별시 강남구 남부순환로 359길 31, 1층 102호	02-883-9284
	한사회장애인 성폭력상담센터	서울특별시 강서구 양천로 357 려산빌딩 지하1층	02-2658-1366
	휴샘통합운영상담센터	서울특별시 강서구 강서로 47나길 24 내발산동	02-2663-1366
	행복드림가정상담센터	서울특별시 강서구 공항대로 649, 제성빌딩 3층	070-8864-9365
	이레성폭력상담소	서울특별시 관악구 신사로120-1 성준빌딩 5층	02-865-1366
	벧엘케어상담소	서울특별시 금천구 시흥대로 102, 401호 (시흥동, 동하빌딩)	02-896-0401/0408
	천주교성폭력상담소	서울특별시 동작구 상도로 15마길 8-13	02-825-1272
	서초성폭력상담소	서울특별시 서초대로27길 10-10 4층(방배동)	02-599-7606
	서울여성장애인 성폭력상담소	서울특별시 영등포구 의사당대로 22, 402호 (여의도동, 이룸센터)	02-3675-4465~6
	꿈터성폭력상담소	서울특별시 영등포구 여의대방로13길 14(신길동)	02-6083-4971
	한국여성상담센터	서울특별시 성북구 보문로22길 28 신일빌딩 4층	02-953-1504
	북한이탈여성 성폭력피해상담소	서울특별시 양천구 목동서로 131, 301호 (목동, 양천사회단체봉사센터)	02-2655-1365
	장애여성공감 부설 장애여성성폭력상담소	서울특별시 강동구 올림픽로 664 상가101동 410호 (대우베네시티)	02-3013-1367
	한국여성의전화 성폭력상담소	서울특별시 은평구 진흥로16길 8-4(녹번동)	02-2263-6465
	탁틴내일청소년 성폭력상담소	서울특별시 서대문구 신촌로7길 18(창천동)	02-3141-6191

시도	상담소	소재지	전화번호
부산	(사)부산여성장애인연대 부설 성폭력상담소	부산광역시 동구 중앙대로196번길 12-3, 부산장애인회관 4층	051-583-7735
	성가정폭력상담소	부산광역시 부산진구 전포대로 255번길 15(전포동)	051-817-6464, 6474
	부산성폭력·가정폭력상담소	부산광역시 동래구 중앙대로 1523 SK허브스카이 A3동 6호	051-558-8832~3
	다함께 성.가정상담센터	부산광역시 수영구 연수로 392(광안동)	051-753-1377
	인구보건복지협회 부산지회 성폭력상담소	부산광역시 수영구 수영로 425 3층(남천동)	051-624-5584
	기장열린상담소	부산광역시 기장군 기장읍 차성로 290, 404호	051-531-1366
대구	인구보건복지협회 대구경북지회 성폭력상담소	대구광역시 서구 국채보상로 46길 16	053-566-1900
	대구여성의전화 부설 대구성폭력상담소	대구광역시 남구 이천로 31	053-471-6484
	대구여성폭력통합상담소	대구광역시 수성구 동대구로 385	053-745-4501
	대구여성장애인통합상담소	대구광역시 달서구 와룡로5길 11	053-637-6064
인천	(사)인천광역시여성단체 협의회 부설 성,가정폭력상담소	인천광역시 남구 경인로 345, 3층 (주안동, 인천명품관)	032-865-1365
	인구보건복지협회인천지회 성폭력상담소	인천광역시 남동구 용천로 142 (간석동 34-4)	032-451-4091~2
	인천장애인성폭력상담소	인천광역시 남동구 용천로208 사회복지회관 707호 (간석3동 26-3)	032-424-1366
	오내친구장애인 성폭력상담소	인천광역시 부평구 부평대로 137-10, 107동 101호 (부평동, 스카이빌라트)	032-506-5479
광주	광주여성민우회 성폭력상담소	광주광역시 동구 중앙로196번길 3 삼호센터별관 102호	062-521-1366
	어등성폭력상담소	광주광역시 광산구 우산로95번길 80 (우산동)	062-946-8004
	참사랑성폭력상담소	광주광역시 광산구 신창로86번길 7-17 (신창동)	062-954-4236
	인구협회광주 성폭력상담소	광주광역시 남구 서문대로 816 (주월동)	062-673-1366
	광주여성장애인 성폭력상담소	광주광역시 남구 천변좌로382번길 8 (사동)	062-654-1366
	광주여성의전화 광주성폭력상담소	광주광역시 서구 내방로 404번길 15	062-363-0485
	참터성폭력상담소	<휴지> 광주광역시 서구 내방로 348 (화정동)	062-368-5119

시도	상담소	소재지	전화번호
대전	동대전장애인성폭력상담소	대전광역시 동구 옥천로 176번길 15-4, 322호 (판암동, 동진프라자)	042-637-1366
	대전성폭력상담소	대전광역시 중구 오류로 98 (오류동)	행정 : 042-712-1368 상담 : 042-712-1367. 1369
	대전YWCA 성폭력상담소	대전광역시 중구 대흥로 128 (대흥동)	042-254-3038~9
	대전여성장애인 성폭력상담소	대전광역시 서구 월평서로9. 3층	042-223-8866
울산	법률구조법인 한국가정법률상담소 울산지부부설 울산성폭력상담소	울산광역시 중구 중앙길 127	052-245-1366
	생명의전화 울산지부부설 가정·성폭력통합상담소	울산광역시 남구 문수로 313, 삼성빌딩 505호	052-265-5570
	울산장애인성폭력상담소	울산광역시 울주군 범서읍 천상중앙길 104	052-246-1368
	동구가정성폭력통합상담소	울산광역시 동구 내진길 18	052 252 6778
세종	세종YWCA 성인권상담센터	세종특별자치시 조치원읍 조치원5길 75 여성회관1층	044-862-9191
	종촌종합복지센터 가정,성폭력 통합상담소	세종특별자치시 도움1로 116 종촌복지센터 3층	044-850-3095
경기	수원여성의전화부설 통합상담소	경기도 수원시 팔달구 향교로 161, 704호 (중동,우림빌딩)	031-232-7795
	수원탁틴내일상담소	경기도 수원시 장안구 경수대로 862, 501호 (조원동,창경빌딩)	031-251-1516
	성남여성의전화 부설 성폭력상담소	경기도 성남시 수정구 수정북로 100 (태평동, 동호빌딩 6층)	031-751-2050
	여성장애인성폭력상담소	경기도 성남시 수정구 수정북로 92 (태평동락커뮤니티 303호)	031-755-2526
	용인성폭력상담소	경기도 용인시 기흥구 갈곡로8번길 11	031-281-1366
	한국여성의전화 부천지부 부설 성폭력상담소	경기도 부천시 중동로 248번길 86(중동)현해탑빌딩 302	032-328-9713
	부천청소년 성폭력상담소	경기도 부천시 성주로 149(송내동)	032-655-1366
	새부천 성폭력상담소	경기도 부천시 길주로 272(중동)	032-612-1191
	안산YWCA 여성과 성상담소	경기도 안산시 단원구 고잔동 광덕서로66 . 412호	031-413-9414

시도	상담소	소재지	전화번호
경기	정다운 가족 상담센터	경기도 안산시 단원구 광덕4로 246	031-439-1366
	안산가정.성폭력통합상담소 (휴지)	경기도 안산시 상록구 용신로 164(사동)	031-419-1142
	가톨릭여성상담소	경기도 안산시 상록구 한양대학1길 60	031-415-0126
	안양여성의전화부설 성폭력상담소	경기도 안양시 동안구 관악대로 76(비산동) 정화빌딩6층	031-442-5385
	한국새남심리상담연구원 부설 성폭력상담소	경기도 안양시 동안구 관악대로 275번길 65-1 (비산동)	031-381-8540
	맘 톡톡 상담센터	경기도 화성시 봉담읍 오래3길 11	031-298-2117
	평택성폭력상담소	경기도 평택시 원평로105번길 29 1층	031-618-1366
	김포여성상담센터	경기도 김포시 양촌읍 양곡1로56번길 3	031-984-1367
	광명YWCA성폭력상담소	경기도 광명시 오리로 953, 3층	02-2619-8928
	씨알여성회부설 성폭력상담소	경기도 광주시 광주대로 129번길 13 (송정동, 3층)	031-797-7031
	로뎀여성폭력피해상담소	경기도 광주시 용샘길 147(목현동)	031-764-0577
	군포여성민우회 성폭력상담소	경기도 군포시 산본로 323번길 20-33, 802호	031-396-0236
	성교육성폭력 상담센터	경기도 안성시 서당길 39	031-676-1366
	의왕장애인성폭력상담소	경기도 의왕시 부곡중앙남1길 34, 꿈머울푸러저 202호	031-462-1366
	하남YWCA부설 성폭력상담소	경기도 하남시 신장로205번길 27 (덕풍동,서해상가4층)	031.796-1274
	고양성폭력상담소	경기도 고양시 일산동구 무궁화로 32-21, 로데오메탈릭타워 602-2	031-907-1368
	한마음가족상담센터	경기도 고양시 덕양구 용현로 9, 해동빌딩 510호	031-979-1367
	남양주가정과성상담소	경기도 남양주시 금곡로 46, 301호 (금곡동, 양지빌딩)	031-558-1366
	공감심리상담소	경기도 남양주시 오남읍 진건오남로 575, 302호(창노빌딩)	031-514-5150
	의정부장애인성폭력상담소	경기도 의정부시 호국로 1426, 4층(금오동)	031-840-9204
	하나성폭력상담소	경기도 의정부시 부용로95, 701호 (금오동, 현대프라자)	031-852-0142
	(사)사랑깊은뜰 부설 경기북부 가정문제성폭력상담소	경기도 의정부시 장곡로 596번길,19 골드타워 402호(신곡동)	031-876-7544

시도	상담소	소재지	전화번호
경기	성폭력 상담소'함께'	경기도 파주시 와석순환로 415(운정행복센터 2층)	031-946-2096
	양주성폭력상담소	경기도 양주시 독바위로 5, 남양상가 306호 (덕적동 346-9)	031-864-7546
	포천가족성상담센터	경기도 포천시 소흘읍 호국로 571(정우빌딩 3층)	031-542-3171
	동두천성폭력상담소	경기도 동두천시 어수로5, 2층 (상패동)	031-867-3100
	한국성건강센터	경기도 동두천시 행선로 100, 에이스상가 307호	031-858-1366
	연천행복뜰상담소	경기도 연천군 청산면 학담로 131	031-832-1315
강원	춘천가정폭력·성폭력상담소	강원도 춘천시 효자로 135, 3층	033-257-4687
	원주가정폭력·성폭력 통합상담소	강원도 원주시 갈머리2길 31 사회복지센터 307호	033-765-1366
	강릉가정폭력·성폭력상담소	강원도 강릉시 강릉대로 454 (포남동, 강릉시문화센터 2층)	033-652-9555
	동해가정폭력성폭력상담소	강원도 동해시 중앙로 188	033-535-4943
	사)속초여성인권센터 부설 속초성폭력상담소	강원도 속초시 동해대로 4307	033-637-1988
	삼척종합사회복지관부설 삼척가정폭력·성폭력 통합상담소	강원도 삼척시 원당로2길 72-6	033-573-9168
	영월성폭력상담소	강원도 영월군 영월읍 단종로 34	033-375-1366
	아라리가족성상담소	강원도 정선군 정선읍 녹송1길 38	033-563-8666
충북	사)청주여성의전화 부설 청주성폭력상담소	충청북도 청주시 상당구 대성로 57(서운동) 3층	043-252-0968
	충북여성장애인연대 부설 청주여성장애인 성폭력상담소	충청북도 청주시 상당구 상당로 26번길 15-2 (서운동)	043-224-9414
	인구보건복지협회 충북세종지회 청주성폭력상담소	충청북도 청주시 흥덕구 내수동로 20(복대동)	043-263-2000
	청주YWCA여성종합상담소	충청북도 청주시 흥덕구 1순환로 536번길 4, 1층 (봉명동)	043-268-3007
	제천성폭력상담소	충청북도 제천시 내제로 5길 12(명동)	043-652-0049, 653-1331
	영동가정폭력성폭력 통합상담소	충청북도 영동군 영동읍 회동로 212-1(2층)	043-743-1366
	충주성폭력상담소	충청북도 충주시 예성로 135	043-845-1366
	한스심리상담센터	충청북도 단양군 단양읍 삼봉로 274, 2층	043-422-3004

시도	상담소	소재지	전화번호
충남	충남성폭력상담소	충청남도 천안시 동남구 중앙로 66(영성동), 2층	041-564-0027
	천안여성의전화부설 성폭력상담소	충청남도 천안시 동남구 고재20길 12(천안신협 2층)(원성동)	041-561-0303
	천안장애인성폭력상담소	충청남도 천안시 서북구 두정역서5길 4, 두정프라자 301호(두정동)	041-592-6500
	로뎀나무상담지원센터	충청남도 공주시 신금1길 44-11, 4층	041-852-1950
	대천성폭력상담소	충청남도 보령시 대천로 35	041)931-1366
	아산가정성상담지원센터	충청남도 아산시 배방읍 순천향로 1060	041-546-9191
	장애인성폭력아산상담소	충청남도 아산시 번영로 115번길 20-14	041-541-1514
	아산늘품상담지원센터	충청남도 아산시 번영로 69번길 10-3	041-541-0119
	당진성상담센터	충청남도 당진시 서부로67 운암빌딩 2층	041-354-2366
	우리상담센터	충청남도 금산군 금산읍 금산로 1444	041-752-9911
	부여성폭력상담소	충청남도 부여군 부여읍 사비로 32 여성문화회관	041-837-1366
	서천성폭력상담소	충청남도 서천군 장항읍 장마로 14	041-956-8255
	홍성성가정폭력통합상담소	충청남도 홍성군 홍성읍 충서로 1121-32 (2층)	041-631-3939
	예산 성폭력 상담소	충청남도 예산군 예산읍 주교로 50 2층	041-335-1311
	태안군성인권상담센터	충청남도 태안군 태안읍 서문4길 31-6	041-675-9536
전북	성폭력예방치료센터 부설 성폭력상담소	전라북도 전주시 완산구 인정2길 12-4, 3층	063-236-0152
	새벽이슬장애인성폭력 상담소	전라북도 전주시 완산구 신봉3길 6	063-223-3015
	군산성폭력상담소	전라북도 군산시 구영7길 8	063-445-1366
	익산성폭력상담소	전라북도 익산시 인북로 187(익산상공회의소5층)	063-834-1366
	성폭력예방치료센터 정읍지부 성폭력상담소	전라북도 정읍시 충정로 273(대율빌딩5층)	063-537-1366
	남원YWCA부설 성폭력상담소	전라북도 남원시 시청로 65 2층	063-625-1316
	남원성폭력상담소	전라북도 남원시 요천로 1415	063-635-0712
	로뎀성폭력상담소	전라북도 군산시 구영6길 70	063-445-9192
	전주다솜성폭력상담소	전라북도 전주시 완산구 백마산길 67-2	063-223-5683
	정읍시민성폭력상담소	전라북도 정읍시 충정로 233	063-536-1369
	호남성폭력상담소	전라북도 전주시 덕진구 송천2길 7	063-286-1366
	성폭력예방치료센타 김제지부 성폭력상담소	전라북도 김제시 금성로 53-1	063-546-8366

시도	상담소	소재지	전화번호
전남	목포여성상담센터	전라남도 목포시 신흥로83번길 5	061-285-1366
	목포여성장애인성폭력 상담소	전라남도 목포시 영산로 361	061-283-4767
	여수성폭력상담소	전라남도 여수시 어항로 6	061-666-4001
	전남성폭력상담소	전라남도 순천시 서운성터길104	061-755-8033
	나주여성상담센터	전라남도 나주시 중앙로 50, 유선빌딩 3층	061-332-1366
	담양인권지원상담소	전라남도 담양군 담양읍 중앙로 18 2층	061-381-1366
	해남성폭력상담소	전라남도 해남군 해남읍 북부순환로 30	061-533-9181
	무안여성상담센터	전라남도 무안군 무안읍 무안로 522-1	061-454-1360
	보두마상담센터	전라남도 함평군 함평읍 외대화길 27 하나캐슬 203동 101호	061-324-1388
경북	(사)포항여성회 부설 경북여성통합상담소	경상북도 포항시 남구 송림로 10번길 6-2(송도동)	054-284-0404
	(사)한마음부설 한마음상담소	경상북도 포항시 북구 죽도로 40번길 8-3 (죽도동), 3층	054-277-9540
	경주다움 성폭력상담센터	경상북도 경주시 안현로54-11	054-777-1366 054-777-1520
	경북여성장애인성폭력 상담소	경상북도 안동시 태화중앙로 60-1(태화동)	054-843-1366
	구미여성종합상담소	경상북도 구미시 광평길 41(3층)	054-463-1386 054-463-1388
	영남여성장애인성폭력 상담소	경상북도 구미시 문장로 12길 18-1, 1층(도량동)	054)443-1366
	필그림가정복지상담소	경상북도 상주시 영남제일로 1368	054-534-5999
	문경열린종합상담소	경상북도 문경시 남부3길 19	054-555-8207
	로뎀성폭력상담소	경상북도 경산시 하양읍 대경로 766	053-853-5276
	새경산성폭력상담소	경상북도 경산시 남매로41	053-814-1318
	칠곡종합상담센터	경상북도 칠곡군 왜관읍 석진로 69-35	054-973-8290
경남	창원성폭력상담소	경상남도 창원시 의창구 신월로 42 토월복합상가 725호	055-283-8322
	마산여성장애인성폭력 상담소	경상남도 창원시 마산합포구 오동동 10길 56 가고파오피스텔 804호(오동동)	055-247-1366
	(사)경남여성회부설 성폭력상담소	경상남도 창원시 마산합포구 오동동 10길 56 가고파오피스텔 504호(오동동)	055-244-8400

시도	상담소	소재지	전화번호
경남	진해성폭력상담소	경상남도 창원시 진해구 충장로 511번길 16(풍호동)	055-546-8322
	동산샘상담소	경상남도 창원시 성산구 연덕로 184번길 48 지층2호(내동, 공단상가)	055-277-6868
	진주성폭력상담소	경상남도 진주시 남강로477번길 11 (신안동, 2층)	055-747-1366
	통영YWCA성폭력상담소	경상남도 통영시 동충1길4 (항남동), 2층	055-648-2070
	사천성가족상담센터	사천시 사천읍 수양로 126(3층)	055-852-9040
	김해성폭력 상담소	경상남도 김해시 김해대로 2495 화성빌딩 202호	055-329-6451
	양산성가족상담소	경상남도 양산시 중앙로 61, 204호	055-366-6663
	함안성˙가족상담소	경상남도 함안군 칠원읍 용산2길 70 (1층)	055-587-1367
	창녕성건강가정상담소	경상남도 창녕군.읍 창녕대로172	055-521-1366
	하동성가족상담소	경상남도 하동군 하동읍 섬진강대로 2222	055-884-1360
	거창성가족상담소	경상남도 거창군 수남로 2193-40 거창문화원 3층	055-944-1828
제주	제주여성상담소	제주특별자치도 관덕로8길 32(삼도이동) 2층	064-755-1366
	제주YWCA 통합상담소	제주특별자치도 삼무로11길 3, 5층	064-748-3040
	제주여성장애인상담소	제주시 복지로 3길 1-4(도남동)	064-753-4980

출처 : 여성가족부 홈페이지(www.mogef.go.kr).

5. 중독관리통합지원센터(알코올중독센터)

시도명	중독관리통합지원센터 명칭(소재지)	센터장	전화/팩스	이메일 홈페이지
서울 (4)	**강북구중독관리통합지원센터** 서울특별시 강북구 삼양로 335-1 2층	이태경	T.02-989-9224 F.02-989-9225	gbalcohol@gmail.com www.gbalchol.co.kr
	구로중독관리통합지원센터 서울특별시 구로구 구로 중앙로 214 창무빌딩 4층	김용진	T.02-2679-9353 F.02-2679-9354	hopeople21@hanmail.net www.gracc.or.kr
	도봉중독관리통합지원센터 서울특별시 도봉구 도봉로 523 하이준빌딩 4층	윤성구	T.02-6082-6793 F.02-6082-6784	dbalcohol@hanmail.net www.dbalcohol.or.kr
	노원구중독관리통합지원센터 서울 노원구 노원로 16길 15	방수영	02-6941-3677	www.nowon-addiction.or.kr
부산 (4)	**부산중독관리통합지원센터** 부산광역시 남구 용소로 46번길 4 우양빌딩 2층	김성곤	T.051-246-7574,7570 F.051-246-7578	busanacc@hanmail.net www.busanacc.org

시도명	중독관리통합지원센터 명칭(소재지)	센터장	전화/팩스	이메일 홈페이지
부산 (4)	**해운대중독관리통합지원센터** 부산광역시 해운대구 반송로 853 반송보건지소 1층	조현기	T.051-545-1172,1191,1192 F.051-545-1171	haeundae2010@hanmail.net www.haeundaeacc.com
	부산북구중독관리통합지원센터 부산광역시 북구 금곡대로 616번길 41 오성빌딩 5층	이광복	T.051-362-5482 051-362-5484 F.051-362-5483	bukgu2011@hanmail.net www.bukgu2011.or.kr
	사상구중독관리통합지원센터 부산광역시 사상구 모라로 110번길 85 주공아파트1단지 나상가 2층	강승기	T.051-988-1191 F.051-305-8420	sasangacc@hanmail.net http://www.sasangacc.com
대구 (2)	**달구벌중독관리통합지원센터** 대구광역시 동구 아양로 246-1번지 3층	이창원	T.053-957-8817~8 F.053-957-8816	sooinone@hanmail.net www.alcohol21.net
	대구중독관리통합지원센터 대구광역시 달서구 학산로 50 월성문화관내	이유미	T.053-638-8778,3778 F.053-638-8767	119alcohol@hanmail.net www.alcoholcenter.or.kr
인천 (5)	**계양구중독관리통합지원센터** 인천광역시 계양구 계양대로 126 계양구의회청사 1층	류호인	T.032-555-8765 F.032-555-8766	goacc@hanmail.net www.goacc.co.kr
	부평구중독관리통합지원센터 인천광역시 부평구 마장로 410번길 5 청천2동 주민센터 3층	설지환	T.032-507-3404,5 F.032-507-3406	bpalsang@hanmail.net www.bpalcohol.or.kr
	연수구중독관리통합지원센터 인천광역시 연수구 앵고개로 183 남동부수도사업소 2층	이미형	T.032-236-9477~8 F.032-236-9479	ickosacc@hanmail.net www.ickosacc.com
	동구중독관리통합지원센터 인천광역시 동구 인중로 377 2층	이학승	T : 032-764-1183 032-765-1183 F : 032-766-1183	icdacc@naver.com icdacc.or.kr
	남동구중독관리통합지원센터 인천광역시 남동구 남동대로 922번길 52 5층	심범식	T.032-468-6412	nd-jungdok.or.kr
광주 (5)	**광주서구중독관리센터** 광주광역시 서구 회재로 897-1 용현빌딩 2층	신재정	T.062-654-3802~3 F.062-654-3804	dsracc@hanmail.net www.dsracc.or.kr
	광주북구중독관리센터 광주광역시 북구 유동 중가로 26 4층	김연화	T.062-526-3370 F.062-527-3370	yohanacc1@hanmail.net www.yohanacc.or.kr
	광주동구중독관리센터 광주광역시 동구 금남로5가 166	김소라	T.062-222-5666 F.062-222-6446	inalcohol@hanmail.net www.inalcohol.com

시도명	중독관리통합지원센터 명칭(소재지)	센터장	전화/팩스	이메일 홈페이지
광주 (5)	**광주남구중독관리센터** 광주광역시 남구 봉선중앙로 139 한일메디칼빌딩 5층	권영란	T.062-412-1461 F.062-671-1461	www.namguacc.or,kr ng-alcohol@daum.net
	광주광산구중독관리센터 광주광역시 광산구 상무대로 239-1 5층	박수아	T.062-714-1233 F.062-714-1235	gsgacc@hanmail.net
경기 (7)	**성남시중독관리통합지원센터** 성남시 수정구 산성대로 223 파이낸스빌딩 4층	오홍석	T.031-751-2768~9 F.031-751-2767	omndam@hanmail.net www.snac.or.kr
	수원시중독관리통합지원센터 수원시 팔달구 매산로 89 구중부소방서 2층	이인숙	T.031-256-9478 F.031-256-2294	alcoholcenter@hanmail.net www.kosacc.or.kr
	안산시중독관리통합지원센터 안산시 단원구 화랑로 387	김종훈	T.031-411-8445~6 F.031-411-8447	ansanacc@hanmail.net www.ansanacc.or.kr
	안양시중독관리통합지원센터 안양시 만안구 문예로 48 안양시보건소 만안보건과 5층	장순주	T.031-464-0175~6 F.031-464-0165	alcohol0175@hanmail.net cafe.daum.net/alcohol0175
	의정부시중독관리통합지원센터 의정부시 흥선로 138번길 16	신경철	T.031-829-5001 F.031-873-5002	kuacc@naver.com www.kuacc.kr
	파주시중독관리통합지원센터 파주시 문산읍 개포래로 34 문산보건지소 2층	서형석	T.031-948-8004,8044 F.031-948-0068	pacc8044@hanmail.net www.alcoholcenter.org
	화성중독관리통합지원센터 화성시 정남면 서봉로 998 정남보건지소 1층	권지란	T.031-354-6614 F. 031-8003-3806	hs_alcohol@naver.com
대전 (3)	**대전대덕구중독관리통합지원센터** 대전광역시시 대덕구 계족로 665번길 27 한마음상가 207호	신재호	T.042-635-8275~6 F.042-622-8275	ddgacc@hanmail.net www.ddgacc.or.kr
	대전서구중독관리통합지원센터 대전광역시 서구 신갈마로 209번길 25 2층	나규일	T.042-527-9125 F.042-527-9126	djalcohol@hanmail.net www.djalcohol.or.kr
	대전동구중독관리통합지원센터 대전광역시 동구 계족로 108-1	정미숙	T.042-286-8275~6 F.042-286-8277	lifeline-al@hanmail.net www.lifeacc.or.kr
울산 (2)	**울산남구중독관리통합지원센터** 울산광역시 남구 달동 화합로 105 로하스 빌딩 5층	김경승	T.052-275-1117 F.052-275-1107	alcoholsol@hanmail.net www.ulsanalcohol.or.kr

시도명	중독관리통합지원센터 명칭(소재지)	센터장	전화/팩스	이메일 홈페이지
울산 (2)	**울산중구중독관리통합지원센터** 울산광역시 중구 학성로 84-1번지 3층	이동현	T.052-245-9007 F.052-245-9003	alcsolution@hanmail.net www.alcsolution.or.kr
강원 (3)	**강릉중독관리통합지원센터** 강릉시 경강로 2279 강맥빌딩 A동 2층	박상숙	T.033-653-9668 F.033-651-9665	alcohol9669@hanmail.net
	원주시중독관리통합지원센터 원주시 원일로 139 원주건강문화센터 지하 1층	박서연	T.033-748-5119 F.033-748-0192	ygaccp@kornet.net http://alja.yonsei.ac.kr
	춘천중독관리통합지원센터 춘천시 삭주로 84 수인빌딩 3층	이상규	T.033-255-3482 F.033-240-5748	ccalcoholcenter@gmail.com www.alcoholfree.or.kr
충북 (1)	**청주중독관리통합지원센터** 충북 청주시 흥덕구 비하동 12번길 46번지 강서보건지소 2층	안성배	T.043-272-0067 F.043-272-0068	cjacc6091@hanmail.net www.cjacc.or.kr
충남 (2)	**아산시중독관리통합지원센터** 아산시 번영로 224번길 20번지	허문욱	T.041-537-3332,4~5 F.041-537-3406	jh007@korea.kr www.asanmind.net
	천안시중독관리통합지원센터 천안시 서북구 서부8길 29 (구보건소 별관1층)	성준모	T.041-577-8097~8 F.041-577-8096	cac8098@hanmail.net www.cheonanac.or.kr
전북 (2)	**군산중독관리통합지원센터** 군산시 신평1길 19 2층	김선경	T. 063-464-0061~3 F.063-464-0064	gac2010@hanamil.net www.gunsanacc.org
	전주시중독관리통합지원센터 전주시 완산구 장승배기로 293	윤명숙	T.063-223-4567~8 F.063-223-0266	j-alcohol@hanmail.net www.jalcohol.org
전남 (2)	**목포중독관리통합지원센터** 목포시 석현로 48 하당보건지소 3층	김엔다	T.061-284-9694 F.061-270-3596	su6700@korea.kr www.mokpocity.com
	여수시중독관리통합지원센터 여수시 시청서4길 47 여수시보건소 건강증진센터 2층	김용철	T.061-659-4255 061-659-4295 ~7 F.061-659-5840	ygh0215@korea.kr
경북 (2)	**구미중독관리통합지원센터** 구미시 검성로 115-1	이준엽	T.054-474-9791~2 F.054-474-9793	gmalcohol@hanmail.net www.gmalcohol.or.kr
	포항중독관리통합지원센터 포항시 북구 삼흥로 98 포항시 북구보건소 내	박혜경	T.054-270-4148~50 F.054-277-4026	pohangac@hotmail.com http://acc.ipohang.org
경남 (4)	**김해중독관리통합지원센터** 김해시 분성로 227 김해보건소 내 2층 211호	김진원	T.055-314-0317 F.055-314-0318	jinju7090@nate.com www.ghacc.co.kr
	마산중독관리통합지원센터 마산시 합포구 합포로 2 3층	전갑수	T.055-247-6994 F.055-247-6995	masanacc@daum.net www.masanacc.or.kr

<table>
<tr><th rowspan="2">시도명</th><th rowspan="2">중독관리통합지원센터 명칭(소재지)</th><th rowspan="2">센터장</th><th rowspan="2">전화/팩스</th><th>이메일</th></tr>
<tr><th>홈페이지</th></tr>
<tr><td rowspan="2">경남
(4)</td><td>진주중독관리통합지원센터
진주시 월아산로 983 2층</td><td>박철수</td><td>T.055-758-7801
F.055-758-7802</td><td>jinjuacc@hanmail.net
www.jinjuacc.org</td></tr>
<tr><td>창원중독관리통합지원센터
창원시 의창구 원이대로 663
제상가 15동 2층(은아 아파트 후문)</td><td>손경국</td><td>T. 055-261-5011~2
F.055-261-5015</td><td>cwacc@hanmail.net
www.cwacc.or.kr</td></tr>
<tr><td rowspan="2">제주
(2)</td><td>제주중독관리통합지원센터
제주시 서광로 175</td><td>강지언</td><td>T.064-759-0911
F.064-759-0912</td><td>catcjeju@hanmail.net
www.jejualcohol.org</td></tr>
<tr><td>서귀포 중독관리통합지원센터
서귀포시 중앙로 101번길 52
(서귀포보건소내)</td><td>이금자</td><td>T. 064-760-6077
F. 064-760-6017</td><td>suna8304@hanmail.net</td></tr>
</table>

출처 : 여성가족부 홈페이지(www.mogef.go.kr).

참고문헌

가족치료 연구모임 역(1993). 해결중심적 단기 가족치료. Berg, I. K. & Miller, S. D.(1992). *Working with the Problem Drinker*. 하나의학사.

________________.(1996). 단기가족치료 : 해결중심으로 되어가기. Walter, John & Peller, Jane(1992). *Becoming Solution-Focused in Brief Therapy*. 하나의학사.

강남식 외(2018). 광주광역시 사회복지사협회 인권교육 총서 13 여성인권과 성평등. 오월숲.

강미정(2014). 가정폭력 피해 아동에 대한 모래상자치료의 효과. 창원대학교 대학원 석사학위논문.

고미영(2002. 3. 26). 이야기 치료와 가족치료. 기독교 상담심리치료학회, 1-17.

고성민(2019. 7. 22). "검찰, '영암 베트남 아내 폭행' 남성 구속기소". 조선일보.

고은경(2011). 모래상자치료 과정에서 아동이 형상화한 이야기의 상징적 의미 : 분석심리학적 민담 분석을 토대로. 부산대학교 대학원 석사학위논문.

곽영숙(2008). 공존을 위한 융화(融和) : 중국, 베트남, 필리핀을 중심으로. 다문화사회 전문강사양성교육 자료집. 보건복지부·중앙건강가정지원센터.

광주여성의전화(2003). 성교육강사모임 성이랑 성매매자료.

____________(2018). 성폭력전문상담원 양성교육자료집.

교육부(2016). 2016 다문화교육 지원계획.

구자관(2007). 언어폭력이 카지노딜러의 소진, 직무만족, 이직의도에 미치는 영향－분노조절기제의 조절효과를 중심으로. 경기대학교 대학원 박사학위논문.

구차순(2007). 결혼이주여성의 적응에 관한 근거이론 연구. 부산대학교 대학원 박사학위논문.

국가법령정보센터 홈페이지. www.law.go.kr

국가인권위원회 보도자료(2012). 인권위, 인권친화적 이주민 정책마련 권고.

국가인권위원회(2011). 다문화 인권교육 기본교재 '다르지만 평등한 이주민 인권 길라잡이'.

____________(2012). 이주인권 가이드라인.

국무조정실·여성가족부(2016). 다문화가족정책, 이제는 '자녀성장지원'이다!

권선영(2011). 그림책을 활용한 독서치료 프로그램이 초등학생의 자기존중감과 공감능력에 미치는 효과. 경희대학교 교육대학원 석사학위논문.

권진숙 외(2012). 사례관리론. 학지사.

금명자 외(2004). 이혼과정경험에 대한 질적 연구 : 부모역할과 부모자녀관계를 중심으로. 한국청소년 상담원.

김경희(2013). 모래상자에 나타나는 영웅신화론 주제 분석 : 8세 남아의 사례를 중심으로. 한국모래상자치료학회, 9(1), 41-65.

김경희·이희자(2005). 모래상자 놀이치료. 양서원.

김광웅(1999). 아동 놀이의 속성과 치료적 요소에 관한 고찰. 놀이치료 연구, 2(1), 49-57.

김규수·오현수(2005). 가족치료-이론과 실제-. 양서원.

김금란(2012). 구조화된 집단모래상자치료 프로그램이 아동의 자기지각 및 자아탄력성에 미치는 효과. 명지대학교 대학원 석사학위논문.

김기쁨(2017). 초등학교 저학년의 언어폭력예방을 위한 독서치료 활용 집단상담 프로그램 개발. 한국교원대학교 대학원 석사학위논문.

김도황·정태연(2002). 청년기의 자기탐색. 동인.

김동일(2018). 이주여성의 한국생활적응 과정과 교회평생교육 경험에 관한 연구. 광주대학교 대학원 박사학위논문.

김동진(2014). 다문화복지론. 공동체.

김동진·박인아·윤구원(2016). 다문화복지론. 공동체.

김명현(2012). 한국의 외국인 정책과 사회통합프로그램. 한국사회의 통합을 위한 이주민 정책. 한국다문화가족지원센터협회·대구가톨릭대학교 다문화연구소.

김민예숙(2013). 여성주의 상담구조화모델 워크북. 한울아카데미

김민예숙 외(2009). 왜 여성주의 상담인가?. 한울아카데미.

김범수 외(2007). 다문화 사회복지론. 양서원.

김병희(2012). 전통 태교의 특성과 교육적 위상. 아동교육, 21(3), 169-180.

김보애(2003). 모래놀이의 이론과 실제. 학지사.

김보영·임효진·최윤호·김상희·박범진(2012) 숲태교를 통한 산모의 임신스트레스 감소 효과. 한국임학회. 산림과학 공동학술발표논문집, 687-690.

김수연·김득성(2001). 부부폭력과 결혼 불안정성의 관계. 한국가정관리학회지, 19(1), 53-62.

김수연 외(2009). 다문화가정을 위한 가족관계 향상 프로그램 개발. 부산여성가족개발원.

김 숙(2009). 전라남도 이주민 인권상황 실태 및 개선방안. 2009년 국가인권위원회 인권교육포럼. 전북대학교 인권센터, pp. 121-129.

김연희(2007). 한국 사회의 다문화화와 사회복지분야의 문화적 역량. 사회복지연구, 35, 117-144.

김영희(2009). 한국에서의 태교. 부모·자녀건강학회, 12(1), 37-45.

김용태(2004). 가족치료 이론. 학지사.

김유숙(1998). 가족치료-이론과 실제-. 학지사.

______(2000). 가족상담. 학지사.

______(2002). 가족치료. 학지사.

김유숙·전영주·김수연(2003). 가족평가 핸드북. 학지사.

김은주·서영희·한미라·조희숙·임재택(2006). 태교의 의미와 실제에 대한 문화기술적 탐구. 열린유아교육연구, 11(5), 321-347.

김이선(2008). 다문화가족정책의 이해. 다문화사회 전문 강사 양성교육 자료집. 보건복지부·중앙건강가정지원센터.

______(2015). 한국사회 다문화와의 특징과 다문화가족 정책 : 정책 형성의 의의와 추진 성과. 국제학술포럼 자료집, pp. 115-140.

김이선·이아름·황정미(2014). 다문화가족의 초국가적 가족연계망과 정책적 시사점. 한국여성정책연구원.

김재은(1972). 한국가족의 집단성격과 부모-자녀 간에 관한 심리학적 연구. 이화여자대학교 대학원 박사학위논문.

김정열·박수준·유정욱(2014). 다문화가족의 상담과 실제. 공동체.

김정원 외(2008). 교육복지 마스터플랜. 교육인적자원부·한국교육개발원.

김진숙(1999). 비행청소년을 자녀로 둔 가족을 위한 치료적 접근. 한국가족치료학회지, 7(2).

김진숙·이명우·송수민(1999). 1999년도 상담경향 분석연구. 한국청소년 상담원.

김춘경·이수연·이윤주·정종진·최웅용(2016). 상담학 사전. 학지사.

김춘진(2009). 인권적 시각에서 본 다문화정책의 문제점과 과제. 2009년 국가인권위원회 인권교육포럼. 전북대학교 인권센터, pp. 3-24.

김태희(2015). 청소년의 스트레스 및 우울이 심리적 안녕감에 미치는 영향 : 자아탄력성의 매개효과를 중심으로. 한영신학대학교 대학원 박사학위논문.

김헌선(2002). (신화아카데미 연구 총서2) 세계 영웅신화 연구서. 동방미디어연구.

김헌수(2001). 한국청소년 음주 및 비행행동 간의 상관관계. 보건복지부.

______(2001). 장애아동 어머니의 양육태도와 가족 특성 간의 상관연구. 공주대학교 교육대학원 석사학위논문.

김현자·김지영·이무영·이미나·조미영·임미선(2018). 부모교육. 공동체

김현희 외(2004). 독서치료. 한국독서치료학회. 학지사.

김혜순·김재경·엄한진·최샛별(2008). 이민자와 국민 대상 다문화사회시민교육제도의 정책제안. 한국사회학회, 10-11.

남경동·윤계숙·정혜선·박순애·장부영·김혜란·엄현신·성영희(2005). 수술실 간호사가 경험하는 언어폭력 측정도구 개발. 간호행정학회지, 11(2), 159-172.

두산백과. 가족생활주기 [Family Life Cycle, 家族生活週期]

문광민·신혜림(2019. 7. 8). "'한국남편 무서워요' 이주여성 40% 폭력경험". 매일경제.

문무경(2008). 유아 기본학습능력 발달 지원. 교육인적자원부·한국교육개발원.

______(2011). 유치원교사를 위한 다문화교육.

문무경 · 조혜주(2008). 다문화가정 육아지원 방안 연구. 육아정책개발센터.
문희수 · 최의순(2002). 산모와 배우자의 태교인식과 실천에 관한 연구. 여성건강간호학회지, 8(4), 583-594.
미국정신분석학회(2012). 정신분석용어사전. 이재훈 역. 한국심리치료연구소.
민동일(2007). 청소년의 가정건강성, 학교생활건강성 및 자아탄력성이 정신건강에 미치는 영향. 인하대학교 대학원 박사학위논문.
민병근(1976). 한국청소년에 관한 사회 정신의학적 연구. 중앙대학교 의과대학 신경정신과 학교실.
박문일(2005). 태교는 과학이다. 한양대학교 출판부.
박상연(2002). 모두 다르게, 모두 소중하게. 유네스코.
박소현 · 이미나(2018). 가정폭력피해아동의 모래상자치료과정에서 나타난 영웅신화적 경험 분석에 대한 사례연구. 모래상자치료연구, 8(1), 14-25.
박애경(2017). 가족건강성, 사회적지지가 지역아동센터 아동의 인터넷 과몰입에 미치는 영향 : 자아탄력성, 심리적 안녕감 매개효과 검증. 서울벤처대학교 대학원 박사학위논문.
박은희(2012). 구조화된 집단모래상자치료가 아동의 자아존중감과 정서지능에 미치는 효과. 명지대학교 대학원 석사학위논문.
박주연(2011). 콜라주 중심의 태교 미술치료 프로그램이 임신부의 스트레스에 미치는 효과. 한국예술치료학회지, 2, 1-23.
박지영(2009). 다문화가족 상담의 실제. 다문화사회 전문 강사 양성교육. 보건복지가족부 · 전국다문화가족사업지원단.
박찬식 · 정노아(2008). 21C 신 유목민시대와 이주자 선교. 기독교산업사회연구소.
박태영(2003). 가족생활 주기와 가족치료. 학지사.
박효미 · 정경희(2014). 태교. 태아 커뮤니케이션. 커뮤니케이션 북스.
배상미(2007). 임부의 태교무용에 대한 인식도 조사. 대한무용학회논문집, 51, 131-517.
법무부(1997). 가정폭력 방지 피해자 보호 등에 관한 법률.
______(2010). http://blog.daum.net/mounification/8768296
______(2019). 출입국외국인정책 통계월보. 2019년 6월호.
법제처(2010). 북한이탈주민의 보호 및 정착지원에 관한 법률 제2조(정의).
보건복지부(2015). 보육통계.
_________(2018). 2018 다문화가족지원사업안내.
설동훈(2009). 인권적 시각에서 본 다문화정책의 문제점과 과제. 2009년 국가인권위원회 인권교육포럼. 전북대학교 인권센터, pp. 3-24.
______(2009). 한국사회 다문화 담론과 인권. 2009년 국가인권위원회 인권교육포럼. 전북대학교 인권센터, pp. 29-44.

설동훈 외(2009). 다문화가족의 중장기 전망 및 대책 연구. 여성가족부.

성미혜·주경숙(2011). 임부의 결혼만족도와 배우자 지지가 태교실천에 미치는 영향. 여성건강간호학회지, 17(1), 31-38.

송기범·장은동(2010). 사회복지실천에서의 문화적 역량과 측정도구에 관한 고찰. 인문사회과학연구, 29, 39-69.

송성자·정문자(1994). 경험적 가족치료. 중앙적성출판사.

송오식(2011). 다문화사회에 대한 규범적 접근. 다문화사회와 해석학. 호남신학대학교출판부·한들 출판사.

송윤선(2012). 결혼이주여성들의 실태와 복지기관을 통한 효율적인 선교 접촉점 연구. 총신대학교 대학원 박사학위논문.

송윤선·이미나(2019). 결혼이주여성의 가족상담 관련 KCI 연구동향-1993년부터 2017년까지 게재논문 중심으로-. 예술인문사회 융합 멀티미디어 논문지, 9(4).

신은주 외(2013). 가족형태의 변화에 따른 이주아동의 인권상황 실태조사. 2013년도 국가인권위원회 인권상황 실태조사 연구용역보고서. 국가인권위원회 조사국 침해조사과.

신은희 외(2012). 다문화 사회와 가정. 공동체.

신인숙·김애자(2006). 태교와 음악 환경이 유아의 음악 능력에 미치는 영향. 아동교육, 15(1), 123-137.

신진영(2016). 성매매 집결지위 장소성에 대한 여성주의적 연구-대구 '자갈마당을 중심으로'. 계명대학교 정책대학원 석사학위논문.

신현숙(2001). 청소년기 대처양식 : 비행과 학교 동일시에 따른 차이. 상담학 연구, 2(1).

심희옥(2008). 생모와 이별한 5세 남아의 모래상자치료를 통한 의식의 탄생과 분화. 한국아동심리재활학회, 12(3), 61-83.

안상수·김이선·마경희·문희영·이명진(2015). 국민 다문화수용성 조사 연구. 여성가족부.

안정임·전경란·김양은 편(2009). 다문화와 미디어교육. 방송통신위원회·한국전파진흥원.

안효성(2016). 신화 속 영웅들의 콘텐츠적 재귀 : 슈퍼 히어로가 된 헤라클레스와 그 서사적 의미. 한국해석학회, 42, 99-132.

양유성(2004). 이야기치료. 학지사.

엄명용(2002). 장기 분거주거의 전문직 남성문제 : 기러기 아빠. 한국가족치료학회지, 10(2), 25-43.

여성가족부(2013). 2012년 전국 다문화가족 실태조사.

________(2013). 다문화가족 사례관리 실무활용메뉴얼.

________(2016). 2015년 전국 다문화가족 실태조사.

________(2018). 2018년 여성가족부 업무보고.

________(2018). 제3차 다문화가족정책 기본계획안.

여성가족부·관계부처합동(2012). 제2차 다문화가족정책 기본계획(2013~2017).

염미봉(2006). 성매매 여성에 대한 일고찰-광주지역 성매매지원시설을 중심으로-. 서강대학교 공공정책대학원 석사학위논문.

염숙경(2006). 모래상자치료 사례의 캠벨영웅신화론에 의한 분석. 숙명여자대학교 대학원 박사학위논문.

염숙경·김광웅(2008). 모래상자치료사례의 캠벨영웅신화론에 의한 분석. 한국놀이치료학회, 11(2), 87-104.

오윤자(2008). 결혼이민자 배우자교육 소개 및 활용. 다문화사회 전문 강사 양성교육 자료집. 보건복지부·중앙건강가정지원센터.

유태용(1999). 문화란 무엇인가?. 학연문화사.

윤 진(1985). 노인 심리학. 중앙적성출판사.

이경혜·배경의(2004). 심신과학으로서의 태교. 부모·자녀건강학회지, 7(1), 61-72.

이근홍(2006). 사회복지실천 개별관리. 공동체.

이미나(2015). 아유르베다 요법을 활용한 숲태교 프로그램 개발 및 효과. 동방문화대학원대학교 박사학위논문.

이민정·이영선(2017). 그림책활용 독서치료 프로그램이 여성결혼이민자의 자아존중감, 사회적 유능감 및 개인적 성장과 가족관계에 미치는 영향. 한국가족관계학회지, 22(3), 103-130.

이병희(2010). 다문화문제와 다문화주의. 한국 다문화가정 실태와 과제. (사) 한국다문화가족 정책연구원.

이봉주·김세원(2014). 아동학대가 아동·청소년 발달에 미치는 영향에 대한 종단적 연구. 아동과 권리, 18(2), 163-195.

EBS 아기성장보고서 제작팀(2009). 아기성장보고서. 예담.

EBS 퍼펙트 베이비 제작팀(2013). 퍼펙트 베이비(EBS 다큐프라임). 와이즈베리.

이성미(2010). 다문화 코드 : 코리안 드림 해법 찾기. 생각의 나무.

______(2012). 다문화정책론. 박영사.

이수영(2010). 초등학교 고학년의 언어폭력 예방을 위한 역할놀이 중심 집단상담 프로그램 개발. 한국교원대학교 교육대학원 석사학위논문.

이용승(2012). 이주민 통합정책 국제비교. 한국사회의 통합을 위한 이주민 정책. 한국다문화가족지원센터협회·대구가톨릭대학교 다문화연구소.

이유경(2003). 분석심리학적 신화읽기 : 의식의 발달사로 보는 신화의 세 단계. 한국미학예술학회, 17, 207-239.

______(2008). 원형과 신화. 분석심리학연구소.

이주문제자료실(2010). http://immigrant.tistory.com

이주여성 긴급지원센터(2003). 이주여성인권 보호를 위한 매뉴얼.

이주여성 성폭력 피해현황과 체류권 보장을 위한 제도 개선방안 토론회(2018). 국회의원회관.

이지훈(2009). 전라북도 이주민 인권상황 실태 및 개선방안(이주여성을 중심으로). 2009년 국가인권위원회 인권교육포럼. 전북대학교 인권센터, pp. 103-117.

이창호·오성배·정의철·최승희(2007). 소수집단 청소년들의 생활실태 및 지원방안 연구. 한국청소년정책연구원.

이현주(1997). 부부의 자아분화 정도와 갈등대처 행동에 관한 연구. 성균관대학교 대학원 석사학위논문.

이형하·박상희 외(2015). 다문화 사회와 다문화 교육의 이해. 공동체.

이형하·박상희·송선화·김정오·김훈희·권충훈·최희철(2015). 다문화사회와 다문화교육의 이해. 공동체.

이형하(2011). 농촌지역 결혼이주여성의 '지역사회 참여' 과정과 유형에 관한 연구. 다문화 사회와 해석학. 호남신학대학교출판부·한들출판사.

장복순·김기영·김은숙(2001). 태교관점 임부교실 참여 전후 임부 태아애착과 분만자신감의 변화. 여성건강간호학회지, 7(1), 7-17.

장은동(2012). Lum의 '사회복지 문화적 역량 자기평가' 척도 한국판 타당화 및 하위 요인의 구조적 관계 검증. 호남대학교 대학원 박사학위논문.

장은주·김수연·이진영(2000). 우리아기 두뇌개발. 명진출판사.

장인협·우국희(2001). 케어·케이스 매니지먼트. 서울대학교 출판부.

정의철(2013). 다문화 아동과 다문화 교육. 다문화 커뮤니케이션. 커뮤니케이션북스.

장재천(2009). 한국 전통 태교의 특징과 역사적 의의. 한국사상과 문화, 49, 203-222.

장재홍·김현주·이호준·김태성(2002). 청소년기 가족문제와 상담방향. 청소년 상담연구, 82.

장정순·박주호(2005). 태교미술에 대한 인식도 조사 : 만 18세 이상 30세 이하 성인 미혼 남녀를 중심으로. 미래유아교육학회지, 12(2), 377-403.

장정호(2005). 유학교육론의 관점에서 본 "태교신기"의 태교론. 대동문화연구, 50, 475-502.

______(2008). 한·중 전통 태교론(胎敎論) 비교 연구. 교육사학연구, 18(1), 59-82.

장혜영(2013). 다문화 사회에 부응하는 교사의 역할. 고려대학교 행정대학원 석사학위논문.

장훈태(2011). 선교적 관점에서 본 다문화 사회. 도서출판 대서.

장휘숙(2008). 가족심리학(제2판). 박영사.

재한외국인 처우 기본법 제2조.

전명길(2017). 다문화 가정의 가정폭력에 관한 연구. 국내학술기사 한국법이론실무학회.

전준형(2009). 다문화정책의 문제점과 발전방향 -외국인 정책 기본계획 소개와 제언-. 2009년 국가인권위원회 인권교육포럼. 전북대학교 인권센터, pp. 59-96.

정갑영(2004). 문화와 사회발전의 관련성 연구. 「2004 기본연구 2004-34」.

정미라·강수경·김민정(2013). 임산부의 결혼만족도, 부모됨의 태도와 태교실천에 관한 연구. 대한가정학회지, 51(2), 241-251.

정민자(2008). 다문화가족의 이해. 다문화사회 전문 강사 양성교육 자료집. 보건복지부·중앙건강가정지원센터.

정병호 외(2011). 이주인권 가이드라인 구축을 위한 실태조사. 국가인권위원회 연구용역 보고서.

정수경(1993). 정신분열증 환자의 질병기간에 따른 가족기능의 효과성 연구. 연세대학교 대학원 박사학위논문.

정인혜(2018). 다문화 독서 프로그램을 통한 아동의 자아존중감 향상과 다문화 수용성에 미치는 영향. 대전대학교 교육대학원 석사학위논문.

정재훈(2008). 다문화가족 관련 사회보장제도. 다문화사회 전문 강사 양성교육 자료집. 보건복지부·중앙건강가정지원센터.

정희자(1999). 삶으로서의 은유. 부산외대논총, 19-3, 219-247.

조순자(2002). 가정폭력이 아동의 행동에 미치는 영향 : 쉼터에 거주하는 구타당한 여성의 아동을 중심으로. 성공회대학교 시민사회복지대학원 석사학위논문.

조영달(2006). 다문화과정의 자녀교육 실태조사. 교육인적자원부.

조 은(2004). 세계화의 최첨단에 선 가족 : 원정유학 모자녀 가족 사례를 중심으로. 학술진흥재단 연구 보고서.

조재경(2004). 가정폭력 예방 및 대처교육 프로그램 효과－전문가 과정 및 도우미 과정을 중심으로. 한국가족치료학회지, 12(1).

천정웅·이형하·이승민·이정희(2015). 이민다문화 가족복지론. 양서원.

최경석 외(2003). 한국 가족복지의 이해. 인간과 복지.

최규련(1994b). 가족체계의 기능성, 부부간 갈등 및 대처방안과 부부의 심리학 적응과의 관계. 대한가정학회지, 12.

최선령(2001). 아내 구타자의 인지행동 프로그램. 한국가족치료학회지, 9(1), 99-130.

최선령·이인수 공역(2005). 가족치료 임상에서 삼각관계 활용. 시그마프레스.

최양숙(2005). 조기유학, 가족 그리고 기러기 아빠. 한국학술정보.

최연순·김현옥(1995). 임신부부의 태교 실태조사. 여성건강간호학회지, 1(2), 153-173.

최연실 외(2015). 한국가족을 말하다 : 현상과 쟁점. 도서출판 하우.

최윤희·김순자(2011). 국제결혼가정 자녀의 자아정체감이 진로성숙도에 미치는 영향. 한국심리학회지, 30(3). 743-762.

최은영·이진화·김승진(2014). 2013-2014 유아교육 연차보고서. 육아정책연구소.

최창희(2010). 대구죽전초등학교 다문화학교방송 다문화학생이 진행. 매일신문 인터넷판.

통계청(1994). 노인생활실태조사. 통계청.

______(2002). 인구주택총조사보고서. 통계청.

통일부(2010). http://www.unikorea.go.kr

KBS 첨단보고 뇌과학 제작팀(2012). 태아성장보고서 : KBS 특집 3부작 다큐멘터리 첨단보고 뇌과학 10년의 기록 엄마 뱃속에서 시작되는 두뇌 혁명. 마더북스.

한국다문화교육학회·한국건강가정진흥원(2015). 한국 다문화정책에 대한 10년 평가 및 전망. 국제학술포럼.

한국사례관리학회(2012). 사례관리전문가교육 : 실무자 기초과정. 학지사.

한국양성평등교육원(2016) 가정폭력예방교육전문강사 교육과정.

한국청소년상담원(2001). 이혼가정의 아이들. 청소년 상담문제 연구보고서 45. 한국청소년상담원.

한미향(1999). 부부의 자아분화와 부부의 갈등 및 갈등대처방안과의 관계. 서강대학교 대학원 석사학위논문.

한상분(1992). 아동의 자아개념과 가족체계의 기능 유형 : Circumplex Model을 중심으로. 연세대학교 대학원 석사학위논문.

한윤옥·김수경·조미아(2009). 다문화가정을 위한 도서관의 서비스 개발과 운영방안에 관한 연구. 한국문헌정보학회지, 43(2), 91-122.

한지희(2012). 한국적 다문화 상담. 학지사.

해석학연구회(1994). 현대철학과 해석. 지평문화사.

행정안전부(2012. 7). 2012년 지방자치단체 외국인주민 현황. 행정안전부.

홍기룡(2009). 제주지역 이주민 인권상황 실태 및 개선방안. 2009년 국가인권위원회 인권교육포럼. 전북대학교 인권센터, pp. 133-150.

홍민정(2015). 도시·농촌 간 다문화가족지원정책의 효과 및 효율성 분석-다문화가족지원센터를 중심으로-. 서울대학교 행정대학원 석사학위논문.

황매향·김계현(2001). 진로의사결정과정에서의 타협과정에 관한 연구동향. 한국심리학회지 : 상담 및 심리치료, 13(1).

황옥자(1996). 어머니의 태교의식 및 태도와 유아건강과의 관련성 연구. 한국가족복지학, 1, 131-156.

황정미 외(2009). 이주민의 사회통합을 위한 지역사회 참여현황과 증진방안. 한국여성정책연구원·고려대학교 아세아문제연구소.

황홍렬(2011). 부산지역 이주민 현황과 이주민 선교의 과제 : 결혼이주여성/ 다문화가족을 중심으로. 이주민선교와 신학. 한국장로교출판사.

Anderson, J., & Carter, R. W.(2003). *Diversity Perspectives for Social Work Practice.* Boston : Allyn & Bacon.

Atkinson, D, R., Thompson, C, E., & Grant, S. K.(1993). A three-dimensional model for counseling racial ethnicminorities. *The Counseling Psychologist, 21,* 257-277.

Atsushi, O., Hitoshi, N., Shinji, N., & Motoyuki, K.(2002). Development and validation of an adolescent resilience scale. *Japanese Journal of Counseling Science, 35,* 57-65.

Bender, L., & Lourie, R. S.(1941). The effect of comic books on the ideology of children. *American journal of Orthosychiatry, 11*(3). 540-550.

Bentler, P. M., & Bonett D. G.(1980). Significance tests & goodness of fit in the analysis of covariance structures. *Psychological Bulletin, 88*, 588-606.

Berg, I. K.(1994). *Family Based Services : A Solution-Focused Approach.* New York : W. W. Norton

Bernard, J. M.(1979). Supervisor training : A discrimination model. *Counselor Education and Supervision, 19,* 60-68.

Berry, J. W.(1997). Immigration, Acculturation, and Adaptation. *Applied Psychology : An International Review, 46*(1).

Betancourt, J. R., Green, A. R., Carrillo, J. E., Ananeh-Firempong, O.(2003). Defingning cultural competence : A practical framework for addressing racial/ethnic disparities in health & health care. *Public Health Reports, 118*(4), 293-302.

Block, J. H., & Block, H.(1980) The role of ego-control and ego-resiliency in the organization of behavior. *Minnesota Symposia on Child Psychology, 13,* 39-101.

Block, J., & Kremen, A. M.(1996). IQ and ego-resiliency : Conceptual and empirical connections and separateness. *Journal of Personality and social psychology, 70*(2), 349-36.

Budman, S. H.(Ed.)(1981). *Forms of Brief Therapy.* New York : Guilford Press.

Cade, B., & O'Hanlon W. H.(1992). *A Brief Guide to Brief Therapy*. New York : W. W. Norton.

Call, J.(Ed.)(1979). *Basic Handbook of Child Psychiatry.* New York : Basic Books.

Cameron, L.(1998). Verbal abuse : A protective approach. *Nursing Management, 29*(8), 34-36.

Campbell, J.(1999). 천의 얼굴을 가진 영웅. 이윤기 역. 민음사.

Cross, T.(1988). Cultural Competence Continuum. Focal Point, The Bulletin of The Research and Training Center on Family Support and Children's Mental Health, Portland State University.

Cross, T., Bazron, B., Dennis, K., & Isaacs, M.(1989). Towards a Culturally Competent System of Care, Volume 1. Washington, DC : CASSP Technical Assistance Center,

Center for Child Health & Mental Health Policy, Georgetown University Child Development Center.

Culbertson, Philip(2000). *Caring for God's People*. Minneapolis : Fortress Press.

Dalrymple, J., & Burke, B.(1995). *Anti-oppressive Practice : Social Care and the Law*. Buckingham, UK : Open University Press.

Davis, P., & Donald, B.(1997). *Multicultural Counseling Competencies : Assessment, Evaluation, Education and Training, and Supervision.* Thousand Oaks, CA : Sage Publications.

de Shazer, S. D.(1985). *Keys to Solution in Brief Therapy.* New York : W. W. Norton.

Eberhardt, Tim(1996). Storytelling and Pastoral Care. *Journal of Pastoral Care,* Spring, no. 1, 23-32.

Emde, R., Gaensbauer, T., & Harmon, R.(1976). *Emotional Expression in Infancy.* New York : Int. Univ. Press.

Gallegos, J. S. (1982). The ethnic competence model for social work education. In B. W. White(Ed.), *Color in a White Society.* Silver Spring, MD : National Association of Social Workers.

Gallegos, J. S., Tindall, S., & Gallegos, S. A.(2008). The need for advancement in the conceptualization of cultural competence. *Advances in Social Work, 9*(10), 51-62.

Gerkin, Charles V.(1986). *Widening the Horizons*. Philadelphia : Westminster Press.

Greene, B.(1994). Teaching ethics in psychotherapy. *Women & Therapy, 15*(1), 17-27.

Greenspan, S. & Pollock, G.(Eds.)(1980). *The Course of Life*, Vol. 1. Washington, D. C. : U. S. Government Printing Office.

Helms, J. E.(1995). An update of Helms's White and people of color racial identity models. In J. G. Ponterotto, J. M. Casas, L. A. Suzuki, & D. M. Alexander (Eds.), *Handbook of Multicultural Counseling*(pp. 181-198). Thousand Oaks, CA : Sage.

Hynes, A. M., & Hynes-Berry, M.(1994) *Biblio/ poetry Therapy-The Interactive Process : A Handbook.* St. Cloud. MN : North Star Press of St. Cloud.

Ibrahim, F. A.(1991). Contribution of cultural worldview to genericcounseling and development. *Journal of Counseling and Development, 70*(1), 13-19.

Keats, D.(1997). *Culture and the Child : A Child Care and Development*. 김영화 역(2010). 다문화 사회와 어린이. 한울.

Kohli, H. K., Huber, R,. & Faul, A. C.(2010). Historical & theoretical development of culturally competent social work practice. *Journal of Teaching in Social Work, 30*(3).

Leong F. T. l.(1996). Toward an integrative model for cross-cultural counseling and

Psychotherapy. *Applied and Preventive Psychology : Current Scientific Perspectives, 5*, 189-209.

Lise Eliot(2000). *What's Going on in There?*. 안승철 역(2004). 우리아이 머리에선 무슨 일이 일어나고 있을까. 궁리.

Litchfield, Bruce & Liechfield, Nelie(2002). 기독교상담과 가족치료. 예수전도단.

Lum, D.(2000). *Social Work Practice and People of Color : A Process Stage Approach*(4th ed.). Belmont, CA : Wadsworth.

_______(2003). *Culturally Competent Practice : A Framework for Understanding Diverse Groups and Justice Issues.* Pacific Grove, CA : Brooks-Cole Publishers.

Manderino, M. A., & Banton, S.(1994). Evaluation of the verbal abuse scale. Unpublished Manuscript.

Martiniello, Marco(2008). *Sortir des Ghettos Culturels*. 현대사회와 다문화주의. 윤진 역. 한울.

Mason, J. L.(1993). Cultural competence self-assessment questionnaire. Portland, OR : Portland State University, Multicultural Initiative Project.

McAdams, Dan P.(1985). *Power, Intimacy, and the Life Story*. Homewood, IL : Dorsey Press.

McFague, Sallie(1982). *Metaphorical Theology*. Philadelphia : Fortress Press.

Michael F. Roizen & Mehmet C. O.(2009). *You :Having a Baby : the Owner's Manual to a Happy and Healthy Pregnancy*. 안기순 역(2012). You Having a baby : 내몸 임신 출산 설명서. 김영사.

Morita Yoshia(1996). 教室の危い. 東京 : 金子書爲.

Moxley, D. P.(1989). *The Practice of Case Management*. C. A. : Sage Publications.

Mullen, P, E., Martin, J. L., Anderson, J. C, Romans, S. E., & Herbison, G. P.(1996). The long-term Impact of the physical, emotional, and sexual abuse of children : community study. *Child Abuse & Neglect, 20*(1), 7-21.

NASW(2000). Cultural competence in the social work profession. In Social work speaks : NASW policy statements. Washington, DC : NASW Press.

O'Connell-Higgins, R.(1983). Psychological resilience and the capacity for intimacy. Qualifying paper. Harvard Graduate school of Education.

Papadopoulos, & Lees, S.(2002). Developing Culturally Competent Researchers. *Journal of Advanced Nursing, 37*(3), 258-264.

Papadopoulos, I., Tilki, M., & Taylor, Gina(1998). *Transcultural Care : a Guide for Health Care Professionals.* Quay Books.

Parry, Alan & Doan, Robert E.(1994). *Story Re-Visions*. New York : the Gulford Press.

Pearce Stephen S.(1996). *Flash of Insight : Metaphor and Narrative in Therapy*. Needham Heights, MA : Allyn & Bacon.

Peter Nathanielsz & Christopher Vaghan(2001). *The Prenatal Prescription.* 차광열 역(2003). 태교혁명. 사이언스북스.

Polkinghorne, Donald E.(1988). *Narrative Knowing and the Human Sciences*. Albany : State University of New York Press.

Ponterotto, J, G., Gretchen, D., Utsey, S. O., Riger, B. P. & Austin, R.(2002). A revision of the multicultural counseling awareness scale. *Journal of Multicultural Counseling & Development, 30*, 153-180.

Redfield, R. Linton & M. Herskovits(1936). Memorandum for the Study of Acculturation. *American Anthropologist, 38*(1).

Ridley, C. R., Li, L. C., & Hill, C. L.(1998). Multicultural assessment : Reexamination, reconceptualization, and practical application. *The Counseling Psychologist, 26*, 827-910.

Robbins, Anthony(2002). *Awaken the Giant Within* 네 안에 잠든 거인을 깨워라. 조건형 역, 씨앗을 뿌리는 사람들.

Roberts, Glenn & Holmes, Jeremy(1999). *Healing Stories*. New York : Oxford University Press.

Rosen, Sidney(1982). *My Voice Will Go with You*. New York : W. W. Norton & Company.

Ross. S. M., & Moore. V. L.(1995). *Case Management : Encyclopedia of Social Work*(19th ed.). NASW Press.

Rubin, L., & Livesay, H.(2006). Look, Up in the Sky! Using Superheroes in Play Therapy. *International of Play Therapy, 15*(1), 117-134.

Scholes, Robert & Kellogg, Robert(2001). *The Nature of Narrative.* 서사의 본질. 임병권 역. 예림기획.

Smith, E. M. J.(1985). Ethnic minorities : Life stress, social support, and mental health issues. *The Counseling Psychologist, 13*, 537-579.

Sue, D. W,, & Sue., D.(2003). *Counseling the Culturally Diverse : Theory & Practice.* New York : John Wiley & Sons.

Sue, D. W.(2001). Multidimensional facets of cultural competence. *Counseling Psychologist, 29*(6), 790-821.

Sue, D. W., Arredondo, P., & McDavis, R.(1992). Multicultural counseling competencies & standards : A call to the profession. *Journal of Counseling & Development, 70*, 477-486.

Sue, D. W., Bernier, J. B., Durran. M., Feinberg, L., Pedersen, P., Smith, E., &

Vasquez-Nuttall, E.(1982). Position paper : Cross-cultural counseling competencies. *Counseling Psychologist, 10*, 45-52.

Sue, D., Sue, D. W., Arredondo, P., & McDavis, R.(1992). Multicultural counseling competencies & standards : A call to the profession. *Journal of Counseling & Development, 70*, 477-486.

Sue, Derald & David Sue(2011). 다문화 상담 : 이론과 실제. 하혜숙 외 공역. 학지사.

Sue, Derald Wing & Allen E. lvey, Paul B. Pedersen(2008). 다문화상담의 이론과 실제. 김태호 외 공역. 태영출판사.

Thompson, R., & Tabone, J. K.(2010). The impact of early alleged Maltreatment on behavioural trajectories. *Child Abuse and Neglect, 34*(12), 907-916.

Trevino, J. G.(1996). World view and change in cross-cultural counseling. *The Counseling Psychologist, 24,* 198-215.

UN CERD(Committee on the Elimination of Racial Discrimination), 2007년 8월 보고서.

University of South Florida(2006). *Organizational Cultural Competence : A Review of Assessment Protocols.* Tampa, FL : University of South Florida.

Vogler, C.(2005). 신화, 영웅 그리고 시나리오 쓰기. 함춘성 역. 무수.

Voytilla, S.(2005). 영화와 신화. 김경식 역. 을유문화사.

Watzlawick, P.(1978). *The Language of Change : Elements of Therapeutic Communication.* New York : Basic Books.

Yalom, Irvin D.(1980). *Existential Psychotherapy.* New York : Basic Books.

Zeilfelder, Eunsook Lee(2007). 한국사회와 다문화가족. 양서원.

찾아보기

인명

내용

저/자/약/력

■ 송윤선

선교학 신학박사
현 광신대학교 교양학부 교수
전 다문화가족지원센터장
　로뎀나무 가족폭력이주여성쉼터 센터장

■ 이미나

이학박사
상담심리학박사
현 광신대학교 복지상담융합학부 교수
전 광주북구 꿈나무복지관 아동가족상담 전문가

■ 김영춘

사회복지학 박사
현 남부대학교 사회복지학과 교수

■ 박상희

문학박사
현 광신대학교 통합예술심리치료학과 주임교수

■ 김밀양

이학박사
현 광신대학교 통합예술치료학과 겸임교수
　두드림심리상담교육센터

■ 장은동

사회복지학 박사
현 광주여자대학교, 조선이공대학교 외래교수
　한국양성평등교육진흥원 가정폭력 예방교육 전문강사

■ 박광희

광신대학교 통합예술치료학과 박사과정

다문화가족복지와 상담

|공저자| 송윤선 · 이미나 · 김영춘 · 박상희
김밀양 · 장은동 · 박광희

|1판 1쇄| 발행 2019년 12월 30일
|1판 2쇄| 발행 2022년 8월 30일

|발행인| 김동훈
|발행처| 공동체

|주소| 경기도 고양시 일산동구 호수로 358-39, 동문타워 I 905호(백석동)
|전화| 031) 814-3000(대표)
|팩스| 031) 814-3100
|홈페이지| http://www.compub.co.kr
|전자우편| compub@naver.com
|출판등록| 2005년 10월 6일
|등록번호| 제396-2005-36호

|ISBN| 979-11-6105-542-8
정가 18,000원